DIE NORDWESTPASSAGE

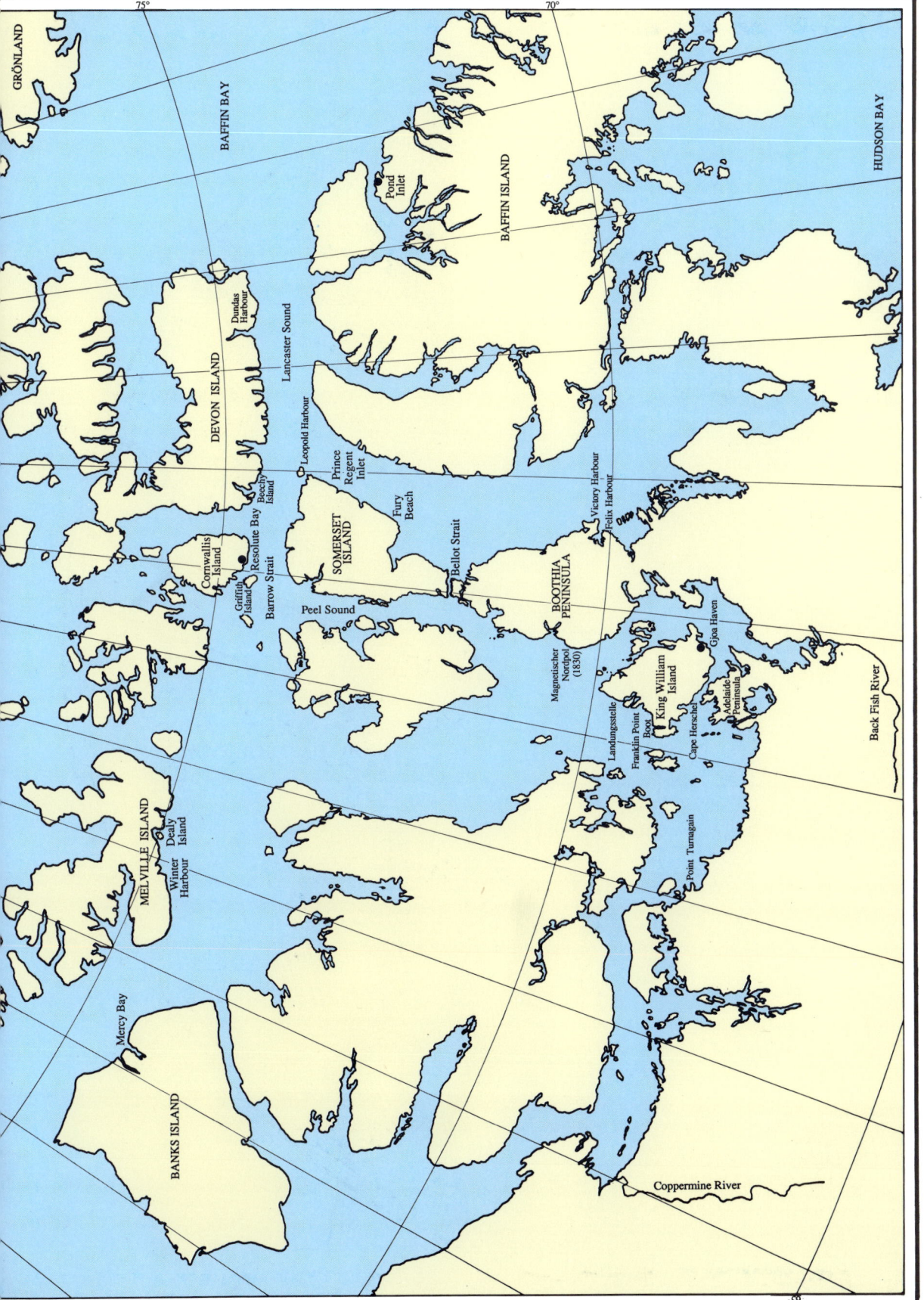

Peter Milger

NordWestPassage

Der kurze
aber tödliche Seeweg
nach China
oder die Gesellschaft
der Abenteurer

Die Deutsche Bibliothek – CIP-Einheitsaufnahme

Milger, Peter:
Nordwestpassage : der kurze aber tödliche Seeweg nach China oder die Gesellschaft der Abenteurer / Peter Milger. – 1. Aufl. – Köln : vgs, 1994
  ISBN 3-8025-2295-8

© vgs verlagsgesellschaft Köln 1994
Alle Rechte vorbehalten
Lektorat: Marcus Reckewitz, Bonn
Buch-Design: Günther Kieser, Frankfurt
Redakteur der Fernsehserie: Wolfgang Vogel
Satz: Typo Forum Gröger, Singhofen
Produktion: Ilse Rader
Druck: Mohndruck, Gütersloh
Printed in Germany
ISBN 3-8025-2295-8

INHALT

Seite 7		Vorwort	**AUF DEN SPUREN DES NICHTWISSENS** Zeitgeist, Fälscher und süßliche Tünche. Wem soll man glauben? Quellen und Chronisten.
Seite 12		1	**DIE VERHEISSUNGEN DES ORIENTS** Marco Polo und das Paradies auf Erden. Asien oder Indien? Martin Behaim weist den Weg. Martin Alonso Pinzón macht sich kundig. Kolumbus verirrt sich.
Seite 33		2	**VERWISCHTE SPUREN, DEUTLICHE FOLGEN** Der Streit um die Orte. Alte und neue Legenden. Suche im Elend. Tote schreiben nicht.
Seite 46		3	**KOLONIALHERREN UNTERWEGS** Keine Gewürze, wenig Gold und viele Tote. Wo ist das Festland?
Seite 53		4	**DER WETTLAUF BEGINNT** Viele Entdecker. Die Wikinger auf Platz zwei. John Cabot vor Kolumbus. Bergauf zum Paradies. Gaspar Corte Real verschollen.
Seite 66		5	**DIE GESELLSCHAFT DER ABENTEURER** Der Kontinent liegt im Weg. Umgehung im Nordwesten. Mare Verrazzano. Jacques Cartier muß überwintern. The Company of Merchant Adventurers. Martin Frobisher. Goldrausch in London. John David in Grönland. Monotonie des Scheiterns. Henry Hudson und die Meuterer. Der Lancaster Sound. William Baffin übersieht den Eingang zur Nordwestpassage. Jens Munk und das Logbuch des Grauens. Rivalen im Eis: Luke Foxe und Thomas James. Felle und Tran statt Gold und Gewürz: Die Hudson Bay Company.
Seite 80		6	**PARRY, ROSS UND WIR** Die neue Magie: Nation und Prestige. John Ross hält den Lancaster Sound für eine Bucht. William Edward Parry korrigiert den Irrtum und erreicht 110 Grad West. John Franklin auf dem Landweg. Parry in der Hudson Bay. Filmen in der Arktis. Die Polarstation Resolute Bay. Das AB-Problem. Duncan Grant und die Twin Otter. Auf den Spuren von Parry. Üben im Winter.

Seite 93	7	**DIE RÜCKKEHR DER TOTEN** Der zweite Versuch von John Ross. Verdammte Maschine. Wintergefängnis. Die Überlegenheit der Inuit. Totsaufen besser als totgeschossen. Krise im vierten Winter. Abenteuer? Ein Koch war auch dabei.
Seite 143	8	**WO IST FRANKLIN?** Sir John Franklin verschollen. James Clarc Ross versagt. Suchflotten unterwegs. Erste Spuren. Die Gräber auf Beechy Island. Filmen in der Arktis, zweiter Teil.
Seite 153	9	**MIT DER KIVIOQ IN DER NORDWESTPASSAGE** Die Entdeckung der Kivioq. Knud Rasmussen. Erfahrungen im Sturm. Die Platten sind los. Die Kivioq im Trockendock. Beharrlicher Henning. Sturm im Lancaster Sound. Krake müßte man sein. Eis, überall Eis. Zurück nach Beechy Island. Das Franklin-Rätsel, erster Teil. Erfahrungen mit dem Scheitern.
Seite 173	10	**DIE BUCHT DER GNADE** Stand der Suche nach Franklin. Robert M. McClure und die Investigator. Johann A. Miertsching. Passage gefunden. Gefangen in der Bucht der Gnade. Rettung im letzten Augenblick. Passage durchquert. Die Inuit und das Eisen. Das Gespensterschiff.
Seite 192	11	**SCHLITTENREISE** Dr. John Rae und die Toten von King Williams Island. Lady Franklin gibt nicht auf. Francis L. McClintock und die Fox. 1000 Kilometer auf dem Eis. Ausflug oder Expedition? Rock 'n' Roll. Are we crazy? Tödliche Wärme. Offenes Wasser. Tasmanischer Teufel. Geschafft, mit Umweg. Was McClintock von den Inuit über die Verschollenen erfuhr.
Seite 213	12	**DIE BOTSCHAFT** McClintock sucht weiter. Viele Relikte, traurige Botschaft. Die Leichen im Boot. Das Franklin-Rätsel, zweiter Teil. Der Hungermarsch der 105 Seelen. Heinrich W. Klutschak und Frederick Schwatka rekonstruieren den Hungermarsch. Viele Fragen offen.
Seite 233		**ANHANG**

VORWORT: AUF DEN SPUREN DES NICHTWISSENS

Die »Entdeckungs«-Literatur wurde im 18. und 19. Jahrhundert durchweg positiv-erbaulich verfaßt, befriedigte Sehnsüchte nach fernen Ländern und großen Schätzen und lieferte der heranwachsenden Jugend zum Vorbild taugliche Helden. Im »Entdeckungs«-Jahr 1992 beugten sich die Medien durchweg dieser übermächtigen Tradition, weil die 500-Jahr-Feier sonst ausgefallen wäre. Ungebrochen blieb auch der Brauch, die tropischen Unternehmungen von Kolumbus und anderen zu »großen« Taten zu verklären und die ungleich schwierigere Erkundung der Arktis zu vernachlässigen. Dabei hatte Kolumbus laut BORDBUCH für seine erste südliche Überquerung des Atlantiks eingeräumt:

»Das Wetter war immer gut, und es gab keine Stunde, in der das Meer nicht gut befahrbar war.«

Dergleichen Sätze blieben auch im Jubeljahr im verborgenen. Und nicht »gedacht« wurde der wirklich »großen« Taten bei der Erkundung eines kurzen Seewegs nach Asien im Norden, der Leistungen von Cabot, Cartier, Frobisher, Hudson, Munk, Parry, Ross, Franklin und vieler anderer – sieht man von meiner und des Hessischen Rundfunks einsamen Bemühung ab, der Fernsehserie »NORDWESTPASSAGE« also.

LESER ENTMÜNDIGT

Alles mögliche verstellt uns den Blick auf das Gewesene, macht uns so unfähig, »aus der Geschichte zu lernen«. Dazu gehören die Filter, die die Vermittler, also Historiker, Biographen und Schulbuchautoren, eingebaut haben, befallen von ihrem jeweiligen Zeitgeist. Sie geben in der Regel nicht an, woher sie ihr »Wissen« haben, so daß sich der Leser kein eigenes Urteil bilden kann. Natürlich werden in Lehrbüchern für Studenten die Quellen genannt, doch oft fehlen wichtige Angaben: In welcher Beziehung stand der benutzte Chronist etwa zur Kirche oder zum Königshaus? War der Verfasser der Quelle bei der Person angestellt, über die er schrieb? Oder gar mit ihr verwandt? Welche Gründe könnte er haben, parteiisch zu sein?

VATER IST DER GRÖSSTE

Der Beginn der Suche nach einem kurzen Seeweg nach China ist nicht minder spannend als ihr tragisches Ende im arktischen Eis. Diese Vorgeschichte wurde durch ein einziges Buch verwässert. Als Autor zeichnet Fernando Colombo, der jüngere Sohn von Kolumbus. Es handelt sich nicht um eine Chronik, sondern einen Roman, in dem Kolumbus zum großen Gelehrten erhoben wird. Der Sohn behauptet glattweg, sein Vater habe die Idee des kurzen Seewegs aus der Taufe gehoben, und ohne ihn hätte die Entdeckung von »Indien« nie stattgefunden. Die meisten späteren Autoren benutzten zur Darstellung der Vorgeschichte kritiklos den Roman von Fernando Colombo.

PROZESS VERSCHWIEGEN

Fernando verschweigt den Hauptgrund seiner Parteinahme, und auch da folgen ihm die meisten Autoren. Die Nachkommen von Kolumbus hatten einen Prozeß angestrengt, weil die spanische Krone die Verdienste von Kolumbus bestritt. Von der Bewertung der »Verdienste« hing der Anteil der Erben an den Erträgen der Kolonie ab. Der Sohn pries also den Vater, weil es um gewaltige Summen ging. Die Wirkung blieb aus, weil die Krone den Druck des Lobgesangs verhinderte. Nachdem er dann in Italien erschienen war, wurde er zur Vorlage für die Entdeckungsliteratur. Verfälscht wurden damit die Vorgeschichte, der tatsächliche Stand der Wissenschaften und die Motive für die Suche nach einem kurzen Seeweg. Fernando und seine Nachfolger unterdrückten nicht nur die Texte kundiger Zeitgenossen, sondern auch die von Kolumbus. So konnte die Nachwelt die eigentliche »Entdeckung« von Kolumbus nie so recht würdigen. Er hatte nämlich erkannt, daß die Entsendung einer Westexpedition eine Frage von wenigen Monaten war und das Hauptproblem in der Finanzierung bestand. Aber das ist nicht der Stoff, aus dem sich das Abendland seine Legenden und Helden bastelt.

AUFBRUCHSFIEBER

Was soll's, könnte man fragen, es gibt Schlimmeres als ein verfälschtes Bild von Kolumbus. Aber das altehrwürdige Schema, nach dem Geschichte von wenigen großen Männern gemacht wird, ist ja nicht nur falsch, es ist auch langweilig. Die Quellen selbst sind spannender, sie vermitteln das eigentlich Neue, nämlich das Aufbruchsfieber, das in den Atlantikhäfen Portugals, Spaniens und Englands um 1480 ausgebrochen war. In den dortigen Hafenkneipen redeten sich Kaufleute und Seemänner längst die Köpfe heiß über die sagenhaften Reichtümer neuer Weltgegenden, in den Kronämtern feilten Juristen schon an den Kolonialverträgen, als auch Kolumbus vom Fieber ergriffen wurde.

AUF NACH WESTEN

Das Fieber hielt an, 350 Jahre lang. Es verführte Kaufleute zu riskanten Investitionen, und es trieb Seeleute schließlich immer weiter ins arktische Eis, auf der Suche nach einem kurzen Seeweg nach Asien. Der Alltag, der Ehrgeiz, die Gewinnsucht, die Leidensfähigkeit, der Opfermut, das Scheitern, all das wird erst hinter den Schleiern der Legenden sichtbar, durch die Quellen selbst. Ohne die Vorgeschichte ist der Impetus der hartnäckigen Suche schwer zu verstehen. Daher habe ich ihr die ersten drei Kapitel gewidmet. Die penetrante Neuauflage der alten Märchen im Jahr 1992 könnte ermüdend gewirkt haben. Ich kann das Wort »Kolumbus« selbst kaum noch hören. Soll man aber die Vorgeschichte übergehen, nur weil sie von einem Namen dominiert wird, und das noch zu Unrecht?

ENTDECKUNGEN

Geschichte läßt sich nicht abfeiern. Ihre Erhellung, das Abtragen der Legenden ist mühsam, aber auch aufregend. Ich habe mich in Bewegung gesetzt und an den realen Orten selbst »Abenteurer« und »Entdecker« gespielt, auch auf hoher See und im arktischen Eis. Nicht minder spannend verlief die »Entdeckungsreise« zu den Quellen. Ich war empört über das Ausmaß von Unwissen, welches mir unserere Bildungsinstitutionen vermittelt hatten. Der Leser kann sich quasi als Leidensgenosse mit Hilfe der ausführlichen Quellenzitate an der Erkundung beteiligen.

Ozeanschiff, Name unbekannt.
Aus einem Druck des BRIEFS von Kolumbus, der 1493 in Basel erschien.

Die Nachbauten beruhen auf Mutmaßungen, da keine Baupläne überliefert sind.

VON WEGEN SANTA MARIA: EINE KOSTPROBE

Sommer 1991. Wir drehen auf dem alten Nachbau der Santa Maria in Barcelona. Schulklassen drängen sich, aufgeregte Wortwolken hängen über dem Schiff. Gedrängel an der Lombarde: Die Kleinen nehmen »Eingeborene« am Ufer ins Visier. Ich grüble. Ist doch scheinheilig, das Schiff so zu nennen, das so profanen Zwecken dienen sollte. Aber es heißt doch Santa Maria? Das weiß doch jedes Kind, so steht es in jedem Lexikon. Unterwegs hat Kolumbus viele Orte mit heiligen Namen getauft. Also doch Santa Maria? Aber ein Schiff kann untergehen. Kann Maria untergehen? Die beiden anderen Schiffe hießen durchaus weltlich Niña und Pinta. Ein Jahr später drehen wir auf einer Santa Maria auf hoher See, einem neuen Nachbau, der zur Feier des 500. Jahrestags angefertigt wurde. Gespräche mit den Offizieren, die eine Atlantiküberquerung mit den Nachbauten vor sich haben. Ob das nicht abenteuerlich sei? Nein, nicht mit diesen hervorragenden Schiffen auf der Route der Armada, eher langweilig. Was es denn zu feiern gäbe? Sie lachen. Ob die Eigner damals heilige Namen an ihre Schiffe vergaben? Nein, eher Spitznamen. Nun bin ich aber neugierig. Zu Hause, her mit allen frühen Quellen (vor 1571) zur ersten Reise.

FEHLANZEIGE

In allen Texten, die Kolumbus zugeschrieben werden, wird das Hauptschiff nicht beim Namen genannt, sondern einfach »nao« (Schiff).

Chronist Martire: Fehlanzeige, keine Namen.

Chronist Oviedo notiert, als er die Schiffe zum ersten Mal erwähnt:

»... la una e mayor dellas llalmada Gallega.« ... das eine und größere von ihnen wurde Gallega genannt.

Und bei der folgenden Aufzählung heißen die Schiffe Gallega, Pinta und Niña. Auch beim Untergang des großen Schiffes betont Oviedo, daß es so genannt wurde:

»... tocó en tierra la nao capitana llamada Gallega.« ... das Kapitänsschiff namens Gallega lief auf Grund.

Keine Santa Maria bei Bernaldez, der zum gleichen Anlaß schreibt:

»... perdieron el navio mayor.« ... verlor das Hauptschiff.

In den PROTOKOLLEN der Verhöre zum Prozeß der Erben von Kolumbus, ab 1515 niedergeschrieben: nur Niña und Pinta, kein Name für das große Schiff.

In den erhaltenen Handschriften oder Drukken wird bis 1571 das große Schiff nicht ein einziges Mal Santa Maria genannt. In diesem Jahr erscheint in Italien die italienische Übersetzung der HISTORIE, für die Fernando Colombo als Autor zeichnet. Darin werden die Namen Niña und Pinta und die ihrer Kapitäne genannt. Über das dritte Schiff wird gesagt:

»La Capitana, nella quale ei montò, si chiamò Santa Maria.« Das Hauptschiff, in das er stieg, hieß Santa Maria.

Santa Maria steht nur an dieser einen Stelle in der italienischen Übersetzung. Im weiteren Text wird das Hauptschiff durchweg »nave« genannt, also »Schiff«. Das spanische Original ist verschollen, aber Las Casas konnte es noch für seine HISTORIA benutzen. Er übernahm auch die Stelle mit der Santa Maria:

»... en la tercera, que era le nao algo mayor que todas, quiso ir él, y así aquélla fué la capitana.« ... auf dem dritten, welches das etwas größere von allen war, wollte er fahren, und es war daher das Hauptschiff.*

Kein Santa Maria. Also kann es nur der Übersetzer, Alfonso Ulloa, gewesen sein. Und der soll 1571 den Namen gekannt haben, obwohl ihn bis dahin niemand erwähnt? Urteilen Sie bitte selbst. Jedenfalls hat dieser eine Satz des Übersetzers den Scheinheiligen des Abendlands genügt. Seit dem Erscheinen der HISTORIE schmückt der süßeste Name der Christenheit das Unternehmen, welches zur Kolonisierung eines ganzen Kontinents führte. Bis es eine Erklärung dafür gibt, warum alle Beteiligten den Namen verschwiegen haben und warum er im italienischen Text nur einmal vorkommt, bleibt nur eine Schlußfolgerung: Das Schiff hieß nicht Santa Maria. Was soll man nun machen? An alle Herausgeber diverser Lexika schreiben, Schulbuchautoren informieren? Den Mindestzusatz fordern: Santa Maria etc., der Name ist nicht gesichert? Soll ich wirklich? Ich weiß es nicht.

---

*
Las Casas, HISTORIA DE LAS INDIAS, Madrid 1957, Bd.I, S.126. Ausnahmsweise mit Seitenzahl. Die meisten Zitatstellen sind in den im Anhang genannten Quellensammlungen leicht zu finden.

QUELLEN UND CHRONISTEN ZU DEN KAPITELN 1–3

Marco Polo ITINERARIUM, Antwerpen 1485.

Pierre d'Ailly YMAGO MUNDI, Louvain ab 1480.

Von beiden Büchern befindet sich in der Bibliothek der Kathedrale von Sevilla ein Exemplar mit Marginalien, die zum Teil von Kolumbus stammen sollen. Der Streit der Gelehrten wogt noch immer.

BRIEF von Kolumbus an einen Kronbeamten, gedruckt ab 1493. Bericht über die erste Reise. Kein Original vorhanden.

PROTOKOLLE vom Prozeß, den die Erben von Kolumbus 1515 gegen die Krone anstrengten, mit Aussagen vieler Augenzeugen.

Brief von Pietro Martire an Kardinal Ascanio Sforza. Martire, ein italienischer Gelehrter am spanischen Hof. Er hatte Zugang zum Archiv und will mit mehreren Fahrtteilnehmern gesprochen haben. Das lateinische Original erschien in Spanien erst 1511. Petrus Martyr Anglerius: OPERA.

Ebenfalls sehr früh, vor 1513, schreibt Andres Bernaldez seine HISTORIA DE LOS REYES CATOLICOS. Er hatte Zugang zu Archiven und kannte Kolumbus. Er zitiert ganze Passagen aus dessen BRIEF.

Das sogenannte BORDBUCH. Ein Bericht über die erste Reise in der Handschrift von Kolumbus ist nie gefunden worden. Das BORDBUCH ist eine Zusammenfassung, die Bartolomé de Las Casas (der »Indianeranwalt«) mindestens 20 Jahre später nach einer oder mehreren Textvorlagen anfertigte. Las Casas zitiert auch wörtlich, einmal über mehrere Seiten. Diese Stellen klingen am wenigsten wie ein »Bordbuch«. Sie stammen wahrscheinlich aus einem Bericht an die Krone und ähneln dem BRIEF. Das BORDBUCH erschien 1825 zum ersten Mal im Druck. Im BORDBUCH des Insel-Verlages wurde für »el Almirante« »ich« eingesetzt und für »nao« »Santa Maria«.

1535 erschien die HISTORIA GENERAL Y NATURAL DES LAS INDIAS von Gonzalo Fernandez de Oviedo. Ihm stand ein mit Dialogen ausgeschmückter Bericht über die erste Reise zur Verfügung, aber nicht die Vorlagen von Las Casas und Fernando Colombo.

Die HISTORIE DELLA VITA E DEI FATTI DI CHRISTOFORO COLOMBO, erschienen 1571 in Italien. Als Autor wird Fernando Colombo angegeben, der 1539 gestorben war. Ein spanisches Original wurde nie gefunden. Wesentliche Teile sind nach 1535 entstanden. Fernando nennt Briefe und ein Bordjournal seines Vaters als Hauptquellen. Auch Fernandos Text über die erste Reise ist eine Zusammenfassung mit wenigen wörtlichen Zitaten.

Las Casas HISTORIA DES LAS INDIAS erschien erst 1875 im Druck. Als Quelle für die biographischen Kolumbuskapitel benutzt er das spanische Original von Fernandos HISTORIE, das er über weite Strecken abschreibt. Die HISTORIA enthält eine weitere Kompilation des BORDBUCHS.

Martire, Bernaldez und Oviedo bleiben im Streit zwischen Krone und Kolumbusfamilie neutral. Martire hält Kolumbus für »zur See erfahren«, aber ebenso wie Bernaldez nicht für einen »Gelehrten«. Martire kritisiert vorsichtig das grausame Vorgehen der Konquistadoren, Las Casas tut dies mit zunehmender Schärfe. Tief berührt durch die Greuel der Kolonisierung meint er am Ende seines Lebens, die Entdeckung hätte besser nicht stattgefunden. Alle anderen sind vom Gewinn der Kolonien höchst angetan.

1 DIE VERHEISSUNGEN DES ORIENTS

DER WEISSE FLECK

Jahrhundertelang hielt sich ein weißer Fleck auf den Karten und Globen des Abendlands zwischen dem Nordpol und dem amerikanischen Kontinent. Dutzende Expeditionen scheiterten dort, an die 20 Schiffe blieben im Eis, mehr als 300 Menschen erfroren, verhungerten oder starben an Schwäche. Die Gegend selbst versprach keinen Gewinn: Es war eine Wüste aus Eis und Steinen. Die fähigsten Seefahrer Europas wollten den Fleck auch nicht entfernen, um die Professoren der Geographie zu erfreuen. Was unter ihm vermutet wurde, war jedoch so wertvoll, daß es den hohen Einsatz rechtfertigte. Gesucht wurde nach einem kurzen Handelsweg nach China.

TEURER GENUSS

Das Abendland des späten Mittelalters hatte ein kulinarisches Problem, das sich selbst auf den Tischen der Reichen ausbreitete: Es roch nach Verdorbenem. Die Konservierung der Speisen mit Salz und Rauch wirkte nicht anhaltend, der Geschmack litt allemal. Da halfen nur scharfe Gegenmittel, die aus der Ferne kamen. Der Gebildete des Mittelalters wußte, daß die Gewürze von den Händlern der Seerepubliken trotz päpstlicher Verbote vor allem im muslimischen Alexandria eingekauft wurden, und durch Zölle und Zwischenprofite ungemein verteuert schließlich den abendländischen Endverbraucher erreichten. Genaueres über die klassische Gewürzroute und die Herkunft der Kostbarkeit war aber nur einem kleinen Kreis von Gelehrten bekannt.

Marco Polo, Holzschnitt aus einem Druck von 1477.

DIE WELT WIRD GRÖSSER

Bis ins Mittelalter bestand die Welt für das Abendland in groben Umrissen aus dem eurasischen Kontinent und Nordafrika. Der alexandrinische Gelehrte Ptolemäus (ca. um 100 – 160 n. Chr.) hatte sie als erster umfassend beschrieben, und die Geographen benutzten sein Werk bis ins Mittelalter als Hauptquelle. Die Angaben über die Gebiete jenseits des Ganges, also den Osten Asiens, basierten vornehmlich auf Mutmaßungen. Das änderte sich erst, als der Venezianer Marco Polo 1295 nach 24 Jahren von einer Reise nach China zurückkehrte. Kurz danach geriet der Weitgereiste in die Verwicklungen abendländischer Händel. Polos Schiff wurde auf einer Reise zur See gekapert, und er landete in einem genuesischen Gefängnis. Diese Unbill erwies sich publizistisch als Glücksfall, denn so hatte er genügend Muße, einem Mitgefangenen zu diktieren, was er im Fernen Osten erfahren hatte. Mit der Hand gefertigte Kopien des Berichts wurden eine begehrte Lektüre der Gebildeten Europas. Die Geographen erfuhren nicht nur die Namen von Städten, Flüssen und Ländern, sondern auch die Entfernungen zwischen ihnen. Sie konnten nun auf den Karten im Osten Chinas die Insel Cipangu (Japan) der bekannten Welt hinzufügen. Auch die Begehrlichkeit wurde von Marco Polo angesprochen:

GOLD & GEWÜRZ

»Nun kommen wir zur Beschreibung der Regionen von Indien, und ich beginne mit der Insel Cyampagu. Diese Insel liegt im Osten weit in der See, 1400 Meilen von der Küste von Mangy (Südchina) entfernt, und ist sehr groß… Dort gibt es Gold in großer Menge… Der König hat einen großen Palast, bedeckt mit bestem Gold… Und es gibt dort viele wertvolle Steine, weshalb die Insel sehr reich ist… Jenes Meer, in dem die Insel Cyampagu liegt, ist der Ozean… Dort gibt es zahlreiche andere Inseln, 7378, sorgfältig gezählt von Seefahrern und Beamten, von denen der größere Teil von Menschen bewohnt ist… Dort gibt es unzählige Gewürze, völlig schneeweißen Pfeffer und auch eine große Menge schwarzen…«

Ab 1477 erscheinen die ersten Drucke von Marco Polos Bericht. 1485 wird in Antwerpen eine lateinische Fassung aufgelegt, die ich hier benutzt habe, weil auch Kolumbus sie benutzt haben soll. Geradezu überschwenglich wird der Reichtum der Provinzen Chinas (Cathay und Mangy) unter der Mongolenherrschaft (Kublai Khan) geschildert. Polo weist auch auf den Handelsweg für die Gewürze hin:

»Die Menge Pfeffer, die in Zayzen lagert, ist sehr groß. Der Teil, der für die westliche Welt nach Alexandria verladen wird, ist im Vergleich dazu unbedeutend. Er macht nicht den hundertsten Teil aus.«

Gold & Gewürz. Die irdische Verheißung Marco Polos wird die abendländischen Gemüter ebenso bewegen wie die Sehnsucht nach dem himmlischen Paradies. Aber der Zugang war ähnlich beschwerlich.

NICHTS GEHT MEHR IM OSTEN

Mit den Reichtümern des Ostens und der Vergebung der Sündenstrafen hatten schon die Prediger der Kreuzzüge gelockt. Die erste Phase der europäischen Expansionspolitik war zunächst auch erfolgreich. Aber schon nach hundert Jahren gerieten die Kreuzfahrerstaaten in Palästina in die Defensive. Im 15. Jahrhundert kontrolliert die osmanisch-türkische Großmacht den Nahen Osten und damit den klassischen Fernhandelsweg. Mit der militärischen Niederlage ist das Expansionsbedürfnis der europäischen Feudalherren aber nicht gebrochen. Sie wenden sich Weltgegenden zu, in denen mit weniger Widerstand zu rechnen ist. Zum Beispiel Afrika.

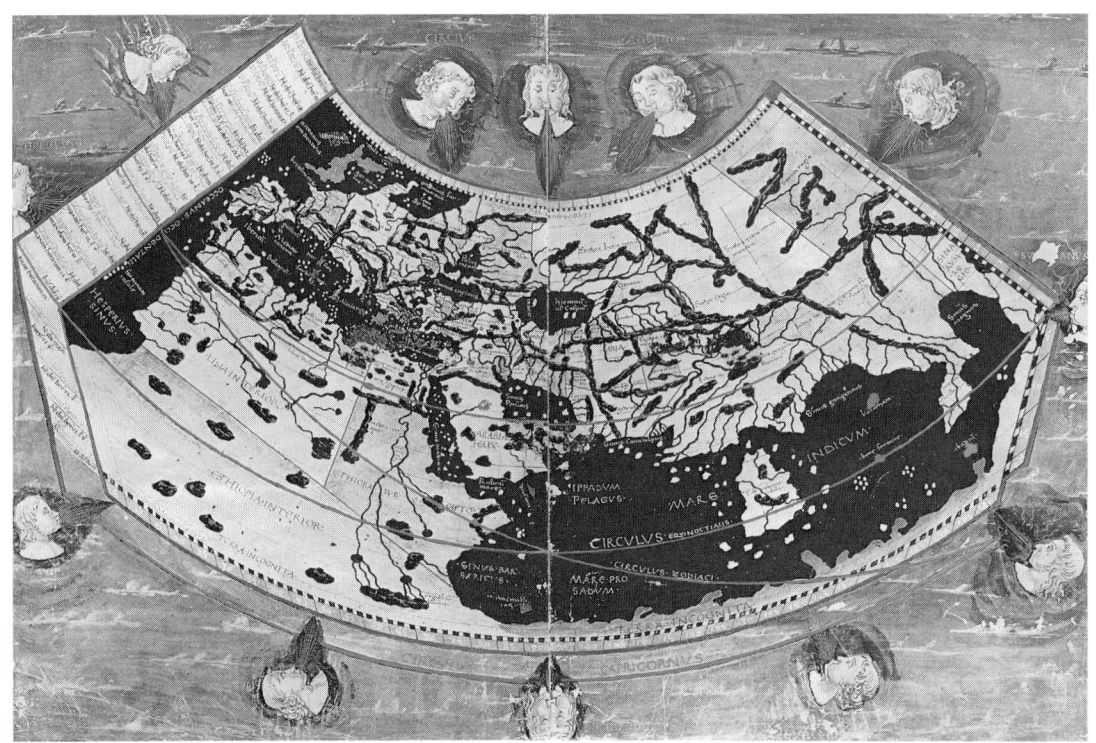

Karte nach Ptolomäus, Florenz 1474, Biblioteca Apostolica Vaticana. Einige Jahre später erschienen auch Drucke, die die Erde als Kugel zeigen.

ANLAUF ZUR WELTEROBERUNG ZUNÄCHST PORTUGAL...

Kaum hat Portugal den letzten islamischen Staat im Südwesten der Iberischen Halbinsel zerschlagen und damit seinen Anteil an der Reconquista erledigt, wendet es sich der Conquista zu. 1415 setzt ein Kreuzzugsheer nach Afrika über und erobert die maurische Stadt Ceuta. HEINRICH, der spätere SEEFAHRER, wird für seine Leistungen im Kampfgetümmel zum Ritter geschlagen. Aber die Muslims in Nordafrika verfügen über ähnliche militärische Qualitäten wie die Türken im Nahen Osten. Daher können sich die Portugiesen nicht lange in Ceuta halten. Statt dessen umgehen die Portugiesen mit ihren seetüchtigen Karavellen die muslimischen Staaten Nordafrikas und beginnen mit der Kolonisierung der Westküste Afrikas, zunächst ebenfalls mit den päpstlichen Kreuzzugsprivilegien versehen. Je weiter sie nach Süden vordringen, desto deutlicher zeichnet sich ein Seeweg nach Indien ab. 1488 ist das Kap der Guten Hoffnung umsegelt. Es wird aber auch deutlich, daß diese Route zeitraubend und gefährlich sein wird.

...UND DANN SPANIEN

Am 2. Januar 1492 beenden die Truppen der spanischen Könige mit der Besetzung des muslimischen Granada ihre Reconquista. Erst jetzt haben Isabella und Ferdinand den Rükken frei, um sich einen Anteil an der vergrößerten Welt zu sichern. Aber wo? Der Papst hat Afrika den Portugiesen als Lehen zugeteilt, also bleibt Spanien nur der Westen. Am 30. April unterschreibt der Sekretär der Krone einen Vertrag, der die Besitzverhältnisse nach der Gründung einer Kolonie regelt. Vertragspartner ist der Genuese Christoforo Columbo, der sich in Spanien Cristobal Colón nennt. Von einem Seeweg nach China oder Indien ist in diesem Vertrag keine Rede. Anfang August 1492 ist die erste spanische Atlantikexpedition unterwegs.

WAS WAR DAS ZIEL?

Sein Ziel war Indien, er entdeckte Amerika, und er bewies, daß die Erde eine Kugel ist. Das weiß doch jedes Kind, und so habe auch ich es gelernt. Diese Überlieferung ist so mächtig, daß eine Nachprüfung einem Sakrileg nahekommt. Als ich mich daran machte, es zu begehen, weil ich Schlimmes ahnte, war ich dann doch überrascht, wie schlimm es war.

DIE WELT WAR IMMER EINE KUGEL

Auf Hunderten von Darstellungen demonstriert Kolumbus vor spanischen Gelehrten die Kugelgestalt der Erde. Die pseudoaufgeklärte Darstellung will glauben machen, Kolumbus habe die Kugelgestalt der Erde entdeckt und sei an borniertem Klerikern gescheitert. Auch bei der Neuauflage des Märchens anläßlich der 500-Jahr-Feier der »Entdeckung« wurde hartnäckig übersehen, daß die Kugelgestalt längst unumstritten war. Die Scheibe war nur ein frommes Sinnbild, auf der Kolumbus seine Hin- und Rückfahrten übrigens genauso hätte bewerkstelligen können. Trotzdem hält sich sogar der Glaube, Kolumbus habe durch seine Fahrt BEWIESEN, daß die Erde eine Kugel sei. Nein, die Kirche war nicht borniert, wenn es ums Geld ging. Sie förderte massiv die Kolonisierung Afrikas und war an der Entwicklung der Nautik selbstverständlich interessiert. Daß die Erde eine Kugel war, ließ sich in von Klerikern verfaßten Büchern nachlesen, die mit Billigung der Kirche gedruckt wurden (zum Beispiel YMAGO MUNDI von Pierre d'Ailly). Umstritten war lediglich der Umfang der Erde. Eratosthenes hatte ihn bereits im Jahre 220 v. Chr. fast richtig errechnet. Pierre d'Ailly übernahm wie die meisten Autoren die um etwa ein Viertel zu niedrigen Werte arabischer Gelehrter. Ebenso war die Idee einer Umrundung der Erde nicht neu. Pierre d'Ailly:

»Man kann, wenn man 20 Meilen (rund 30 Kilometer) pro Tag zurücklegt, die Erde in 1570 Tagen umrunden.«

Kolumbus selbst hat nie für sich in Anspruch genommen, die Kugelgestalt der Erde entdeckt zu haben. In einem Brief an die Krone schreibt er 1498:

»Ich habe immer gelesen, daß die Erde, Festland und Wasser, die Form einer Kugel habe. Das behaupten die glaubwürdigen Berichte von Ptolemäus und von allen anderen, die darüber geschrieben haben...«

Im 19. Jahrhundert sollten solche Bilder den Eindruck erwecken, Kolumbus sei ein Neuerer gewesen.

DER KURZE SEEWEG, EIN ALTER PLAN

Schon in der Antike hatten Gelehrte angenommen, Asien läge auf der anderen Seite des Atlantiks und sei auf Westkurs zu erreichen. Im 15. Jahrhundert gab es schon genauere Vorstellungen über den Atlantik. Man wußte, daß es weit draußen die von den Portugiesen besiedelten Azoren gab und glaubte an die Existenz weiterer Inseln (Antilia, Inseln der sieben Städte, Brasil). Marco Polo zufolge lag Cipangu im Osten von China im »Ozean«. Mit »Ozean« war der Atlantik gemeint. Also mußte man nur diesen »Ozean« überqueren, um Cipangu und, etwas weiter, Cathay zu erreichen.

WIE GROSS IST DIE WELT?

Die Frage war nur: Wie groß ist der Ozean? Dies hing natürlich mit der Frage zusammen: Wie groß ist die Welt? Hinzu kam eine weitere Frage: Wieviel Platz nimmt die bekannte Welt von den Azoren bis Cipangu oder China auf der Erdkugel ein? Manche glaubten 180 Grad, manche gar 270 Grad. Entsprechend blieben 180 Grad oder gar nur 90 Grad für den »Ozean« übrig. (Tatsächlich sind es rund 200 Grad.) Die meisten Gelehrten nahmen den Erdumfang mit rund 20400 italienischen Meilen an. (1 Meile = 1480 Meter, also rund 30000 Kilometer Erdumfang auf dem Großkreis. Tatsächlich sind es rund 40000.) Der Nürnberger Martin Behaim bündelte den Stand der Erkenntnisse auf seinem Globus im Jahr 1492. Seine wichtigsten Quellen waren Ptolemäus und Marco Polo, wie er in den ausführlichen Legenden mitteilt.

3700 MEILEN, EINE REVOLUTION

Auf dem Behaim-Globus fehlt zwischen Europa und Asien natürlich der amerikanische Kontinent, daher beträgt die Entfernung zwischen Japan und Portugal auch nur 90 Grad (tatsächlich sind es 210 Grad). Auf dem 40. Breitengrad sind auf dem Behaim-Globus Portugal und Cipangu auf Westkurs nur rund 3700 italienische Meilen voneinander entfernt. (Wenn Behaim, wie die meisten, ein Grad am Äquator mit 56⅔ italienischen Meilen rechnete.) Um Afrika herum nach Osten sind es dagegen mehr als 15000 Meilen. Ein neuer Seeweg nach Asien – kürzer als 4000 Meilen – hätte den Welthandel revolutioniert. Es ging nämlich nicht nur um die Entfernung. Behaim erwähnt als Handels- und Zollstationen unter anderen Indien, Java, Ceylon, Aden, Kairo, Venedig und Frankfurt. Und fährt fort:

»Dabey soll jederman vermerkken, die grosen zoll und den gewin die 12 malen auf die specerey... und das nit wunder wer man wis sy by ens den goldt geleich.« Dabei soll jederman erkennen den großen Zoll und Gewinn, der 12mal auf die Gewürze erhoben wird...
Und es ist kein Wunder, daß sie bei uns dem Gold gleich sind.

Noch bevor Kolumbus abfährt notiert Behaim ebenfalls auf seinem Globus:

»Man kann überall mit Schiffen hinfahren.«

DER GROSSE PLAN: FORMULIERT

Bevor die Nachricht von der Kolumbus-Expedition eintrifft, schreibt der Nürnberger Gelehrte Hieronymus Müntzer im Auftrag von König Maximilian an den portugiesischen König einen Brief, in dem er vorschlägt, auf Westkurs über den Atlantik nach China zu segeln.

»Zahllose Argumente zeigen unwidersprechlich, daß das östliche Cathay über das Meer in wenigen Tagen zu erreichen ist... Das hängt mit der Kugelgestalt der Erde zusammen... Wenn es Euch genehm ist, könnt Ihr für diese Reise einen Begleiter gewinnen, den Euch unser König Maximilian sendet, nämlich D. Martin Behaim und andere erfahrene Seefahrer, die von den Azoren aufbrechen würden, und kühn das Meer mit ihren Zylindern, dem Quadranten, dem Astrolabium und anderen Instrumenten überqueren...«

Der Behaim-Globus

Europa · Asien

Zwischen Europa und Asien: der unbekannte Ozean. Germanisches Nationalmuseum, Nürnberg.

UND KOLUMBUS?

Es gibt kein amtliches Dokument über den Plan, den Kolumbus der portugiesischen und der spanischen Krone vorlegte. Von Kolumbus selbst ist keine Zeile überliefert, die gesichert aus der Zeit vor der ersten Reise stammt. Später legt er höchsten Wert darauf, diesen Plan gehabt zu haben, weil er beweisen will, daß er China erreicht habe. Einige Randnotizen, die von Kolumbus stammen sollen, und die Texte, die sein Sohn Fernando und sein Verehrer Las Casas zu dieser Frage vorlegen, sind pro domo und haben daher keine Beweiskraft. Als »Inspirator« des »großen Plans« werden Behaim und der Florentiner Gelehrte Paolo Toscanelli gehandelt. Es scheint im Umfeld der Kolumbus-Familie zu Fälschungen gekommen zu sein. Näheres im Anhang (1).

DER KLEINE PLAN

Auf allen Karten waren westlich von Portugal im Atlantik Inseln eingezeichnet. Ihre Existenz war nur durch alte Erzählungen belegt, sie hießen etwa »Inseln der sieben Städte«, »Antilia« oder »Brasil«. Aber nach der Entdeckung der Azoren und anderer Inseln gab es ja keinen Grund, die Existenz weiterer Inseln oder Festländer auszuschließen. Ein Patent der portugiesischen Krone wird 1486 einem Fermam Dulmo ausgestellt, der

»... als Kapitän auszieht, um die Inseln der sieben Städte zu entdecken im Auftrag des Königs Unseres Herrn... und besagter Fermam Dulmo soll besagte Insel oder Inseln oder Festland als Alcalde regieren...«

Die Expedition sollte von den Azoren nach Westen aufbrechen. Über den Verlauf ist nichts bekannt. Das Patent besagt übrigens auch, daß ein Deutscher teilnehmen soll:

»E quamto he ao cavalleiro allemam, que em companhia...« Ein deutscher Ritter soll sie begleiten...

Es konnte sich nach Lage der Dinge nur um... ja schon wieder nur um Behaim handeln. Er hatte auf den Azoren eingeheiratet, beschäftigte sich mit der Seewegfrage und beriet die portugiesische Krone. Von keinem anderen Deutschen ist dergleichen bekannt geworden.

Martin Behaim. Er war immerhin so berühmt, daß die Familie ein Portrait in Auftrag gab.

HANDELN ODER EROBERN?

Wir wissen nicht, ob Behaim der Krone vor 1492 den großen Plan vorgeschlagen hat. Von Kolumbus wissen wir, daß er einen Vorschlag gemacht hat, aber nicht welchen. Wenn er die Suche nach einem Seeweg nach Asien vorgeschlagen hat, ist es kein Wunder, daß er abgelehnt wurde. Marco Polo hatte berichtet, der Khan könne kurzfristig 360000 Reiter und 120000 Mann Fußtruppen mobilisieren; und die Heere von Cipangu hätten eine Invasion der mächtigen Flotte des Khans abgewiesen. Mit China (Cathay und Mangi) und Japan (Cipangu) konnte man also lediglich Handel treiben. Behaim und Kolumbus gehörten zum Bürgertum, waren Kaufleute, also eher am Profit durch Handel interessiert. Die Feudalherren sahen die Priorität in der Eroberung, gemäß der Tradition der Kreuzzüge. Aber niemand konnte einfach losfahren, um sich auf eigene Faust irgendwelche Länder anzueignen. Man brauchte die Genehmigung des Papstes und ein königliches Patent, in denen Ämter und Abgaben in den neuen Kolonien genau festgelegt wurden. Laut den Patenten der portugiesischen Krone war das Ziel die Auffindung und Eroberung

»gewisser Inseln und Festland im Ozean«.

Was heißt »Festland«? China? Nein, China konnte man ja nicht erobern. Aber warum sollte es im praktisch unerforschten Atlantik nicht auch »Festland« geben, bevor man Asien erreichte? Man glaubte, die Inseln der sieben Städte seien von Christen bewohnt. Die Azoren hatte man unbewohnt vorgefunden. Die Bewohner der Kanaren und der afrikanischen Küste hatten gegen die Waffen der Kolonisatoren nichts ausrichten können. Man konnte also auf leichtes Spiel hoffen, auch mit wenigen Schiffen.

KEIN GELD

Der große Plan entsprach demnach also nicht den Interessen der Feudalherren. Falls Kolumbus den »kleinen Plan« vorgeschlagen hatte, gab es einen banalen Grund für die Ablehnung. Die Krone erteilte zwar die Patente, das finanzielle Risiko aber mußten die »Unternehmer« der Expedition tragen. Kolumbus hatte kein Geld, und das war auch das Hauptproblem, als er in Spanien vorsprach. Die katholischen Majestäten hatten einen kostspieligen und langwierigen Krieg gegen das muslimische Granada angezettelt. Die Informationen, die Kolumbus aus Portugal mitbrachte, waren den Kronbeamten offenbar einiges wert, denn sie zahlten ihm eine Zeitlang ein kleines Gehalt. Aus einem Brief des portugiesischen Königs geht hervor, daß sich Kolumbus in Portugal strafbar gemacht hatte. Geheimnisse verraten? Karten geklaut? Steuern hinterzogen? Leider wird das Delikt nicht genannt. Nach Auskunft des Chronisten Bernaldez, der ihn kannte, handelte Kolumbus in Spanien mit gedruckten Büchern. Kolumbus selbst sagt nur, daß er sieben Jahre lang in Spanien kein Gehör fand. Für welchen Plan?

ETWA INDIEN?

Es gibt kein Selbstzeugnis von Kolumbus aus der Zeit vor seiner ersten Reise. Fernando und Las Casas behaupten, er habe den Seeweg nach »las Indias« suchen wollen, nennen aber keine Details seines Plans. Laut Fernando hat er die Details auch den Beratern der spanischen Krone verschwiegen.

»Die Mitglieder des Gremiums waren nicht so gut informiert, wie es die Sache erforderte. Auch enthüllte der Admiral nicht alle Details seines Plans, weil er fürchtete, er könne von Kastilien gestohlen werden, wie es in Portugal der Fall war.«

Fernando nennt dann einige Einwände des Gremiums, die so lächerlich sind, daß sie angesichts des hohen Standes der spanischen Gelehrsamkeit einfach nicht glaubhaft sind.

NACH INDIEN? EINE LÜGE?

Die Geheimnistuerei von Fernando ist lächerlich, denn: Der Plan konnte doch einfach nur darin bestehen, nach Westen zu segeln. Aber wohin? Fernando meint: Nach Indien.

»Indem er diesen Namen benutzte, hoffte er, das Interesse der katholischen Majestäten zu erwecken, die an dem Unternehmen zweifelten, und er erzählte ihnen, daß er ›India‹ auf dem Weg nach Westen entdecken werde… Er hatte um so eher einen Grund, es zu tun, weil er wußte, daß alle Menschen von dem großen Ruhm und Reichtum von ›India‹ gehört hatten.«

Es wurden schon Karten gedruckt, auf dem Indien in westlicher Richtung 220 Grad weit entfernt war. Hätte er »nach Indien« gesagt, wäre er wirklich ausgelacht worden. Nein, so blöd kann Kolumbus nicht gewesen sein. Fernando lügt offensichtlich, um die Ehre seines Vater zu retten. Fernando:

»Ein Meister Rodrigo… und einige andere haben den Admiral kritisiert, weil er diese Länder ›las Indias‹ genannt hat, die es nicht sind.«

Wie es zum Namen »las Indias« kam, ist ebenfalls im Anhang (2) nachzulesen. Vor der Abreise war offensichtlich nie von Indien die Rede. Vielleicht hatte Kolumbus die Absicht, den großen Plan zu realisieren. Die Frage ist nur, ob er ihn auch vorgeschlagen hat. Auch in Spanien hatte der kleinere Plan die größeren Aussichten, von der Krone angenommen zu werden. Was Kolumbus auch immer vorgeschlagen hat, verhandelt hat er im Hinblick auf Eroberungen – mit knallharten Forderungen. Von der Anbahnung eines neuen Handelsweges ist im Vertrag keine Rede.

HANDELN ODER EROBERN?

Nach den offiziellen Dokumenten ging es bei den Verhandlungen zwischen der spanischen Krone und Kolumbus beiden Teilen nur um die Erträge und die Verwaltung einer zu eroberndenen Kolonie. Das schloß die Erwähnung von China natürlich aus. Die Kronbeamten formulierten im Namen ihrer Majestäten:

Die Kolumbusfamilie. Eine im 19. Jahrhundert verbreitete Idylle. Tatsächlich wuchs Diego unter Aufsicht der Krone auf.

»In Erwägung, daß Sie, Christoval Colón, aufbrechen werden, um auf unseren Befehl mit unseren Schiffen und unseren Leuten bestimmte Inseln und Festland im ozeanischen Meer zu entdecken und zu gewinnen, … ist es unser Wunsch und Wille, daß Sie, der besagte Don Christophe Colomb, nachdem Sie die besagten Inseln und Festland im ozeanischen Meer entdeckt und erobert haben, oder eine von ihnen, unser Admiral der besagten Inseln und Festland sind, die Sie entdeckt und erobert haben, und daß Sie unser Admiral und Vizekönig und Gouverneur sind, und daß Sie sich danach Don Christophe Colomb titulieren dürfen, und so auch Ihre Söhne und Nachfolger…«

Die Rechtsverhältnisse in der Kolonie, die Übertragung der Privilegien auf die Erben: Alles wird peinlich genau geregelt – und trotzdem kommt es nach dem Tod von Kolumbus zu einem Prozeß. Dabei ging es um folgenden Passus aus dem Vorvertrag:

»Von jeder Ware jedwelcher Art, seien es Perlen, Edelsteine, Gold, Silber, Gewürze,… die gekauft, getauscht, gefunden, gewonnen und sich befinden, in den Grenzen besagter Admiralschaft, die Eure Hoheiten dem besagten Don Christophe verleihen und wollen, daß er für sich den zehnten Teil nimmt, nach Abzug aller gemachten Ausgaben, der Art, daß, von dem was netto und frei bleibt, er selbst den zehnten Teil hat und für sich nimmt, und er verfahre damit nach seinem Willen, wobei die übrigen neun Teile bei Ihren Hoheiten verbleiben.«

(Die Anrede Don ist wohl eine spätere Einfügung des Kopisten, Kolumbus mußte sie sich ja noch verdienen).

DAS ZEITALTER DER ENTDECKUNGEN

Der Vertrag der Krone ist ein klarer Auftrag, Land in Besitz zu nehmen und Herrschaft auszuüben. Ein Rechtstitel für die Besitznahme wird nicht formuliert, da er durch die Aufrufe zu den Kreuzzügen längst im Bewußtsein verankert war: Die Welt gehört der römischen Christenheit, ihr oberster Lehnsherr ist der Papst. Als Muster für die Capitulaçiones von Granada im April 1492 dienten offensichtlich die portugiesischen Patente. Diese Texte weisen tatsächlich den Weg in ein neues Zeitalter, in das der Kolonisierung der gesamten nichtchristlichen Welt. Der größte Teil der zu besetzenden Länder und zu unterdrückenden Völker mußte aber noch aufgespürt werden. Da dieser Vorgang mit enormen Häßlichkeiten verbunden war, griffen spätere Schöngeister zum Wort »entdecken« und kreierten damit das »Zeitalter der Entdeckungen«. Die fromme Variante der Unterstellung »idealer« Ziele heißt: »Ausbreitung des Christentums«. Die Dokumente der Praktiker sprechen jedoch eine andere Sprache. Die Expeditionen waren teuer, und weder neue Erkenntnisse noch Bekehrungen warfen unmittelbare Gewinne ab. Billiger als der Eintausch von Waren war ihre gewaltsame Aneignung. Die Suche nach einem Handelsweg in den Fernen Osten war also nicht das Hauptziel weiterer Erkundungen, aber es wurde weiter verfolgt, und zwar naturgemäß eher von Kaufleuten.

VERDIENSTE

Die Mehrzahl der Biographen hält Kolumbus für einen großen Gelehrten und Seemann. Sie übernehmen kritiklos die Sichtweise von Sohn Fernando und Las Casas, deren Texte fast identisch sind (HISTORIE und HISTORIA). Da die Texte von Kolumbus selbst und seine seemännischen Leistungen eher Mittelmaß anzeigen, werden andere »Verdienste« bemüht. Wobei unterstellt wird, daß die Kolonisierung Amerikas »verdienstvoll« war. So wird etwa die Hartnäckigkeit gelobt, mit der Kolumbus die Expedition betrieb und das Geschick, sie bei Hof durchzusetzen. Er allein? Übersehen wird in der Regel ein weiterer Kandidat für »Verdienste«: Martin Alonso Pinzón, der als Kapitän der Pinta Kolumbus begleitete.

PINZON SELBST EIN »ENTDECKER«?

Es gibt amtliche Dokumente, nach denen Martin Alonso unabhängig von Behaim und Kolumbus den Plan für eine Atlantikexpedition ins Auge faßte: die PROTOKOLLE vom Prozeß, den die Kolumbus-Familie 1515 gegen die spanische Krone anstrengte. Die Krone verweigerte Diego Colon, dem zweiten Sohn von Kolumbus, die Anteile an den Erträgen neuer Kolonien. Verhört wurde auch Perez Pinzón, ein Sohn von Martin Alonso. Der Schreiber notiert:

»Er antwortet, daß er Bescheid wüßte, weil er der Sohn des besagten Martin Alonso Pinzóns sei. Daß er sich in Rom aufhielt mit Handelswaren seines Vaters, und daß sein Vater in Rom war, ein Jahr bevor er auf Entdeckungsfahrt ging, und daß der besagte Martin Alonso Pinzón, Vater des Zeugen, sich eines Tages in der Bibliothek des Papstes aufhielt, wo er viele Male war, weil er sich oft mit einem Diener des Papstes unterhielt, den er kannte und der ein großer Kosmograph war, und der viele und große Schriftstücke hatte und zeigte. Der besagte Vater und der Zeuge sprachen viele Male mit dem besagten Diener des Papstes… So wurden sein besagter Vater und dieser Zeuge über die Länder informiert, die er entdecken wollte… Und er sagte oft zu diesem Zeugen, daß er zwei Schiffe ausrüsten und diese Länder entdecken wolle…«

Sohn Perez Pinzón war ein Zeuge der Krone, aber er hatte auf die Bibel geschworen, und Meineid war mit schweren Strafen bedroht. Die Pinzóns stammten aus Palos im spanischen Südwesten. Die kleine Hafenstadt sollte nach einer Verfügung der Krone zwei Karavellen für die Atlantikexpedition stellen. Die Prozeßprotokolle sind die einzige Quelle über die Vorgänge in Palos vor der Abfahrt. Die meisten Zeugen aus Palos sagten aus, erst durch die Überzeugungsarbeit Pinzóns hätten sich genug Seeleute bereit gefunden, an der Fahrt teilzunehmen – und ohne ihn hätte sie nicht stattgefunden.

PINZON CAPITAN PRINZIPAL

Reisen bildet. Wir drehen in Palos und suchen das obligatorische Kolumbusdenkmal. In jeder spanischen Stadt, die sich mit Kolumbus verbunden fühlt, steht er meist überlebensgroß, nach Westen zeigend, einen Erdball in der Hand. Der Genuese ist schließlich zum obersten säkularen Nationalheiligen Spaniens avanciert. Hier in Palos suchen wir vergebens. Das Denkmal auf der kleinen Plaza trägt den Namen Martin Alonso Pinzón. Wir drehen es in der gleißenden Mittagshitze, weil wir es eilig haben, wie immer. Die Einheimischen schauen uns verwundert aus dem Schatten einer Kolonnade zu, einer läßt uns ein paar Biere bringen. Als wir fertig sind, setzen wir uns zu den Leuten. Es sind einfache Leute, aber Fachleute. Ihr Wissen beruht nicht auf den Lobreden von Fernando Colombo, Las Casas und ihren Nachbetern, die das Denkmal literarisch ausgegossen haben.

Martin Alonso Pinzòn

Palos

Die Menschen hier in Palos haben die Protokolle der Aussagen ihrer Vorfahren gelesen, im Gegensatz zu den meisten Kolumbus-Biographen. Wem das Hauptverdienst zukomme? Welche Frage: den Pinzóns natürlich. Wer hat die Leute überzeugt, die Reise sei nicht gefährlich? Ein hergelaufener Fremder, mit einem Stück Papier der Könige aus dem fernen Granada? Nein Pinzón war es natürlich. Wer hat unterwegs die Umkehr verhindert? Wer hat den entscheidenden Kurswechsel vorgeschlagen? Pinzón, kein anderer. Haben nicht etliche Zeugen gesagt, Pinzón sei der »capitan principal« gewesen? Lokalpatriotismus? Natürlich, aber er ist fundierter als der Patriotismus einer ganzen Nation, was sage ich, ganz Europas, das mit seinen Denkmälern, seiner Erbauungsliteratur, seinen Schulbuchromanzen die »Entdeckung« und Kolumbus verklärt. Nein, die Leute in Palos haben dergleichen mit Pinzón nicht vor, aber sie finden ihren Mann zu Unrecht in den Schatten gestellt.

DIE ERSTE GESELLSCHAFT

Alle Quellen besagen, Kolumbus habe sich in der Umgebung von Palos aufgehalten, bevor die Krone den Vertrag ausfertigte. Das sagen auch mehrere Zeugen bei den Verhören. Folgt man dem Sohn von Pinzón, war Kolumbus vorher auch in Palos:

»*Er (Martin Pinzón) erhielt in der Bibliothek von Papst Innozenz VIII. ein Schriftstück… Nach seiner Rückkehr von Rom nach Kastilien, entschloß er sich, besagte Länder zu entdecken… Zu dieser Zeit kam der Admiral in Palos an mit dem Wunsch, diese Länder zu entdecken.*«

Pinzón, so der Zeuge, sprach mit Kolumbus und stimmte dem Plan zu und:

»*Er zeigte ihm das besagte Schriftstück, das ihn sehr ermutigte und der besagte Martin Alonso gab dem besagten Admiral Geld und schickte ihn an den Königshof… Als der Admiral vom Hof zurückkehrte, brachte er einen Befehl Ihrer Hoheiten und eine bestimmte Summe Geld, um diese Länder mit drei Schiffen zu entdecken. Als er in der Stadt Palos ankam, fand er niemanden, der es wagte, mit ihm zu gehen, noch jemanden, der ihm Schiffe geben wollte. Sie sagten, wenn er gehen würde, würde er niemals Land finden…*«

Nach drei Monaten, so der Zeuge, waren Kolumbus und Pinzón handelseinig. Kolumbus mußte die Hälfte der Belohnung versprechen, die der Hof ausgesetzt hatte. Pinzón besorgte Schiffe und Mannschaften, Kolumbus Geld und den Kontrakt. Im Grunde sind die Krone, Kolumbus und Pinzón Gesellschafter. Diese Vereinbarung ist, wie wir sehen werden, durchaus wegweisend. Da Kolumbus die Pinzóns um ihren Anteil betrogen hat, ist auch dieser Aspekt der Romantisierung der Kolumbusfigur zum Opfer gefallen.

WO WAR DIE ARMADA? IN CHINA?

Im BRIEF des Kolumbus wird zur Lokalisierung der »Entdeckung« nur ein Name genannt, der auf Karten verzeichnet war: Catayo. Da die Entfernung nach China allgemein unterschätzt wurde, konnte Kolumbus nach 33 Tagen Fahrt in Richtung Westen mit günstigen Winden durchaus annehmen, in der Nähe von China angekommen zu sein.

»*Als ich die Insel Juana (Cuba) erreichte, folgte ich der Küste nach Westen, und ich fand sie so groß, daß ich dachte, es wäre Festland, die Provinz Catayo. Und da ich weder Städte noch Dörfer fand, außer kleinen Siedlungen, mit deren Leuten ich nicht sprechen konnte, weil sie sofort flohen, fuhr ich diesen Weg weiter, darauf bedacht, keine Städte oder Dörfer zu übersehen.*«

Kolumbus also behauptet kurz nach der ersten Reise noch nicht, er habe Festland berührt oder China erreicht (… ich dachte…).

IN CIPANGU?

Fernando Colombo und Las Casas gehen davon aus, daß Kolumbus glaubte, er habe mit Cuba Asien erreicht. (Kolumbus glaubte dies bis zu seinem Tod.) Beide Kompilatoren verehren Kolumbus, beide wollen einen Text benutzt haben, der von ihm selbst stammen soll. Und doch könnte man denken, es seien Gegner von Kolumbus am Werk gewesen. BORDBUCH und HISTORIE vermitteln den Eindruck einer Irrfahrt, während der Kolumbus nie wußte, wo er eigentlich war. In beiden Werken ist davon die Rede, daß er »las Indias« erreicht hatte. Das allerdings war der inzwischen für die Kolonien gebräuchliche Name. Sie wußten, daß die Armada in dieser Gegend angekommen war. Zur tatsächlichen Lokalisierung können demnach nur die Ortsnamen von Marco Polo dienen. Cipangu (Japan) wird zum ersten Mal am 6. Oktober erwähnt, also vor der Landsichtung am 12. Oktober:

Columbi erste Schiffahrt in Indien / Anno 1492. VIII.

Abfahrt in Palos, Stich aus De Bry, Americae, Frankfurt 1590.

»*In dieser Nacht sagte Martin Alonso (Pinzón), es wäre gut, einen Strich von Westen nach Südwesten zu halten. Und dem Admiral schien es nicht so. Dieser Martin Alonso sagte es wegen der Insel Cipango*«.

De Bry hat die Vorgänge noch nicht romantisiert. Die Herrscher sind Staffage, im Hintergrund zählen die Finanziers das Geld, um das es im wirklichen Leben eben geht.

25

Am nächsten Tag ändert Kolumbus laut BORDBUCH doch den Kurs auf Südwesten, weil die Vögel in diese Richtung flogen. BORDBUCH 22. Oktober, Las Casas zitiert wörtlich aus einem Brief von Kolumbus an die Krone.

»… eine andere sehr große Insel, von der ich glaubte, es müsse sich um Cipango handeln, nach den Zeichen, die mir die Indios geben, die ich mitführte… 23. Oktober… Ich wollte nach der Insel Cuba aufbrechen, von der ich glaubte, es müsse Cipango sein…
24. Oktober. Nach ihrer Sprache, die ich nicht verstehe, ist es die Insel Cipango, von der wunderbare Dinge erzählt werden, und die ich auf Globen und Weltkarten eingezeichnet gesehen habe…«

Das klingt so, als hätte er keine Karte mitgeführt. 26. Oktober, Las Casas zitiert nicht mehr, sondern kompiliert wieder.

»Er brach nach Cuba auf, denn nach den Zeichen, die ihm die Indios von der Größe und dem Reichtum und dem Gold und den Perlen gaben…, wurde ihm klar: Cipango…«

MENSCHENFRESSER

Wenn Kolumbus Marco Polo gelesen hätte, wäre er sofort geflohen.

»Wenn die Bewohner der Insel Cyampagu einen fremden Menschen fangen, dann lassen sie ihn gegen Lösegeld frei, wenn er zahlen kann. Wenn er aber für seinen Loskauf kein Geld hat, so töten sie ihn und essen ihn gekocht und laden zu einem solchen Mahl ihre Verwandten und Freunde ein…«

IN CHINA?

Nachdem die Armada Cuba erreicht hat, kommt das Wort Cipango nicht mehr vor. Am 28. Oktober:

»Der Admiral nahm an, die Schiffe des Gran Can kämen dorthin, auch große, und von dort bis zum Festland sei es eine Reise von zehn Tagen.«

Das BORDBUCH beschreibt nun die Suche nach Gold entlang der Nordküste Cubas. Seit Kolumbus den 26. Breitengrad verlassen hat, verliert er die Orientierung. 30. Oktober:

»Der Kapitän der Pinta sagte, er habe (von den Gefangenen) gehört, daß dieses Cuba eine Stadt und daß dieses Land ein großes Festland sei.«

Cuba liegt auf dem 22. Breitengrad. Kolumbus erkennt dies nicht.

»Es schien dem Admiral, 42 Grad nördlich vom Äquator entfernt zu sein, wenn nicht der Text verfälscht ist, von dem ich dies übernehme.«

Las Casas war sich bewußt, daß ihm eine Kopie vorlag. Er hatte jahrelang auf Cuba gelebt und wußte, daß 42 Grad nicht stimmen konnten. Auf dem Behaim-Globus liegt die Provinz Cathay ungefähr auf dieser Breite. Wenn Kolumbus eine Karte diesen Typs bei sich gehabt hatte, ist die anschließende Schlußfogerung verständlich:

»Der Admiral… sagt, daß er versuchen muß, zum Gran Can zu gehen, von dem er dachte, daß er dort wäre oder in der Stadt Cathay, die dem Gran Can gehört und sehr groß ist, wie man ihm gesagt hat, bevor er Spanien verließ…«

Nur gehört, also Marco Polo doch nicht gelesen? Kein Wunder, daß er nicht weiß, wo er ist. Seine Schätzung von 42 Grad hätten er oder Las Casas eigentlich kommentieren müssen: »Bei der Überfahrt bin ich trotz Westkurs vom 26. bis zum 42. Grad nach Norden abgetrieben worden.«

UND WO IST DER POLARSTERN?

Hat Kolumbus ihn während der Überfahrt nicht ständig im Auge behalten, 26 Grad über dem Horizont? Offenbar nicht. Wie wäre es, wenn er zum Quadranten greifen würde – obwohl man den Unterschied natürlich mit bloßem Auge sieht. Vielleicht war der Himmel am 30. und 31. Oktober bedeckt – keine Rede von einer Messung.

WORTLOSE WENDE

Die Armada ist bisher entlang der kubanischen Küste in westlicher Richtung gesegelt – nur dort konnten all die berühmten Orte liegen. Aber am 31. Oktober geht Kolumbus auf Gegenkurs, zurück nach Osten, Richtung Heimat. Keine Rede von Indien, das er doch angeblich erreichen wollte, kein Wort über die berühmten Städte, die hinter jedem Kap liegen könnten. Noch ist nicht klar, ob die Küste zum Festland oder einer Insel gehört, und trotzdem geht Kolumbus kommentarlos auf Ostkurs, entlang einer Küste, die er schon untersucht hatte. Und der Grund:

»*Der Himmel zeigte einen kräftigen Wind an.*«

Ende des Kommentars. Kolumbus geht während der ersten Reise nicht mehr auf Westkurs.

WEIL ES KALT WAR

Am nächsten Tag, dem 1. November, glaubt Kolumbus zu wissen, wie weit es noch bis China ist. Las Casas scheint nicht sehr überzeugt:

»*Es ist sicher – sagt der Admiral –, daß dies das Festland ist und ich befinde mich – sagt er – vor Zaitó und Quinsay, 100 leguas (400 Meilen) oder etwas mehr oder weniger entfernt, das zeigt das Meer, das nun von der anderen Seite kommt als vorher, und gestern, als ich nach Nordwesten fuhr, fand ich, daß es kalt war*«.

Die Schlußfolgerung eines großen Gelehrten und Seemannes?

42 GRAD GEMESSEN

Am 2. November waren die Wolken offenbar verzogen. Kolumbus sucht Rat in den Sternen:

»*Hier nahm der Admiral die Höhe mit einem Quadranten und fand, daß es 42 Grad vom Äquator waren, und er sagt, daß sie nach seiner Rechnung von der Insel Hierro (Kanaren) tausend und hundert und zwei leguas zurückgelegt hätten. Noch immer bestätigt er, daß es Festland war.*«

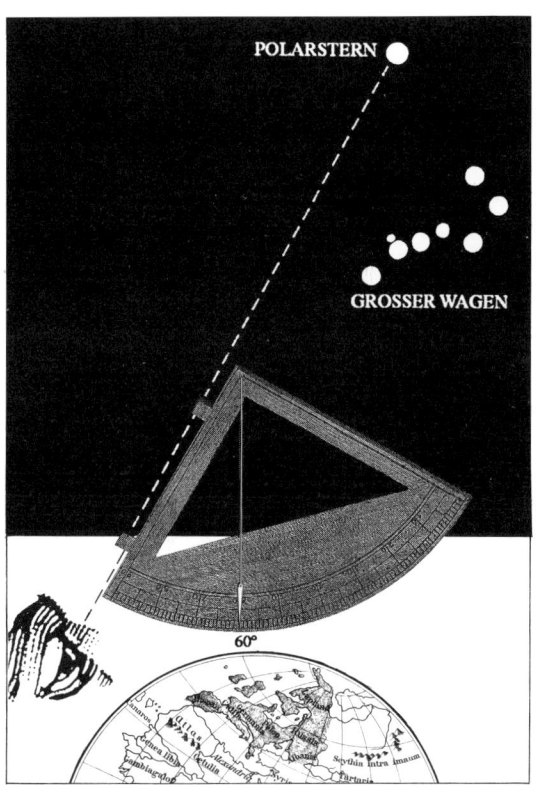

Die Erdachse zeigt auf den Polarstern, also dreht sich der Himmel um ihn. Am Pol sieht man ihn im Zenit, auf dem Äquator am Horizont. Zielt man über Kimme und Korn mit der oberen Kante auf den Polarstern, so ist diese parallel zur Erdachse ausgerichtet. Am Pol hängt das Lot parallel zur Peilrichtung, zeigt also auf 90 Grad. Am Äquator hängt es im rechten Winkel dazu, zeigt also auf 0 Grad. Zwischen Pol und Äquator zeigt es auf den jeweiligen Breitengrad. Einfacher geht's nicht.

Am Rand notiert Las Casas:

»*Das ist falsch, denn Cuba befindet sich auf keinem anderen Breitengrad als ****«

Las Casas weiß, daß Cuba eine Insel ist und weit südlich des 42. Breitengrads liegt. Auf welchem genau weiß er im Moment auch nicht und so läßt er Platz für eine spätere Eintragung. Das hat er dann aber vergessen. Die 20 Grad, um die sich Kolumbus irrt, machen immerhin 2200 Kilometer aus. Wir zeigten unserem Begleiter bei den Dreharbeiten auf Cuba einen Nachbau der damals üblichen Quadranten, nachts vor dem Hotel, schon leicht beschwingt. Er hatte noch nie so ein Ding in der Hand gehabt und ermittelte auf Anhieb annähernd richtig 21 Grad – innerhalb von 30 Sekunden.

NOCH MAL 42 GRAD

Das BORDBUCH erwähnt nun keine Namen wie Cathay oder Cipangu mehr. Dafür nimmt das Wort Gold lawinenartig zu. Am 21. November schreibt Kolumbus noch einmal zur Messung:

»*Der Admiral fand 42 Grad nördlich des Äquators, wie im Puerto des Mares, aber er sagt hier, daß er den Quadranten hängen ließ, bis er an Land käme, um ihn zu richten. Es schien ihm nicht so weit entfernt zu sein…*«

Wenn es Kolumbus selbst zuviel schien, kann es sich nicht um Kopierfehler handeln. Kolumbus konnte entweder nicht mit dem Quadranten umgehen, oder er wußte nicht, wo der Polarstern stand, oder die Vorlage von Las Casas war Dichtung. Las Casas hält es nicht mehr für einen Kopierfehler. Er fährt fort:

»*… und er hat recht, denn das war unmöglich, denn diese Inseln liegen auf *** Grad. Um sich zu überzeugen, daß der Quadrant gut ginge, sagt er, hat er beobachtet, daß der Polarstern so hoch stand wie in Kastilien.*«

Kastilien liegt etwa auf 38 Grad. Kolumbus hatte also jedesmal einen falschen Stern angepeilt. Das ist kaum zu begreifen, weil alle Sterne deutlich um den Polarstern kreisen. Solche Fehler kann nur jemand begehen, der von Astronomie nichts versteht. Am 13. Dezember erfolgt auf Haiti die letzte Messung:

»*Er sagt auch, daß er mit dem Quadranten fand, daß es zum Äquator 34 Grad waren.*«

Nur noch 14 Grad daneben, aber noch immer 1 500 Kilometer und fast eine Handbreit am Himmel, wenn man den Arm ausstreckt. Kein Wunder, daß die Krone später vergeblich einen Bericht mit den genauen Positionen anforderte.

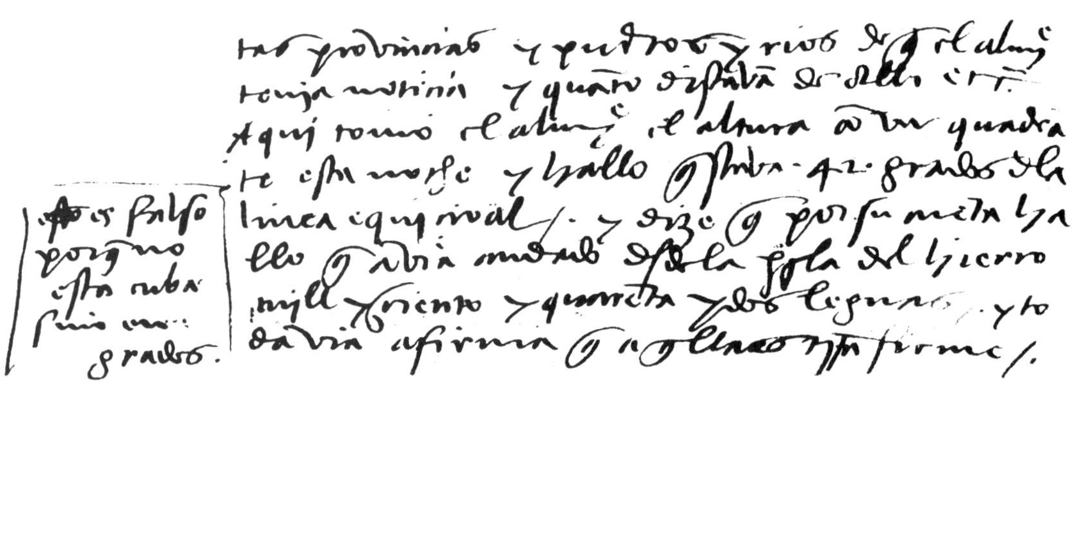

BORDBUCH mit der Randbemerkung von Las Casas. Biblioteca Nacional, Madrid.

IMMER WIEDER GOLD UND GEWÜRZE

Dafür rühmt sich Kolumbus in seinem BRIEF selbst, indem er das Vorgefundene rühmt. Er meldet ein kolonisierbares Paradies. Das kann er gut.

»In diesen Ländern gibt es viele Metallminen und es gibt Leute in unschätzbarer Zahl… Española ist wundervoll. Die Gebirge und Berge und die Ebenen und die Felder und die Länder sind so schön und groß zum Pflanzen und Säen, um Vieh aller Art zu züchten, zur Erbauung von Städten und Ortschaften. Von den Häfen am Meer kann man ohne sie zu sehen keinen Glauben haben und von den vielen und großen Flüssen und gutem Wasser, und die meisten von ihnen enthalten Gold… Es gibt viele Gewürze und große Minen von Gold und anderen Metallen.«

SANFT UND WEHRLOS

»Die Leute auf dieser Insel und auf allen anderen, die ich gefunden habe und von denen ich Notiz nahm, gehen alle nackt, Männer und Weiber, wie sie ihre Mütter geboren haben, obwohl einige Frauen sich an einer Stelle bedecken, mit dem Blatt einer Pflanze oder einem Netz aus Baumwolle, die sie dafür machen. Sie haben kein Eisen, keinen Stahl und keine Waffen, noch sind sie dafür geeignet, nicht weil sie nicht gut gebaut sind oder von schöner Statur sind, sondern weil sie sehr furchtsam sind auf wunderbare Weise. Sie haben keine anderen Waffen außer Waffen aus Schilfrohr, wenn es den Samen hat, an dessen Ende sie ein scharfes Stöckchen anbringen. Und sie wagen es nicht, sie zu gebrauchen…«

Natürlich malt Kolumbus in seinem Hofbericht alles in den schönsten Farben. Er will eine historische Tat vollbracht haben, und er will den Auftrag für die Kolonisierung. Dazu gehört es, die Kosten für die Unterwerfung der Inselbewohner niedrig anzusetzen. So schildert er sie als äußerst friedfertig. Das entspricht nicht dem, was Kolumbus und andere Fahrtteilnehmer Pietro Martire erzählt haben.

Holzschnitte aus LA HISTORIA DEL MONDO von Girolamo Benzoni, Venedig 1565. Erste Bilder, die auf Beobachtungen von Reisenden beruhen.

Jedenfalls schreibt Martire am 13. September 1493 an Ascanio Sforza, Vizekanzler und Kardinal am römischen Stuhl:

»Dieses Volk, völlig zufrieden mit der Natur, ist nackt und nährt sich nur von Nahrungsmitteln, die von Bäumen kommen, mit einem Brot, das aus Wurzeln gemacht ist. Trotzdem wollen sie Herrschaft, und aus diesem Verlangen führen sie Kriege gegeneinander, mit Bogen und Lanzen, deren Spitzen hart gebrannt sind.«

Der »sanfte Wilde« war eine liebevolle Utopie abendländischer Schöngeister, die sich auf die Texte von Kolumbus und Las Casas beriefen.

ERSTE FESTUNG

Kolumbus übergeht im BRIEF den peinlichen Umstand, daß er in den Riffs vor Haiti das größere Schiff verloren hat. Auf den beiden kleineren können nicht alle zurückkehren.

»… (in diesem Española) habe ich Besitz von einer großen Ortschaft genommen, der ich den Namen ›Villa de Navidad‹ gab. In ihr habe ich einen Stützpunkt und eine Festung befohlen, die jetzt ganz fertig sein wird… Ich schloß Freundschaft mit dem König jenes Landes, zu diesem Grad, daß er sich rühmte, mich Bruder zu nennen…«

Das »Bruder« wird der König sich später noch einmal überlegen.

DER SCHIFFSJUNGE WAR'S

In der HISTORIE und der HISTORIA wird der Verlust des großen Schiffs fast gleichlautend geschildert. Wie Fernando berichtet, war die Brandung meilenweit zu hören. Kolumbus will geschlafen haben, und alle anderen auch. Sie müssen alle sehr tief geschlafen haben, bei dem Lärm. Schuld war, so Fernando, will heißen Kolumbus, der Schiffseigner, der einem Schiffsjungen das Ruder überließ. Wenn's schiefgeht, sind es immer die kleinen.

UNTERWERFUNG VERSCHOBEN

Die Tainos sind beim Bergen der Ladung behilflich, sie sehen in den Spaniern offenbar Gäste. Dem BORDBUCH ist nicht zu entnehmen, was Kolumbus den Taino-Fürsten konkret gesagt hat. Er betrachtete ihre Insel längst als sein, der Christenheit und der spanischen Krone Eigentum. Aber die strategische Lage ließ es wohl klüger erscheinen, eine offizielle Deklaration der Enteignung zu verschieben, bis mehr Bewaffnete zur Hand wären. Das gebot auch die Rücksicht auf die zurückbleibende spanische Besatzung. So schied man in Freundschaft. Kolumbus hatte es eilig, weil er Martin Alonso Pinzón mit der Pinta schon auf der Heimreise wähnte. Er fürchtete, laut BORDBUCH, Pinzón würde vor ihm in Spanien eintreffen und (3. Januar 1493):

»… könne die Könige mit Lügen informieren…«

Er unterstellt also Pinzón einen eigennützigen Umgang mit der Wahrheit, just das, was er selbst vorhat. 26. Dezember:

»Der Admiral sagt (den Hoheiten), er erhoffe von Gott, wenn er wie beabsichtigt von Kastilien hierher zurückkäme, würde er ein Faß voll Gold vorfinden, das die Zurückgebliebenen eingehandelt hätten, und daß sie die Goldminen und Gewürze gefunden hätten, und das in so großer Menge, daß die Könige noch vor Ablauf von drei Jahren zur Eroberung des Heiligen Grabes (in Jerusalem) aufbrechen könnten.«

JA WO WAR ER DENN NUN?

Kolumbus kommt knapp vor Pinzón an und wird zum Admiral des Ozeans und Vizekönig der entdeckten Inseln und Festländer ernannt. Nur ist nicht ganz klar, wo sich diese im einzelnen befinden. Man wußte nur, auf welchem Kurs man sie erreichen konnte. Es stand zutreffend im BRIEF:

»Diese Inseln sind vom Äquator 26 Grad entfernt.«

Kolumbus hatte sich offenbar während der Heimfahrt besonnen. Diese als Druck verbreiteten Angaben reichen aus, um die Inseln zu finden: Man muß von den Kanaren 33 Tage auf dem 26. Breitengrad nach Westen fahren. Dort liegen die Bahamas. Schon damit erledigen sich die noch immer wuchernden Spekulationen, Kolumbus hätte die Position der Inseln geheimhalten wollen. Er hat sie so genau angegeben, wie er konnte. Laut BORDBUCH wich die Armada kurz vor der Ankunft vom Westkurs nach Süden ab – auf den Rat Pinzóns. Demnach traf die Armada etwa auf dem 24. Breitengrad auf die erste Insel.

ALLES ANDERE VERSCHWOMMEN

Alle anderen Auskünfte von Kolumbus müssen eher Verwirrung gestiftet haben. Pietro Martire schreibt Ende 1493 an den Erzbischof von Braga:

»*Ein gewisser Kolumbus ist zu den westlichen Antipoden gesegelt, sogar, wie er glaubt, zu den indischen (indicum) Küsten… Ich lehne das nicht völlig ab, wenn auch die Größe des Globus etwas anderes vermuten läßt.*«

NEUE WELT

Einen Monat später ist Martire überzeugt, daß es sich um etwas Neues handelt. Er schreibt an Kardinal Ascanio Sforza:

»*Kolumbus? Jener Entdecker der neuen Welt, zum Admiral des indischen Meeres im Westen von meinen Königen ernannt…*«

Da erscheint es zum ersten Mal in der Arena der Schlagworte NOVO ORBIS – NEUE WELT. Kurz darauf schreibt Martire, der mit Kolumbus gesprochen haben will, einen längeren Brief an Sforza:

»*Nach Osten fahrend kam er zu einer Insel, die er für Ophyr hielt. Die Werke der Kosmographen genau erwägend sind es die Antiliæ insulæ.*«

Mit Ophyr ist ein asiatisches Land gemeint, nach dem Alten Testament bezog Salomon Gold von dort. Martire glaubt also nicht, daß Kolumbus in Asien war.

KEINE LÄNGEN UND BREITEN

Im BRIEF meldet Kolumbus die Besitznahme mehrerer Inseln, ohne deren Länge und Breite anzugeben.

»*Und ich nahm sie alle in Besitz für Ihre Hoheiten durch Proklamation und mit der königlichen Fahne und ich fand keinen Widerstand. Der ersten, die ich gefunden habe, gab ich den Namen San Salvador, zur Erinnerung an Ihre höchste Majestät, die wunderbarerweise das alles gegeben hat; die Indios nennen sie ›Guanahaní‹; der zweiten gab ich den Namen ›la isla de Santa Maria de Concepción‹; der dritten ›Fernandia‹; der vierten ›la Ysabela‹; der fünften ›la isla Juana‹ und so jeder einen neuen Namen.*«

Juan war der Thronfolger. Was sollte die Krone alleine mit den Namen anfangen, außer sich geehrt zu fühlen? Sie verlangt mehrfach genauere Angaben. Am 5. September 1493, kurz vor der Abfahrt zur zweiten Reise, richtet die Kanzlei im Namen der Könige ein sehr deutliches Schreiben an Kolumbus:

»*Um Ihr Buch besser zu verstehen, müssen wir die Grade der von Ihnen entdeckten Länder und Inseln wissen und die Grade des Wegs, den Sie eingeschlagen haben, zum Nutzen derer, die wir nun entsenden. Und ebenso schickt die Karte, um die wir Euch vor der Abreise gebeten haben, beschriftet mit den Namen… es erscheint uns gut, einen guten Astronomen mitzunehmen…*«

Die Königin schreibt ihm am gleichen Tag:

»*Die Seekarte, die ihr machen wolltet, schickt mir sofort zu, wenn sie fertig ist.*«

DER NAME DES ERLÖSERS – VERSCHWUNDEN

Wahrscheinlich war Kolumbus nicht in der Lage, die einzelnen Inseln in eine Karte einzutragen, da er ja Schwierigkeiten hatte, ihre genaue Position zu bestimmen. Bleibt die Frage, ob die von Kolumbus vergebenen Namen auf anderen frühen Karten auftauchen. Immerhin standen neben Christus (San Salvador) und der Gottesmutter auch Königin Isabella und König Ferdinand Pate. Die kann man doch nicht so leicht unterschlagen, denke ich, und suche auf frühen Karten nach. Fehlanzeige. Nur Española, Cuba und Guanahani sind verzeichnet, selten Juana für Cuba. Die wichtigste Karte stammt von Juan de la Cosa und ist auf das Jahr 1500 datiert. Sie zeigt schon Teile des Kontinents, Cuba als Insel und die Inselgruppe nördlich von Cuba und Española, die heute Bahamas genannt wird, aber ohne die Namen, die Kolumbus dort vergeben hatte. Dieser Juan de la Cosa ist übrigens nicht mit jenem Cosa identisch, der als Eigner des großen Schiffs an der ersten Reise teilgenommen haben soll. (Sein Name wird allerdings in keinem Bericht über die erste Reise genannt.)

GUANAHANI BLEIBT

Der Juan de la Cosa, der die Karte anfertigte, nahm an der zweiten Reise teil, bei der die Bahamas nicht aufgesucht wurden. Er konnte also nicht wissen, welche Inseln Kolumbus bei der ersten Reise mit den hehren Namen taufte. Die Kolonisten suchten schon vor 1500 von Española aus auch die Bahamas nach Gold und Sklaven ab. Auch sie konnten nicht wissen, welche von ihnen Kolumbus umbenannt hatte. In der Cosakarte sind für diese Inseln nur die Namen der Einheimischen angegeben. Cosa hat sie entweder unterwegs selbst von ihnen gehört oder heimkehrende Kapitäne und ihre Sklaven danach befragt. Er trug in seiner Karte die zuerst gesichtete Insel nur als Guanahani ein. Wußte er nicht, daß Kolumbus sie San Salvador genannt hatte? Hat er es vergessen? Wollte er es unterschlagen? Wir wissen es nicht. Cosas Kartierung ist zu ungenau, um Guanahani-San Salvador unter den Bahamainseln eindeutig zu lokalisieren. Es kommen mehrere der mittleren Inselgruppe in Frage.

Aus dem BRIEF, Basel 1493. Alles Phantasie, natürlich auch die Lage der Inseln mit den berühmten Namen.

2 VERWISCHTE SPUREN, DEUTLICHE FOLGEN

HIER WAR ES

Auf modernen Karten ist San Salvador verzeichnet. Also fliegen wir hin, 1988 ab Nassau mit einer Zweimotorigen. Das Terminal ist eine bessere Hütte. Unser kleines Hotel ist das einzige Hotel. Die Insel Salvador hat nur ein paar hundert Einwohner, die ein eher bescheidenes Leben führen müssen. Der Tourismus bringt wenig, sie hoffen auf die Feiern zum 500. Jahrestag der Landung. Zweifel, über die richtige Insel zu verfügen, haben sie nicht. Anderslautende Behauptungen weisen sie jedenfalls empört von sich.

»Sie sind falsch. Seichtes Gerede. Hier ist die richtige Stelle, wo Kolumbus es fand.«

Sagt uns ein freundlicher Mann mit einem sehr bunten Hemd. Wir fragen die höchste weltliche Autorität, den Commissioner:

»Jetzt versuchen viele Leute, andere Inseln oder Länder ins Spiel zu bringen. Aber es ist international bekannt, daß Kolumbus auf San Salvador den ersten Schritt in der Neuen Welt tat.«

Wir erfahren, daß die Insel früher Watling's Island hieß. Erst als sich die Stimmen mehrten, es handele sich um die Erstsichtungsinsel, wurde sie 1926 in San Salvador umgetauft. Andere Experten plädierten weiter für benachbarte Inselkandiaten. Schließlich schritt der Kolumbusbiograph Samuel E. Morison mit dem BORDBUCH in der Hand die Insel ab und sprach das vorläufige Schlußwort: Hier war's.

Das sagt auch der Ex-Polizist, der einen der beiden kleinen Lebensmittelläden betreibt.

»Es ist die richtige Insel, auf der Kolumbus landete. Da gibt es keinen Zweifel, unter keinen Umständen. Das ist DIE Insel.«

Und was sagt die freundliche Dame im Souvenirladen, die manchmal tagelang auf Kundschaft wartet:

»Es ist ganz bestimmt San Salvador. Ich weiß das seit meiner Kindheit. Auch die Geschichte sagt es: Es ist San Salvador.«

Die Nigritten werden auß Mohrenlandt in die newe Insel zum Bergwerck/ geschickt.

Bergwerke in der spanischen Kolonie. De Bry, Americae, Frankfurt 1590.

Katholische Kirche auf San Salvador.

COLUMBUS

AUSGEROTTET

Die Leute haben keine Erzähltradition, die auf die Erinnerung an die Ankunft der Spanier zurückgeht. Ihre Vorfahren waren Sklaven, die aus Afrika hierher verschleppt worden waren. An der katholischen Kirche von San Salvador wird allerdings an die »Entdeckung« erinnert. Father Bromenshekel erzählt uns, was mit den ursprünglichen Besitzern der Insel geschah:

»Kolumbus war ein Produkt seines Zeitalters. Und der Name des Spiels war damals: Erobern. Daher wurden die ursprünglichen Bahamesen ausgerottet.«

Die ursprünglichen Bahamesen nannten sich Arawaks. Die Entvölkerung bestätigt auch Pietro Martire im Jahr 1525:

»Die Lukayischen Inseln (die Bahamas) waren einst stark bevölkert. Jetzt sind sie verlassen, was allgemein zugegeben wird, weil man die armen Bewohner aus dem dicht besiedelten Gebiet zu harter Arbeit in die Goldminen auf Española und Fernandia (Cuba) fortgeschleppt hat.«

Father Bromenshekel fuhr fort:

»Sie wurden nicht durch Kolumbus ausgerottet. Nach allem, was wir wissen, war er ein Mann von großer Integrität. Und ein Mann großer Tapferkeit.«

Dem widerspricht ein anderer Geistlicher, nämlich Las Casas. Er zitiert in seinem BORDBUCH Kolumbus mit den Worten:

»Es legte ein Einbaum an, in dem sich sechs junge Männer befanden, und fünf kamen an Bord. Ich ließ sie festhalten und nahm sie mit.«

Las Casas kommentiert am Rand eine weitere Freiheitsberaubung:

»Das war nicht das Beste der Welt.«

Siedlungsplatz der Arawaks.

TRAURIGE RESTE

Als nächstes lassen wir uns von einem Ortskundigen zeigen, was von den Arawaks noch zu sehen ist. Von ihren Hütten natürlich nichts mehr, nur verwitterte Chonch-Muscheln: ihr Abfall. Der Platz in einer Bucht ist idyllisch, traurig idyllisch.

EIN ORT ZUM FEIERN

Dann fahren wir zur Landungsstelle, die Morison ausgemacht hat. Ein Holzkreuz, eine Tafel und ein Dutzend Fahnenstangen. Die 500-Jahr-Feier wird hier schon vorbereitet, obwohl noch nicht ganz klar ist, was es eigentlich zu feiern gibt. Der Ort hat schon höhere Weihen. 1987 haben 28 spanisch-amerikanische Länder in Anwesenheit des spanischen Königs auf der fünften Konferenz zur Vorbereitung der Feiern beschlossen:

»San Salvador ist die Insel der Entdeckung.«

Columbus als er in India erstlich ankommen/ wirdt von den Einwohnern mit grossem Geschenck verehret vnd begabet auffgenommen.

IX.

DA Columbus in seiner ersten Schiffahrt zu Land gefahren/ hat er an dem Gestaden deß Meers ein höltzin Crucifix lassen auffrichten/darnach ist er in die Insel Haytin/ welche er Hispaniolam nennet/ kommen/ vnd mit vielen Spaniern auff das Land außgestiegen/ An demselbigē Orth ward er von dem Cacico (also nennen sie die Königsche auff jhre Spraach) welcher Guacanarillus mit Namen hieß/ gantz freundtlich vnnd herrlich auffgenommen/ vnd als sie beyde einander mit Geschenck vnd Gaben verehreten/ haben sie ein Bündnuß der zukünfftigen Freundtschafft mit einander gemacht vnd bestättiget: Es verehret vnnd begabet Columbus den König mit Hembdern/ Hüten/ Messern/ Spiegeln vnd dergleichen/ Hergegen verehret vnd schencket dem Columbo der Cacicus ein grossen vnd schweren klotzen Goldts/ Capit. 7.

C ij   Columbus

Die amtliche Landungsstelle auf San Salvador.

Gedenkkreuz

LANDNAHME MIT TRÄNEN

Es ist also amtlich. Demnach hätte sich die Rührszene hier abgespielt, die Fernando der Nachwelt so mitteilt:

»Und, nachdem sie alle Gott gedankt hatten und auf der Erde knieten und sie küßten sie mit Tränen der Freude für die erwiesene Gnade, stand der Admiral auf und gab der Insel den Namen San Salvador. Mit angemessener Feierlichkeit und Reden nahm er sie im Namen der katholischen Könige in Besitz, vor den Leuten des Landes, die sich versammelt hatten. Als Konsequenz akzeptierten die Christen ihn als Admiral und Vizekönig und schworen ihm Gehorsam als dem Repräsentanten ihrer Hoheiten...«

Es gibt noch weitere Versionen der Rührszene, vielleicht sogar aus einem verschollenen Roman. Auch darüber mehr im Anhang (3).

De Bry läßt die »Entdeckten« zunächst fliehen (oben rechts), was der Realität näher kommen dürfte, als die tränenreiche Darstellung von Fernando.

WAR ES SAN SALVADOR?

Im BRIEF, den Prozeßprotokollen und bei Martire ist keine Rede von einer Landung auf der ersten Insel, und Oviedo zitiert einen Augenzeugen, der sie bestreitet. Alle frühen Quellen melden keine Landung auf der ersten Insel. Die Sache ist also ungeklärt. Samuel Eliot Morison geht von einer Landung auf der ersten Insel aus und will an Hand des BORDBUCHES sogar die Stelle ausgemacht haben. Sie wurde, wie gesagt, von einigen Staatsoberhäuptern sanktioniert. Aber soll man Politikern trauen? Schauen wir im BORDBUCH nach.

»Die Insel ist groß und ohne irgendeinen Berg.«

Berg auf San Salvador.

Schauen wir auf San Salvador nach. Die meisten Bahamainseln sind tatsächlich flach, aber San Salvador ist eben eine der Inseln, auf der es auch Berge gibt, und der höchste mißt 44,50 Meter. Prüfen wir weiter nach. Im BORDBUCH wird behauptet:

»*Die Insel ist sehr groß, hat viel Wasser und eine große Lagune in der Mitte.*«

Die große Lagune trifft für San Salvador zu, wie für viele Bahama-Inseln. Aber von der Landungsstelle sieht man nur Dickicht und keine Lagune. Laut BORDBUCH unternehmen die Spanier nach der Landung einen Ausflug mit den Beibooten.

»*Ich fuhr in nord-nordöstlicher Richtung der Insel entlang, um den anderen Teil zu sehen, der ein Teil des Ostens war.*«

Wir sind die Route nachgefahren, die Morison vorschlägt. BORDBUCH:

»*Es kamen viele und viele Frauen, und jeder brachte etwas, gaben Gott ihren Dank und warfen sich zu Boden und hoben die Hände zum Himmel und riefen laut, wir sollten an Land kommen. Aber ich sah ein großes Riff aus Felsen, das die ganze Insel umgab.*«

Zunächst ist völlig unerfindlich, warum die Arawaks Gott gedankt haben sollten. Rätselhaft ist auch, wie Kolumbus das gehört und gesehen haben will, denn er fuhr ja außerhalb des Riffs. Das Riff, das San Salvador umgibt, ist ein bis zwei Kilometer vom Strand entfernt. Aus dieser Entfernung hätte man allenfalls erkennen können, daß es sich um Menschen handelte, aber nicht die geschilderten Details. Außerdem hätten die Spanier mit ihren Beibooten hier gefahrlos innerhalb des Riffs rudern und überall auf dem Sandstrand landen können. Wir fahren weiter auf der Route, die Morison vorschlägt und gelangen in den »Hafen«, von dem das BORDBUCH spricht:

»*Es gab einen Hafen, in dem alle Schiffe der Christenheit Platz gefunden hätten. Der Eingang ist sehr eng. Es ist wahr, daß es zwischen dem Riff einige Untiefen gibt, doch das Wasser bewegt sich nicht mehr als in einem Brunnen.*«

Der »Hafen«, den Morison danach identifiziert hat, besteht aus einem mehrere Quadratkilometer großen Dreieck zwischen den Riffs im Norden der Insel. Es gibt mehrere Eingänge, durch die die Dünung hineinschwappt. Hier erlebten wir den schwersten Seegang auf unserer Fahrt. Am Rande des Beckens gibt es eine kleine Insel, die durch einen Kanal vom Land getrennt wird. Morison meint, es sei die Insel im BORDBUCH:

»*Um dieses alles zu sehen bewegte ich mich an diesem Morgen, damit ich Euren Hoheiten Bericht erstatten könne und auch um herauszufinden, wo ich eine Festung machen lassen könnte. Ich sah ein kleines Stück Land, das aussah wie eine Insel, aber keine war, darauf gab es sechs Hütten. Aus ihm könnte ich in zwei Tagen eine Insel machen.*«

Die Felsinsel sieht aus wie eine Insel, weil sie eine ist. Minimale Vegetation, kein Wasser, weder für eine Festung noch für andere Wohnformen geeignet. Es bleibt nur der Schluß, daß Morisons Blick durch liebevollen Eifer getrübt wurde. Die Passagen aus dem BORDBUCH, auf die Morison sich bezieht, sollten den spanischen Hoheiten die »Entdeckung« schmackhaft machen. Die geographischen Details sind deutlich nur Beiwerk, vielleicht nur aus dem Gedächtnis aufgezeichnet. Daher haben es Morison und andere so schwer, an Hand des BORDBUCHES die »wahre« Insel ausfindig zu machen. Trotzdem wird es immer wieder versucht.

Die Insel, die wie eine Insel aussieht.

ODER SAMANA CAY?

San Salvador ist bedroht. Ein publizistischer Vorstoß im Januar 1992 brachte die Nachbarinsel Samana Cay ins Spiel. Die renommierte amerikanische Zeitschrift National Geographic hat nach einer Nachsegelung der Kursangaben im BORDBUCH verkündet: Kolumbus muß nach der Überquerung des Atlantiks vor der Bahama-Insel Samana Cay angekommen sein. Schauen wir uns also Samana Cay an. Das ist leichter gesagt als getan. Die unbewohnte Insel liegt rund 100 Kilometer südöstlich von San Salvador. Die wenigen Bootseigner zeigen keine Neigung, die Strecke an einem Tag wegen einer Konkurrenzinsel zu bewältigen. Frohlocken stellt sich ein, als eine 10-Meter-Motorjacht unter US-Flagge sich nähert. Ich eile zum Hafen und mache mich beim Anlegen nützlich. Wie es mit einem Trip nach Samana Cay wäre? Der Kapitän ist zunächst durchaus willig, studiert aber dann seine Karten. An einem Tag? Er will es überschlafen. Den ganzen Abend flirte ich mit der Kapitänsgattin in der Dorf-Disco und tanze sogar mit ihr. Das war wohl ein Fehler, der Kapitän sagt am nächsten Morgen ab. Mehr Drehtage haben wir nicht. Ich fliege mit dem HR-Team nach Frankfurt zurück. Peinliche Sache. Es wurmt, wenn man einen Drehort ausgelassen hat.

ZWEITER VERSUCH NACH SAMANA

Wieder einmal hilft mein Freund Hans Stang. Irgendwo hat er zwei Tickets besorgt und meint, er könne mit mir dort Urlaub machen. Als er am Flughafen meine Ausrüstung sieht, befallen ihn Ahnungen. Aber er ist tapfer. In Nassau fangen die Schwierigkeiten an. Nach Crooked Island, wo wir ein Boot mieten wollen, gibt es gerade keinen Direktflug. Also über Long Island, auch ein heißer Kandidat für die Erstsichtung. Wie weiter? Die nächste Linienmaschine nach Crooked geht erst in vier Tagen. Der Pfarrer hat ein Flugzeug, würde uns auch nach Crooked Island fliegen, hat aber Durchfall. Im Hotel unter deutscher Führung weiß man weiter. Ein deutscher Arzt hat seine Praxis verkauft, hier seinen Flugschein gemacht und eine alte Cessna gekauft. Er erscheint an der Bar, ist schon 60, aber rüstig. Am nächsten Tag fliegen wir. Die erste Piste auf Crooked ist geschlossen, ein alter Lastwagen steht quer. Wegen Drogen, bedeutet uns der Pilot. Wir landen ruppig auf der zweiten Piste. Niemand da. Das Terminal besteht aus einer Hütte. Nach zehn Minuten braust der Inselpolizist mit seinem Landrover heran. Er mustert uns enttäuscht, weil wir offensichtlich keine Drogenhändler sind, nimmt uns aber mit ins Dorf.

SPÄTKOLONIALISMUS

Unser Gastgeber ist ein Pfarrer, der neben seiner Sektenkirche einen Kaufladen besitzt und dazu das einzige Hotel. Es besteht aus vier Bungalows im Zerfallsstadium. Die Kühlung ist perfekt, da der letzte Sturm die Scheiben eingedrückt hat. Wir essen in der Küche der Familie. Die junge Schwarze, die uns bedient, ist sichtlich bekümmert. Allein mit uns, erzählt sie, warum. Ein Einhandsegler hatte sie in Santo Domingo (Española) an Bord genommen, weil sie illegal in die USA einreisen wollte. Der ständig bekiffte Skipper habe sie hier einfach ausgesetzt. Geld für den Rückflug fehle ihr, der Pfarrer gewähre ihr nur Kost und Logis für ihre Dienste. Wir beschließen, sie aus den Fesseln der Sklaverei zu befreien und kaufen ihr ein Ticket. Wo? Beim Pfarrer, der natürlich auch der Agent der Bahama-Fluglinie ist. Am nächsten Tag treffen wir den hinkenden Bootseigner, der uns sogleich grinsend erzählt, wie er zu seinem Gipsbein kam. Er hatte mit dem Motorrad einen der wenigen PKWs der Insel erwischt. Nun gut. Aber was erzählt er noch? Er habe jahrelang eine Einmotorige geflogen, ohne Flugschein, ohne Lehrer. Nein, keine Drogen, sagt er und grinst schon wieder. Arbeit ist hier ebenso selten wie Autos. Der unternehmerische Gottesmann ist ein Weißer, die Vorfahren unseres Skippers waren Sklaven aus Afrika. Das Boot wird von zwei 240-PS-Außenbordern angetrieben. Den Kurs besorgt sich unser Mann auf einem Fischkutter. Auf halbem Weg fällt die Steuer-Hydraulik wegen Druckmangels aus. Eine Pumpe ist nicht an Bord. Wir zeigen ihm, wie man mit dem Gas für die beiden Motoren auch halbwegs steuern kann. Doch dann fällt auch noch einer von ihnen aus, und wir können nur noch im Kreis fahren. Mich beschleicht langsam das Gefühl, ein wenig leichtfertig vorgegangen zu sein. Denn wo bitteschön ist das Funkgerät? Ausgebaut! Und was die Schiffahrt betrifft kann man nur sagen: Hier gibt es keine. Aber unser Freund führt doch immerhin einen Steckschlüssel für Zündkerzen mit. Nach einer ungemütlichen halben Stunde können wir wieder einigermaßen den Kurs halten.

KUHMIST

Vor Samana liegt eine Segelyacht. Der Skipper hat eine Pumpe und das National Geographic mit der Samana-Story. Er segelt hier seit Jahren und sagt nur: Bullshit. Wir schauen uns den Fall an. Die Insel ist tatsächlich so flach, wie es im BORDBUCH steht. Die Route, die die Zeitschrift für die Fahrt mit dem Beiboot angibt, führt auch nach Nord-Nordost, allerdings nur kurz, als Teil eines Bogens. Aber auch hier hätte das Beiboot überall innerhalb des Riffs fahren und landen können. Der »Hafen« ist eine kleine flache Bucht, völlig ungeeignet als Hafen, wie der Skipper uns sagt. Die Halbinsel, die wie eine Insel aussehen soll, sieht eigentlich auch wie eine Halbinsel aus. Der Umbau zu einer Insel würde Wochen dauern und nicht zwei Tage. Und die im BORDBUCH erwähnten Wasserquellen gibt es hier auch nicht. Die von der Zeitschrift angegebene Lagune, die laut BORDBUCH in der Mitte der Insel liegen soll, liegt am Rande und ist nicht groß, sondern klein. Auch National Geographic drückte also bei der Recherche mindestens ein Auge zu. Auf den Spuren der »Entdeckung« wuchern noch immer Legenden.

NEUER ANSCHLAG AUF SAN SALVADOR

Auch die neueren Publikationen bleiben bei der Sprachregelung vom großen Entdecker und der großen Entdeckung. Dazu gehört auch das Buch von John Dyson und Peter Christopher: COLUMBUS. Die Autoren holen zu einem weiteren Schlag gegen San Salvador aus. Sie behaupten, der nördliche Kurs zu den Bahamas, den das BORDBUCH beschreibt, sei eine Irreführung. Kolumbus habe die Eintragungen gefälscht, um die Portugiesen zu täuschen. In Wahrheit habe die Flotte einen südlicheren Kurs eingeschlagen. Sie belegen ihre Thesen mit den tatsächlich widersprüchlichen Angaben über Winde, Meeresströmungen und Vogelschwärme im BORDBUCH. Sie kommen zu dem Schluß, schon am 25. September sei die Armada in Landnähe gewesen. Sie beziehen sich auf folgende Stelle im BORDBUCH:

Luftfoto von Samana Cay. Der »Hafen« ist zu klein, die Lagune ist nicht in der Mitte.

»Abends erschien Martin Alonso am Heck seines Schiffs und rief freudig nach dem Admiral und forderte die Belohnung für die Landsichtung.«

Die Autoren behaupten, die Spanier hätten eine der Jungferninseln in der südlichen Karibik gesichtet. Diese These ist problematisch, weil das BORDBUCH selbst von einem Irrtum spricht. Die Flotte nimmt nämlich Kurs auf Südwesten, wo das Land gesichtet worden war, und legt dann 68 Meilen zurück, ohne Land zu sehen. BORDBUCH 26. September:

»Sie fuhren von dort weiter nach Südwesten, bis sie erkannten, daß sie kein Land gesehen hatten, sondern Himmel.«

Wenn man die Existenz von Land durch eine Fälschung verschweigen will, würde man doch gleich die Sichtung verschweigen. Den Südwestkurs ignorieren die Autoren. Der von ihnen vorgeschlagene Kurs führt die Armada vom Ort der angeblichen Sichtung zur südöstlichsten Bahamainsel Grand Turk. Sie schreiben:

»Die Insel hält einer historischen Überprüfung mindestens ebensogut stand wie San Salvador oder Samana Cay.«

In ihrer Karte zeigen die Autoren Grand Turk als eine Insel. Diesmal haben wir uns die Reise erspart, weil ein Blick auf die Karte genügt. Tatsächlich müßte es heißen: Turk Islands. Es handelt sich um eine Gruppe kleiner Inseln in Sichtweite, von denen die größte Grand Turk ist. Diese Situation widerspricht völlig den Angaben im BORDBUCH. Gut, die könnten ja auch gefälscht sein. Aber dann taugt das BORDBUCH überhaupt nicht zur Rekonstruktion der Route. Die Autoren halten einfach die Angaben für wahr, die ihre These stützen. Mit dieser selektiven Methode kann man alles beweisen.

DIE IRREFÜHRUNG, EIN ALTER HUT

Die Legende von der Irreführung der Portugiesen ist ein Running-Gag phantasievoller Autoren. Sie ist amtlich widerlegt. Grand Turk liegt östlich von Cuba, auf 21 Grad 30 Minuten. Im Kolumbus-Prozeß wird aber ausgesagt, daß die Erstsichtungs-Insel im Norden Cubas liegt. So bestätigen mehrere ortskundige Seefahrer die Formulierung:

»Es ist öffentlich und bekannt, daß der Admiral Inseln im Norden Cubas entdeckte, darunter Guanahani und viele andere Inseln.«

Die Zeugen hatten 1515 keinen Grund mehr, die Portugiesen zu verwirren, weil der Papst längst die Welt zwischen Spanien und Portugal aufgeteilt hatte. Auch der BRIEF, der kurz nach der Reise gedruckt wurde, verheimlicht ja nichts:

»Ich fuhr 33 Tage nach Westen…
Die Inseln… sind 26 Grad vom Äquator entfernt.«

ENTDECKER BEKANNT

Es gibt also kein Geheimnis und keine Fälschung. Mit den Angaben im BRIEF waren die Inseln leicht wiederzufinden. Nimmt man die wenigen Tage mit südlichen Kursen aus dem BORDBUCH hinzu, kommt als Erstinsel tatsächlich das heutige San Salvador in Frage. Es liegt auf dem 24. Breitengrad. Entdeckt, wirklich entdeckt, weil unbewohnt angetroffen, wurde es übrigens etwa 500 Jahre nach Christus von den Arawaks. Ihre »Verdienste« als »Entdecker« werden nicht gewürdigt. Es waren eben keine »richtigen« Menschen.

KEINE SPUREN

Laut Bordbuch hat Kolumbus auf den Inseln jede Menge Kreuze aufgestellt, um den Eigentumswechsel zu markieren. Es ist keines gefunden worden und andere Hinterlassenschaften auch nicht. Und La Navidad, die erste spanische Kolonie der Schiffbrüchigen? Als Kolumbus 1493 zurückkehrte, fand er nur noch Trümmer und einige Tote. Morison hat einen Platz in der Nähe der Stadt Cap-Haitien im Norden Haitis ausgemacht, aber nichts gefunden. Bei Annäherung der 500-Jahr-Feiern wurde erneut gesucht und gegraben, aber über Funde gab es keine Berichte.

SUCHE IM ELEND

Sommer 1991. Wir wollen uns kundig machen. Von einem Archäologen, der in der Dominikanischen Republik die Kolonialstadt Isabella ausgräbt, erfahren wir die Adresse von Dr. H. Hodges, der in Haiti etwas gefunden haben soll. Wir, das sind wieder nur zwei. Low Budget Produktion. Die kleine, schöne, zähe, sprachkundige Jeanette aus Frankfurt hilft mir beim Drehen und dolmetscht. Wir chartern eine Maschine, weil man uns vom Landweg nach Haiti dringend abrät. An der Grenze sollen chaotische Zustände herrschen. Auf dem Flugfeld von Cap-Haitien erklärt uns der Oberbeamte, der Flug sei nicht so recht legal. 100 Dollar verkürzen die Formalitäten. Das Elend überfällt uns in der Gestalt von etwa 50 Menschen, die uns ihre Dienste anbieten. Alle sehen uns an, als würde ein Dollar die Rettung bedeuten. Leider waren die 100 Bestechungsdollar die letzten, die wir dabei hatten. Niemand kennt hier unsere D-Mark. Das Terminal besteht aus drei überfüllten kleinen Räumen, in denen sich Beamte mit ihrer Klientel streiten. Wir stehen also vor diesen traurigen, flehenden Augen und haben nur unsere Hundertmarkscheine in der Tasche. Mein Schweißfluß verdoppelt sich. Unsere Rettung erscheint in Gestalt eines Taxifahrers. Er ist bereit, uns auf Pump zu fahren, wählt einige aus, die unser Gepäck tragen dürfen und bezahlt sie mit vielen kleinen abgenutzten Scheinen. Ein Wall von Menschen umgibt die Stadt, zusammengepfercht in Hütten, Gassen, Kleinbussen. Wir müssen hindurch. Ich starre durch die Scheiben auf den Elendsfilm. Die Kamera bleibt, wo sie ist, auf meinem Schoß. Ich habe auch schon anders entschieden. Die Verbreitung solcher Bilder gehört zu meinem Beruf. Aber es muß jedesmal neu entschieden werden. Hier ist es so schlimm, daß es einfach nicht geht. Wenn man sie so vorzeigt, nimmt man ihnen das letzte, was sie haben: ihre Würde. Im Hotel, prächtiger Kolonialstil, hoch über dem Elend gelegen, kennt man unsere berühmte D-Mark auch nicht. Vielleicht die Bank, aber die hat geschlossen. Wir sind geldlose Reiche in einem armen Land. Unser

Taxifahrer traut uns und fährt uns zum etwa 40 Kilometer entfernten Hôpital le Bon Samaritien, wo Dr. Hodges arbeitet. Dr. Hodges, ja den kennt unser Fahrer, der wird von uns »Engel« genannt. Als wir ankommen, wissen wir, warum. So viele kranke Menschen habe ich mein Leben lang noch nicht beisammen gesehen. Wir drängen uns durch ein Labyrinth von Gängen und Räumen voller Wartender, meist Frauen mit ihren kranken Kindern. In winzigen Kabinen, hinter zerschlissenen Vorhängen, behandeln Schwestern die leichteren Fälle. Es ist ein Alptraum von Elend, angstvolle Gesichter, Wimmern, miserable Verbände und offene Wunden, ich weiß nicht, wohin ich wegschauen soll. Wie ein Hammer dröhnt in es in meinem Schädel: FÜNF HUNDERT JAHR FEIER. Reisen bildet. Ich drücke Jeanette an mich, mit dem Arm, den ich irgendwie schützend um sie gelegt habe. Dann, nach einer Unendlichkeit, stehen wir vor Dr. Hodges. Er sieht unschätzbar alt aus, müde, verzehrt, traurig. Er blickt kurz von dem auf, was er untersucht, ein kleines Wesen, dem irgend etwas den Weg zum Menschsein verlegt. Ich schäme mich, unser Anliegen vorzutragen, stammele zwei, drei schnelle Sätze. In einer halben Stunde mache er eine Pause, wir mögen draußen warten. In seinem Studierzimmer erzählt Dr. Hodges ein wenig von sich und seiner Arbeit. Er ist schon lange hier, sehr lange. Nebenbei hat er nach Resten von La Navidad gesucht. Indizien für eine bestimmte Stelle habe er zwar, gefunden worden sei aber nichts, was als Beweis gelten könne, weder von ihm, noch von den Universitätsleuten, die an einer anderen Stelle gegraben haben. Er klingt resigniert. Die Leute im naheliegenden Dorf könnten uns seine Stelle zeigen. Leider habe er keine Zeit, uns zu begleiten. Der Engel verschwindet wieder im Labyrinth.

VOM TRAGEN ÜBER FLÜSSE

Am nächsten Tag lösen wir unser Geldproblem, mieten einen Landrover und fahren in das Dorf, das uns Dr. Hodges genannt hat. An die 100 Hütten mit intensiv genutzten Gärten zeigen, daß hier noch keine Resignation herrscht, kein Elend, sondern nur Armut, wie man so schön sagt. Wir verursachen einen Auflauf lauter freundlicher und liebenswürdiger Menschen. So wurden im BORDBUCH die Tainos geschildert, die in der Nähe von La Navidad wohnten. Die uns hier begegnen, sind nicht deren Nachfahren. Auch die Tainos haben ihre Entdeckung nicht überlebt, so daß die Kolonialherren zwangsverschleppte Arbeitskräfte aus Afrika importieren mußten. Der Schullehrer sucht einige Träger aus. Weißer Mann und weiße Frau und fünf Schwarze begeben sich in den Busch. Schwarzer Mann trägt alles. Das ging ja noch. Wir kommen an einen Wasserlauf, und ich Trottel habe Wildlederschuhe an. Großer schwarzer Mann sieht das Problem und will weißen Mann tragen. Es schreit in mir auf. Wie oft habe ich gelesen, wie Kolumbus und die Seinen sich hier über die Flüsse tragen ließen. Ich gehe lieber barfuß, trotz der Stacheln, die böse Entzündungen hervorrufen können. Es ging gut, aber klug war es nicht. Unsere Führer kennen die Stelle, die Dr. Hodges ins Auge gefaßt hat. Es handelt sich um einen Hügel, der sich für eine Festung anbietet. Sonst ist nichts zu sehen, außer den Ruinen einer jüngeren Festung. Die europäischen Nationen haben ja ihre heimischen Händel hier fortgesetzt. Ich drehe die Situation, um im Film wenigstens sagen zu können, daß man nicht weiß, wo der erste Versuch einer Kolonialsiedlung scheiterte. Zurück im Dorf frage ich Jeanette, ob sie nicht die Kugelschreiber der HR-Werbung an die Dorfjugend verteilen wolle. Heftiger Widerspruch, sie will nicht Kolumbus spielen. BORDBUCH:

»Damit sie unsere Freunde würden, gab ich einigen rote Kappen, Glasperlen und viele andere Sachen von geringem Wert...«

Ich frage den Lehrer, ob Kugelschreiber gebraucht würden. Dringend, sagt er. Ich hole sie, es sind an die 50 Stück. Es entsteht ein ziemliches Gerangel, nur mühsam kann der Lehrer es ordnen.

Denkmal in Santo Domingo.

TOTE SCHREIBEN NICHT

Mir fällt das Denkmal in Santo Domingo ein, der Hauptstadt der benachbarten Republik. Kolumbus, hoch auf dem Sockel, zeigt wie immer, wo es langgeht, nach Westen. Vor ihm, natürlich knieend, eine Tainofrau in Bronze, die auf den Sockel schreibt, sie habe ihm diese Fähigkeit zu verdanken. Erschrocken über den blanken Zynismus hätte ich am liebsten hinzugefügt: Tote schreiben nicht. Kolumbus berichtet 1499 der Krone:

»Die beiden Gebirge (in Española/Haiti) sind sehr bevölkert und waren äußerst bevölkert, als ich dorthin kam. Nun sind sie etwas entvölkert, weil das Volk in Krieg mit mir geriet und Unser Herr mir immer den Sieg gab.«

De Bry stellte das Vorgehen der Konquistadoren an Hand der ungeschönten Berichte von Las Casas, Martire und Benzoni dar.

Etliche Indianer werden erschlagen/ etliche sind durch XVIII. Feuwersbrunst verdorben.

Als der Hoied auff die zwölff mehlwegs auff dem Mittelland von new Carthago außgestreiffet/ vnd auß hoffnung vnd begier eines grossen Raubs/ einem Volck ins Landt gefallen/ sie hefftig geplaget/ deren zuversicht/ das er eine grosse summ Goldts darinn werde finden/ wie jhm dann etliche Indianer hatten angezeigt. Aber er hat nichts anders dauon bracht in diesem Zug/ weder allein etliche schädliche Wunden vnd mercklichen Schaden. Denn es seynd die Eynwohner deß Landts mit so grosser Gewalt an jhn gefallen/ daß er/ gezwungen ward sich in die Flucht zubegeben/ vnd dem Meer zuzueylen/ nach dem jm 75. auß seinen Kriegsleuthen erschlagen/ Als aber der Niques mit einem grossen Kriegsvolck dazukommen/ berahtschlagten sie sich vnd beschlossen mit einander/ daß sie wolten mit beyden hauffen in dieser Völcker Landschafft vnd der jhrigen Todt vnd Niderlag rechen. Derwegen seynd auff den Abendt der mehrertheil deß Kriegsvolcks heymlich vnd still auß dem Läger gezogen/ vnd von fuß zu fuß in aller still die gantze Nacht die Reyß vollbracht/ vnd die Indianer zu morgens früh/ als sie ohn alle Sorg lagen vnd starck schlieffen/ vberfallen/ dann als sie durch Verwundung wurden auffgeweckt/ der gleichen auch ab der Brunst ihrer Häuser waren erschrocken/ seynd sie schnell dauon gezogen: Als jhnen aber der weg von Kriegsleuthen war verlegt/ seynd viel in der Spanier hånd kommen/ welche von jhnen erschlagen vnnd vmbkommen. Etliche aber sind in dem Feuwer verdorben vnd verbrandt/ dann viel freywillig in das Feuwer sprungen/ vnd begerten viel lieber darinn zusterben/ weder in der Spanier hånd zukommen. Diese sind alle durchs Feuwer vnd Schwerd vmbkommen/außgenommen etlich wenige/ so durch hilff der Nacht seynd entrunnen/damit sie das Leben auß der Gefahr erretteten. Es wurden nur sechs auß jhnen gefangen/ vnd lebendig vnter deß Hoieds gewalt bracht. Die Spanier aber die gesieget/ haben an allen ohrten der Häuser/ als die Aschen kalt worden/ gesucht vnd wenig Goldt gefunden/ vnd nach dem sie ihr Hoffnung deß grossen Raubs halben betrogen/ vnd jhr Geitz kein fortgang gehabt/ seynd sie vnmutiglich wider gen Carthaginem gezogen. 19 Cap.

E iij   Olandus

3   KOLONIALHERREN UNTERWEGS

KOLUMBUS IM AMT

Kolumbus soll auf der zweiten Reise vorrangig eine Kolonie auf Española gründen. Jedenfalls ist in den Anweisungen der Krone nicht von der Suche nach Cathay, Cipangu etc. die Rede. Martire schreibt am 1. November 1493:

»Colon, der Entdecker der neuen Welt, … zum Admiral der indischen Meere im Westen ernannt, wurde mit 18 Schiffen zurückgeschickt, mit 1000 Bewaffneten und Handwerkern aller Art, um eine neue Stadt zu bauen, und er führt Tiere und Samen mit sich.«

In den Berichten von Fernando Colombo und Las Casas über die zweite Reise werden die Marco-Polo-Namen nicht benutzt, wenn es um das Ziel der Reise geht. Die Armada nimmt nicht direkt Kurs auf La Navidad auf Haiti/Española, sondern steuert einen südlicheren Kurs. Was er dort – mit der ganzen Flotte! – suchte, steht in keiner Quelle. Der Genuese Michele de Cuneo schildert drastisch die Grausamkeiten, die Spanier in der südlichen Karibik begehen, ohne sie zu verurteilen.

VERGEWALTIGUNG

Cuneos Offenheit verdanken wir den ersten Bericht über eine Vergewaltigung:

»Während ich im Boot war, nahm ich eine schöne Camballi gefangen, welche der besagte Admiral mir schenkte. Nachdem ich sie in meine Kabine gebracht hatte, und sie nach ihren Bräuchen nackt war, überkam mich der Wunsch nach Vergnügen. Ich wollte mein Verlangen ausführen, aber sie wollte nicht, sondern bearbeitete mich mit ihren Fingernägeln, so daß ich mir wünschte, gar nicht erst angefangen zu haben… Ich nahm ein Seil und schlug sie gründlich, worauf sie unerhörte Schreie ausstieß, so daß Du deinen Ohren nicht getraut hättest. Wir einigten uns dann in einer Weise, kann ich dir sagen, daß es schien, als sei sie in einer Hurenschule aufgezogen worden.«

DIE ERSTEN SIND SCHON TOT

Die Armada braucht drei Monate, bis sie in La Navidad eintrifft. Sie kommt zu spät. Cuneo:

»27. November. In dieser Nacht kamen wir zu dem Platz, an dem der Admiral 38 Mann zurückgelassen hatte. Am 28. gingen wir an Land und fanden alle unsere Leute tot… sie waren es 15 oder 20 Tage.«

Fernando notiert, was die Tainos über die Spanier erzählt haben sollen:

»Sie sagten, daß diese Männer kurz nach der Abfahrt des Admirals untereinander Streit anfingen und sich jeder so viele Weiber und soviel Gold nahm, wie er konnte. Daher erstachen Pedro Gutiérrez und Escobedo einen Jácome.«

Viele hätten sich über die Inseln verteilt, andere seien bei einem Angriff eines Nachbarfürsten auf La Navidad umgekommen. Laut Fernando wurden nur einige Tote gefunden, die aber nicht eindeutig als Spanier zu identifizieren waren. Fernando äußert keinen Zweifel an dem Bericht über das Verhalten der Spanier, und er meldet auch keinen Zweifel seines Vaters. Sie haben es den ersten Konquistadoren offenbar zugetraut.

Kolumbus sucht an der Nordküste einen Platz für die erste Stadt (Isabella) aus und veranlaßt den Bau der ersten Häuser. Schwerbewaffnete Trupps suchen im Landesinneren nach Goldminen. Zwölf Schiffe kehren ohne Verluste nach Spanien zurück. Am 24. April 1494 kann sich Kolumbus dem zweiten Teil seines Auftrags zuwenden.

ERNEUTE SUCHE

Mit einem großen Schiff und zwei Karavellen bricht er zu weiteren Erkundungen auf. Sein Ziel laut Las Casas:

»Vor allem die Insel Cuba, die man bis dahin für ein Festland hielt, und um soviel Festland und Inseln zu finden wie möglich...«

Auch Fernando nennt als Ziel Cuba und »Festland« ohne Namen. Anders Cuneo. Er schreibt, nachdem sie entlang der Südküste Cubas weit nach Westen vorgedrungen waren:

»Nach 240 Meilen sahen wir Land. Als wir es sahen, dachten wir, es sei Festland. Dann segelten wir nach Nordwesten, um Cathai zu finden, nach der Meinung des Admirals.«

KOLUMBUS VERLANGT MEINEIDE

Weil die Vorräte knapp werden, bricht Kolumbus die Erkundung der Küste Cubas ab, umrundet es also nicht. Erneut ist nicht klar, ob es sich um Festland oder eine Insel handelt. Aber Kolumbus braucht ein vorweisbares Ergebnis und beauftragt den Notar Perez de Luna an Bord der Niña am 12. Juni 1494 damit, ein solches zu besorgen. Der Notar berichtet:

»Damit niemand darüber schlecht rede..., befahl mir der besagte Admiral, ich möge mich mit Zeugen an Bord aller drei Karavellen begeben, um alle Personen zu befragen, ob sie irgendeinen Zweifel hätten, daß es sich bei diesem Land um Festland handele, am Anfang der las Indias...«

Der Notar mußte jedem mit einer Geldstrafe oder der »langen Peitsche« drohen, der zu irgendeinem Zeitpunkt etwas anderes verlauten lasse. So unterschrieben 49 Seeleute:

»Ich... erkläre unter Eid, nie eine Insel gesehen zu haben..., deren Küste eine Länge von 1340 Meilen hatte...«

FREIHEIT DER WISSENSCHAFT

Eine weitere Maßnahme schildert Cuneo:

»Der Admiral sagt, er will Cathay finden und führte über diese Sache ein langes Streitgespräch mit dem Abt aus Lucena, einem sehr gelehrten und reichen Mann, der diese Gegend zum Vergnügen aufsuchte, weil er etwas Neues sehen wollte. Er ist ein guter Kosmograph und Astronom. Der Admiral argumentierte..., die Küste müsse wegen ihrer Länge Festland sein. Der Abt sagte nein, es sei nur eine große Insel. Diesem Urteil stimmten die meisten von uns wegen des Verlaufs der Fahrt zu. Aus diesem Grund wollte der Admiral ihn nicht mit uns nach Spanien zurückkehren lassen, damit er nicht, wenn von ihren Majestäten nach seiner Meinung befragt, den König dazu bringe, das Unternehmen aufzugeben.«

KOLUMBUS WIRD GRÖSSER

Cuneo, Genuese wie Kolumbus, hat gegen den Versuch der Freiheitsberaubung nichts einzuwenden. Nein, Cuneo rühmt den Landsmann:

»Eines sollen Sie noch wissen, nach meiner bescheidenen Meinung. Solange Genua Genua war, wurde niemand geboren, der so großmütig und so begeistert bei der Seefahrt war, wie der erwähnte Admiral. Beim Segeln brauchte er nur eine Wolke anzusehen, oder nachts einen Stern, um zu wissen, was passieren würde oder ob es schlechtes Wetter gibt. Er übernahm selbst das Steuer, und wenn der Sturm vorbei war, setzte er selbst die Segel und ließ die anderen schlafen. Und, bevor wir die große Insel erreichten, sagte er diese Worte: ›Ihr Herren, ich will sie zu einem Platz bringen, von dem einer der drei Magi aufbrach, um Christus anzubeten, einen Platz, der Saba heißt.‹ Als wir den Platz erreichten, und nach dem Namen fragten, sagten sie uns, er hieße Sobo. Da sagte der Admiral, es sei das gleiche Wort, aber sie könnten es nicht richtig aussprechen.«

Dies ist die einzige überlieferte Aussage eines Augenzeugen über die seemännischen Künste des Genuesers, sieht man von Briefen ab, in denen sich Kolumbus selbst über den grünen Klee lobt. Cuneo läßt seinen Landsmann im patriotischen Überschwang Dinge tun, die entweder selbstverständlich (Wetter) oder unmöglich (Einhandsegler) sind. Auch die Saba-Anekdote hindert Samuel E. Morison nicht, an Hand dieser Zeilen zum Schlag gegen alle Kleingläubigen auszuholen:

»*Diese Huldigung von Kolumbus als Mensch und Seemann verdiente es, besser bekannt zu sein, vor allem den Lehnstuhl-Admirälen, die behaupten ›Kolumbus war kein Seemann‹.*«

(In JOURNALS AND OTHER DOCUMENTS ON THE LIVE AND VOYAGES OF CHRISTOPHER COLUMBUS)

Was war er denn nun, dieser Kolumbus? Gelehrter oder Wirrkopf? Seemann oder Kaufmann? Fernando Colombo hält den Vater gar für eine Leuchte der Christenheit. Einige Briefe von Kolumbus und die Bekundungen einiger Zeitgenossen lassen eher auf eine Durchschnittsbegabung schließen. Näheres ist im Anhang (4) nachzulesen.

DOCH EIN WEGWEISER

Auf dem Land hat Kolumbus durchaus wegweisend gewirkt. Da diese Taten selten gewürdigt werden, seien sie hier wenigstens skizziert. Als Kolumbus in Isabella auf Española ankommt, findet er alles andere als eine blühende Kolonie vor. In einem Brief klagt er über die Faulheit und Habgier der Spanier. Die Kolonie wirft weniger ab, als die Krone erwartet. Zur Aufbesserung der Kasse setzt er nunmehr auch auf Menschenhandel. Cuneo:

»*Da die Karavellen nach Spanien zurückkehren sollten, wurden in der Siedlung 1600 Indios zusammengebracht. Die Besten, 550 Seelen, wurden auf die Karavellen gebracht. Aus den übrigen durfte sich jeder seine Leute nach Belieben aussuchen... In den spanischen Gewässern starben von den besagten Indios 200, und die Leichen warfen wir ins Meer.*«

Las Casas bestätigt:

»*Der Admiral sandte mehr als 500 Sklaven zum Verkauf nach Kastilien.*«

TÖDLICHE TRIBUTE

Die Tainos hatten Gold in geringen Mengen aus den Flüssen gewaschen. Kolumbus zwingt sie, Abgaben zu zahlen. Fernando, der Sohn, notiert:

»*Wo sich Gold befand..., mußte jede Person ab 14 Jahre ein großes Glöckchen mit Goldpulver abliefern, alle anderen 25 Pfund Baumwolle. Wer seinen Tribut zahlte, erhielt eine Münze, die er am Hals tragen mußte. Jeder Indio, der ohne Münze angetroffen wurde, wurde bestraft.*«

De Bry: Kolumbus. Von Dutzenden von Denkmälern, Gemälden und Stichen sieht uns ein jeweils anderer Kolumbus an. Das ist kein Wunder. Zu seinen Lebzeiten mußte man schon König oder Papst sein, um mit einem Bild auf die Nachwelt zu kommen.

Petri de Calyce grausamkeit gegen die Indianer. IIII.

De Bry: Sklavenfang. Isabella: Erste Kirche der Kolonialherren.

Indianer können der Spanier Tyranney nicht länger XXIII.
leiden/ erwürgen sich selbs.

DA die Eynwohner der Insel Hispaniolæ sahen/ daß sie mit ewiger vnentlicher arbeit vnd peinigung vndertruckt waren/ vnd deß elends kein end war/ schrien vñ wehklagten sie hefftig vnd wünscheten jnen selbs freywillig den Todt/ derowegen waren viel vnter jhnen die verzweiffelten an jrer Hoffnung/ vnnd lieffen hinauß in die Wälde/ erhencketen sich selbs an den Bäumen/ doch brachten sie zuvorhin jhre eigene Kinder vmb: Deßgleichen theten auch die schwangere Weiber/ wann sie nahe bey der Geburt waren/ assen sie ein Kraut das bracht die Frucht in Mutterleib vmb/ folgeten jrer Männer fußstapffen nach/ vnd erwürgeten sich selber mit dem Strang. Letzlich fandt man an allen ohrtē viel Indianer/ deren etliche von hohen Bügeln herab zu todt gestürtzet/ etliche fielen in das Meer vnd andere fliessende Wasser/ vnd ersäufften sich/ etliche aber brachten sich durch den freywilligen Hunger vmb/ damit sie ab der Welt kämen. Es waren auch etliche/ die machten auß Kisselstein spitzige Instrument/ vñ stiessen jnen selbs in das Hertz/ oder in die Seiten/ vnd entleibten sich selbs damit. 25. Cap.

Der Chronist Pietro Martire meldet eine erste Hungersnot mit 50 000 Opfern und den Versuch der Tainos, ihrer Entwürdigung zu entgehen:

»*Die Menschen hatten kaum noch Kraft, ihren Lebensunterhalt in den Waldgebieten zu suchen... Manche sind so verzweifelt, daß sie freiwillig aus dem Leben gehen. Andere zeugen keine Kinder mehr. Man sagt auch, manche nähmen Mittel, um die Frucht des Leibes abzutreiben, weil sie wissen, daß sie nur Sklaven der Christen werden... Die Zahl der unglücklichen Einwohner Españolas ist stark zurückgegangen. Viele berichten, es waren einst eine Million und zweihunderttausend. Ich schrecke zurück, den heutigen Stand anzugeben.*«

Fernando bestätigt das Massensterben auf seine Art:

»*Gott wollte die Indios bestrafen, und suchte sie mit einem solchen Mangel an Nahrung und einer solchen Vielfalt von Plagen heim, daß er ihre Anzahl um zwei Drittel reduzierte.*«

In Isabella deuten Holzkreuze einige Dutzend Gräber an. Die meisten gehören, wie man uns sagt, zu Spaniern, aber einige »Indios« seien auch dabei. In einer Festungsruine im Landesinneren verdient sich ein kleiner Junge einen Dollar, in dem er zwei Platten aufdeckt, unter denen je ein Gerippe lagert. Ein Spanier und ein Indio, erzählt er, hätten die Archäologen festgestellt. Wer nun wer sei, fragen wir. Habe er leider vergessen. Er hätte uns auch belügen können, weil keine Unterschiede auszumachen waren.

De Bry: Selbstmorde.

MARIA ÜBER DEM SCHLACHTFELD

Die erste Festung im Landesinnern aus Stein nennt Kolumbus La Concepción, Mariä Empfängnis. Den Taino-Fürsten wird nun klar, daß sich die Spanier dauerhaft einrichten und sie versuchen nun, sich zu wehren. Am Fuße des Santo Cerro, des heiligen Bergs, vollzieht Kolumbus die Strafaktion. Fernando beschreibt den Einsatz von Feuerwaffen und Hunden und fährt fort:

»*Die feigen Indios flohen, eifrig verfolgt von den Unseren, die mit Gottes Hilfe den Sieg errangen. Sie töteten viele Indios und nahmen andere gefangen, welche sie ebenfalls töteten.*«

In der Kirche »Maria der Gnaden« auf dem heiligen Berg wird das Gemetzel in Öl gezeigt. Über dem Schlachtfeld, erfährt hier der Reisende, sei die Jungfrau Maria mit Kind erschienen, und der holde Anblick habe, merkwürdig genug, die Indios in Schrecken versetzt. Gleich neben dem Gemälde wird ein Loch verehrt, an der Stelle, wo Kolumbus ein Kreuz aufgestellt haben soll. Diesmal aus Dankbarkeit.

ENTDECKUNG DER MENSCHENRECHTE

Kolumbus war kein besonderer Wüterich. Die römische Kirche hatte seit Beginn der Kreuzzüge den Menschen eingetrichtert, alle Muslime seien rechtlos, und im Zuge der Kolonisierung Afrikas wurde das Verdikt auf alle »Heiden« und »barbarischen Rassen« ausgeweitet. Jeder Katholik konnte beliebig mit ihnen verfahren, weil sie nicht der menschlichen Rasse zugerechnet wurden. Das war jedenfalls die mehrheitliche Auslegung. Einige Geistliche haben abweichend schon früh die Praktiken der Kolonisatoren scharf kritisiert, nach einiger Zeit auch Las Casas. Er vertrat die Auffassung, auch ungetauft kämen den »Indios« Menschenrechte (derecho humano) zu. Fernando Colombo hielt die blutige Niederwerfung der Tainos für eine gerechtfertigte Bestrafung, weil sie rebelliert hätten. In seiner HISTORIA hält Las Casas Fernando entgegen, man könne es nicht Rebellion nennen, wenn sich Kastilien gegen einen Angriff der Franzosen wehre. Und fährt fort:

»Hernando Colón... ignorando muy profundamente el derecho humano y devino.«
... verkannte zutiefst die humanen und göttlichen Rechte.

Die Krone machte sich die Auffassung von Las Casas zeitweilig zu eigen, aber die Vollstrecker vor Ort kümmerte das wenig. Las Casas' Kritik an Kolumbus selbst ist verhalten:

»Der Admiral begab sich in große Teile der ganzen Insel und führte einen grausamen Krieg gegen alle Könige und Dörfer, die ihm nicht gehorchten, neun oder zehn Mal...«

FESTLAND ODER INSEL?

Am 10. März 1496 segelt Kolumbus mit zwei Karavellen nach Spanien ab. Was er dort über seine neuesten Entdeckungen verbreitet, erzeugt eher Verwirrung. Pietro Martire:

»Er besteht darauf, daß dieses Land der Kontinent von Indien am Ganges ist...«

Martire hält aber Cuba längst für eine Insel:

»Das östliche Kap der Insel nannte er Alpha und Omega. Denn er glaubte, dort befände sich die Grenze zwischen unserem Osten und unserem Westen, weil die Sonne dort unterginge, und weil sie da aufginge...«

Martire verbirgt nicht, daß er diese »Grenze« für Unfug hält. Im Hause von Bernaldez sprach Kolumbus offenbar nicht von Indien, sondern von China. Der Gastgeber äußerte Zweifel:

»Ich glaube, daß in der Richtung, in der der Admiral nach Catayo suchte, er über Land und See nach weiteren 4800 Meilen nicht dort ankommen würde. Ich habe ihm das gesagt und zu verstehen gegeben, als er... im Jahr 1496 mein Gast war.«

KONKURRENZ UNTERWEGS

Kolumbus hat sich verrannt. Er will einfach mehr »entdeckt« haben als ein paar Inseln. Die Zeitgenossen, vor allen Martire, fanden die »Entdeckung« der »Neuen Welt« äußerst rühmlich. Kolumbus aber beharrt auf der Idee, er habe mit Cuba einen Teil des asiatischen Festlands erreicht. Aber er hatte es noch nicht umsegelt, und in der Kolonie waren nun auch andere »Entdecker« am Werk, wie Juan de la Cosa. Wenn die nun Cuba umsegelten? Kolumbus mußte ihnen zuvorkommen, aber die Krone hielt ihn hin. Fernando:

»Die Entsendung der Flotte verzögerte sich sehr wegen der Vernachlässigung und der schlechten Organisation durch die königlichen Beamten.«

Die Armada von sechs Schiffen sollte vor allem die Siedler in der Kolonie mit Nachschub versorgen. Die Krone spricht in einem Schreiben vom 22. Juni 1497 sehr allgemein von der »Entdeckung anderer Länder«, ohne einen konkreten Auftrag zu erteilen. Fernando nennt als Ziel das Festland:

»Wie der Admiral aufbrach, um das Festland von Paria zu entdecken.«

Das war nun schon der 30. Mai 1498. Was das Festland betraf, sollte Kolumbus zu spät kommen.

4 DER WETTLAUF BEGINNT

WER WAR ERSTER?

Kein Kontinent dürfte öfter entdeckt worden sein als der amerikanische. Wer als »Entdecker« zugelassen wird, hängt allerdings vom Standpunkt des Beobachters ab. Die überaus reisetüchtigen asiatischen Nomaden, die vor mehr als 15 000 Jahren Alaska entdeckten, kommen im gesamten Abendland für eine Würdigung nicht in Frage. Im Süden Europas gelten auch die Normannen bzw. Wikinger als »wilder« Volksstamm und sind daher ebenfalls nicht zum Entdecken geeignet. Sonst müßte Kolumbus mindestens auf Platz 3 der einlaufenden Europäer gesetzt werden.

DIE WIKINGER AUF WESTKURS

In Norwegen und Dänemark zweifelt niemand daran, daß die Wikinger schon um das Jahr 1000 die nordamerikanische Küste von Grönland aus erreicht haben. Als Belege dienen die GROENLENDINGA SAGA und EIRIK'S SAGA. Die Debatte über die Beweiskraft der Sagentexte und der spärlichen Funde bei L'Anse aux Meadows hält an. Aber es ist nicht einzusehen, warum die Wikinger nicht versucht haben sollten, von ihren Siedlungen in Südwestgrönland aus weiter im Westen nach Land zu suchen. Die rund 200 Kilometer bis Neufundland waren für ihre hochseetüchtigen Boote wahrlich kein Problem. Jedenfalls zählte man in Portugal neben Island und den Kolonien in Grönland auch weiteres Land im Westen zum Besitz der dänischen Krone. Die Quellen sind allerdings dürftig. Ihnen zufolge brachten auf Bitten des portugiesischen Königs im Jahr 1470 dänische Schiffe Joao Vaz Corte Real und einen unbekannten Portugiesen nach Grönland. Sie blieben zwei Jahre dort. Ihr Interesse dürfte der Erkundung der Gewässer und der Küste im Westen Grönlands gegolten haben. Es ist denkbar, daß die grönländischen Kolonisten ihnen die Überfahrt ermöglicht haben. Zweck der Reise war es:

»... neue Inseln in den Ländern des Nordens zu finden.«

Im Jahr 1492 reisten offenbar zwei weitere Portugiesen mit einem dänischen Schiff nach Grönland. Berichte über den Verlauf der Reisen sind nicht überliefert. In Portugal war also bekannt, daß es im Westen von Grönland ein »Festland« gab. Gehörte es zu Asien?

1497 JOHN CABOT BETRITT AMERIKA

Die Engländer waren mit der Schiffahrt im nordwestlichen Atlantik vertraut, seit sie zum Einkauf von Stockfisch nach Island segelten. Aber auch in den englischen Hafenkneipen war beim Thema Atlantik nicht nur vom Fischhandel die Rede. 1480 und 1481 rüsteten Kaufleute aus Bristol Schiffe aus, die den Atlantik im Westen nach »Brasil« absuchen sollten. Was dabei herauskam, ist nicht bekannt. Unklar sind auch Ziel und Verlauf einer Erkundung, die ein gewisser Caboto 1496 von Bristol aus durchgeführt haben soll. Etwas gesicherter ist, daß dieser Caboto 1495 in Portugal war, wohl um die Grönlandfahrer zu befragen. Für das Jahr 1497 ist die Quellenlage wesentlich besser. Danach leitete Zuan Caboto, Bürger der Republik Venedig in englischen Diensten, eine Suchexpedition nach Westen. John Cabot, wie er in England genannt wurde, hatte sich ein Jahr zuvor ein Patent beim König besorgt. Henry VIII. gewährte Cabot:

»... die volle Autorität und Ermächtigung, unter Unseren Bannern und Emblemen zu den Gegenden, Regionen und Küsten des östlichen, westlichen und nördlichen Meeres zu segeln, ... auf Ihre Kosten und Auslagen, um jedwede Inseln, Länder, Regionen und Provinzen der Heiden und Ungläubigen zu finden, zu entdecken und zu untersuchen, in jedweden Teil der Welt, der bisher den Christen unbekannt war... Von den Einkünften und Profiten nach Abzug aller Spesen und Ausgaben ist ein Fünftel an Uns zu entrichten.«

Der Auftrag spricht nicht von Asien, die Beschreibung der Ziele schließt es aber ein. Vor allem das Wort »Provinzen« wurde damals im Zusammenhang mit China benutzt. Allerdings war auch Eroberung vorgesehen. Cabot und seine Söhne sollten:

»... unser Banner und Zeichen über allen Dörfern, Städten, Inseln oder Festländern aufstellen... und als unsere Vasallen und Leutnants die Herrschaft über die entdeckten Dörfer, Städte, Burgen und Festländer ausüben...«

In einer um 1565 verfaßten Chronik heißt es:

»1497. In diesem Jahr, am Tag von Johannes dem Täufer, wurde das Land America von Kaufleuten aus Bristol gefunden, in einem Schiff das Mathew hieß. Das besagte Schiff verließ den Hafen von Bristol am 2. Mai, und kehrte am 6. August heim.«

WELCHER PLAN?

Wahrscheinlich erreichte Cabot Amerika bei Neufundland, im heutigen Kanada. Jedenfalls taucht in Dokumenten der Name »newe founde lande« auf. Auf einer Karte von 1544 heißt es, John und Sebastian Cabot hätten Land gefunden:

»Sie gaben dem Land den Namen Prima Terra Vista... es ist ein sehr karges Land... es gibt sehr viel Fisch...«

Sebastian war ein Sohn Cabots. Was war das Ziel der Expedition? Laut Patent des Königs konnte es beides sein: ein Seeweg nach Asien und Eroberungen. Am 27. August 1497 schreibt der Botschafter der Republik Venedig am Hofe Englands an seinen Bruder:

»Dieser Landsmann von uns fuhr mit einem kleinen Schiff von Bristol aus, um neue Inseln zu finden. Er ist zurückgekommen und sagt, er habe 2800 Meilen entfernt Festland gefunden, welches das Land vom Grand Khan ist... Er landete, sah aber niemanden... Er brachte Fallen und eine Nadel mit... Er nimmt an, daß es bewohnt ist... Sein Name ist Zuam Talbot, und er wird Großadmiral genannt, und ihm wurden große Ehren erwiesen. Er geht in Seide, und die Engländer sind wie wild hinter ihm her... Der Entdecker dieser Dinge pflanzte auf dem Land ein Kreuz auf und die Fahnen von England und St. Markus, da er Venezianer ist...«

Landnahme im Land des großen Khan wie weiland Kolumbus? Setzt sich das Verwirrspiel mit den sagenhaften Namen fort? Der Botschafter Mailands schreibt am 17. Dezember 1497, nachdem er mit Cabot gesprochen hatte:

»Ihre Majestät hat einen Teil Asiens ohne Schwertstreich gewonnen... Ein ausgezeichneter Seemann mit Namen Zoane Caboto... verließ sich auf das Glück in einem kleinen Schiff mit 18 Mann. Er brach in Bristol auf..., fuhr an Irland vorbei, das weiter westlich liegt, hielt dann nach Norden, um nach dem Osten zu segeln und ließ dann nach einigen Tagen den Norden zur rechten Hand... Nach einigen Tagen erreichte er schließlich das Festland, wo er die königliche Fahne aufzog...«

NORDWESTPASSAGE

Also Asien. Auf Westkurs über den Norden nach Osten. Wahrscheinlich hat Cabot gegenüber dem Botschafter die Idee einer Nordwestpassage nach Asien geäußert. Es ist die früheste bekannte Formulierung eines Plans, der mehr als 350 Jahre unter großen Opfern verfolgt werden sollte. Der Botschafter fährt fort:

»Meister Zoane hat die Beschreibung der Welt in einer Karte, und ebenso eine solide Kugel, die er anfertigte...«

Cabot war ungefähr auf dem 60. Breitengrad nach Westen gesegelt. Auf dem Behaim-Globus ist das asiatische Festland auf dieser Breite 120 Grad von Europa entfernt. Bei 28$^{1/3}$ Meilen pro Grad sind das 3400 Meilen auf dem 60. Breitengrad. (Auf dem Äquator wäre es doppelt so weit.)

Auf einem Globus sieht man deutlich, daß es sinnvoller ist, den Atlantik weiter im Norden zu überqueren. Auch wenn man dann ein südlicheres Ziel im Auge hat. Der Botschafter:

»Die englischen Begleiter sagen, sie könnten so viel Fisch bringen, daß dieses Königreich Island nicht mehr braucht... Aber Meister Zoane hat Größeres im Sinn. Er schlägt vor, sich entlang der Küste, die er erreicht hat, zu halten..., bis er eine Insel namens Cipangu erreicht hat, die in der Gegend des Äquators liegt, wo nach seiner Vorstellung alle Gewürze und Juwelen herkommen.«

Cabot glaubt demnach wie Kolumbus, das asiatische Festland erreicht zu haben. Er sucht also nicht nach einer Passage, sondern einen kürzeren Weg auf nördlicheren Kursen und macht so tatsächlich von der Kugelgestalt der Erde Gebrauch.

KOLUMBUS, BRISTOL, MARCO POLO

Um 1497 schreibt ein Engländer namens John Day an einen »Almirante« in Andalusien einen Brief über die Reise von Cabot. Der Brief wurde erst 1956 gefunden, und leider fehlt die namentliche Adresse. Aber es gab in Spanien nur einen »Almirante«, der mit ozeanischen Angelegenheiten befaßt war: Kolumbus. John Day bedankt sich für ein Schreiben und bedauert, ein Buch nicht gefunden zu haben, und fährt fort:

»Ich sende Ihnen das andere Buch von Marco Polo und eine Zeichnung des Landes, welches gefunden wurde... Das Kap, das Irland am nächsten liegt, ist 1800 Meilen entfernt... Man glaubt, daß dieses Kap und das Land früher von Männern aus Bristol gefunden und entdeckt wurde, die Brasil fanden, wie Euch wohlbekannt ist.«

Hat Kolumbus den Bericht von Marco Polo tatsächlich erst nach seiner zweiten Reise gelesen, wie es seine Äußerungen bis dahin vermuten lassen? Beruhte sein Wissen nicht auf Gelehrsamkeit, sondern nur auf dem, was wohlbekannt war? Auch dieser Brief spräche dafür, wenn er wirklich an ihn gerichtet war. Dann hätte Kolumbus, der 1497 in Spanien ungeduldig auf die Ausrüstung der Schiffe wartete, wirklich Grund zu Eile gehabt. John Day:

»Man hofft mit Gottes Hilfe, den Plan durchzusetzen, das besagte Land im nächsten Jahr gründlicher zu untersuchen, mit zehn oder zwölf Schiffen.«

Von der Expedition im nächsten Jahr ist Cabots Schiff nicht zurückgekehrt. Richard Hakluyt faßt in einem der ersten Bücher über die Amerika-Expeditionen 1582 einen Bericht des Londoner Bürgermeisters über Cabots letzte Reise zusammen:

»1498. In diesem Jahr ließ der König in Bristol ein Schiff bemannen und ausrüsten, um eine Insel zu suchen, die nach seinem Wissen reich war und reichlich mit Gütern versehen. Veranlaßt wurde er durch einen Venezianer, einen Experten, der sich mit dem Erdkreis und seinen Inseln vertraut und klug gemacht hatte, was er mit Karten und anderen vernünftigen Mitteln demonstrierte. In dieses Schiff, so auf Kosten des Königs bemannt und ausgerüstet, investierten verschiedene Londoner Kaufleute kleine Anteile, unter der Patronage des besagten Venezianers. In Begleitung des besagten Schiffs segelten in Bristol drei oder vier kleine Schiffe Anfang Mai ab, mit leichter und grober Handelsware wie Webstoffen, Kappen, Spitzen, Nadeln und anderem Kleinkram. Darüber trafen in der Amtszeit des Bürgermeisters keine Nachrichten ein.«

VATER VERLEUGNET

Johns Sohn Sebastian machte als spanischer Chefnavigator Karriere, indem er seinen verschollenen Vater verleugnete und die Entdeckung für sich reklamierte. 1515 befand er sich am spanischen Hof, wo er den Hofchronisten Pietro Martire kennenlernte. Martire:

»Ich kenne Sebastian als Freund, der öfter als Gast bei mir weilt.«

Pietro Martire gibt den Reisebericht nicht in direkter Rede wieder, fügt aber mehrfach ein »... wie er sagte...«.

»Sebastino Gaboto... rüstete auf eigene Kosten zwei Schiffe aus und fuhr mit 300 Mann Besatzung nach Norden. Er fand selbst im Juli große Eisberge auf dem Meer und es war fast den ganzen Tag hell. Der Schnee auf dem Land war geschmolzen. Er sah sich gezwungen, wie er sagte, sich nach Westen zu wenden. Er änderte den Kurs infolge der Küstenlinie nach Süden und erreichte die Breite von Gibraltar. Dabei drang er so weit nach Westen vor, daß die Insel Cuba zu seiner Linken lag, fast auf dem gleichen Längengrad... Cabot nannte das zuerst gesehene Land Bacalaos, weil er in den benachbarten Gewässern eine Menge großer Fische fand, die von den Eingeborenen Bacalaos genannt wurden und Thunfischen ähneln. Manchmal behinderten sie sogar die Fahrt der Schiffe. Die Bewohner, die er dort antraf, waren in Felle gekleidet und nicht ohne jeden Verstand. Er sagt, es gäbe dort viele Bären, die Fische essen...«

Martires Chronik wurde 1515 gedruckt und beeinflußte spätere Quellen. Einem Diplomaten aus Mantua erzählt Sebastian Cabot:

»In mir war ein großer Wunsch,... eine große Tat zu vollbringen, und weil es eine Kugel ist, wollte ich nach Nordwesten segeln, um einen kürzeren Weg nach Indien zu finden. Ich teilte meine Gedanken Ihrer Majestät mit, die sehr angetan war und für mich zwei Karavellen mit allem Nötigen ausrüstete. Das war, glaube ich, im Sommer 1496. Ich segelte nach Nordwesten und dachte kein Land zu finden, bis ich in Cathay wäre, um von dort nach Indien zu kommen. Aber dann nach einigen Tagen entdeckte ich Land, das sich nach Norden erstreckte, was mich sehr enttäuschte... Bei 56 Grad Nord verlief die Küste plötzlich nach Osten und ich hoffte nicht mehr, eine Durchfahrt zu finden. Ich kehrte um und untersuchte die Küste in südlicher Richtung bis Florida, noch immer in der Absicht, eine Passage nach Indien zu finden, bis ich den Ort erreichte, der heute Florida heißt. Dort wurden die Nahrungsmittel knapp, und ich kehrte nach England zurück... Es gab kein Interesse mehr, diese Gegend aufzusuchen, daher begab ich mich nach Spanien, zum König und der Königin Isabella...«

Und was hat Sebastian von seinem Vater erzählt? Wenn der Diplomat es richtig wiedergibt, eine Lüge:

»Sein Vater starb zu der Zeit, als die Nachrichten eintrafen, daß Signor Don Christophoro Colombo, der Genuese, Indien entdeckt habe.«

Dieser Text des Diplomaten aus Mantua wurde 1550 in Venedig publiziert. Wer war es nun, der Vater oder der Sohn? In den Quellen, die von Sebastian abhängig sind, wird John nicht genannt. Also hat Sebastian seinen Vater verleugnet. Nach den von Sebastian unabhängigen Quellen war John Cabot der Leiter der Expedition, nach einigen wenigen hat Sebastian ihn begleitet. Einige Historiker nehmen an, Sebastian habe eine weitere Reise unternommen. Sie weisen etwa auf Details im Bericht Sebastians hin, die nur auf eigenen Beobachtungen beruhen könnten. Es handelt sich dabei aber um Beobachtungen, die 1515 wohlbekannt waren. Und schließlich gibt es die

Antwort der Draper's Company of London auf eine Anfrage des Königs über Sebastian im Jahr 1521:

»*Dieser Sebastyan, wie wir hier sagen, war nie selbst in diesem Land, und die vielen Dinge, von denen er berichtet, hat er in vergangenen Zeiten von seinem Vater und anderen Männern gehört.*«

Der Bericht von Vater John ist auf ungeklärte Weise verschwunden. Die Idee, einen kurzen Seeweg im Nordwesten zu suchen, ist wohl ihm zuzuschreiben. Für die publizistische Verbreitung der Idee hat dagegen der ungetreue Sohn gesorgt. Und in den Berichten, die auf ihn zurückgehen, werden zum ersten Mal Eisberge erwähnt. Die Bücher von Martire und Ramusio wurden in ganz Europa gelesen.

AUCH KOLUMBUS ERREICHT DAS FESTLAND

Am 30. Mai 1498 bricht Kolumbus mit sechs (Fernando) oder acht (Martire) Schiffen von Spanien aus zu seiner dritten Seereise auf. Er schreibt an die Krone:

»*Ich war noch sehr müde von meiner Reise, denn da, wo ich mich nach meiner Rückkehr aus las Indias ausruhen wollte, haben sich meine Leiden verdoppelt.*«

Schon auf der zweiten Reise war Kolumbus schwer erkrankt und zeitweise erblindet. Er trennt sich mit drei Schiffen von der Hauptflotte, die direkt nach Española weitersegelt. Erneut formuliert er seine Absichten ungenau:

»*Ich steuerte nach Süden in der Absicht, am Äquator entlang nach Westen zu segeln, bis Española im Norden von mir bliebe.*«

Er nennt diesmal als Ziel, nur »Land zu finden«. Cuba scheint ihn nicht mehr zu interessieren. Er erreicht des Festland in der Nähe der Insel Trinidad.

»*Ich erfuhr (von den Leuten), daß dieses Land Paria genannt wurde, und daß es weiter im Westen noch dichter bevölkert sei.*«

So ist es. Er landet mehrfach auf dem Festland, fragt aber nicht danach, ob es Festland sei und erwägt es auch nicht. Was ist los? Wo bleiben die berühmten Namen? Hat ihn inzwischen die Lektüre kosmographischer Werke vorsichtiger gemacht? Oder ist es eine Folge seiner Krankheit:

»*Meine Augen waren durch die Wachen erkrankt, weil ich auf der Reise zur Entdeckung des Festlands 30 Tage ohne Schlaf blieb und lange Zeit nicht sehen konnte. Aber meine Augen schmerzten nicht so und waren nicht so blutunterlaufen wie jetzt.*«

ESTA SERIA ISLA

Dann kommt er zu dem Irrtum, der das schmückende Beiwort tragisch verdient.

»*Ich glaubte, daß auch dies eine Insel sei.*«

Diese Ansicht revidiert er in diesem Brief auch nicht mehr. Die Süßwassermassen des Orinoco waren ein eindeutiger Beleg, daß er es mit einer Landmasse zu tun hatte, die man als Festland bezeichnen mußte. Als er sie wahrnimmt, erklärt er sie mit der Bibel und seinen Lesefrüchten, vor allem aus der YMAGO MUNDI von Pierre d'Ailly:

»*Zu diesem Fluß sage ich, wenn er nicht aus dem irdischen Paradies fließt, kommt und fließt dieser Fluß aus einem endlosen Land, im Süden gelegen. Ich bin aber mit der Seele sehr sicher, daß sich dort, wo ich sage, das irdische Paradies befindet, gestützt auf die Gründe in Schriften der Autoritäten.*«

DIE ERDE IST EINE BIRNE

Kolumbus schmückt seine Inspirationen zum Thema Paradies mit bedeutenden Namen: Aristoteles, Ptolemäus, Seneca, Plinius, Averroes, Isidor von Sevilla, Strabo u.v.a., die alle auch in der YMAGO MUNDI abgehandelt werden. Kolumbus glaubt, er habe sich dem Himmel genähert:

»Ich habe gefunden, daß die Welt nicht kugelrund ist, wie es geschrieben steht, sondern sie hat die Gestalt einer Birne, die zwar sehr rund ist, außer jener sehr erhöhten Stelle, wo der Stiel sitzt. Oder sie ist wie ein runder Ball, und eine Stelle ist wie die Brustwarze einer Frau aufgesetzt. Und dieser Teil dieser Stelle ist der höchste und dem Himmel am nächsten und befindet sich unter dem Äquator in diesem ozeanischen Meer am Ende des Ostens. Ich nenne das das Ende des Ostens, wo Land und Inseln aufhören.«

BERGAUF ZUM PARADIES

Ab einer Linie 100 Meilen westlich der Azoren geht es für Kolumbus bergauf:

»Schiffe, die von diesem Punkt weiter nach Westen fahren, erheben sich langsam himmelwärts…«

Er nennt einige Theologen, die das Paradies im Osten vermuten, und glaubt, es sei in der Nähe des höchsten Punktes:

»Ich glaube, daß dort das Paradies liegt, zu dem niemand gelangen kann, außer durch göttlichen Willen… Ich nehme nicht an, daß das irdische Paradies die Form eines rauhen Berges hat, wie es jene schreiben, die es aufzeigen, sondern auf dem Gipfel liegt, der die Gestalt eines Stiels einer Birne hat…«

Martire zitiert einige Stellen und befindet:

»Doch genug davon, da mir diese Annahme märchenhaft erscheint.«

LESEFRÜCHTE FÜR DIE KRONE

Die überlieferten Briefe von Kolumbus handeln überwiegend von Geschäften, Privilegien und Erbangelegenheiten. Als Theologe und Kosmograph äußert er sich zum ersten Mal im Bericht über die Reise von 1498 an die Krone. Die Plazierung der Lesefrüchte war angebracht, weil sein Ruf gelitten hatte. Seine Expeditionsberichte galten als geographisch mangelhaft, die Kolonie wurde grausam verwaltet und warf keine Gewinne ab. Um sich zu wehren, behauptet Kolumbus nun gegenüber der Krone, er sei der geistige Urheber des Ganzen, und er habe nicht irgend etwas entdeckt, sondern letztlich das Paradies. Er erinnert die Hoheiten an seine Verdienste um die Ausbreitung des Christentums, die Größe des Unternehmens und an jene, die es behindern:

»Sie wissen nichts anderes Schlechtes darüber zu sagen, als die Kosten davon. Und daß nicht sogleich mit Gold beladene Schiffe zurückgesandt wurden.«

Kolumbus malt die zukünftigen Erträge an Gold und Perlen in schönsten Farben und warnt vor weiteren Verleumdern. Die Erträge werden sich erst später einstellen, die Verleumder sind schon am Werk.

KOLONIALHERREN UNTER SICH

Nahrungsmangel und Krankheit zwingen Kolumbus, die Irrfahrt vor der südamerikanischen Küste abzubrechen. Er begibt sich Ende August 1498 nach Española und findet es in Aufruhr. Die Herren Konquistatoren jagen sich gegenseitig das Gold ab, das sie den noch lebenden Tainos abpressen. Kolumbus hatte sich von Bruder Bartolomé als Adelantad vertreten lassen. Martire:

Ein Schlacht zwischen Columbo vnd Francisco Poresio. XIIII.

De Bry: Bürgerkrieg.

»Francisco Roldan war im Vertrauen auf seine Anhänger in Abwesenheit des Admirals von dessen Bruder abgefallen. Nun weigerte er sich, Christophorus Colonus aufzusuchen, der einst sein Gebieter war und den er groß gemacht hatte. Er setzte ihn sogar mit Schmähreden herab und schrieb schändliche Briefe an die spanischen Könige.«

Martire zitiert die gegenseitigen Beschuldigungen, ohne Partei zu ergreifen.

»Roldan und seine Anhänger beklagten sich folgendermaßen über den Admiral und den Adelantad. Sie bezeichneten beide als ungerechte und ruchlose Verwalter, Feinde des spanischen Volkes, Verschwender, Männer, denen es gefiel, aus geringen Anlässen Menschen zu foltern, zu erwürgen, zu enthaupten und auf jede mögliche Weise zu vernichten. Sie seien ehrgeizig, hochmütig, neidisch, unerträgliche Diktatoren...«

»Der Admiral führte dagegen an, die Erfinder dieser Anschuldigungen seien gemeine Verbrecher, Kuppler, Diebe, Schänder von Frauen, Räuber und Herumtreiber... Meineidige und Lügner..., die nur von Gewalttaten und Diebstahl lebten... Sie ließen sich von den armen Insulanern in Hängematten über die Insel tragen... Bei ihren eigenen Händeln zögen sie gegeneinander das Schwert, mit einem Hieb schlügen sie den unschuldigen Gegnern das Haupt ab, nur um ihre Kraft zu erproben.«

Columbus straffet die auffrührische Spanier. X.

Columbus von wegen daß er in ein Kranckheit gefallen/ vnd also den Zug wider die Caraber muste vnterwegen lassen/ ist wider zu rück in Hispaniolam gefahren/ da hat er ein grosse Vnruhe darinn funden/ von wegen der schendliche vngebürlichen Laster/ so die Spanier in seinem abwesen begangen. Er aber hat nach seiner Weißheit vnd Verstande baldt einen Raht funden solchem Vnraht zubegegnen/ vnnd alle die jenige Spanier so an dieser Auffruhr/ Vrsächer vnd Rädlinführer gewesen/ sampt den jenigen/ so theilhafftig an den begangenen Lastern/ lassen vmbbringen vnd hinrichten/ die Cacicos aber hat er auff alle weg vnd mittel vnderstanden zu Frieden zubringen/ Durch diese Strengheit haben die Spanier ein grossen Neidt vnnd Haßz auff den Columbum geworffen/ also daß sie schier seinen Namen nicht mehr mochten hören nennen/ vnnd auch ein Münch Benedicter Ordens den Columbum in Bann gethan: Dargegen Columbus gebotten/ es solte den Mönchen auß seiner Speißkammer nichts dargereicht werden. Auß diesen vrsachen ist entsprungen/ daß viel vnter jhnen falsche vnd vnehrliche Stück von jhm vnnd seinem Bruder an den König in Spanien geschrieben: Derwegen Columbus als er wider zur Gsundheit kommen/ wider zurück in Hispanien hat schiffen müssen. 9. Cap.

C iij   Ein

De Bry: Kolumbus zeigt Härte.

Columbus wirdt mit seinem Bruder Bartholomeo gefänglich in Hispanien geschickt. XIII.

De Bry: Kolumbus in Ketten.

KOLUMBUS IN KETTEN

Die Machtkämpfe zwischen den Fraktionen in der Kolonie toben bis ins Jahr 1500. Martire:

»Die Herrscher waren durch die vielen Klagen beunruhigt, und besonders, weil sie von dem vielen Gold und den anderen Reichtümern der Insel wegen der herrschenden Aufstände und Streitereien wenig erhielten. Daher ernannten sie einen neuen Gouverneur.«

Der neue Gouverneur, Francisco de Bobadilla, verhaftet Kolumbus. Martire:

»Was über den Admiral und seinen Bruder sowie seine Widersacher durch die Untersuchung festgestellt wurde, ist mir nicht genau bekannt. Das eine aber weiß ich. Beide Brüder wurden von Bobadilla festgenommen, in Fesseln gelegt, ihres Besitzes beraubt und als Gefangene nach Spanien gebracht...«

Am 20. August 1500 ist Kolumbus in Cadiz und schreibt an die Krone. Am 17. Dezember wird er aus der Gefangenschaft entlassen. Sein Besitz wird zurückerstattet, er behält seine Titel, nicht aber seine Ämter, die aber seinem Sohn Diego versprochen werden. Eine weitere Erkundungsreise wird ihm zugesagt, die sich allerdings verzögert.

RIVALE PINZON FINDET FESTLAND

Am 1. Dezember 1499 war Vicente Yañes Pinzón, der Bruder von Martin Alonso Pinzón, zur Erkundung der südamerikanischen Küste aufgebrochen. Nach dem Studium des Reiseberichts befindet Martire:

»Sie waren 2400 Meilen an der Küste Parias entlanggesegelt... Die weite Ausdehnung verbietet es offensichtlich, dieses Land für eine Insel zu halten, es sei denn, man bezeichnet die Masse des Festlands im erweiterten Sinn als Insel... Sie selbst glauben, sie seien weiter gefahren als die Stadt Cathay.«

Am 30. September 1500 war Pinzón zurückgekehrt, kurz bevor Kolumbus ankam. 2400 Meilen zusammenhängende Küste, weit mehr als Kolumbus mit drei Reisen geschafft hatte! In einem Klagebrief an eine Bekannte am Hof schreibt Kolumbus:

»Zu dieser Zeit kam Vicente Yañez an. Es gab Tumult und Vermutungen, aber keinen Schaden.«

Das war glatter Selbstbetrug. Kolumbus hatte allen Grund, besorgt zu sein. Er hatte behauptet, Cuba gehöre zum asiatischen Festland. Und wenn es nun doch umsegelt wurde? Immer mehr Konkurrenten waren zur Erkundung unterwegs, darunter auch Juan de la Cosa, ein ausgezeichneter Kartograph, der kurz darauf Südamerika als Kontinent und Cuba als Insel zeichnete. Die Krone hatte Kolumbus noch einmal Schiffe zugesagt, verzögerte aber die Ausrüstung.

GETEILTE WELT

Die auf das Jahr 1500 datierte Karte von Juan de la Cosa zeigt auch die von Cabot erkundete Küste (siehe Seite 66). Eine erhebliche Landmasse zeichnete sich ab. Aber wem gehörte sie? Der Papst hatte die westlichen Länder der »Heiden« zwischen Spanien und Portugal aufgeteilt. Der Spanier Juan de la Cosa zeichnet die Teilungslinie so ein, daß alle Länder an Spanien fallen. Der Portugiese Alberto Cantino verlegt auf seiner Karte von 1502 die Linie ungefähr auf den heutigen 60. westlichen Längengrad. Sie berührt die Ostküste Nordamerikas bei Neufundland und teilt den südamerikanischen Kontinent. Die Gebiete östlich der Linie fielen als Lehen an Portugal. Daher wurde Brasilien eine portugiesische Kolonie. Die Engländer waren als Kolonialmacht noch nicht vorgesehen. Auf der Cantino-Karte wird das Land, das Cabot für die englische Krone in Besitz genommen hatte, den Portugiesen zugesprochen.

DAS OST-WEST-PROBLEM

Die Aufteilung der Welt durch einen Längengrad im Namen des Allwissenden warf ein Problem auf: Die Uhren waren zu ungenau. Der Abstand zwischen zwei Orten in Längengraden ist nämlich identisch mit der Differenz der Ortszeiten. Die Ortszeit unterwegs erhält man um 12 Uhr durch den Höchststand der Sonne. Aber wieviel Uhr ist es dann in London? Es gab keine Uhren, mit denen man die heimatliche Ortszeit »mitnehmen« konnte, sondern nur Sanduhren, um die Tageszeit einzuteilen. So war man in der Regel bei der Bestimmung der Länge auf die Messung der zurückgelegten Strecke in Ost-West-Richtung angewiesen. Die Geschwindigkeit wurde geschätzt, mit der Zeit multipliziert und die Strecke in Kursrichtung aufgezeichnet. Das Verfahren war natürlich sehr ungenau. Genauer war die Länge bei Sonnen- oder Mondfinsternissen zu bestimmen, die ja von verschiedenen Orten gleichzeitig beobachtet werden können. Regiomontanus hatte die Verfinsterungen für bekannte Längen in Europa im voraus berechnet. Aber die Sonnenfinsternis im Jahr 1497 war erst am 29. Juli, als Cabot schon auf dem Rückweg war. Doch selbst wenn Cabot die Länge gemessen hätte, wäre dies für die Portugiesen kein Anlaß gewesen, ihm zu trauen. Sie mußten sich schon selbst kundig machen.

1501 GASPAR CORTE REAL VERSCHOLLEN

In einem Patent für Gaspar Corte Real stellte der portugiesische König im Mai 1500 fest, er habe:

»... große Anstrengungen unternommen, mehrere Inseln und Festland zu suchen... Ich garantiere ihm die Herrschaft über alle Inseln und Festländer, die er erneut finden möge...«

Als Ausgangspunkt bot sich die nördlichste Inselgruppe im Atlantik an, die Azoren. Die Portugiesen hatten von hier aus schon vor Kolumbus den Atlantik nach dem sagenhaften Antilia abgesucht. Die Quellen über die Expeditionen von Corte Real sind ebenfalls dürftig. Im Jahr 1500 kam er offenbar nur bis Grönland. Wieder ist es der Botschafter der Republik Venedig, dem wir einige Auskünfte verdanken. Er schreibt über den nächsten Versuch Corte Reals am 19. Oktober 1501 aus Portugal:

»Heute kam hier eines von den beiden Schiffen an, die Ihre Durchlaucht der König entsandt hat, um unter dem Befehl von Gaspar Corte Real im Norden Land zu entdecken. Sie beanspruchen, 2000 Meilen von hier unbekanntes Land entdeckt zu haben, zwischen Nordwesten und Westen. Entlang dieser Küste segelten sie vielleicht 700 oder 800 Meilen, ohne ein Ende zu finden. Sie glauben daher, ein Festland gefunden zu haben, das mit einem anderen verbunden ist, welches im letzten Jahr im Norden gefunden wurde. Die Schiffe konnten das Ende nicht erreichen, weil das Meer mit Eis bedeckt war und es große Mengen von Schnee gab.«

ERSTE TOTE IM EIS?

Zum ersten Mal wird in einem Bericht erwähnt, daß Eis den Weg versperrte. Möglicherweise hat es auch gleich die ersten Opfer gefordert. Die Schiffe trennten sich, und die Karavelle von Gaspar Corte Real wurde nie wieder gesichtet. Die Rückkehrer konnten als Beute 50 Gefangene vorweisen. Es war die Macht der Gewohnheit. Die Portugiesen hatten ihre maritimen Unternehmungen entlang der afrikanischen Küste von Anfang an durch Menschenraub finanziert. Miguel Corte Real machte sich im nächsten Jahr auf die Suche nach seinem Bruder und kehrte ebenfalls nicht zurück.

NOCH EINMAL KOLUMBUS: EIN ALPTRAUM

Anfang Mai 1502 bricht Kolumbus mit vier Schiffen zur letzten Reise auf. Die Krone hatte ihm verboten, auf Española zu landen. Sein Bericht ist herzerweichend und wirr, die Fahrt die reine Katastrophe. Wo wollte er hin? Mit den großen Namen ist er vorsichtig geworden. Er nähert sich von Jamaica kommend Cuba und nennt dort ein einziges Mal ein Ziel:

»Von da wollte ich, wenn möglich, das Festland ansteuern. Auf dem Weg waren der Wind und eine schreckliche Strömung gegen mich. Ich kämpfte sechzig Tage mit ihnen... Regen, Donner und Blitz hielten an, und es erschien wie das Ende der Welt.«

Da er Cuba für ein Festland hält, sucht er die Fortsetzung nach Westen, wird aber nach Süden abgetrieben. Nach einem schweren Sturm erreicht er das Festland bei Honduras und weiß wieder einmal nicht, wo er ist. Vorsichtshalber macht er keine Aussage. Aber zwischendurch klagt er ständig.

»Ich hatte von 20 Jahren Dienst wenig Gewinn, trotz der großen Mühen und Gefahren, denn ich habe heute in Kastilien kein Dach über dem Kopf. Wenn ich schlafen oder essen will, muß ich ein Gasthaus oder eine Taverne aufsuchen, und meistens weiß ich nicht, wovon ich zahlen soll...«

Die einzige Lokalisierung ist wirr, da er sie den Einheimischen in den Mund legt:

»Sie sagen, das Meer umgebe Ciguare, und von da wären es 10 Tagesreisen zum Fluß Ganges.«

Obwohl er rund 500 Kilometer Küste entlanggesegelt, macht er keine Aussage über den Charakter des Landes. Er klagt über Stürme und sintflutartige Regenfälle.

»Die Mannschaften waren so zermürbt, daß sie sich nach dem Tode sehnten, um von ihrem Martyrium befreit zu werden.«

Die Schiffe sind von Holzwürmern befallen und lecken stark. Kolumbus verläßt die mittelamerikanische Küste und nimmt Kurs auf Cuba.

BEHARRLICH IM IRRTUM

»Am 13. Mai (1503) erreichte ich die Provinz von Mago, die mit der von Cataio verbunden ist. Von da brach ich nach Española auf.«

Kolumbus hält Cuba also noch immer für einen Teil des asiatischen Festlands. Ein weiterer Sturm zwingt die Spanier, in Jamaica an Land zu gehen. Kolumbus faßt zusammen:

»Ich sage von dieser meiner Reise, daß 150 Personen mit mir waren, darunter einige sehr fähige Steuermänner und große Seeleute. Keiner von ihnen kann einen genauen Bericht darüber geben, wo ich war oder woher ich kam. Der Grund liegt nahe... der Sturm hielt mich davon ab, den Weg einzuschlagen, den ich wünschte. Durch Gewalt mußte ich dahin, wo der Wind wollte. An diesem Tag wurde ich krank. Niemand hat je diese Gegend angesteuert...«

Die Würmer haben den Schiffen den Rest gegeben. Es dauert ein Jahr, bis die Schiffbrüchigen von Española aus abgeholt werden. Die gemeinsame Not hindert die Mannschaften nicht daran, sich in zwei feindliche Lager zu spalten.

ICH, KOLUMBUS, WERKZEUG GOTTES

Der Rest ist Wahn und Klage, Selbsterhöhung und Selbsterniedrigung.

»David hinterließ in seinem Testament Salomon 3000 Zentner Gold aus las Indias, um ihm zu helfen, den Tempel zu bauen... Jerusalem und der Zion müssen wieder aufgebaut werden, durch das Werk eines Christen... Der Abt Joachín sagt, er müsse aus Spanien kommen...«

EIN CHRIST AUS SPANIEN

»Als ich in Eure Dienste trat, war ich 28 Jahre alt. Jetzt habe ich kein Haar mehr auf dem Kopf, das nicht weiß wäre, und mein Leib ist krank und verbraucht. Was ich in allen Jahren erspart habe, wurde mir genommen...«

Kolumbus stirbt im Mai 1506 in Valladolid. Im Museum ist die Sterbeszene in schwerem Öl festgehalten. Männer von Rang sind um ihn versammelt. Tatsächlich war Kolumbus weder berühmt noch öffentlich anerkannt.
In einem seiner letzten Briefe schrieb er:

»Gott hat mir die größte Gnade gewährt, wie keinem seit David.«

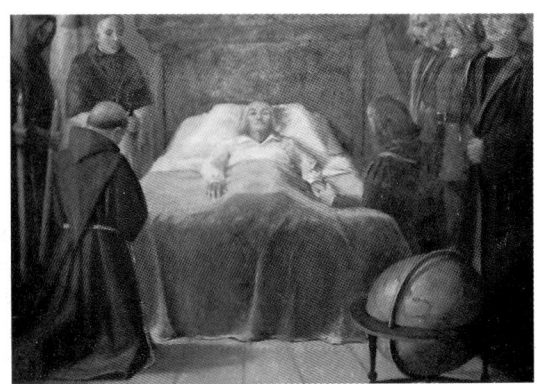

SPÄTE VERKLÄRUNG

Pietro Martire hielt sich kurz nach dem Begräbnis in Valladolid auf, ohne Kolumbus in seinen Briefen an hochgestellte Personen zu erwähnen. Der Mangel an Wertschätzung durch die Zeitgenossen wurde später mehr als wettgemacht. Mit dem Erscheinen von Fernandos HISTORIE 1571 lag der Stoff vor, mit dem die abendländische Sehnsucht nach großen Männern befriedigt werden konnte – und die Tünche, um die häßlichen Details der Kolonisierung zu überdecken. Aus dem zielstrebigen Kaufmann, der sein kosmographisches Wissen vorrangig aus der Bibel bezog, wurde der geniale Gelehrte, der den Beginn eines neuen Zeitalters einleitete. So kam es, und das ist die eigentliche Tragik, daß der Mann zu keiner Zeit in seiner wirklichen Größe wahrgenommen wurde.

Der deutsche Kartograph Martin Waldseemüller schlug 1507 vor, den Kontinent nach Amerigo Vespucci »America« zu nennen – nicht »Kolumbia«. Weltkarte, Straßburg 1513.

5 DIE GESELLSCHAFT DER ABENTEURER

ZWISCHENBILANZ 1506

Kolumbus stirbt im Glauben, Asien erreicht zu haben. Die Mehrheit der Kosmographen hält die inzwischen im Süden erkundeten Küsten für Teile eines bisher unbekannten Kontinents, der den Weg nach Asien versperrt. Die Küsten im Nordwesten halten manche für die Ausläufer Asiens, manche für die Fortsetzung der südlichen Küste. Der inzwischen erkundete Seeweg nach Indien um Afrika erweist sich als zeitraubend und gefährlich. Vor Neufundland beginnt der Fischfang. In London gründen Kaufleute die »Company of Adventureres to the New Found Land«.

Karte von Juan de la Cosa, 1500, Museo Naval, Madrid.

DER KONTINENT NIMMT GESTALT AN

Weitere Expeditionen der Portugiesen und Engländer in den Nordwesten sind bekundet, über Verlauf und Ziele liegen allerdings keine Berichte vor. Im Süden kartierten die Spanier und Portugiesen Teile Südamerikas, hatten aber immer noch keine Durchfahrt gefunden. Man wußte also noch immer nicht, ob es zwischen Amerika und Asien eine Landverbindung gab. Im Jahr 1513 durchquerte schließlich der Spanier Núñez de Balboa die Landenge von Panama und erreichte den Pazifik. Es deutete sich an, daß zwischen Amerika und Asien ein weiterer Ozean liegt. Von der Atlantikinsel Madeira aus brach schließlich im Januar 1524 der Italiener Giovanni da Verrazano auf, um im Auftrag der französischen Krone eine Passage zu suchen. Er segelte von

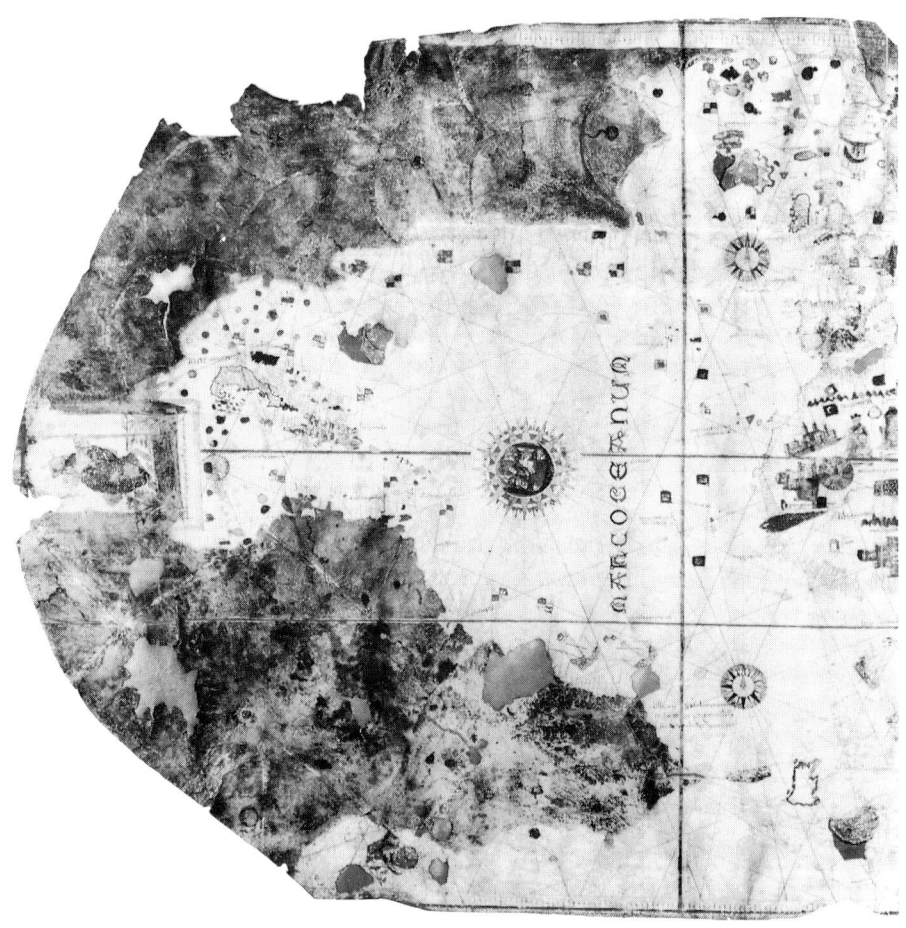

Florida aus entlang der Küste nach Norden, dann nach Nordosten. Etwa auf der Höhe des heutigen Virginia wollte Verrazano einen nach Westen führenden Meeresarm gesichtet haben. Statt ihn näher zu untersuchen, segelte er aber entlang der Küste weiter in nordöstlicher Richtung und gelangte dabei offenbar bis zum heutigen Neuschottland. Sein Bruder, Girolamo Verrazano, zeichnete kurz danach eine Karte, die die Umrisse Süd- und Mittelamerikas und die Ostküste Nordamerikas bis Neuschottland schon recht genau wiedergibt – mit Ausnahme des besagten Meeresarms. Dieser Einschnitt, das »Mare Verrazano«, wurde von einigen Kartographen übernommen. Die Verrazanos haben weiter nach einer Passage gesucht, bis Giovanni auf einer Karibikinsel von Einheimischen getötet wurde.

JACQUES CARTIER AUF GOLDSUCHE

1526 glaubte man immer noch, es gäbe eine Passage zwischen den von Cabot und Verrazano erkundeten Küsten. Dieser weiße Fleck wurde 1535 durch den Franzosen Jacques Cartier ausgefüllt. In Paris sah man mit einiger Sorge, wie Portugal und Spanien sich anschickten, die Welt unter sich aufzuteilen. Die Krone beauftragte daher Cartier, die »Terres Neufves«, die »Neuen Länder«, aufzusuchen, um:

»... gewisse Inseln und Länder zu entdecken, von denen man sagt, daß man dort große Mengen Gold und andere große Reichtümer finden soll.«

Karte von Girolamo da Verrazano, 1529, Biblioteca Apostolica Vaticana.

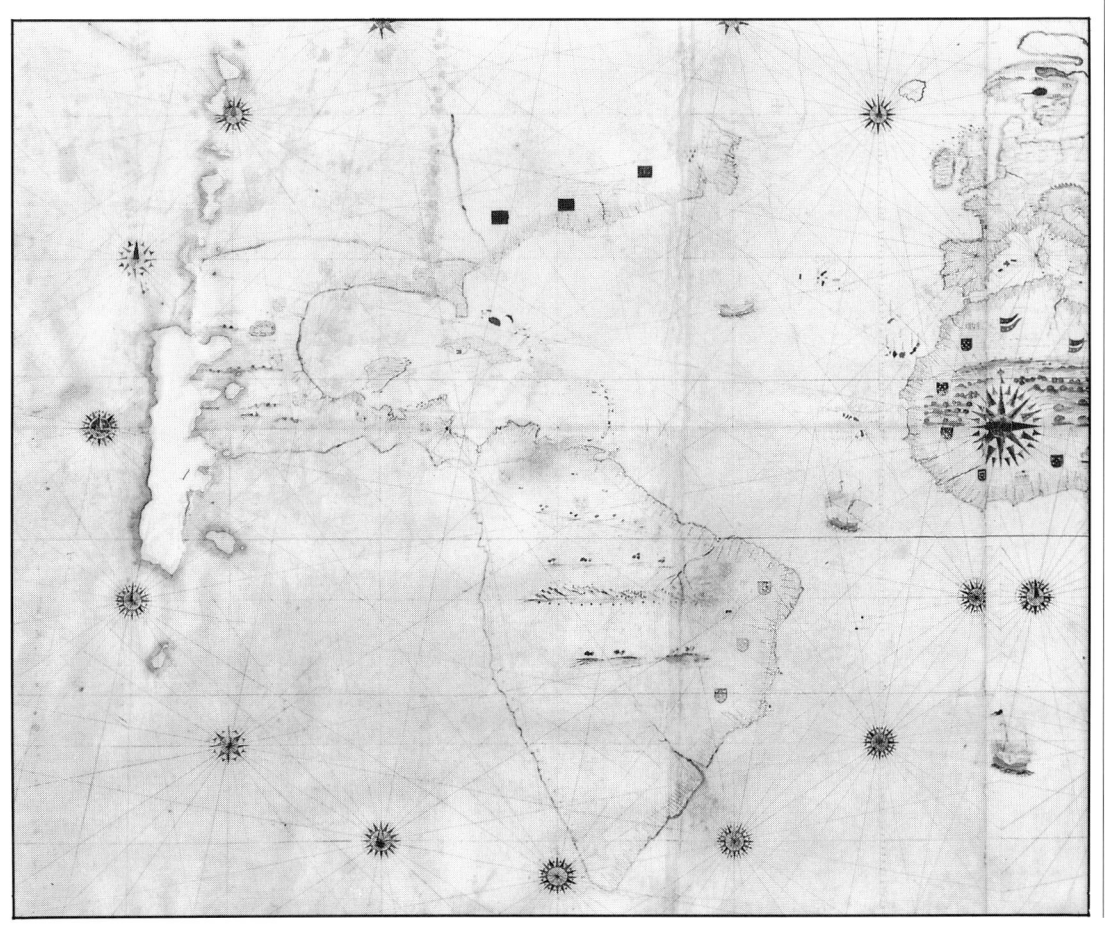

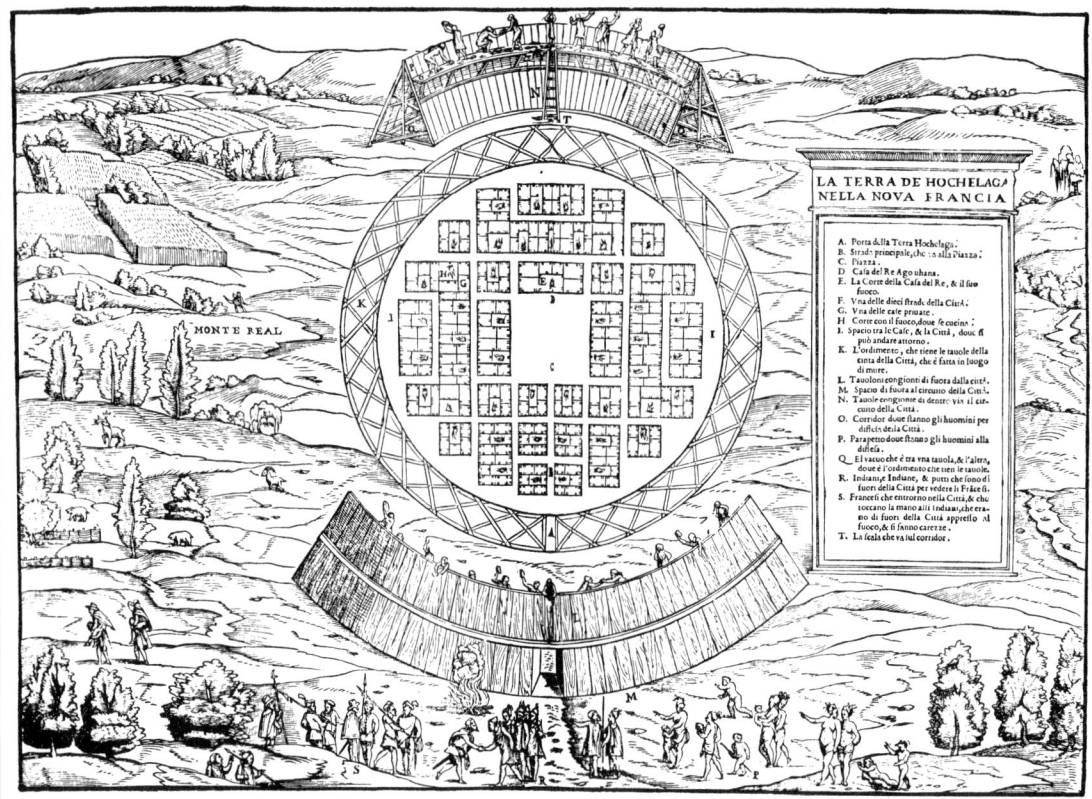

Stich Venedig 1563, Hochelaga mit Monte Real.

Cartier hält den heutigen St.-Lorenz-Strom für eine Passage und dringt weit in das Landesinnere vor. Sein Auftrag ist in dieser Weltgegend schwer durchführbar, nichts erinnert an die von Marco Polo beschriebenen Zivilisationen. Er kommt bis zu einem Ort, den die Einheimischen »Hochelaga« nennen, dem heutigen Montreal. Die Einheimischen sind freundlich, aber nicht reich im Sinne abendländischer Erwartungen. Cartier sammelt als Ersatz glitzernde Steine ein, die sich in der Heimat als wertlos erweisen, so daß er zum Ruhm auch einigen Spott erntet.

ERSTE TOTE IM WINTER

Die Franzosen kommen flußaufwärts nicht weiter und müssen umkehren. Für die Heimreise ist es zu spät. So können sie sich in die Galerie der »ersten« einreihen. Die Franzosen werden zu Pionieren der Überwinterung.

Cartier:

»Von Mitte November bis Mitte April wurden wir ständig vom Eis eingeschlossen, das mehr als zwei Klafter dick war, und über dem Boden lag der Schnee bis zu einer Höhe von vier Fuß…«

Von den 110 Seeleuten sterben 25. Cartier glaubt, sie hätten sich bei den Einheimischen angesteckt. Aber die Symptome im Bericht weisen auf Skorbut hin.

»Die einen konnten sich nicht mehr aufrecht halten und bekamen geschwollene Beine, die Nerven schrumpften und wurden schwarz wie Kohle. Andere bekamen purpurrote Blutflecken. Die Krankheit kroch über die Hüfte bis zum Hals. Der Mund war bei allen entzündet, das Zahnfleisch faulte bis auf die Wurzel, und fast alle Zähne fielen aus.«

25 Seeleute starben, wie gesagt. Ein Kräutersud ließ die Überlebenden im Frühjahr genesen. Sie konnten 1536 heimkehren. Eine Passage hatte Cartier nicht gefunden, aber seine Erkundungen führten zur Gründung einer französischen Kolonie.

NÜCHTERNE ABENTEURER

1553 bilden in London 200 Kaufleute die »Company of Merchant Adventurers«, die »Gesellschaft der Handelsabenteurer«. Das Wort »Abenteuer« ist aus der Literatur ins Geschäftsleben umgezogen. Mit »Aventuren« hatten die Kopisten des Nibelungenliedes im 13. Jahrhundert die einzelnen Episoden überschrieben. Abenteuer war also das, was der fiktive Held erlebte. Soweit ich sehe, wurde das Wort im Zusammenhang mit »Entdeckungen« zum ersten Mal im Kolumbusprozeß gebraucht. Ein Zeuge erwähnt ein Lob, das Kolumbus den Kapitänen ausgesprochen hatte: »bien aventurados seays«, ihr seid gute Abenteurer. Ob der Zeuge 23 Jahre nach den Ereignissen noch richtig zitierte, ist zweitrangig. Das Wort war 1515 dem Zeugen und dem Schreiber geläufig. Im spanischen Wörterbuch von 1493 steht: »Aventura o ventura.fortuna.e.« Und das lateinische »fortuna« heißt »Glück, Erfolg«. Die Londoner »Abenteurer« suchten also nicht die Gefahr. Als nüchterne Kaufleute riskierten sie ihr Geld, weil sie hofften, die Entdeckungen würden Gewinne abwerfen.

NORDOSTPASSAGE

Die Company versuchte es zunächst mit der Nordostpassage, die entlang Norwegen, um das Nordkap und dann um den eurasischen Kontinent in Richtung Osten führt. Es traten Verluste ein, an Schiffen und Mannschaften. Das Eis erwies sich als unüberwindlich, doch dafür kam es zu einem Handelsvertrag mit Rußland. Die Abenteurer nannten sich nun »Muskovy Company«. Erst 20 Jahre später erlaubte die Gesellschaft eine Expedition in den Nordwesten.

MARTIN FROBISHER, BÄRENSTARK

Der Engländer Martin Frobisher hatte als Handelskapitän in Afrika Erfahrungen gesammelt und war gelegentlich auch der Piraterie nachgegangen. Nachdem er in Portugal die neuesten Karten eingesehen hatte, schlug er der englischen Krone und privaten Finanziers eine Expedition in den Nordwesten vor, um eine Passage nach Cathay zu suchen. Er traf zunächst auf Ablehnung. Als der Kaufmann Michael Locke den größten Teil der Kosten übernahm, gab auch die Moskoviter Gesellschaft ihre Zustimmung. Frobisher standen nur zwei Barken von 25 Tonnen und eine Pinasse von 7 Tonnen zur Verfügung. Die Begleitschiffe erwiesen sich nicht als hilfreich. Die Pinasse ging unter, die andere Barke machte sich heimlich davon. Stürme und Eis machten Frobisher erheblich zu schaffen. Als er die amerikanische Küste auf der Höhe des Polarkreises erreichte, war sein Schiff ein halbes Wrack. Ein Begleiter notierte:

»Aber er wollte lieber Gott sein Leben opfern, als ohne die Entdeckung von Cathay zurückzukehren. Der Schiffsmeister landete auf der ersten Insel und nannte sie Halls Island nach seinem eigenen Namen. Dort reparierten sie die Schäden. Ganze Berge von Eis wurden von den Winden, Strömungen und Gezeiten umhergetrieben...«

Frobisher findet zunächst nur die Winterhäuser der Einheimischen. Als es dann zur ersten Kontaktaufnahme kommt, herrscht auf beiden Seiten Mißtrauen. Frobisher nennt sie »Wilde« und »Ungläubige«. Später übernahmen die Europäer den Namen »Eskimos« von denen, die sie als »Indianer« bezeichneten. Eskimo heißt »Rohfleischesser«. Die Bewohner der Arktis nennen sich selbst meist »Inuit«, was »Menschen« bedeutet. Die Inuit pflegten Europäern freundlich zu begegnen, zumindest beim ersten Mal. Die Gruppe jedoch, welche die Engländer aus der Ferne mustert, hat es offenbar schon mit den Sitten und Gebräuchen der Fremden zu tun bekommen.

Fünf Matrosen landen trotz Verbot mit dem Beiboot, um auf eigene Faust Handel zu treiben. Sie kehren nicht zurück. Frobisher ist deprimiert, weil er nicht mehr genug Leute hat.

»Er wußte nun nicht mehr, wie er nach Cathay gelangen sollte. Und am meisten bedrückte ihn die Sorge, er müsse in sein Land zurückkehren, ohne ein Beweisstück, das die Welt bestätigen konnte, in der er war.«

Als ein Inuit sich mit seinem Kajak nähert, lockt Frobisher ihn mit einem Glöckchen an die Bordwand:

»Plötzlich packte er mit schierer Kraft den Mann mit seinem leichten Boot und zog ihn an Bord.«

Der Gefangene beißt sich vor Kummer über die verlorene Freiheit die Zunge ab, erkältet sich während der Überfahrt und stirbt kurz darauf in England.

IN ASIEN?

Über den Meeresarm, den Frobisher entdeckt hatte, steht im Bericht des Begleiters:

»Das Land zu seiner Rechten hielt er für Asien, welches die Wasserstraße vom amerikanischen Festland trennte.«

Was er gefunden hatte, nannte er »Frobisher's Strait«. Aber es war eine Bucht, und so heißt sie heute Frobisher Bay.

Stich, Nürnberg 1583.

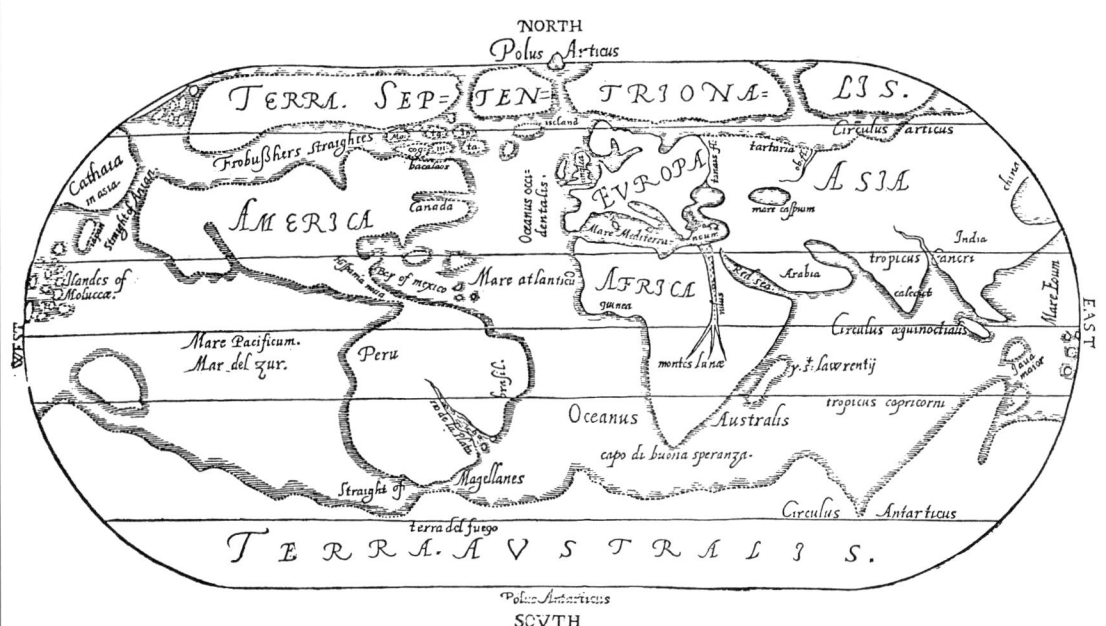

Karte, London 1578.

DIE FÜNF VERSCHOLLENEN

Frobisher glaubte, die Inuit hätten die fünf Matrosen mit Gewalt zurückgehalten. Das muß bezweifelt werden. 1861 zeigten die Inuit der Frobisher Bay dem amerikanischen Forscher Francis Hall eine Insel, die sie »Kodlunarn« nannten, »Insel der Weißen«. Das Schicksal der fünf Matrosen war also in der Erzähltradition der Inuit überliefert worden. Hall notierte, was er von den Inuit über die Matrosen erfuhr:

»Sie hätten an Land überwintert, ob ein, zwei oder mehr Winter konnten sie nicht sagen. Sie hätten mit den Inuit gelebt und schließlich ein großes Boot gebaut mit einem Mast und Segeln..., daß sie offenes Wasser erreicht hätten, davon gefahren wären und nicht mehr gesehen wurden.«

Die Geschichte von dem Boot ist durchaus glaubhaft, denn Frobisher hatte bei seiner dritten Reise auf der Insel Bauholz zurückgelassen, da er den Plan für die Errichtung einer Siedlung aufgeben mußte.

EIN STEIN MACHT FURORE

Frobisher hatte kein Gold und keine Gewürze an Bord, als er nach England zurückkehrte. Ob seine »Frobisher Strait« nach Cathay führte, war eine Glaubensfrage. Aber er hatte ein anderes Mitbringsel. Michael Lock, der Hauptfinanzier, notierte:

»An Bord von seinem Schiff gab mir Mr. Frobisher einen Stein. Er hatte mir versprochen, den ersten Gegenstand mitzubringen, den er in dem neuen Land finden würde. Kurz darauf gab ich das Stück dem Münzmeister des Towers, ohne seine Herkunft anzudeuten. Er prüfte es und antwortete, es sei Markasit. Ein gewisser Goldschmelzer Whelar fand ebenfalls heraus, es sei Markasit, und ebenso George Nedam. Im Januar gab ich ein Stück dem John Baptista Agnello und bat ihn zu prüfen, welches Metall darin sei. Nach drei Tagen zeigte er mir ein wenig Goldpulver.«

Gold regt die Phantasie an. In einem anderen zeitgenössischen Bericht heißt es:

»Einige brachten Blumen, einige grünes Gras, und einer brachte ein Stück eines schwarzen Steins, welcher durch sein Gewicht auf ein Erz oder Mineral schließen ließ... Die Gattin eines ›adventurers‹ hatte das Glück, ein Stück davon zu erlangen. Durch Zufall warf sie es ins Feuer. Als sie es herausnahm, legte sie es in Essig, und danach glitzerte es wie helles Markasit aus Gold.«

GOLDRAUSCH IN LONDON

Hocherfreut schritten die »adventurers« nun zur Gründung der »Gesellschaft für Cathay«. Die Königin gewährte ihr bestimmte Freiheiten, unter anderem auch jene, die uns heute so selbstverständlich erscheint:

»Sie sollen die Macht und die Freiheit haben, sich zu versammeln und Rat zu halten, wo und wann sie wollen.«

Der Hauptzweck der nächsten Expedition Frobishers war das vermutete Golderz. An Geldgebern herrscht nun kein Mangel mehr. Die Liste der rund 50 »adventurers« wird von »Ihrer Majestät der Königin« mit 500 Pfund angeführt, es folgen einige Lords und Earls, die je 100 Pfund anlegten. Ungefähr die Hälfte der Kosten für die nächste Unternehmung wurde von Kaufleuten aufgebracht. Michael Lock war mit 300 Pfund dabei, zwei weitere riskierten 200, der Rest entweder 50 oder 25 Pfund. Auf diese Weise kamen 2000 Pfund zusammen, und so konnte Frobisher 1577 mit drei Schiffen in die Frobisher Bay zurückkehren, um noch mehr »Golderz« einzusammeln. Da es um viel Geld ging, wurden alle Vorgänge protokolliert:

»Die Schiffe kehrten im September 1577 zurück, voll mit Erz beladen mit einer Menge von 160 Tonnen. Am ersten Oktober begann Jonas in Sir Winters Haus Schmelzöfen zu bauen und stattete sie mit allem Nötigen aus. Am 30. Oktober hatte er ein hundrethe weight (50,8 kg) des Erzes nach seinen Angaben behandelt und aufgearbeitet und fand heraus, daß eine tonne (1016 kg) reines Gold im Wert von 40 Pfund enthielt. Zeugen waren Sir William Winter, Mr. Frobisher, Mr. Locke und Robert Denhame.«

GOLD ODER KEIN GOLD?

Eine »Commission« wurde eingesetzt, die nach weiteren Beweisen verlangte.

»Am 4. Dezember hatte Jonas unter Lebensgefahr durch den Rauch weitere hundrethe weigth Erz geschmolzen und es ergab mehr als vorher... Daraufhin wurde Jonas ein Patent erteilt und er versprach 10 oz (283,5 g) pro Tonne Gold zu liefern... Aber am 6. Dezember waren die Lords noch nicht zufrieden... und glaubten nichts, weil die Goldschmiede und Goldschmelzer von London und andere namhafte Fachleute das Erz oft untersucht hatten und keine Spur von Gold fanden... Am 16. Dezember besuchte Jonas mit Mr. Frobisher und Mr. Lock mehrere Wassermühlen, in denen das Erz gemahlen werden sollte... Am 14. Januar legte Jonas der Commisson eine Zeichnung der Gebäude, Häuser, Mühlen und Schmelzöfen vor und fand Zuspruch... Bei einer Konferenz mit den Handwerkern wurde festgestellt, daß Zeit und Geld zu knapp waren, und man erst fertig würde, wenn es für eine weitere Reise in diesem Jahr zu spät wäre.«

Die Kosten für das Schmelzen einer Tonne wurden mit 30 Pfund berechnet. 32 Arbeiter erhielten insgesamt fünf Pfund in der Woche. Um eine Tonne Erz zu bearbeiten wurde eine Tonne Blei benötigt, wobei ein Viertel verlorenging. Eine Tonne Blei kostete zehn Pfund. Es wurde weiter mit Öfen und nicht genannten Zusätzen experimentiert, und die Herren legten weitere Goldproben vor. Noch bevor die Verarbeitung größerer Mengen angelaufen war, wurde das Geld für eine weitere Unternehmung aufgebracht. Mit zehn Schiffen sollte Frobisher weitere 1000 Tonnen Erz abholen. Mit von der Partie waren »30 Bergleute für die Gewinnung des Golderzes«.

DIE QUEEN IST SAUER

Frobisher bringt zwar weitere 1296 Tonnen Gestein nach England, doch die Stimmung ist eher gedämpft. Die kostspielige Verarbeitung des Gesteins der zweiten Reise hatte noch immer keine eindeutigen Ergebnisse erbracht. Es kommt zum Streit. Frobisher hatte offenbar bei der dritten Reise mehr Schiffe unter Vertrag genommen, als vereinbart. Jedenfalls klagen Schiffseigner und Matrosen über ausstehende Gelder. Die Königin weist die »adventurers« an, dafür aufzukommen. Sie schreibt:

»Meine Ehre ist beschädigt. Ich selbst habe als adventurer für die Reise große Summen aufgebracht.«

1300 Tonnen wurden nie bearbeitet, aus 16 Tonnen wurden sechs Kilogramm Silber und etwas Gold gewonnen. Zu den gegenseitigen Anschuldigungen gehörte auch die, bei den Probeschmelzungen sei manipuliert worden. Die Gesellschaft hatte 20 345 Pfund in das »Abenteuer« investiert und praktisch alles verloren. Bei den Dreharbeiten auf Halls Island fanden auch wir viele »Glitzersteine«. Ein besonders schöner wurde im Labor der Frankfurter METALLGESELLSCHAFT analysiert. Er enthält das, was im Volksmund »Katzengold« genannt wird, sowie Muskovit.

WO IST GRÖNLAND?

Man glaubte nun, die Passage führe zwischen Grönland und Amerika nach Westen – getreu der Frobisher-Karte. Unerschütterliche Londoner Kaufleute beauftragten John Davis 1585, 1586 und 1587 weiter nördlich nach der Passage zu suchen. Bei der ersten Reise gelangte er entlang der grönländischen Küste bis zum heutigen Godthaab-Fjord. Er orientierte sich wohl hauptsächlich an der Karte von George Best, der Frobisher begleitet hatte. Auf dieser Karte fehlt Grönland, und Davis glaubte daher, ein neues Land gefunden zu haben. Die Wikinger-Kolonien auf Grönland existierten nicht mehr, und die Einheimischen konnte Davis schlecht fragen: Ist hier Grönland? Dafür warb er für die Kultur des Abendlandes, indem er seine Matrosen vor den Inuit tanzen ließ. So geht's doch auch. Warum müssen denn die Einheimischen immer vor den Fremden tanzen? Davis überquerte die nach ihm so benannte Davis Strait und folgte dann der Küste Nordamerikas nach Süden. Einen großen Sund hielt er für die Passage nach Cathay. Zurück in England schrieb er:

»Es gibt keinen Zweifel an der Existenz einer Nordwestpassage, und sie ist befahrbar, weil das Meer immer eisfrei ist...«

Sponsoren hören dergleichen gerne. Im nächsten Jahr kam Davis bis 67 Grad Nord, übersah aber auf dem Rückweg den Eingang zur Hudson Bay. Vor Labrador wurden zwei Matrosen von Inuit getötet, als Davis fischen ließ, um die Kosten für die Expedition zu senken. Dort tauchten längst jeden Sommer Fangflotten aus Europa auf. Im Jahr 1587 drang Davis bis 72 Grad Nord vor, und diesmal bemerkte er auf dem Rückweg den Eingang zur Hudson Bay.

MONOTONIE DES SCHEITERNS

Die Kriege um die Herrschaft zur See verhinderten eine Zeitlang weitere Expeditionen. Im Mai 1602 beauftragte die neu gegründete East Indian Company George Weymouth mit der Suche nach einer Nordwestpassage. Er bekam es nicht nur mit dem Eis zu tun, sondern auch mit der Mannschaft, die ihn auf 69 Grad Nord zur Umkehr zwang. Eine Passage, die er angeblich gefunden hatte, sollte dann John Knight mit der Hopewell 1606 näher untersuchen. Diesmal investierten die East Indian Company und die Muscovy Company gemeinsam. Die Hopewell kämpfte sich bis Labrador durchs Eis und wurde dort arg ramponiert. Knight landete mit drei Mann – und ward nicht mehr gesehen, wie die erzählten, die das Schiff kurz darauf wieder flottmachen konnten. Sie kehrten heim, ohne etwas von einer Passage gesehen zu haben.

HENRY HUDSON AUSGESETZT

Bisher waren den englischen Kaufleuten nur Kosten entstanden, aber sie gaben nicht auf. 1610 nimmt die neu gegründete Northwest Company den erfahrenen Henry Hudson unter Vertrag. Über die Reise liegt nur der Bericht eines Meuterers vor, der allerdings sichtlich bemüht ist, gerecht zu sein. Ihm zufolge hatte Hudson zu wenig Proviant eingekauft. Auch der Führungsstil wird beklagt, da er Unmut in der Mannschaft erzeugte. Hudson drang so weit in die nach ihm benannte Bucht vor, daß der Winter ihn überraschte. Und es wurde ein schlimmer Winter. Als Ende Juni das Eis aufbricht, kommt es zur Meuterei. Die Meuterer bringen Hudson, den Sohn von Hudson, zwei Gesunde, die nicht meutern wollten, und fünf Kranke auf eine Schaluppe. Der Meuterer schreibt voller Mitleid:

»*Der Zimmermann gab ihnen eine Flinte, Pulver und ein paar Kugeln, einige Spieße, einen Eisentopf mit etwas Fleisch, mit etwas Essen und andere Sachen. So standen sie gegen das Eis…*«

So ausgerüstet, hatten die Ausgesetzten keine Chance, England zu erreichen. Als die Schaluppe noch einmal in Sicht kommt, erschrecken die Meuterer.

»*Sie ließen das Hauptsegel herab, und heraus mit dem Toppsegel und fliehen wie vor einem Feind.*«

Von Hudson und seinen Begleitern fand man nie eine Spur. Einige Meuterer wurden angeklagt, aber aus Mangel an Beweisen freigesprochen.

PASSAGE VERPASST

Robert Bylot, einer der Meuterer, und William Baffin untersuchten 1615 erneut die Gegend, die später Hudson Bay genannt wurde, und kamen offenbar zum Ergebnis, daß es sich um eine Sackgasse handele, eben um eine Bucht. Im nächsten Jahr versuchten sie es weiter im Norden und leisteten kartographisch mehr als alle anderen Entdecker zusammen, hundert Jahre vor ihnen – und zweihundert Jahre nach ihnen. Und das ist die wichtigste Eintragung in einem Logbuch bis dahin:

»*Am zwölften Tag kamen wir zu einem großen Sund, auf 74 Grad und 20 Minuten Breite, und nannten ihn Sir James Lancaster Sound.*«

Baffin hatte den Eingang zur Nordwestpassage gefunden – glaubte aber nicht daran. Der nächste Satz lautet:

»*Hier begann unsere Hoffnung Tag für Tag nachzulassen.*«

Damit wurde zunächst auch die Hoffnung begraben, im Norden eine Passage zu finden. Nun richteten sich 200 Jahre lang die Erwartungen auf die riesige Hudson Bay.

LOGBUCH DES GRAUENS

Der nächste war der Däne Jens Munk. Sein Bericht über die Expedition des Jahres 1619 beginnt so:

»*Ich, Jens Munk, im Namen Gottes, segelte von Kopenhagen in den Sund am 9. Mai. Auf dem Schiff Einhörningen waren 48 und auf der Schaluppe Lamprenen 16 Personen… versehen mit Vorräten, Munition und was man für eine Expedition in die Nordwestpassage braucht…*«

Jens Munk hatte aber nicht mit einer Überwinterung gerechnet, und das sollte fatale Folgen haben. Es fehlten vor allem Pelze und Schneeschuhe. Auch das Eis vor Grönland überraschte den erfahrenen Kapitän.

Seite 75, 76, 77 und 78: Stiche, Kopenhagen 1624. Es werden jeweils mehrere Ereignisse auf einem Blatt dargestellt.

»Am 13. Juli waren wir in großer Not und Gefahr und wußten uns keinen Rat mehr. Wir kamen nicht mehr weiter, weil uns das Eis von allen Seiten bedrängte.«

Die Dänen werden auch in der Hudson Bay vom Eis hart bedrängt. Dafür treffen sie aber auf Inuit, die noch keine schlechten Erfahrungen mit Europäern gemacht hatten.

»18. Juli. Als die Eingeborenen sahen, wie ich mich näherte, blieben sie stehen, nachdem sie hinter einigen Steinen ihre Waffen und Werkzeuge niedergelegt hatten. Als ich noch näher kam, erwiderten sie jede Art von Gruß, den ich entbot auf die gleiche Weise…

Ich nahm ihre Waffen und Werkzeuge in die Hand und untersuchte sie. Dabei gaben sie mir sogleich zu verstehen, daß sie lieber ihre Kleider verlören und nackt dahergingen, als ihre Waffen und Werkzeuge zu verlieren. Sie deuteten auf ihren Mund, um zu erklären, daß sie mit ihren Waffen ihre Nahrung erlangten… Ich gab ihnen Eisenwaren und Messer, sie gaben mir Vögel und Seehundfleisch.«

»26. Juli. Wir fanden uns von allen Seiten im Eis eingeklemmt… in allerhöchster Not und Gefahr… legten wir alles in Gottes Hand und baten innglich um Hilfe und Beistand. An diesem Tag gaben wir den Armen jeder nach seinen Mitteln.«

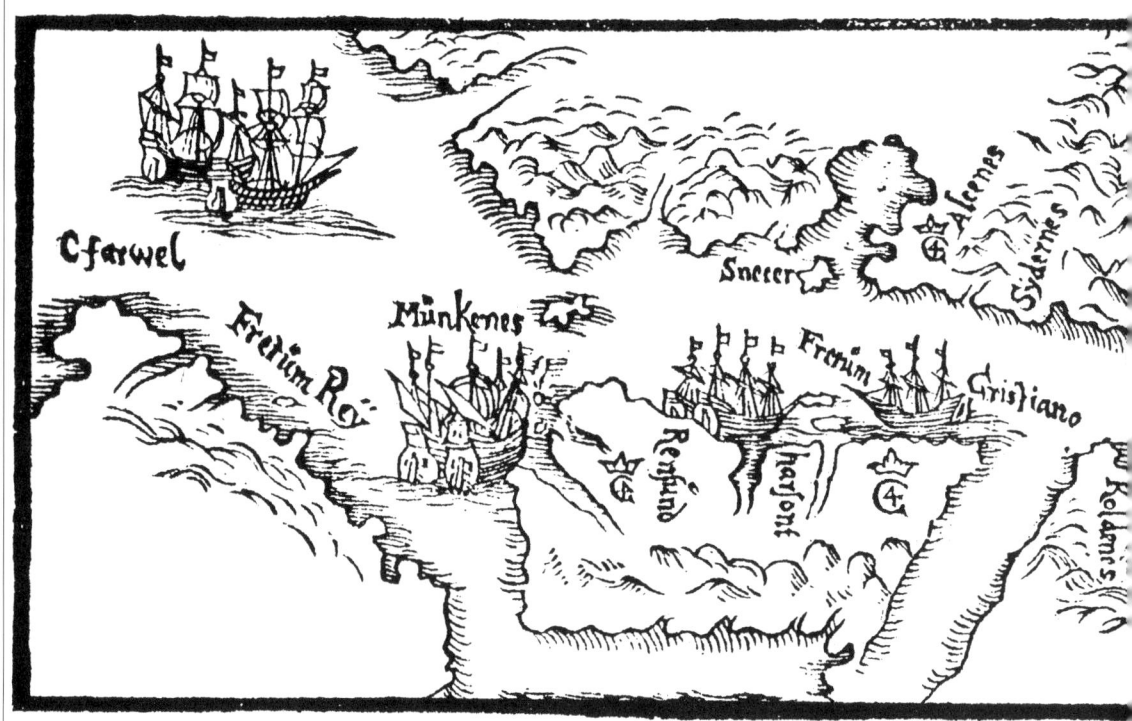

Hudson Bay mit Munks Winterhafen oben rechts (Süden oben).

Die friedliche Begegnung mit den Inuit eröffnet die Aussicht auf zusätzliche Nahrung. Auch die Jagd erweist sich als durchaus ergiebig. Munk macht sich mit dem Gedanken an eine Überwinterung vertraut. Es wird Herbst und Munk ist so weit in die Hudson Bay vorgedrungen, daß er ohnehin keine Chance mehr zur Umkehr hat. Den Überwinterungsort nennt er »Munks Winterhafen«. Freundliche Inuit aus Churchill bringen Fremde heute gerne an den berühmten Ort, an dem man aber nie Relikte gefunden hat – auch wir nicht. Im Jahr 1619 lebten keine Inuit in der Nähe, die den Dänen hätten beistehen können. Die ersten Anzeichen von Skorbut treten auf, aber Munk kennt das Gegenmittel: Beeren und mäßiges Erhitzen der Speisen. Der Winter wird hart. Die Dänen können nicht genug jagen, weil Schnee und Kälte sie daran hindern. Fast jeden Tag muß Munk einen Todesfall eintragen.

»8. August. An diesem Tag ließ ich den Seemann Anders Staffuanger begraben.«

»7. September. Die Kranken wurden von Bord gebracht und man sammelte Beeren für sie.«

»12. September. Ich schoß den Bären… und befahl dem Koch, das Fleisch nur leicht zu kochen…«

»12. Dezember. Einer meiner Ärzte von der Lamprenen mit Namen David Velske starb, und sein Leib mußte zwei Tage unbegraben auf dem Schiff bleiben, weil der Frost so stark war.«

»10. Januar. Der Priester Rasmus Jensen und der Arzt Casper Caspersen legten sich zu Bett… Danach nahm unter den Leuten eine heftige Krankheit überhand… sie wurden von der Ruhr befallen, drei Wochen, bevor sie starben…«

»16. Februar. An all diesen Tagen herrschte nur Krankheit und Schwäche… an diesem Tag gab es nur noch sieben Gesunde, die Holz und Wasser holen konnten.«

»17. Februar. 20 Leute von der Mannschaft sind schon gestorben.«

»4. März. Wir fingen vier Schneehühner... ich ließ daraus Suppe machen und unter den Kranken verteilen. Aber vom Fleisch konnten sie nichts essen, da ihr Mund innen vom Skorbut wund war.«

»21. März. Der Arzt M. Casper und Povel Pedersen starben, beide seit Weihnachten krank... Nun wütete die Krankheit noch schlimmer, und die noch übrig waren, hatten große Mühe, die Toten zu begraben.«

»25. April. Die Wildgänse begannen anzukommen, was uns erfreute, weil sie den Sommer ankündigten.«

»28. April. Morten Nielsen und Thoer Thönsberg starben, und wir vier, die sich noch bewegen konnten, hatte große Mühe, sie zu beerdigen.«

»3. und 4. Mai. Während dieser Tage verließ niemand seine Koje außer mir und dem zweiten Koch.«

»11. Mai. Wir blieben ganz ruhig in unseren Kojen. Wegen unserer großen Schwäche konnten wir keine Kälte aushalten, unsere Glieder waren gelähmt.«

»12. Mai. Jens Jörgensen, Zimmermann und Suend Marstrand starben, und nur Gott kennt die Qualen, die wir erlitten, bis wir sie begraben hatten. Es waren die letzten, die wir in der Erde vergruben.«

»28. Mai. Während dieser Tage gab es nichts Besonderes zu berichten, außer daß sieben Elende noch lebend herumlagen und sich voller Kummer anschauten und jeden Tag hofften, der Schnee würde schmelzen und das Eis wegtreiben.«

»Über die Symptome und Besonderheiten der Krankheit, mit der wir behaftet waren. Es war eine seltene und ungewöhnliche. Denn alle Glieder zogen sich so jämmerlich zusammen und die Lenden schmerzten so, als würden sie von tausend Messern durchstochen. Der Körper war so blau und grün, als ob man ein blaues Auge habe, und der ganze Körper war kraftlos. Der Mund war in einem schlimmen Zustand und alle Zähne waren locker, so daß wir keine Nahrung essen konnten.«

»4. Juni. Nur drei außer mir lebten noch, alle lagen danieder und konnten sich gegenseitig nicht helfen. Der Magen erwartete Essen, aber die Zähne erlaubten es nicht. Keiner hatte die Kraft, uns einen Schluck Wein zu holen. Der Küchenjunge lag tot in meiner Koje, und drei Mann im Zwischendeck. Zwei Männer an Land hatten nicht genug Kraft, um an Bord zu kommen. So lagen die beiden und ich völlig erschöpft, weil wir tagelang nichts hatten, um unseren Körper zu nähren. Daher erhoffte ich von Gott nichts anderes, als meinem Elend ein Ende zu bereiten und mich zu sich und in sein Reich aufzunehmen.«

»8. Juni. Weil ich den Geruch der seit Tagen herumliegenden Leichen nicht mehr aushielt, mühte ich mich so gut es ging aus der Koje, da es egal war, in welcher Umgebung ich sterben würde... Mit der Hilfe von Gott kam ich aus der Kabine und verbrachte eine Nacht an Deck in den Kleidern der Toten. Als die beiden an Land am anderen Tag sahen, daß ich lebte – ich hatte gedacht, sie wären längst tot –, kamen sie über das Eis zum Schiff und halfen mir vom Schiff aufs Land, zusammen mit den Kleidern, die ich herunterwarf. Einige Zeit lebten wir unter einem Busch am Strand, wie der Stich zeigt. Und dort machten wir am Tag ein Feuer. Später krochen wir in der Nähe herum, wo immer eine Spur von Grün aus der Erde kam. Wir gruben es aus und saugten an der Wurzel. Das tat uns gut, und mit der zunehmenden Wärme begannen wir zu genesen.«

»18. Juni. Als wir nun jeden Tag frischen Fisch bekamen und gut kochten, tat es uns gut, obwohl wir nichts davon essen konnten, sondern nur die Suppe tranken.«

61 Mann waren gestorben. Die drei Überlebenden erholen sich, machen das kleinere Schiff wieder flott und kehren nach Dänemark zurück.

»... wie der Stich zeigt.« Drei Männer am Feuer vor Bäumen links über den Schiffen.

RIVALEN IM EIS

Im Jahr 1631 sucht Luke Foxe im Auftrag Londoner Kaufleute in der Hudson Bay nach einer Passage. Konkurrenten aus Bristol hatten Thomas James mit dem gleichen Ziel entsandt. James nennt es:

»Die Entdeckung jener Weltgegend, die man allgemein als Nordwestpassage in die Südsee bezeichnet, und weiter nach Japan und die Umrundung der Welt westwärts.«

Sie quälen sich mit dem Eis in der Hudson Bay herum und begegnen sich zufällig. James berichtet nicht gerade überschwenglich:

»Am Morgen kamen Capt. Fox und seine Freunde an Bord, und ich bewirtete sie, so gut ich konnte, mit frischem Fleisch, das wir vom Land hatten.«

Voller Ironie merkt Fox an, das Essen habe im Mannschaftsraum stattfinden müssen, und fährt fort:

»Eine Böe warf soviel Wasser herein, daß wir keine Soße gebraucht hätten, wenn es gerösteten Hammel gegeben hätte... Er ist ein guter Mathematiker, aber ein schlechter Seemann...«

Die Rivalen trennen sich kühl. Fox kann rechtzeitig die Hudson Bay verlassen, James muß überwintern. Um das Schiff vor Eispressungen zu schützen, läßt er es vollaufen. Mit einem Boot rudern sie an Land:

»Wir waren 14 arme Seelen, jetzt in einem Boot, und wir kamen uns vor, als wären wir aus einer Bratpfanne ins Feuer gesprungen.«

Sie überwintern in einer Holzhütte. Der Bericht nähert sich der Leidensstufe von Jens Munk.

»Februar 1632. Die Kälte war in diesem Monat extrem... viele unserer Männer klagten über Gebrechen, einigen war der Mund wund, alle Zähne im Kopf waren lose, das Zahnfleisch geschwollen, mit schwarzem faulendem Fleisch, das jeden Tag weggeschnitten werden mußte. Der Schmerz machte sie so wund, daß sie ihr normales Fleisch nicht essen konnten. Andere beklagten sich über Schmerzen im Kopf und in der Brust, einige über Schwäche im Rücken, andere über Schmerzen in den Schenkeln und Knien, andere über geschwollene Beine. So waren zwei Drittel unserer Gesellschaft unter der Hand des Arztes. Und trotzdem müssen sie jeden Tag arbeiten, um draußen Holz zu sammeln, obwohl die meisten keine Schuhe haben...«

Und doch. Im April beginnen sie, das Eis aus dem Schiff zu brechen. Am 2. Juli ist die Henrietta Maria segelfertig. Sie lassen drei Gräber zurück.

FELLE STATT GOLD UND GEWÜRZE

Für die Geldgeber in London wurde das Wort Cathay langsam zum Alptraum. Im Jahr 1670 beschränkten sie sich auf das Greifbare und gründeten die »Company of Adventurers of England trading into Hudson's Bay«. Immer seltener wurde nun in der Hudson Bay nach der Passage gesucht. Ihre weitere Erforschung diente jetzt der direkten wirtschaftlichen Nutzung. Auch Tran und Pelze warfen Gewinne ab. In Bilanzen zählen Zahlen, nicht schöne Worte. Der reale Ort hieß Hudson Bay, Cathay wurde wieder ein Ort im Unwirklichen. Ein kurzer Seeweg nach Asien versprach aber nach wie vor eine Senkung der Frachtkosten.

Im 18. Jahrhundert sucht man die Passage auch im Osten. 1730 findet Bering die nach ihm benannte Straße zwischen Sibirien und Alaska. Cook kommt 1778 dort auch nicht viel weiter. Hearne erreicht 1771 als erster Europäer über Land von der Hudson Bay aus die Nordküste Amerikas. Aber wo ist die Passage? Erst 1818 erfolgt wieder ein Versuch entlang der Westküste Grönlands.

6   PARRY, ROSS UND WIR

NEUER ZAUBER

Die »neuzeitliche« Phase der Suche nach einer Nordwestpassage beginnt im Jahr 1818. Für die Kosten kommen nicht mehr betuchte »Abenteurer« auf, sondern Admiralität und Regierung. Die modernen Zauberworte heißen Nation, Prestige, Ehre. Englands Ruf als seefahrende Nation steht auf dem Spiel. Ein Sekretär der Admiralität:

»Sollten wir uns den Erfolg wegschnappen lassen, so wäre es eine demütigende Niederlage.«

Leiter der Expedition von 1818 und Kapitän der Isabella ist John Ross. Die Alexander steht unter dem Befehl von William Edward Parry. Vor Grönland schließt sich Ross einer Walfangflotte an. Die Schiffe sind gegen Eisdruck verstärkt, und das erweist sich auch als bitter nötig. Am 7. August 1818 notiert Ross:

»Der Druck wurde immer stärker, und es begann ein Kampf zwischen dem Schiffe und dem Eis. Jede Stütze drohte zu weichen, die Stämme im Schiff bogen sich, Anker und Ketten brachen, der Mast schien verloren, doch in diesem Moment erschöpfte die Vorsehung die Macht des Eises. Auch die Buganker, die sich verfangen hatten, gaben nach...«

PASSAGE GEFUNDEN?

Die Engländer bestätigen die 200 Jahre alten Erkundungen von William Baffin und gelangen zu dem Einschnitt, den Baffin Lancaster Sound genannt hatte. John Ross notiert:

»Die Erscheinung dieser Straße hatte Interesse erregt, doch allgemein hielt man sie für eine Bucht.«

Ross ließ sich von der allgemeinen Meinung beeinflussen.

»30. August. Wir sahen deutlich eine Gebirgskette, die sich im Hintergrund der Bucht erstreckte... Ich nannte sie die Croker Mountains nach dem Sekretär der Admiralität... ich war gewiß, daß es hier keine Durchfahrt gab...«

Baffin hatte geglaubt, es sei eine Bucht, und Ross macht sich 200 Jahre später auch nicht klüger. Warum er auf eine Untersuchung der angeblichen Gebirgskette verzichtet, ist unklar. Ross hatte somit nicht mehr entdeckt als Baffin 200 Jahre zuvor. Zurück in England gibt er sich aber erfolgreich:

»Ich habe die Frage, ob eine nordwestliche Durchfahrt in dieser Richtung vorhanden sei, für immer beseitigt.«

IMMER IST MANCHMAL VOREILIG

Die Admiralität jedoch glaubt Parry, der keine Gebirgskette im Lancaster Sound gesehen hatte. Er wird im nächsten Jahr beauftragt, den Sachverhalt nachzuprüfen. Mit den Schiffen Hecla, 375 Tonnen, 58 Mann Besatzung, und der Griper, 180 Tonnen, 36 Mann, schlägt Parry die nun schon klassische Route entlang der grönländischen Küste ein. Er muß sich zwar wie im Jahr zuvor mit dem Eis der Baffin Bay herumschlagen, gelangt aber mit Glück und Geschick schon Anfang August zum Lancaster Sound. Existieren die Croker Mountains? War der Lancaster Sound eine Bucht oder eine Wasserstraße? Parry notiert:

»Der Ostwind trug uns schnell nach Westen. Uns alle ergriff eine atemlose Spannung. Während der Wind weiter auffrischte und uns in den Sound hineintrug, waren die Mastkörbe mit Offizieren und Mannschaften überfüllt. Die Berichte wurden begierig aufgenommen, und sie waren alle im Sinn unserer schönsten Hoffnungen.«

Winter Harbour

ERSTER DURCHBRUCH

Es gab also keine Croker Mountains und der Lancaster Sound war eine Wasserstraße. Ross war blamiert. Der weiße Fleck auf den Karten wird erheblich kleiner. 350 Kilometer weiter westlich erreichen die Engländer eine Insel, der Parry den Namen Beechy Island gibt. Am 23. August 1819 notiert er:

»Wir setzten die Segel, um Cape Hotham südlich zu umfahren, mit der Absicht, eine direkte Passage in die Bering-Straße zu suchen.«

Die Westküste Amerikas war bis zur Bering-Straße kartiert. Parry hoffte also, noch im gleichen Jahr die Passage zu durchfahren. Das Eis in den Wasserstraßen des arktischen Archipels ist unberechenbar, aber Parry hat Glück mit dem Jahr 1819. Die Hecla und Griper werden nur selten vom Eis behindert. Parry kann noch rund 500 Kilometer weiter nach Westen vordringen und die Küste kartieren.

IRGENDWO IST DAS EIS IMMER

In der zweiten Septemberhälfte werden die Hecla und Griper ständig von treibenden Eismassen bedroht. Unter äußerster Mühsal können die Engländer den Verlust der Schiffe verhindern. Parry:

»Ich wurde darüber informiert, daß die Griper auf Grund saß, mit nur sieben Fuß Wasser innen, und daß das Eis weiter von außen drückte.«

Nach harter Arbeit kommen die Schiffe wieder frei.

»Es war unbedingt nötig, sich nach einem Winterquartier umzusehen.«

Parry nimmt die Gegend in Besitz und tauft sie Melville Island. Die Bucht, die er zur Überwinterung aussucht, nennt er Winter Harbour. Er erkundet die Umgebung und notiert:

»Im Südwesten des Hafens fanden wir einen bemerkenswerten Sandsteinblock, der an das Dach eines Hauses erinnerte. Mr. Fisher meißelte später die Namen der Schiffe in diesen Stein.«

Da die Bucht schon zugefroren war, ließ Parry einen Kanal in das Eis sägen. Er notierte:

»Ich gab den Befehl an alle Offiziere und Mannschaften beider Schiffe, einen Kanal in das Eis zu schneiden... Seeleute sind immer froh, wenn sie Dinge auf ihre Weise tun können... So setzten sie Segel auf die Eisschollen, um sie aus dem Kanal zu treiben... Die Leute waren erschöpft, als wir nach 19 Stunden ununterbrochener Arbeit die Schiffe in den Kanal zogen...«

MONOTONIE UND KÄLTE

Parry war sich der Gefahren bewußt, die der arktische Winter für Europäer mit sich brachte. 40 Grad Dauerfrost, bei Wind auch schon mal mit dem Effekt von 60 Grad minus und wochenlange Dunkelheit sind gegen die Natur des Europäers. Seine Schiffe sind nicht geeignet, seine Kleider sind es nicht, seine Nahrung enthält zuwenig Vitamine, sein Geisteszustand läßt ihn zur Überheblichkeit neigen. Parry weiß, was auf die Mannschaften zukommt:

»Wir waren dazu verurteilt, wenigstens acht oder neun Monate zu bleiben… Die Sicherung der Schiffe und Vorräte wurde sogleich in Angriff genommen. Vor allem galt es, die Gesundheit der Mannschaften während eines langen, dunklen und eintönigen Winters zu erhalten.«

Ein Problem war der Temperaturunterschied zwischen außen und innen von bis zu 70 Grad. Wo immer die von Öfen erwärmte Luft abkühlte, wurde es feucht, selbst in den Kojen der Offiziere. Parry:

»Ich legte bestimmte Tage fest, an denen Offiziere und Mannschaften ihr Bettzeug trocknen mußten.«

Eine tägliche Ration von Bier und Zitronensaft soll Skorbut verhindern. Erste Symptome bekämpft Parry mit frisch gekeimter Kresse. Er ordnet Spaziergänge und andere Aktivitäten an Land an. Da ständig Frostbeulen an den Füßen auftreten, läßt er geeignetes Schuhwerk anfertigen. Bei Sturm müssen alle an Bord bleiben. Parry:

»Kein menschliches Wesen würde nur eine Stunde im Sturm überleben.«

Um die Monotonie der arktischen Nacht zu bekämpfen, regt Parry kulturelle Aktivitäten an. Eine Bordzeitung entwickelt jenen sarkastischen Humor, der die Unbill erträglich macht. Mehrere Theaterstücke werden inszeniert, wobei die Männer sich und den anderen besonders in Frauenrollen gefallen. Die Offiziere betreiben als gebildete Laien klimatische, botanische, geologische und astronomische Forschungen.

FEUER UND TOD

Am Strand läßt Parry ein Observatorium errichten. Am 22. Februar brennt es:

»Als die Männer an Deck Übungen machten, wurde im Haus an Land Feuer entdeckt… Alle Offiziere rannten los, um das Feuer zu löschen. Die Gesichter wirkten im Licht des Feuers sehr komisch, fast jede Backe und Nase war nach fünf Minuten durch Frostbeulen weiß geworden.«

Es gelingt ihnen, wenigstens einige wertvolle Instrumente zu retten. Sie kommen gut durch den Winter und niemand stirbt an Skorbut. Den Tod von William Skott am 30. Juni 1820 kommentiert Parry:

»Er starb an einer Krankheit, die auch bei bester Versorgung in einem anderen Klima nicht heilbar war. Es war der einzige Todesfall.«

Grab von William Scott.

Im Juni schwärmen sie aus, um Sauerampfer zu sammeln. Parry:

»Er wurde eingelegt, als Salat, als Pudding oder gekocht serviert… Der Sauerampfer stellte die Leistungsfähigkeit wieder her.«

Als sie den ersten Moschusochsen erlegen, schreibt Parry:

»Er versorgte uns mit 421 Pfund Fleisch, was an Stelle des Gesalzenen serviert wurde. Es war ein Genuß, trotz eines leichten Beigeschmacks.«

Insgesamt wurden erlegt: drei Moschusochsen, 24 Karibus, 68 Hasen, 53 Gänse, 59 Enten und 144 Schneehühner.

BEHARRLICHES EIS

Parry ist beunruhigt, weil das Eis nur langsam schmilzt und aufbricht. Er hofft noch immer, die Passage zu durchfahren. Erst am 1. August 1820 ist es soweit:

»Um ein Uhr hatten wir alles an Bord gebracht, wir hoben die Anker und verließen Winter Harbour, wo wir elf Monate verbracht hatten... Wir hatten wenig Zweifel, unser Unternehmen vollenden zu können.«

60 Kilometer weiter im Westen ist der Traum zu Ende. Das Eis wird immer massiver, und nach einigen bedrohlichen Situationen beschließt Parry, zurück Richtung Osten zu segeln. Er läßt sich seine Enttäuschung nicht anmerken und notiert nüchtern:

»Unter Wahrnehmung aller Umstände war die Entscheidung richtig, sofort nach England zurückzukehren.«

Parry wird in England für seine Leistung gefeiert und empfängt eine Belohnung von 10 000 Pfund.

1821–1827 VERGEBLICHE ANSTRENGUNGEN

Nach dem glänzenden Erfolg von Parry hadert John Ross nicht so sehr mit sich, sondern mit der Admiralität, die weiter auf Parry setzt. Mit den Schiffen Fury und Hecla untersucht Parry von 1821 bis 1823 noch einmal die nördliche Hudson Bay. Im Nordwesten findet er tatsächlich eine Wasserstraße, die zum Lancaster Sound führt. Die Freude hält sich in Grenzen, da sie ganzjährig von Eis blockiert wird. Die beiden Winter verbringen die Engländer mit mehreren Inuitfamilien. Die Erkundungen werden durch Karten erleichtert, die die Inuit für sie zeichnen.

Von 1819 bis 1822 dringen John Franklin, John Richardson, George Back und Robert Wood über Land zur nordamerikanischen Küste vor. Mit Booten auf dem Coppermine River wird sie 1821 erreicht und bis zum Turnagain Point kartiert – ein weiteres Teilstück der Nordwestpassage. Robert Wood wird von einem indianischen Führer ermordet, zehn Bootsleute sterben an Hunger.

Von 1824 bis 1825 ist Parry noch einmal an der Reihe. Mit den Schiffen Hecla und Fury gelangt er über den Lancaster Sound in den Prince Regent Inlet. Sehr weit kommt er nicht, weil er ein schlechtes Eisjahr erwischt. Die Fury wird bei einer Eispressung beschädigt und an der Ostküste von Somerset Island aufgegeben. Parry läßt die Beiboote und Vorräte an Land bringen, da es auf der Hecla nicht genügend Stauraum gibt. Manch britischer Seemann wird diesem Vorgehen sein Leben verdanken.

Von 1825 bis 1827 erkundet eine Überlandexpedition unter der Leitung von John Franklin mit Booten die Umgebung des Mackenzie-Deltas. Damit ist ein weiteres Stück der nordamerikanischen Küste kartiert. Vieles ist geleistet, die Verwirklichung des alten Traums ist näher gerückt. Zwischen den Erkundungen von Parry im Prince Regent Inlet und denen Franklins fehlen noch rund 600 Kilometer. Aber inzwischen ist auch die Erkenntnis gereift, daß es auch nach der Auffindung einer Passage dort nie einen regelmäßigen Schiffsverkehr geben wird. Es half wenig, die Küstenlinien zu kartieren, da das Packeis sich völlig unvorhersehbar formierte und aufbrach. Der kurze Seeweg nach Asien sollte die Frachtkosten senken. Nun waren schon bei der Suche

Resolute Bay

enorme Summen ausgegeben worden, nur um seine Beschwerlichkeit zu entdecken. (F. L. McClintock, von dem noch die Rede sein wird, schätzte die Summe auf 272 000 Pfund.) Das Wort Cathay hatte seine Magie vollends verloren, nicht an Gold und Gewürze ließ es mehr denken, sondern an Kälte, Hunger, Skorbut, Schneeblindheit und Eis, Eis, Eis. Zwar hatten die englischen Seemänner Hunderte von Fahnenstangen in das Geröll der Strände getrieben und damit riesige Landstriche in Besitz genommen, aber der Zugewinn bestand nur aus einer Wüste aus Steinen und Eis. Jede ökonomische Überlegung hätte dafür sprechen müssen, die Suche nach der Passage aufzugeben. Doch die neuen Motive wie nationales Prestige, Karriere und Naturforschung standen hoch im Kurs. Und es gibt noch immer Gründe, die arktische Unwirtlichkeit aufzusuchen: Etwa um Bücher zu schreiben und Filme zu drehen.

DREHEN IN DER ARKTIS

Sommer 1987. Wie macht man einen Film über die historische Suche nach der Nordwestpassage? Erste Idee: Man chartert ein Schiff, das sich ins Kielwasser der alten Segelschiffe begibt. Also beginnt unsere Suche, und das ist eine Story für sich. Nach ein paar Jahren haben wir einen Skipper gefunden, der sich's zutraut. Projektanmeldung, Kalkulation, Verhandlungen. Schließlich das O.K. Es wird produziert, aber: sparen, sparen, sparen.

11. Juli 1990. Während das Wasserteam (Götz Balonier und Jochen Wiemer) in Egedesminde (Mittelgrönland) unter dem nur geringfügig kooperativen Skipper leidet, lande ich mit dem Linienjet in Resolute Bay (75 Grad Nord) auf der Schotterpiste. Es geht um die Fortbewegung, um die Lösung des A-nach-B-Problems. Selbst wenn die Yacht durchkommt, werden wir mit ihr nur wenige Fundstellen mit den Relikten der frühen Expeditionen aufsuchen können. Das Terminal ist eine bessere Hütte. Draußen ein paar rote Baracken: Coastguard, Funkstation, Royal Mounted Police, Wetterstation. Ein paar Werkshallen, Planierraupen, Geländefahrzeuge. Die Straße endet nach ein paar Kilometern im Inuitdorf und der meeresbiologischen Station. Wo sind die Hubschrauber? Am Minisupermarkt vorbei mit dem altehrwürdigen Namen Hudson Bay, vorbei am Hotel (sehr arktisch) zu den blauen Gebäuden der Polar Shelf, einer Unterabteilung des Energieministeriums. Jedes Jahr werden von hier aus bis zu hundert wissenschaftliche Camps in der Arktis betreut, von ca. 65 Spezialisten aus dem Süden. Alles hier stationierte Fluggerät ist von der Polar Shelf gechartert. Es ist nur zu haben, wenn es gerade nicht gebraucht wird. Es wird gebraucht. Der Autor kennt Jim vom Telefon. Jim schaut den Autor traurig an. Alle entbehrlichen Hubschrauber sind gerade abgezogen worden. Im Süden brennen die Wälder. Telefax nach Frankfurt: Bitte umbuchen. Nun sucht der Autor ein Boot. Fisheries and Oceans, ein regierungseigenes Meereslabor, sagt eins zu. Aber die Bucht ist noch zugefroren. Alle raten, den Drehbeginn zu verschieben. Ohne Transportmittel ist hier nichts zu machen. Der Autor nimmt die nächste Sked, den planmäßigen Jet.

4. August 1990. Das Landteam, in Gestalt von Kameramann Hartmut Fischer und mir, betritt das Terminal in Resolute. Großes Hallo: Das Wasserteam ist schon da. Erster Kurzbericht: Sie haben die halbe Nordwestpassage

geschafft. In der Baffin Bay, zwischen Grönland und der kanadischen Arktis, hatten sie ein Treibeisfeld passiert, Probleme habe es nur mit dem Skipper gegeben. Die Aluyacht liegt am Eingang der Resolute Bay, zehn Kilometer entfernt. Begegnung mit dem Skipper. Die Stimmung ist gedämpft. Ein Fernsehteam will drehen, es gibt durchaus typische Probleme mit dem Eis in der Bucht. Das Yachtteam will sich ausruhen, allein an Bord. Die Ziele sind schwer vereinbar.

5. August 1990. Wir warten auf Duncan Grant. Sein Alter wird mit 72 Jahren gehandelt, er selbst schweigt dazu. Fliegt seit 50 Jahren, etwa 30 davon in der Arktis, unfallfrei. Es gibt keinen sichereren Platz in der Arktis als hinter Duncan Grant in einer Twin Otter, sagt man hier. Ein Buffalo-Bill der Lüfte, eine lebende Legende in der arktischen Community. Und hochgebildet, ein Spezialist für die Geschichte der Nordwestpassage. Es ist seine Geschichte. Manchmal sieht er die alten Schiffe, wenn er die historischen Stätten überfliegt, sagt er später. In Resolute wollte niemand glauben, daß Duncan für ein Fernsehteam arbeiten würde: He hates TV-people, er haßt Fernsehleute. Ich hatte aber Duncan mit dem Redakteur der Serie, Wolfgang Vogel, in seiner Heimatstadt Yellowknive vorher aufgesucht. Er war tatsächlich erst aufgetaut, nachdem wir zwei Stunden über Parry, Ross und Franklin etc. geplaudert hatten. Damit war die erste Prüfung bestanden. Jetzt in Resolute kommt die zweite. Als Duncan kommt, beobachtet er die TV-Leute wie eine Twin Otter vor dem Start. Schon mal im Norden gewesen? Erleichtert: Ja. Beim Depot der Investigator, auf Banks Island, in der westlichen Arktis. Namen

Duncan Grant

fallen: McClure, Miertsching, das war 1850. Duncan freut sich. Die scheinen es ernst zu nehmen. Also, wir machen es. Unser Ansehen in der Community ist damit enorm gestiegen. Wenn Duncan mit uns fliegt, müssen wir O.K. sein.

6. August 1990. Das nächste Problem. Es gibt keine Twin Otter. Der Autor ist verzweifelt, Duncan haßt Untätigkeit. Jim von Polar Shelf kann so viel Unglück nicht ertragen. Zehn Minuten später hat er das Problem gelöst. Am 15. gibt es eine Otter. Are you happy, fragt Jim. Yes, we are.

7. August 1990. Der Skipper bleibt untätig. Einige Fundstellen sind auf dem Landweg zu erreichen. Auf den Schotterstraßen kommt man nicht weit, also ab ins Gelände. Gefährlich wird es, wenn der Kies feucht ist, aber das sieht man ja. Sieht man eben nicht. Und schon sitzt das Landteam auf Land, und zwar mit der Achse. Hilfe holen? Die Community ist ziemlich ungnädig mit Leuten, die sich in Gefahr begeben und sich selbst nicht zu helfen wissen. Der Imageverlust wird durch eine mehrstündige Plackerei abgewendet, mit Hilfe eines Balkens und der Hebelgesetze. Wir hatten uns nicht vergewissert, ob ein Wagenheber vorhanden sei. Es war keiner vorhanden. So macht man sich das Leben nicht leichter in der Arktis. Man lernt.

Das Seeteam zu Fuß: Jochen Wiemer und Götz Balonier.

8. – 9. August 1990. Fußmarsch zu einer Fundstelle in der Assistance Bay. Entlang der Küste ist es in zwei Tagen nicht zu schaffen. Die Abkürzung über Land hat es ebenfalls in sich. Das Geröll macht zu schaffen und die Gleichförmigkeit der Steinwüste. Wie soll man sich

orientieren, ohne Kompaß, der hier nicht funktioniert? Solange man die Sonne sieht, geht es einigermaßen, aber bei neblig-trübem Wetter bleibt man am besten, wo man ist. Glücklicherweise scheint die Sonne. Aber die Assistance Bay kann Hartmut nur aus der Ferne drehen, am Abend des ersten Tages. Der Proviant reicht nur für zwei Tage, und alle sind erschöpft. Es ist also klüger, am nächsten Tag gleich den Rückmarsch anzutreten. Sehr klug war die ganze Unternehmung nicht. Bei trübem Wetter hätten wir uns blamiert, denn am dritten Tag wären die Suchtrupps ausgeschwärmt.

10. August 1990. Es wird kälter, bis 0 Grad, und die Sonne nähert sich nachts rapide dem Horizont. Mitte August wird sie zum ersten Mal untergehen.

13. August 1990. Der Skipper läßt uns nicht an Bord. Er verspricht, noch einmal ins Hotel zu kommen, aber er erscheint nicht. Fahrt zum Hafen: Er ist verschwunden. Fax nach Frankfurt: Zwei Mann müssen schnellstens heim, das Hotel ist teuer, wir müssen sparen. Abreise. Die Sked produziert auf der Piste eine riesige Staubwolke. Das Landteam dreht, wie das Wasserteam entschwindet.

14. August 1990. Wie immer, wenn nichts anderes vorliegt, drehen wir Eis, Landschaft, Fauna und Flora. Hartmut harrt geduldig am Strand, bis ihm Seehunde und Vögel ins Bild geraten. Bei einem vorsichtigen Fußmarsch finden wir ein wenig Vegetation in der Einöde. In Senken mit Wasser gibt es einige bunte Oasen mit Gras, Blumen und winzigen Weidenbäumen. Das Leben hat es eilig hier, es hat nur zwei Monate Zeit.

15. August 1990. Morgen soll's nun endlich mit der Twin Otter losgehen. Der alltägliche Besuch bei Barry im Wetterbüro: Es sieht gut aus, sagt er, er hätte da ein Hoch. Aber das Wetter in der Arktis, beginnt er einen Satz, merkt jedoch, wie oft er ihn schon gesagt hat und zieht traurig die Schultern hoch. Kein leichtes Amt im Wetteramt hier. Besuch im Südcamp von Fisheries and Oceans. Buster, der Chef, zeigt, wie man das Schlauchboot montiert. Es ist wie bei allen Gummibooten: Die Holzplatten klemmen. Es wird schon werden. Buster heißt eigentlich Dr. Harold E. Welch und ist auch einer der großen alten Männer, die nicht alt werden, weil sie nicht dazu kommen. Seit zwanzig Jahren erforscht er die arktischen Gewässer und das Leben in ihnen. Ungemein neugierig, gescheit und belesen. Und ein guter Handwerker. Denken und praktisches Tun sind eine Einheit, beides ist kraftvoll. Analyse des Problems und Problemlösung fallen nicht auseinander. Ob die Arktis gefährlich sei, frage ich ihn. Nein, wenn man alles richtig macht nicht.

16. August 1990. Der Tag ist gekommen. Nachtrag. Inzwischen ist Dr. Holger Jannasch eingetroffen. Auch er forscht im Meer, auch er tut das schon lange. Er ist zum ersten Mal in der Arktis und doch, ich kann es kaum fassen, gehört er zum Thema. Sein Urgroßvater, Johann August Miertsching, war nämlich der erste Deutsche, der die Passage durchquerte. Holger erfährt, daß wir nach Banks Island fliegen, wo Miertsching als Inuit-Dolmetscher der McClure-Expedition ab 1850 drei arktische Winter verbringen mußte. Nun kann er es kaum fassen. Er hat sich intensiv mit dem Leben seines Urgroßvaters beschäftigt und davon geträumt, den Ort der Ereignisse aufzusuchen. Ob er auf Banks etwas über seinen Urgroßvater erzählen würde, vor der Kamera? Ja, würde er. Autorenglück, schon wieder. Ebenfalls von der Partie ist Martin Bergmann, Biologe, der seit zehn Jahren in der Arktis forscht. Abheben nach neun Sekunden. Wir fliegen entlang der Barrow Strait. Parrys Schiffe zwängten sich hier 1819 durchs Eis, auf der Suche nach der Passage. Die Caps, die er getauft hat, liegen in schönstem Licht. Nach drei Stunden sind wir über der Mercy Bay auf Banks. Duncan geht runter, kurvt. Himmel, Wasser, Eis und Tundra wechseln sich im Fenster ab. Man sieht den Kohlehaufen und die Faßdauben vom alten Depot. Duncan macht sorgenvolle Gesten. Es hat geregnet. Setzt aber doch zur Landung an. Denken alle. Hefti-

ges Rumpeln, kurzes Getöse im Gepäck und wir sind wieder oben. Und was macht er jetzt? Fliegt zurück, legt die Otter auf die Seite und schaut sich die Furchen an, die die Ballonreifen gezogen haben. Zu tief, sagt Duncan, es geht nicht. Holger ist traurig, aber gefaßt. Das Team ist traurig, aber nicht besorgt. Es war vor ein paar Jahren schon einmal hier, von der anderen Seite, von Osten, mit einem Hubschrauber. Die Aufnahmen von den Relikten der McClure-Expedition sind im Archiv. Nach einer Stunde in Richtung Nordwest sind wir über Winter Harbour, wo Parry's Crew 1819 überwinterte. Duncan setzt die Otter in den Strandkies, ein kurzes Rumpeln, dann steht sie neben ein paar Treibstoffässern. Duncan hat natürlich gewußt, daß es hier ein vergessenes Depot gibt. Zuerst Tanken. Dann gehen wir zu dem Sandstein, auf dem Parry sich von einem Mr. Fisher verewigen ließ. Und da steht tatsächlich:

»*Die Schiffe Ihrer Majestät Hecla und Griper unter dem Kommando von E. W. Parry überwinterten in Winter Harbour 1819/20.*«

Interview mit Duncan. Er spricht über die Arktis, die Forscher und die Leute, die Relikte klauen. Erstere liebt er, letztere wünscht er zur Hölle. Nach Relikten der Überwinterung von Parry brauchen wir also nicht zu suchen. Funkspruch aus Resolute: Nebel zieht auf. Also weiter. Duncan jagt die beiden Turbos hoch, bis die aufgewirbelten Kiesel gegen die Scheiben prasseln. Bremse los, die Otter reißt es regelrecht durch den Kies, acht Sekunden Getöse, dann fliegt sie. Zurück nach Osten, über Dealy Island, wo Miertsching im Jahr 1853 zwei weitere Monate verbrachte. Bange Frage: Können wir landen? Schon liegt die Twin Otter auf der Seite. Nach der Landung kopfschüttelnde Besichtigung der tiefen Reifenspuren im Kies. Duncan lacht. Es sind 800 Meter bis zum Vorratshaus, das bei der Überwinterung der Kellet-Expedition 1852/53 erbaut worden war. Macht nichts, sagt Duncan, spielen wir Taxi. Die Otter rumpelt durch einige Gräben, bis wir davor stehen. Die Mauern sind zum Teil eingestürzt. Zwei Wassertanks, leere Konservendosen, Faßdauben, alles beginnt zu reden. Kühl bleiben, drehen, fotografieren. Es eilt. Resolute meldet Nebel, also weiter. Niemand sieht etwas bei der Landung, außer Duncan. Das Aussteigen wird gedreht, es ist 22 Uhr. Allgemeine zufriedene Erschöpfung. Duncan lacht.

Haus, Dealy Island.

Sandstein, Winter Harbour.

17. August 1990. Ich lese noch einmal bei Parry nach. Im Winter war eine Hütte abgebrannt, und nach den Ortsangaben müßte man sie eigentlich finden, ebenso wie das Grab. Außerdem hätte ich Winter Harbour gerne vom Boot aus gedreht. Wir haben noch ein paar Flugstunden gut. Barry meint, das Wetter sei einigermaßen. Wir beladen die Otter: Schlauchboot, TV-Ausrüstung, Treibstofffässer, Nahrungsmittel, Schlafsäcke usw. Das Wetter kann uns zu Übernachtungen zwingen. Martin ist wieder dabei und ein neuer Copilot. Der hält sich bei der Landung auf Winter Harbour die Hände über die Augen. Zuerst schmeißt Duncan die Fässer raus. Lehnt lachend jede Hilfe ab. Tanken. Montage des Schlauchboots. Duncan übernimmt das Kommando, legt selbst Hand an, wenn er Unbeholfenheit registriert. Die Bodenbretter klemmen. Duncan springt drauf, bis es paßt. Fahrt mit dem Boot den Strand entlang, wo Parry einen Kanal ins Eis sägen ließ. Dann suchen wir auf dem Land nach der abgebrannten Hütte. Das Gelände ist wellig, ohne die Angaben von Parry brauchten wir Tage. Schritte zählen, suchen. Nach einer Stunde hat Martin die Stelle gefunden. Hochstimmung. Man sieht die Spuren des Brandes. Holzkohle, geschmolzene Tonscherben, Dosen, Flaschen, allerlei Kram. Es ist still, obwohl ein leichter Wind weht. Man hört ihn nicht, weil nichts da ist, was er zum Klingen bringen könnte. Kein Baum, kein Strauch. So ist es unendlich still, nachdem das eigene Schnaufen abgeklungen ist. Der brennende Wunsch nach mehr Zeit stellt sich ein, um alles länger anschauen zu können. Aber die Twin Otter kostet. Also drehen. Boot abbauen. Wir sind zurück in Resolute, kurz bevor der Nebel kommt.

18. August 1990. Nichts geht. Barry zeigt mitfühlend auf die Anhäufung mehrerer Tiefs. Zuviel Wind, Regen, Nebel. Trauriger Blick auf die Otter, am traurigsten ist Duncan, weil er nicht fliegen kann.

19. August 1990. Wetterlage und Barry's Miene weiterhin trübe. Duncan liest in seinen geliebten Büchern.

20. August 1990. Wir können fliegen, aber das Wetter ist schlecht, und wir müssen auf Beechy Island die Drehabreiten abbrechen, weil es noch schlechter wird. Wir bekommen Übung mit dem AB-Problem und mit den Enttäuschungen. Also zurück nach Resolute. Duncan rät von weiteren Flügen ab. Ich kann fliegen, aber ihr könnt nicht drehen. Er hat beobachtet, auf was es ankommt. Ihr verbraucht nur euer Geld, sagt er. Also nächstes Jahr weiter. Er hat Trost parat: Hier wird kaum einer in einer Saison fertig, Wissenschaftler und TV-Teams, das ist normal.

21. August 1990. Es hat geschneit. Der Schnee liegt nur in den Vertiefungen, das Weiß zeichnet die Konturen des Geländes nach.

22. und 23. August 1990. Winterbilder drehen. Abflug vorbereiten. Verabschieden. Wehmut kommt auf. Wir haben Freunde gewonnen.

Scherben mit Brandspuren.

ÜBEN IM WINTER

23. April 1991. Um 15 Uhr Ortszeit landet die Sked in Resolute Bay. Eisiger Wind empfängt Hartmut und mich auf der Gangway, das Gesicht fühlt sich nach einigen Sekunden wie tiefgefroren an. Es tut weh. Die 40 Meter bis zur Abfertigungsbaracke ziehen sich. Dort tauen wir wieder auf und schauen uns nach Bekannten um. Es sind deutlich weniger Leute da als im Sommer. Die arktische Community sonnt sich an südlichen Stränden. Peter Robinson von High Arctic International Explorer Services Ltd. holt uns mit dem Wagen ab. Auf dem Weg zum Explorer's Home starren wir durch die Scheiben in die weiße Wüste. Die Phantasie zeichnet müde, frierende Männer in die kalte Landschaft, vor ihre Schlitten gespannt, unterwegs, um Küstenlinien zu kartieren oder auf der Suche nach verschollenen Kameraden. Hunderte von Kilometern, monatelang. Solche Reisen sind nur auf Schnee oder dem Küsteneis möglich, wenn es noch kalt ist. Wir wollen nur ein paar Tage bleiben, um das AB-Problem im Winter zu studieren, die Fortbewegung in der Kälte also. Ich starre durch die Scheibe und suche nach der Landschaft im endlosen Weiß. Dann taucht die Inuit-Siedlung an der Bucht auf. Sie wurde in den 50er Jahren von der kanadischen Regierung errichtet. Die ersten Bewohner sollen nicht völlig freiwillig aus dem Süden hierher verbracht worden sein. Heute leben hier 170 Inuit in komfortablen Häusern, mit Ölheizung, TV und Kühltruhen, subventioniert von der Regierung, aber selbstverwaltet. Arbeitsplätze gibt es nur wenige in der Regierungsstation, Jagd und Fischfang sind eher Hobby denn einträglicher Nebenerwerb. Im Explorer's Home begrüßen uns Terry und Bezal Jesudason, die Besitzer von High Arctic. Sie haben hier das Monopol für die Ausrüstung privater Expeditionen. (Für die staatlichen ist Polar Shelf zuständig.) Bei Kaffee und Kuchen machen wir Pläne. Peter Robinson wird uns mit dem Motorschlitten zur Assistance Bay und nach Griffith Island bringen. Bezal hat darüber hinaus für uns bei einem Inuit ein Hundeschlittenteam bestellt. Der Besitzer ist aber noch mit einem Amerikaner unterwegs, um einen Eisbär zu schießen. Für das Gefühl, ein so mächtiges Tier besiegt zu haben, zahlt der Trophäenjäger 10 000 Dollar. Dafür kann er dann jeden Morgen auf das Fell treten, wenn er das Bett verläßt, um seine alltäglichen Niederlagen zu erleben. Die Einfuhr des Fells in die USA ist verboten, aber für ein paar hundert Dollar besorgen Schmuggler den Transfer. Eisbären dürfen nur von Inuit gejagt werden, die Schlittenhunde besitzen. Durch diese Einschränkung ist der Bestand nicht gefährdet. Für Inuit-Jäger ist die Eisbärjagd eine wichtige Einnahmequelle, da die undifferenzierten Kampagnen von Greenpeace den Markt für Seehundfelle zerstört haben. Der Preis geht auch in Ordnung, da es tagelanger Mühe bedarf, einen unerfahrenen und meist angefetteten Südler in Schußposition zu bringen. Nächstes Thema: Unsere Kameras. Bezal berichtet, welche Probleme die anderen Teams mit der Kälte hatten. Er ist erstaunt, daß wir noch auf Film drehen und ahnt nichts Gutes. Da hilft nur Experimentieren. Ich rolle eine Kamera in einen Schlafsack ein, packe das Ganze in eine Alukiste und bringe sie nach draußen. Test bei 42 Grad minus. Sechs Stunden später: Die Kamera läuft.

24. April 1991. Wir fahren mit dem Wagen ins Gelände, um uns bei 34 Grad minus selbst zu testen. Es ist windstill, und so ist es weniger die Kälte als die Stille, die über uns herfällt. Doch dann beginnt die Schneedecke zu klingen, als wir die ersten Schritte machen. Der Niederschlag besteht meist aus winzigen Eiskristallen, die fest zusammenbacken. Wenn dieser Eisnebel in der Sonne niedergeht, sieht es aus, als würde es unzählige Kleindiamanten regnen. Wir laufen ein paar hundert Meter und drehen Landschaft im Winter. Langsam

sickert die Kälte durch unserer Kleider, obwohl wir durchaus warm angezogen sind. Als dann noch Wind aufkommt, wird es unerträglich. Man kann das Gesicht nur für Sekunden in den Wind halten, weil sich der Wärmeentzug beschleunigt (Windkühlfaktor). Nun gilt es, das Gesicht des anderen ständig zu kontrollieren. Die Erfrierung beginnt mit weißen Flecken. Treten sie auf, helfen nur warme Hände. Hat man das Gesicht aufgewärmt, sind die Hände kalt. Wo wärmt man die Hände: am besten unter den Achseln. Da wir erst morgen von Bezal adäquat angezogen werden, brechen wir den Test ab. Wir wissen nun, wie ernst man die Kälte nehmen muß. Oh wie schön ist ein Kaffee im Warmen.

25. April 1991. Bezal wickelt uns in mehrere Hüllen ein. Wattierte Unterhosen und Westen, darüber noch mal Hosen und ein Pelzanorak. Dazu gibt es Fausthandschuhe, Spezialstiefel der kanadischen Armee und Blizzardmasken, die nur Augen- und Nasenschlitze frei lassen. Eine Inuit-Frau näht aus Lammfell eine Jacke für die Kamera. 42 Grad minus und Nebel. Wir machen einen Spaziergang und bleiben warm. Man darf bei diesen Temperaturen gar nicht erst zu frieren beginnen, denn sonst hört es nicht mehr auf. Abends beim Essen erfahren wir Lob von Bezal, weil wir die Sache langsam und vorsichtig angehen. Dann kommen wir zu seinem Lieblingsthema: Experten aller Art, die ihre eigene Ausrüstung mitbringen und ihre Expedition nach wenigen Kilometern abbrechen müssen, oft mit Erfrierungen. Zwei Ziele werden gern genommen: Der Nordpol (1600 km) von Reichen, der magnetische Nordpol (300 km, nordwestlich) von Armen. Bezal hat schon mehrere Expeditionen zum Nordpol betreut, und zum magnetischen Nordpol organisiert er Ausflüge mit dem Motorschlitten. Beide Orte haben bekanntlich nichts zu bieten, es sind quasi nur theoretische Punkte. Trotzdem drängt es manchen hin. Peter erzählt von der mühsam verborgenen Enttäuschung der Reisenden am Ziel. So verläßt er gelegentlich heimlich das letzte Camp vor dem magnetischen Nordpol und pflanzt ein Fähnlein auf. »Ja wo denn«, frage ich. Der Pol ist nämlich schwer meßbar und wandert täglich herum. »Halt irgendwo«, meint Peter Robinson, »und ich sage den Leuten dann auch, daß ich es war.« Nun kommt die Runde auf ein weiteres Lieblingsthema: erster sein. Der erste am magnetischen Pol, als er noch südlich von hier wanderte, war J. C. Ross im Jahr 1831. Der erste am Nordpol steht nicht ganz fest, aber es waren schon viele da. Also gilt es heute: erster sein mit etwas Besonderem. Bezal zeigt einen Film über die ersten, die mit Leichtflugzeugen am Nordpol waren. Sie überstanden lachend mehrere Bruchlandungen, es handelte sich um reiche französische Witzbolde. Die sehr ernsten Koreaner mit Motorbikes mußten wegen schwerer Blessuren mehrfach mit der Twin Otter ausgewechselt werden. Den Auftritt einer Schweizer Truppe mit einem 5-Mann-TV-Team am Flughafen haben wir selbst erlebt. Sie kamen mit Fahrrädern an und wollten übers Eis zum magnetischen Pol. Das war ein Grinsen in der Abfertigungsbaracke. Sie kamen qualvolle 100 Kilometer weit und ließen sich dann ausfliegen. Meiner Idee, es mit Krokodilen zu versuchen, hält Bezal seinen Lieblingsplan entgegen: Elefanten. Sie könnten mit dem Rüssel sehr gut den Antennendraht in die Höhe halten, problematisch sei lediglich das Schuhwerk.

26. April 1991. 32 Grad. Wir packen zwei Alukisten und einen Schlitten in den Wagen und fahren an die Küste gegenüber Griffith Island. Ganz schwach schimmert die Sonne durch den Nebel. Mit einem Seil binde ich die Alukisten auf den Schlitten. Sagt sich so leicht. Mit Fausthandschuhen kann man keine Knoten machen. Die nackten Hände sind nach einer Minute unbrauchbar. Also immer wieder aufwärmen. Hartmut baut die Kamera auf, es geht ihm auch nicht besser. Dann ziehe ich los über das Eis, Hartmut dreht zum Thema: Ein Mann zieht durch die Einsamkeit. Nach ein paar hundert Metern legt sie sich steinschwer auf mich. Nebel, Schnee, aufgeworfenes Eis. Der Schlitten kippt in Eisrinnen, ich hinterher. An der Maske und den Augenbrauen bilden sich kleine Zapfen. Aber ich schwitze.

Sehr schlecht, wenn man feucht wird. Pause machen, Kräfte besser verteilen, Langsamkeit üben. Ich bin nur 500 Meter vom Wagen entfernt, aber es erscheint mir wie mehrere Kilometer. Bestimmte Gedanken kommen in bestimmten Situationen auf. Warum mußten sich Europäer hier herumquälen? Die Inuit hätten ohne jedes Problem die Nordwestpassage gefunden und die Küsten kartiert, wenn man sie darum gebeten hätte. Sie waren hier die ersten. Sie hatten das Land erkundet und gelernt, dort zu leben. Aber dann wäre es ja keine richtige Entdeckung gewesen. Immerhin haben die »Entdecker« zur Pflege ihrer Geisteshaltung enorme Strapazen auf sich genommen, und die beginne ich nachzufühlen. Der Wind hat zugenommen, ich muß dauernd mein Gesicht nachwärmen und kauere mich bei starken Böen hinter den Schlitten. Nach einer Stunde bin froh, als ich im geheizten Wagen sitze. Hartmut meint, es sei wohl ein trauriges Bild geworden: Einsamer Mann mit Schlitten verschwindet in der weißen Unendlichkeit. Er sieht selbst ganz traurig aus, weil seine Hände und das Gesicht ziemlich lädiert sind. Beim Drehen kann er sich nicht vom Wind abwenden und keine Handschuhe tragen. Auch das Gerät ist mitgenommen. Eine Kamera, die Arri SR (leise) hat keine beweglichen Teile mehr. Zoom, Motor, Getriebe: alles eingefroren, weil das Schmiermittel 32 Grad minus nicht aushält. Wir wickeln die »Stumme Arri« (laut) aus dem Schlafsack, gehen raus und drehen weiter. Es macht wirklich keinen Spaß, aber die Gelegenheit ist günstig. Der Wind treibt Nebel und Eiskristalle herum, es sieht kalt aus, und es ist kalt. Wir wechseln uns fast bei jeder Einstellung ab, damit sich der andere Gesicht und Hände wärmen kann. Beim Einlegen der Filmrollen sind Berührungen mit dem Metall unvermeidlich. Nach 20 Minuten steht auch die »Stumme«. Wir wärmen uns wieder im Wagen auf und tasten uns gegenseitig das Gesicht ab, als seien wir Verliebte. Erfreut stellen wir fest, daß wir einigermaßen vorsichtig waren: keine Erfrierungen. Wir möchten unbedingt jenes nachsichtige Lächeln vermeiden, mit dem die Einheimischen unkluges Verhalten quittieren. Fürs erste reicht es uns, wir fahren ins Hotel. Glücksgefühl, Wärme und Kaffee. Besprechung. Wenn wir den ganzen Tag mit dem Motorschlitten unterwegs sind, müssen die Kameras nach je 20 Minuten Drehen wieder aufgewärmt werden. Peter und Bezal sehen zwei Möglichkeiten: Zelt aufbauen und Abwärme des Motors nutzen.

28. April 1991. 28 Grad. Nebel. Wir bereiten die Fahrt mit dem Motorschlitten nach Griffith Island vor. Auf dem Holzschlitten können zwei Mann sitzen, hinter Windschutzscheiben. Er wird von einem Skidoo gezogen, einer Art Motorrad, das vorne mit Kufen gelenkt und hinten mit einem Hartgummi-Laufband angetrieben wird. Das Automobil der Arktis. Um 14 Uhr bricht die Sonne durch, und wir fahren los. Vor allem in der Nähe der Küste ist das Eis durch Stürme und Gezeiten zerklüftet und türmt sich zu kleinen Gebirgsketten auf. Peter auf dem Skidoo späht stehend ständig nach optimalen Passagen, ist also ohne Windschutz. Wir fahren mit etwa 20 km/h gegen den Wind. Versuchsweise stelle auch ich mich, und es trifft mich wie ein kalter Schlag. Unglaublich, daß Peter das aushält. Hartmut dreht, soweit das Rumpeln es erlaubt, ich fotografiere. Eislandschaft, im Sonnenlicht glitzernd. Die kanadischen Stiefel halten die Wärme nicht, wenn man sich nicht bewegt. Ich lasse die Zehen kreisen, aber das hilft nicht sehr. Nach zwei Stunden stehen wir am Fuß des Tafelbergs von Griffith Island. Ich erkunde Peters Gesicht und sehe weiße Flecken. Zu spät zum Aufwärmen, die Erfrierung wird bleiben. Oben an der Inselspitze befindet sich ein Steinmal, Relikt einer Expedition im Jahr 1850. Peter schätzt, daß wir es zu Fuß nicht vor Einbruch der Dunkelheit schaffen werden. Es führt eine Senke nach oben, aber es ist wahrscheinlich zu steil für den Schlitten. Er fährt allein los, um den Weg zu erkunden. Vorher drückt er mir das Gewehr in die Hand. Ich soll auf Hartmut aufpassen, wenn er im Eisgebirge dreht. Hier könnten Eisbären Seehunden nachstellen. Nach einer Stunde ist Peter wieder da. Keine Chance, aber er hat den Cairn fotografiert. Auf der Rückfahrt dreht Hartmut den Sonnenuntergang mit der »Stummen«.

29. April 1991. Abfahrt bei 34 Grad nach Assistance Bay. Es ist der dritte Anlauf. Im letzten Sommer haben wir es einmal zu Fuß und einmal per Boot vergeblich versucht. Diesmal sind wir auch auf eine Übernachtung vorbereitet. Da die Fahrt länger dauert, habe ich Inuit-Schuhe angezogen. Es handelt sich mehr um einen Fußbeutel mit zwei Fellschichten. Unförmig, aber wirksam durch die richtige Anwendung der Naturgesetze. Die Zehen bleiben auch bei stundenlanger Fahrt warm. In der Assistance Bay überwinterten 1850/51 die Mannschaften der Sophia, Lady Franklin und Felix. Wir suchen die Relikte des Lagerlebens, sprich den Abfall. Keine leichte Sache im Schnee. Wir bauen das Zelt auf, wärmen uns und die Kameras. Peter erhitzt eine japanische Nudelsuppe mit Huhn, dann schwärmen wir aus. Aber der Schnee liegt zu hoch, wir finden nur ein paar Dosen jüngeren Ursprungs. Wir können uns die Übernachtung sparen. That's the Arctic, auch scheitern will geübt sein.

31. April 1991. Die Schlittenhunde sind noch nicht zurück. Aber der Eigner hat über Funk den Abschuß eines Bären gemeldet. Hartmut dreht Seehunde auf dem Eis, das heißt, er versucht es. Sie verschwinden in ihrem Loch, wenn sie uns sehen, weil sie vor allem fliehen, was nicht wie ein Seehund aussieht.

1. Mai 1991. Die Hunde sind da. Wir fahren bei 20 Grad und Sonne los, auf dem Motorschlitten, weil die Hunde nicht viel mehr als den Eigner ziehen können. Der Bruder des Eigners zieht mit dem Skidoo eine Spur, die Hunde rennen hinterher. Peter findet das merkwürdig. Beim ersten Halt erfahren wir den Grund, der wie ein Aprilscherz klingt. Der Amerikaner hat den Leithund erschossen, und zwar durch den Eisbär hindurch. Die Schlußszene einer solchen »Jagd« muß man sich ungefähr so vorstellen: Die Hunde bellen in respektvollem Abstand den Bären an, der sich durchaus vernünftig zunächst trollt. Die Hunde hinterher, dahinter wiederum der »Jäger« auf dem Schlitten. Schließlich besinnt sich der Bär, daß er die Hunde nicht fürchten muß, bleibt stehen und richtet sich auf, als wolle er sagen: Schluß mit dem Scheißspiel. Nun ist auch der »Jäger« heran und knallt ihn aus sicherer Distanz mit einem schweren Kaliber ab. Dahinter stand in diesem der Fall der Leithund, und so hat es auch diesen erwischt. Die Ausbildung eines Leithundes dauert Monate, der zweite Leithund lebt schon in Pension und geht nicht mehr im Geschirr. Ohne Leithund laufen die Hunde nur in einer Spur oder hinter einem Menschen her. Die Dreharbeiten gestalteten sich daher nicht gerade optimal. Auch die Tonaufnahmen nicht. Ich bitte den Eigner, die Hunde um mich herumlaufen zu lassen, um das leise Tapsen ihrer Pfoten aufzunehmen. Was tun die Viecher? Sie rennen auf mich zu und ich, mit meinem Gerät um die Schulter, versuche durch bizarre Sprünge die vollständige Verwicklung von Hundeleinen, Kabeln und meinen Beinen zu verhindern. Mein Tanz wird von ausführlichem Gelächter begleitet, und selbst die Hunde scheinen zu grinsen. Lustig kann es in der Arktis zugehen. Am nächsten Tag fliegen wir ab, über Montreal, nach Frankfurt.

VIER WOCHEN SPÄTER...

29. Juni 1991. Wir sind wieder in Resolute. Ob die Fliegerei nicht ins Geld gegangen ist? Nein, Dank Air Canada, die unser Treiben unterstützt hat, nicht. Duncan hatte uns gesagt, die Überwinterungsorte von John Ross könne man nur Anfang Juli anfliegen. Duncan ist da, und es gibt eine Twin Otter.

7 DIE RÜCKKEHR DER TOTEN

ROSS SUCHT SPONSOREN

1828 unterbreitete John Ross der Admiralität den Vorschlag, bei der Suche nach einer Passage dampfgetriebene Schiffe einzusetzen. Im arktischen Eis, so sein Hauptargument, sei die Unabhängigkeit vom Wind ein besonderer Vorteil. Die Admiralität lehnte ab. Auch der begüterte Mr. Sheriff Booth, ein alter Freund von Ross, wollte zunächst nicht einsteigen. Noch immer stand eine Belohnung von 20 000 Pfund für die Auffindung der Passage aus, und Mr. Booth wollte nicht in Verdacht geraten, nur auf dieses Geld aus zu sein. Ein erneuter Versuch bei der Admiralität führte zur Auskunft, Expeditionen zu diesem Zweck seien nicht mehr beabsichtigt. Ross blieb hartnäckig und köderte den Londoner Kaufmann Thornton mit eben jener Belohnung und den wertvollen Vorräten der Fury, die Ross auf Somerset Island einsammeln wollte. Mr. Thornton dachte drei Monate über das Risiko nach und befand es dann als zu groß. Zum Glück von Ross hob das Parlament das Gesetz über die Belohnung auf, womit die Skrupel von Mr. Sheriff Booth entfielen. Die Finanzierung der Expedition war gesichert.

MIT DAMPF

John Ross kaufte einen Dampfsegler, der verheißungsvoll Victory hieß. Die Tragfähigkeit wurde von 80 auf 150 Tonnen erhöht, weil Ross Proviant und Kohle für 1000 Tage an Bord nehmen wollte. Die Besatzung: drei Unteroffiziere, ein Zahlmeister, ein Arzt, ein Zimmermann und sein Gehilfe, zwei Ingenieure, zwei Harpunierer, vier Matrosen, ein Waffenmeister und drei Heizer. Zweiter Kommandierender war James Clark Ross, der Neffe von John Ross. Ein Koch war auch dabei, und um des großen Bert Brechts willen, der das notorische Nichterwähnen der Köche in der Geschichtsschreibung beklagte, sei sein Name genannt: Henry Ayre. Die Dampfmaschine von Braithwaite & Erickson war die erste, die sich im arktischen Eis zu bewähren hatte. Darum sei auch sie erwähnt, obwohl sie ihren Konstrukteuren wenig Ruhm einbrachte. Die Admiralität wollte nun doch nicht mehr zurückstehen und stellte die Krusenstern, ein kleineres Begleitboot von 16 Tonnen zur Verfügung, für das zwei weitere Seemänner angeheuert wurden.

Der nachträgliche Einbau von Dampfmaschinen in Segelschiffe brachte selten den erhofften Nutzen. Diese Erfahrung blieb auch John Ross nicht erspart.

Jubel beim Abschied.

VERFLUCHTE MASCHINERIE

Begleitet von den besten Wünschen Ihrer Majestät legt die Victory am 23. Mai 1829 in Woolwich bei London ab, im Schlepp die Krusenstern. Themseabwärts braucht die Victory unter Dampf bis Gravesend sechs Stunden. Ross ist mit den Leistungen der Maschine nicht zufrieden. Er notiert in seinem Bericht:

»Wir kamen unter Dampf um elf in Gravesend an. Wir ankerten, um auf den Lotsen und die Flut zu warten. Hier verließen uns die Konstrukteure der verfluchten Maschinerie, Mr. Braithwaite und Erickson.«

Weiter themseabwärts schafft die Victory nur zwischen sechs und acht Kilometer in der Stunde. Fast auf jeder Seite ergeht sich Ross von nun an in Klagen und Verwünschungen.

»Die Kessel leckten so stark, daß die zweite handbetriebene Druckpumpe im Maschinenraum ständig in Betrieb sein mußte. Das Süßwasser, das zum Ausgleich für die Verluste gebraucht wurde, reichte nicht einmal bei der Überfahrt nach Schottland aus. Die Männer hielten bei der Arbeit die Temperatur von 37 Grad nur kurz aus. Sie schufteten ohne Murren, waren aber sehr schnell erschöpft. Einer wurde sogar ohnmächtig und mußte an Deck gebracht werden. Als dann der Wind zunahm und damit der Wellengang, gesellte sich zu den Übeln unserer ärgerlichen Maschinerie der beschämende Umstand, daß unser Schiff so undicht war, daß ständig zwei Pumpen gebraucht wurden.«

Nach ein paar Stunden läßt Ross resigniert die Schaufelräder hochstellen und die Segel setzen. Während der Fahrt nach Westen entlang der Südküste Englands versuchen die Ingenieure, die Schäden an der Maschine zu beheben. Dabei stellen sie fest, daß wichtige Ersatzteile fehlen. Die nächsten Versuche scheitern, weil sich immer wieder Bolzen lockern.

DICHTUNG MIT DUNG

Auch der nächste Tag stürzt Ross in erhebliche Depressionen.

»1. Juni. Das Wetter war einigermaßen, und wir heizten die Kessel an. Die Maschine lief wieder, aber jeder Kessel hielt nur eine Stunde. Wir mußten die Hoffnung aufgeben, das Übel in der gegenwärtigen Lage beheben zu können. Aber die Leistung der Maschine war auch sonst keineswegs zufriedenstellend. Selbst bei einem Druck von 45 Pfund pro Inch konnten wir nicht mehr als 15 Kolbentakte pro Minute erzielen. Und so kam es, daß die Schaufelräder nicht schneller waren als fünf Meilen in der Stunde und damit das Schiff nicht mehr schaffte als drei. Die Kessel leckten noch immer, so daß wir Dung und Kartoffeln hineintaten, wie es der Hersteller empfohlen hatte. Die Männer waren durch die Mühe an der Extrapumpe für die Kessel so ermattet, daß ich sie im Unterdeck aufstellen ließ. Aber auch nach dieser Änderung war die Arbeit unerträglich. Das war nur ein Teil unserer fast fruchtlosen Versuche, die Übel zu heilen, die das unbeschreibliche Verhalten der Hersteller uns beigefügt hatte. Wir fanden weiter heraus, daß der Dampfkondensator defekt war, insofern die Luftpumpe immer ein bestimmtes Quantum Wasser mitzog. Und die Speisepumpe reichte nicht aus, um die Kessel zu füllen.«

Die Ingenieure geben sich alle Mühe, die Defekte mit Bordmitteln zu beheben. Vergeblich, wie der gequälte Ross notiert:

Die Victory nach dem Sturm.

»Alles war unvollkommen. Sogar die Zylinder waren zu klein, um die erforderliche Leistung zu bringen. Ich erkannte, daß wir von der Maschine nur wenig erwarten konnten. Wir waren auf unsere Segel angewiesen, litten aber ständig unter Gegenwind. Jedes Schiff, das wir sahen, überholte uns, so schlecht segelten wir am Wind.«

Die Victory umsegelt die Südwestspitze Englands und quält sich nach Norden durch die Irische See. Durch das Gewicht der Maschine und der Kohle war die Victory kein richtiges Segelschiff mehr, aber sie war noch weit davon entfernt, ein Dampfer zu sein. So brauchte sie bis zum 9. Juni, um den schottischen Hafen Logan zu erreichen. Werkstätten für die Reparatur von Dampfmaschinen waren noch nicht verbreitet. So wurden lediglich die Vorräte ergänzt.

NEUE ÜBEL

Auf dem Weg nach Grönland nehmen die Schwierigkeiten zu.

»Ein Sturm fiel über uns her, schwerer als alle vorangegangenen, gerade als wir hofften, das Schlimmste hinter uns zu haben.«

Der Sturm wütet vier Tage lang. Der Fockmast bricht, bleibt aber im Tauwerk hängen. Als die Südspitze Grönlands Ende Juni in Sicht kommt, kann sich Ross einen Seitenhieb auf seinen Rivalen Parry nicht verkneifen:

»Wir hatten gegenüber dieser Expedition auf 1300 Meilen elf Tage aufgeholt.«

Er verschweigt, daß Parry schon am 13. Juni so weit war, wie Ross am Ende des Monats. Die Victory segelt entlang der grönländischen Küste nach Nordwesten und erreicht mit günstigen Winden Mitte Juli die Höhe von Nuuk/Godthaab. Aber dann kommen widrige Winde auf, und Ross wird mehr und mehr von der Sorge geplagt, zu spät zu kommen. An der Maschine wird Tag und Nacht gearbeitet, aber ihr Einsatz muß immer wieder verschoben werden. Am 18. Juli ist es dann soweit.

»Wir setzten das Leeschaufelrad in Gang. Es machte 17 Umdrehungen in der Minute. Wir konnten uns nun besser am Wind halten, mit dreieinhalb Meilen statt zweieinhalb. Um elf Uhr morgens, die Maschine war gerade drei Stunden gelaufen, begann einer der Kessel zu lecken. Die Feuer wurden gelöscht, damit der Schaden behoben werden konnte. 18. Juli. Die Ingenieure und Schmiede waren noch immer mit der Maschine beschäftigt. Meine eigene Unruhe zwang mich, mich ständig im Maschinenraum aufzuhalten. Erst um fünf Uhr nachmittags war die Arbeit beendet. Nach einer Stunde Mühsal standen die Kessel unter Druck, die Maschine lief an, das Leeschaufelrad drehte sich. Aber es war kaum eine Stunde in Bewegung, als der Hauptsplint der Antriebswelle brach. Wir mußten schon wieder anhalten, was eine größere Herausforderung an unsere Geduld bedeutete, als sich beschreiben läßt. Der Ärger mit der verdammten Maschine schien kein Ende zu nehmen, da auch der Steuerbordkessel wieder ein Leck hatte.«

AUFTAKELUNG

Ross beschließt, die dänische Siedlung Holsteinsborg anzulaufen, um die Schäden am Fockmast zu beheben. Er traut der Maschine nicht mehr und ist bemüht, die volle Segelfähigkeit der Victory wiederherzustellen. Vom dänischen Gouverneur erfährt er Ermutigendes: Der letzte Winter war der mildeste seit vielen Jahren.

»Er äußerte seine Überzeugung, wenn die Nordwestpassage überhaupt je gefunden würde, käme nur dieser Sommer in Frage.«

Nun folgt den vielen verbitterten Eintragungen der letzten Woche ein eher frohgemuter Bericht über den Aufenthalt in Holsteinsborg, die Gastfreundschaft der Dänen, die (relative) Sauberkeit der Inuit, die Auffrischung der Vorräte aus der Hinterlassenschaft eines gestrandeten Walfangschiffs. Die Masten des Wracks dienen zur Renovierung der ramponierten Takelage der Victory. Getrübt werden die heiteren Sommertage in Holsteinsborg nur durch Stechmücken, eine »Armee ruchloser Teufel«, wie der zu ausschmückenden Umschreibungen neigende Ross notiert. Die Inuit gehen den Engländern zur Hand und ergänzen deren Garderobe mit ihren Pelzwaren.

ACHTBARE PRIMITIVE

Ross sieht die Inuit mit einer typisch britischen Mischung aus Bewunderung und Überheblichkeit.

»Ich versuche nur, dem natürlichen Charakter dieser Rasse gerecht zu werden, wenn ich sage, daß sie im Bereich unserer Erfahrungen zu den achtbarsten all der primitiven Stämme gehören, die unsere Forschungsreisenden in irgendeinem Teil der Welt angetroffen haben.«

DAS EIS IST WEG

Am 26. Juli legt die Victory in Holsteinsborg ab und segelt drei Tage lang entlang der grönländischen Küste nach Norden. Auf der Höhe der Discobucht ändert Ross den Kurs auf Nordwest, um die Baffin Bay zu überqueren. Sein Ziel ist der von Parry erforschte Lancaster Sound, der einzige Eingang zur Nordwestpassage. In der Regel hatten die Expeditionen ab hier mit riesigen Treibeisfeldern zu kämpfen. Zu seinem Erstaunen trifft Ross in der Baffin Bay kaum Eis an. (Bei unserem Versuch Anfang August 1991 machten wir die gleiche Erfahrung.) Auf dieser Strecke ist es von Vorteil, wenn man spät dran ist. Viele Expeditionen, die einen Monat früher die Discobucht erreicht hatten, mußten sich wochenlang mit dem Eis herumquälen und eine weit nördlichere Route einschlagen. Am 3. August läßt der Wind nach und die Maschine läuft zwölf Stunden lang, bevor die Speisepumpe wieder einmal klemmt. Kaum ist der Schaden behoben, verliert der große Kessel wieder Wasser. »Never ending machine«, schimpft Ross.

DER HADER MIT DEM SUND

Am 6. August sichten sie den Eingang vom Lancaster Sound. Ein Ort, dem Ross sich nach seinem Fehlurteil im Jahr 1818 mit gemischten Gefühlen nähern muß. Er nutzt seinen Bericht zu einer Rechtfertigung.

»Als wir in den Lancaster Sound vordrangen, dachte ich natürlich an die gleiche Situation während meiner ersten Reise. Wir näherten uns dem Punkt, an dem wir den Entschluß zur Umkehr faßten, mit der festen Überzeugung, ein weiteres Vordringen nach Westen sei unmöglich. Ich konnte nicht umhin, in meinem Tagebuch eine Eintragung zu machen, die ich nun hier wiedergebe. Sir Edward Parry merkt an, daß ›der Lancaster Sound einen traurigen Grad von Berühmtheit erlangt habe, den er sonst nicht erlangt hätte, wenn nicht die gegensätzlichsten Ansichten darüber bestehen würden‹.«

ES IRREN IMMER DIE ANDEREN

Parry hat also recht artig auf den Fehler von Ross hingewiesen, verständlich nur für Eingeweihte. Ross wird in seinem Bericht wesentlich direkter. Er kommentiert den zitierten Satz von Parry:

»Die Sprache ist zumindest etwas doppeldeutig. Aus diesem Grund, oder aus anderen, haben interessierte Leute gefolgert, daß die Meinung von Sir Edward Parry im Gegensatz zu meiner stand, als wir zusammen an dieser ersten Expedition beteiligt waren. Unter dieser Annahme sollten die gleichen Personen wahrnehmen, daß er mir damals natürlich diesen Unterschied der Auffassungen hätte mitteilen müssen. Das war seine Pflicht als mein beigeordneter Offizier, auch wenn er mir unterstellt war… Er hat damals mir gegenüber keine derartige Ansicht geäußert, und ich muß daher annehmen, daß er sie nicht hatte. Er konnte nicht geglaubt haben, daß es eine Passage durch den Lancaster Sound gibt, sonst hätte er es mir gesagt. Andernfalls müßte man ihm als Offizier ein grobes Fehlverhalten unterstellen, und ich müßte mir vorstellen, daß er als mein zweiter Kommandierender… eine Ansicht verschwieg, die von so großer Bedeutung war, daß es unbedingt seine Pflicht war, sie mir mitzuteilen.«

Nun hat es wenig Sinn, sich posthum in den Streit der ehrgeizigen Herren einzumischen. Erinnert sei nur an die Fakten. Parry suchte 1819 den Sound zielstrebig auf, obwohl Ross 1818 definitiv erklärt hatte:

»Ich war gewiß, daß es hier keine Durchfahrt gab… Ich habe die Frage, ob eine nordwestliche Durchfahrt in dieser Richtung vorhanden sei, für immer beseitigt.«

Als Ross nun die Stelle passiert, wo er einst glaubte, Land gesehen zu haben, versucht er es mit einer Rechtfertigung:

»Es ist bekannt, daß die Erscheinung von Land in eisigen Gewässern oft täuscht. Da selbst Cook oft zu falschen Urteilen kam, mehr als einmal, ist das ein hinreichender Beweis, daß die Schwierigkeiten richtig zu urteilen oft sehr groß, wenn nicht unüberwindlich sind. Die ganze Geschichte der Seefahrt ist voller ähnlicher Irrtümer und falscher Schlußfolgerungen.«

Man kann natürlich einfacher ausdrücken, daß Irren menschlich ist. Es gab viele Kontroversen zwischen den Passagesuchern in England, und die gebildeten Kreise konnten in Gazetten und Traktaten die Debatte um die Nordwestpassage verfolgen. Aber immer höflich verklausuliert, versteht sich, wenn man die Qualifikation des Mitbewerbers anzweifelte.

VERWÜNSCHTE MASCHINE

Bei ruhigem Wetter kommt die Victory in der Mitte des Lancaster Sounds nur langsam in Richtung Westen vorwärts. Ross wendet sich den aktuellen Ärgernissen zu, im Klartext, wenn es um die Maschine geht.

»8. August. Während der letzten Wochen warteten wir mit großer Sorge auf günstige Winde. Unsere Ungeduld, das ruhige Wetter zu nutzen, machte die miserable Leistung der Maschine noch schmerzlicher. Sie war Gegenstand ständiger Verwünschungen, die auch den Konstrukteuren in den Ohren klingen mußten. Es erforderte unsere ständige Aufmerksamkeit, um sie zur Arbeit zu bewegen. Bei allem guten Willen der Handwerker, war meine ständige Anwesenheit im Maschinenraum erforderlich, so daß ich kaum zum Schlafen kam.«

SACKGASSE ODER PASSAGE?

Ross wollte durch den Prince Regent Inlet eine Passage im Süden suchen. Parry hatte bei seiner Expedition im Jahre 1824/25 nur ein kurzes Stück der Küste kartieren können. Daher wußte man noch nicht, ob der Prince Regent Inlet ein Inlet, also eine langgezogene Meeresbucht war, oder ob er einen Ausgang nach Westen hatte, also eine Wasserstraße war. Ross wollte genau das erkunden, mußte aber mit der Aussicht leben, in eine Sackgasse vorzustoßen. Die Victory kommt gut voran, da die Eisverhältnisse des Jahres 1829 besser sind als im Jahr 1824. Dieser Umstand ist aber nur dann von Vorteil, wenn man durchkommt oder rechtzeitig umkehrt. Falls man bei wenig Eis zu weit vordringt, überwintern muß, und das Eis im nächsten Jahr nicht aufbricht, sitzt man in der Falle.

DAS DEPOT AM FURY BEACH

Am 13. August ankert die Victory am Fury Beach. Von Parrys Schiff Fury ist keine Spur mehr zu sehen. Die Zelte sind von Stürmen und Eisbären zerfetzt worden. Aber der Zustand der Fleisch- und Gemüsekonserven und der anderen Vorräte hebt die Stimmung:

»Wir überprüften den Inhalt, der nicht gefroren war, und stellten mit Befriedigung fest, daß sich der Geschmack nicht geändert hatte. Es war kein Luxus, sondern unsere Existenz und die Aussicht auf Erfolg, die dieser erfreuliche Fund implizierte. Wein, Spirituosen, Zucker, Brot, Mehl, und Kakao waren in gutem Zustand. Der Zitronensaft und die Essiggurken hatten nur wenig gelitten… Wir begaben uns wieder an Bord und bereiteten die Einschiffung von Vorräten und Proviant vor, um unsere Ausrüstung für zwei Jahre und drei Monate zu vervollständigen. Es war eine neue und interessante Erfahrung, in der verlassenen Einsamkeit von Eis und Felsen ein Angebot von Material vorzufinden, nach dem wir im Warenhaus von Wapping oder Rotherhithe lange gesucht hätten, und alles kostenlos.«

DAS ZIEL GREIFBAR?

Sie nehmen nur einen Teil der Vorräte mit. Am 14. August ist die Victory mit Südkurs wieder unterwegs. Ross hofft, noch im Jahr 1829 den amerikanischen Kontinent zu erreichen. Von dort aus war die Küste von Landexpeditionen bis Alaska kartiert worden. Das Ziel, die Passage, scheint also greifbar. Zwei Tage später erreichen sie Cape Garry, den südlichsten Punkt, den Parry noch kartiert hatte. Von nun an haben sie den letzten weißen Fleck der Passage vor sich. Am 16. August segeln sie in eine bemerkenswerte Bucht und werden vom Eis aufgehalten. Ross begibt sich mit den Offizieren an Land und nimmt es formell in Besitz.

»Um ein Uhr, ein paar Minuten nach sieben Uhr in London, wurde die Fahne mit der üblichen Zeremonie errichtet und auf die Gesundheit des Königs angestoßen.«

Brentford Bay

ERNEUTER IRRTUM, DIESMAL FOLGENREICH

Ross nennt die vermeintliche Bucht Brentford Bay und versäumt die Chance seines Lebens. Die »Bucht« mündet nämlich in eine Wasserstraße, die später Bellot Strait genannt werden sollte und die Verbindung in den westlichen Teil des Archipels herstellt. Er hatte eine Nordwestpassage übersehen. Dabei war die Sicht nicht schlecht:

»Von der höchsten Stelle aus, etwa 30 Meter über dem Meeresspiegel, hatten wir eine gute Sicht über die Bucht und die anschließende Küste. Wir waren froh, daß sich das Eis in Bewegung setzte und davontrieb.«

Auf dem Stich, den Ross nach seiner Zeichnung anfertigen ließ, gibt es einen Einschnitt am Horizont, der sozusagen um die Ecke biegt. Ich sehe dort die Bellot Strait, weil ich weiß, daß sie dort ist. Ross und seine Offiziere vermuten hier keine Passage, sie wollen nach Süden, sie bangen um offenes Wasser, und sie haben es eilig. Man kann schließlich nicht in jeden Fjord hineinfahren. Das wäre allerdings bei der Bellot Strait nicht nötig gewesen. Wären sie ihr nur ein paar Meilen näher gekommen, hätten sie die starke Strömung der Wasserstraße nicht übersehen können. Auch wir hatten mehrere Probleme mit der Bellot Strait. 1991 konnten wir wegen Nebels nicht landen, und im Frühjahr 1992, bei unserer Schlittenexpedition, sind wir auf dem Eis am Osteingang der Bellot Strait glatt vorbeigefahren, weil die Staffelung der Berge es nicht ermöglicht, zwischen einem Fjord oder einer Wasserstraße zu unterscheiden. Und auch wir hatten keine Zeit, jeden zugefrorenen Fjord zu untersuchen. Unser Fehler kostete uns ein paar Stunden Zeit und ein paar Liter Benzin, weil wir über 20 Kilometer zurückfahren mußten. Ärgerlich, aber folgenlos. Die Nichtentdeckung der Bellot Strait im August 1829 sollte dagegen auf dramatische Weise nachwirken. Unter anderem hätte die Franklin-Expedition 1845 nicht stattgefunden oder wäre anders verlaufen, wenn Ross die Bellot Strait erkannt hätte. Erst bei der Suche nach Franklin wurde sie schließlich entdeckt.

VIEL EIS, KEIN DAMPF

Das Eis wird nun doch immer dichter, aber der Wind steht günstig.

»18. August. *Wir halten den Kurs und zwängen uns durch schmale Rinnen und loses Treibeis. Es schrammte heftig gegen die Bordwand, aber es gab keine Schäden…
Derart massives Eis hatten wir noch nicht gesehen. Es zwängte uns mit großem Druck ein, und wir konnten gerade noch das Ruder bergen. So drifteten wir ruhig mit dem Eis nach Süden… 20. August. Es gab keinerlei Aussicht auf eine baldige Befreiung. Auch wir, die hier auf früheren Reisen Erfahrungen gesammelt hatten, waren etwas beunruhigt, weil sich in den Wasserlöchern neben dem Schiff Eis zu bilden begann.*«

Am 24. August gelingt es ihnen, sich mit Hilfe der »kranken« Maschine und langen Stangen von dem Eisfeld zu lösen und an einem auf Grund liegenden Eisberg festzumachen.

»*Wir hatten Glück mit diesem sicheren Platz. Am Abend begann das Packeis, das wir verlassen hatten, sehr schnell nach Norden zu treiben. Das wäre auch unser Schicksal gewesen.*«

Sie finden eine sichere Bucht. Ross tauft sie Port Logan und vollzieht einen weiteren Akt der Landnahme. Reste eines Inuitlagers zeigen an, daß sie bewohntes Gebiet erreicht haben. Ross grämt sich weiter über die Dampftechnologie und erweitert die Liste der Schimpfwörter:

»*Die Ingenieure reinigten erneut die mit Kohlestaub verstopften Rohre. Wir hatten heute mehr denn je Gründe, die schlechte Leistung der erbärmlichen Maschine zu bedauern, daß wir heute mindestens 30 Meilen geschafft hätten, mit einer halbwegs guten Maschine.*«

GEFÄHRLICHE UNGEDULD

Eis, Wind und Nebel halten sie bis zum 1. September fest. Dann öffnet sich vor der Bucht das Eis, und Ross riskiert es, den relativ sicheren Platz zu verlassen. Nach einigen Stunden Fahrt in Richtung Süden wird die Victory erneut von einem Eisfeld eingeschlossen und treibt zurück nach Norden. Ein paar Tage später bricht das Packeis wieder auf.

»*Wir kämpften uns durch dichtes Eis in Richtung Land, trotz heftiger Stöße, die glücklicherweise keinen Schaden anrichteten…
So konnten wir uns vom Packeis lösen und begünstigt durch den Wind die verlorene Strecke wieder gutmachen.*«

Am 6. September erreichen sie eine Bucht, die Ross Elisabeth Harbour nennt, nach der Schwester des Hauptfinanziers der Expedition, Mr. Sheriff Booth. Diese Form der Dankerstattung hatte sich eingebürgert, und so wurden entlang der Passage Dutzende von Sponsoren, ideellen Förderern und Passagesuchern samt der näheren Verwandtschaft durch Ortsnamen verewigt. Nach der Beschreibung von Ross hätte sich Elisabeth Harbour gut zur Überwinterung geeignet. Es wird immer kälter, und in der Nacht bildet sich Neueis. Trotzdem befiehlt Ross am 8. September, den sicheren Hafen zu verlassen. Die Victory wird wieder zum Spielball der treibenden Eisfelder. Woher Ross den Optimismus nahm, noch wesentlich weiter zu kommen, bleibt unerfindlich. Der nächste kartierte Punkt im Süden war mehr als 400 Kilometer entfernt. Nur starker Ehrgeiz konnte die Hoffnung nähren, das Ziel sei noch im Herbst 1829 erreichbar. Derlei Gefühlslagen sind in der Arktis lebensgefährlich.

DA HILFT NUR RUDERN

»*12. September. Unglücklicherweise kam westlicher Wind auf, der viel zusätzliches Eis herantrieb und den Eisdruck erhöhte. Die* ganze Masse setzte sich mit beängstigender Geschwindigkeit nach Osten hin in Bewegung und trug unser hilfloses Schiff davon, inmitten heftiger Zusammenstöße und des schrecklichen Krachens, mit dem sich das Eis an den Felsen brach.«

Immer wieder muß sich die Mannschaft in die Boote begeben, um die Victory meterweise aus gefährlichen Positionen zu rudern.

»Eine offene Rinne versprach Sicherheit, aber es war unglücklicherweise ein Strudel. Wir wurden viele Male um uns selbst gedreht, mehr als eine Stunde lang, bis wir gezwungen waren, uns lieber den herumtreibenden Eismassen anzuvertrauen.«

Sie quälen sich nach Süden, weiter in den Gulf of Boothia hinein. In den Buchten der felsigen Westküste finden sie immer wieder, manchmal im letzten Augenblick, eine Zuflucht. So am 14. September in Joanna Harbour am Cape Verner.

DIE SPUREN DES ABSURDEN

Die Namensgebung erfolgt wieder im Rahmen eines Staatsakts:

»Wir nahmen formell das Kap in Besitz. Auch das Alberne und Absurde muß getan werden, weil die Regeln es verlangen. Ein Steinmal und ein Seezeichen wurden errichtet, mit einer Kupferplatte, wie an den anderen Plätzen.«

Am 15. September drückt ein Sturm große Mengen von Eis in die Bucht. Ross gewinnt neue Erkenntnisse.

DIE RELATIVITÄT DES GLÜCKS

»Wir waren vollständig eingeschlossen. Zu unserem großen Ärger sahen wir kaum eine viertel Meile weiter offenes Wasser. Jede Anstrengung wurde unternommen, die Victory mit Tauen durchs Eis zu ziehen oder sonstwie freizubekommen. Aber nach einem Vormittag voll harter Arbeit hatten wir nur vier Schiffslängen gewonnen. Das Eis wurde so dicht, daß wir aufgeben mußten. Inzwischen nahm der Sturm zu, mit Schnee vermischt. Unsere Lage wurde kritisch und ungemütlich, weil wir den Hafen nicht mehr aufsuchen konnten, den wir so voreilig verlassen hatten. So waren wir dem Sturm und den Eispressungen ausgeliefert. Die Eisberge türmten sich an den Untiefen des Kaps, weil sie auf Grund liefen. Der Eisberg, an dem wir vertäut waren, löste sich dagegen langsam vom Grund, was uns viele Unannehmlichkeiten bereitete. Der größte Eisberg in unserer Nähe zerbrach mit donnerndem Getöse in sechs Stücke, die ins Wasser stürzten und es dabei aufwühlten. Eines der Fragmente versetzte unserem Schiff einen heftigen Stoß, der zum Glück keinen Schaden anrichtete.«

Nach dem Sturm besichtigt Ross vom Land aus den Kanal, den er vor dem Sturm unbedingt erreichen wollte.

»Wir sahen, daß sich dort zwei Riffs befanden, mitten im Kanal. Es war eine Lektion für unsere Ungeduld. Dieser Vorfall lehrte uns wie viele andere auf unserer Fahrt, daß scheinbares Unglück oft von Vorteil ist. Zehn Minuten früher zur Stelle, und der Versuch wäre gelungen. Nur ein Wunder hätte dann den Untergang verhindern können. Wir wären auf Grund gelaufen, und die Eismassen hätten uns überwältigt. So verwandelte sich unsere Enttäuschung in Freude. Mit dem gleichen Wissen am Vortag wäre uns das eisige Gefängnis wie ein Paradies vorgekommen.«

SINNLOSE QUALEN

Ross gewinnt zwar ständig neue Einsichten, handelt aber nicht danach. Statt einen Winterhafen zu suchen, quält er sich und die Mannschaft weiter nach Süden. Die Abläufe wiederholen sich. Sie laufen auf Grund, sägen sich durch Eisschollen, treiben mit Eisbergen herum, schleppen die Victory mit den Ruderbooten, um ein paar hundert Meter zu gewinnen, suchen Buchten auf, nehmen Land in Besitz, verlassen die Buchten wieder mühsam, wenn sich eine Rinne offenes Wasser zeigt und sind wieder den Stürmen und treibenden Eismassen ausgeliefert. Aber sie haben immer wieder Glück, oft im letzten Moment, als wären die Erkenntnisse von Ross über die Verhältnismäßigkeit des Glücks vom Rang eines Naturgesetzes. Der Lohn der Mühsal ist bescheiden. Zwischen dem 6. und 25. September kommen sie ihrem Ziel im Tagesdurchschnitt nur zwei Kilometer näher.

»25. September. Am Nachmittag landeten wir auf der Insel, vor der wir ankerten, und nahmen sie formell in Besitz. Ich taufte sie nach meinem Sohn Andrew Ross Island. Wir hatten gute Sicht und sahen Land im Süden, 18 oder 20 Meilen entfernt. Wir waren nicht sicher, ob es Inseln waren, die Fortsetzung der Küste oder der amerikanische Kontinent.«

SACKGASSE

Ross befand sich längst auf dem amerikanischen Kontinent. Aber das konnte er nicht ahnen und schon gar nicht hoffen. Er nennt das Land, an dem er sich entlangmüht, Boothia Felix. Der Name läßt offen, ob es sich um eine Insel oder Halbinsel handelt, die mit dem Kontinent verbunden ist. Tatsächlich ist es eine Halbinsel, und es gibt keine Wasserstraße, die nach Westen führt. Die Victory dringt immer tiefer in eine Sackgasse ein. Jeder Meter, den sie gewinnen, verlängert ihren Rückweg. So gesehen haben sie Glück, daß sie vom 25. bis zum 30. September in einer Bucht eingeschlossen sind. Aber dann schaffen sie noch einmal 17 Meilen nach Südosten. Ein Fortschritt, den sie noch bitter bereuen werden. Am Abend wird die Victory zwischen dem Festland und einer kleinen Felsinsel an einem Eisberg vertäut.

ES GEHT NICHT WEITER

Ross macht sich keine Illusionen mehr und schreitet zur Selbstkritik:

»Mit dem Ende des Monats September, das wir nun erreicht hatten, kam ich zu Einsicht, daß es in dieser Saison keine Hoffnung auf ein Weiterkommen mehr gab... Eine natürliche Unruhe zwang mich, sowie es eine Möglichkeit gab, an der Küste entlangzukriechen... Die Ereignisse zeigten, daß durch derlei Ungeduld und Ehrgeiz nichts gewonnen wurde. Es war ein Kampf gegen die unüberwindlichen Hindernisse des Klimas, gegen Winde und Strömungen, Eis und Felsen, gegen die Natur selbst, die täglich eine bedrohliche Grenze zieht, die wir nicht überwinden können.«

Die Natur als feindlich anzusehen, als etwas, das es zu bekämpfen gilt, ist nach Ansicht der Inuit die Ursache der meisten Fehler, die Fremde in der Arktis machen. Als wir auf unserer Schlittenreise wegen schlechter Sicht festgehalten wurden und unser Inuit-Führer Amoschi meine Unruhe bemerkte, meinte er lächelnd, ich solle doch froh sein, endlich mal ausruhen zu können. Wie recht er hatte. Wir waren eigentlich vollkommen fertig und kamen nur noch langsam voran. Seither denke ich im Stau immer an Amoschi und entspanne mich. Man kann in der Arktis allerhand lernen, wenn man lernen will. Ross:

»Es ist jetzt klar (und mögen zukünftige Forscher in dieser Gegend davon profitieren), daß ich in vielen Situationen besser gewartet hätte, bis ich sicher war, einen Ort der Zuflucht zu erreichen. Auf diese Weise wären wir früher hier angekommen, mit weniger Anstrengungen, Ängsten und Gefahren.«

Felix Harbour

Trotzdem ist Ross mit dem Ergebnis zufrieden:

»Wir sind 300 Meilen weiter gekommen als jede vorangegangene Expedition und nur 280 Meilen von der Küste entfernt, die Captain Franklin kartiert hat.«

Über das »nur« wird er noch Einsichten gewinnen. Die Victory liegt nun einigermaßen sicher, durch die Felsinsel gegen Eisdruck geschützt. Ross tauft die Stelle Felix Harbour. Sie sind nicht da, wo sie sein wollten, aber die Schuldfrage ist wenigstens geklärt.

NUTZLOSE MASCHINE

»Der Nutzen, denn wir in letzter Zeit durch die Maschinerie hatten, wäre auch mit unseren beiden Booten durch Rudern erreicht worden. Die Maschine war nicht nur nutzlos, sie war eine ernste Belastung. Sie nahm mit der Kohle zwei Drittel unserer Tonnage in Anspruch, an Platz und Gewicht. Sie war auch in anderer Hinsicht von Anfang an eine schwere Belastung, was zu den Problemen und Sorgen hinzukam, von denen ich berichtet habe. Sie erforderte den Dienst von vier Männern, die natürlich keine Seeleute waren und so die Zahl der Matrosen verminderte. Da die Maschine den Hauptantrieb liefern sollte, wurde die Takelage reduziert.

Die Victory war praktisch nur mit einer Notbesegelung ausgestattet... Ich beschloß daher, sie um die schwersten und billigsten Teile der Maschinerie zu erleichtern und die Besegelung zu verstärken. Zu diesem Zweck wurde die Zerlegung der Kessel vorbereitet, um sie an Land zu bringen, sobald das Schiff eingefroren wäre. Wir willigten damit ein, unsere Kraft auf ein geringes Maß zu reduzieren, und unterboten damit jedes Schiff, das je in der Arktis seinen Dienst versah. Das Übel war gegen unseren Willen eingetreten und unser freiwilliger Akt der Selbstverdammung war nur eine Formsache.«

Unübersehbar hält Ross für den Fall des Mißerfolgs schon Erklärungen bereit. Das Urteil ist gesprochen, der Meuterer wird ausgesetzt. Aber die Gedanken bleiben düster.

GEDANKEN IN DER GEFANGENSCHAFT

»Nun waren wir zum Nachdenken gezwungen, denn jetzt konnten wir nichts mehr ausrichten. Nun wurden uns die langen und trostlosen Monate, ja fast ein Jahr der Gefangenschaft im unbeweglichen Eis erst völlig bewußt. Zum ersten Mal wurde die Gefängnistür aufgeschlossen. Wir fühlten uns als hilflose

Gefangene ohne Hoffnung, denen nicht einmal die Natur Erleichterung verschaffen konnte, viele Monate lang. Es war unmöglich, das Eindringen dieser Gedanken zurückzuweisen, die uns um so mehr bedrückten, da sie mit einer Enttäuschung verbunden waren. Hätten wir es besser machen sollen, weiter vordringen sollen, die Schwierigkeiten überwinden sollen? Wären wir am Ziel unserer Wünsche, einer Verbindung zu den Entdeckungen im Westen, wenn uns die Maschine nicht enttäuscht hätte, wenn wir einen Monat oder sechs Wochen früher hier gewesen wären? War es die Untauglichkeit des Schiffs, eine Kombination unvorhersehbarer Mängel, die uns daran gehindert hatte, die Nordwestpassage in einer Saison zu bewältigen und die Karte Amerikas zu vervollständigen? Diese Gedanken quälten uns natürlich, wenn wir uns daran erinnerten, was wir erlitten hatten, unsere Verspätungen und Enttäuschungen. Aber wie die Selbstqüalung der Menschheit nur fruchtloses Elend einbringt, waren diese Gedanken völlig nutzlos, oder schlimmer als das. So beeilten wir uns, sie abzulegen, sobald sie auftauchten.«

TATENLOSE MONOTONIE

Es folgen die üblichen Vorbereitungen für die Überwinterung. Segel und Taue werden verstaut, die Boote an Land gebracht, wärmedämmende Maßnahmen im Schiff ergriffen, die in Grönland erworbenen Hunde am Schlitten trainiert. Auch an Land gibt es noch etwas zu tun. Sie finden Wildspuren und können einige Schneehasen und einen Eisbär erlegen. Sie sind nicht allein.

»2. Oktober. Es gab viele Eskimofallen und jene Steinhaufen, die aus der Ferne wie Menschen aussehen, die die Eskimos errichten, um das Rehwild zu erschrecken.«

Aber Ross findet das nicht tröstlich, seine Ahnungen bleiben düster:

»Wir konnten nicht hoffen, ein aktives Leben zu führen. Wir wußten nicht einmal, ob wir irgendeine nützliche Tätigkeit finden würden.«

Auch an der Gegend findet er keinen Gefallen.

»Die Verurteilung zur Gefangenschaft war besiegelt. Nirgends war ein Flecken offenes Wasser zu sehen. Es war ein öder Anblick. Mit all seiner Großartigkeit ist dieses eisige Land eine öde, trostlose, entmutigende, langweilige Wüste. Sie paralysiert den Verstand, lähmt die Gedanken und stumpft auch das Gefühl für das Neue ab. Es ist ein einziger Anblick der Einförmigkeit, des Schweigens und des Todes.«

LEBEN ODER ÜBERLEBEN?

Ross hält die Temperatur im Schiff bei sieben Grad plus, um die Feuchtigkeit zu reduzieren. Er schätzt, daß der Kohlevorrat so für 700 Tage ausreichen würde. Und Hunger, so ergab eine sorgfältige Inspektion, hatten sie in den nächsten drei Jahren nicht zu befürchten. Ross ergeht sich in seitenlangen Empfehlungen für zukünftige Expeditionen. So rät er der Kälte wegen zum Verzehr von reichlich Fett und Fischöl, wie in Grönland üblich. Und dann kommt er zu jener Erkenntnis, die ebenso naheliegt, wie sie auch weiterhin mißachtet wurde.

»Es gibt zahlreiche Berichte über jene Unglücklichen, die beim Überwintern in diesem Klima umkamen. Ich habe keinen Zweifel, daß sie durch die Beachtung der Gebräuche und Erfahrungen der Eingeborenen gerettet worden wären. So zu verfahren, ist ohnehin das klügste.«

Leichter gesagt als getan. Es fehlten ihnen die Felle, mit denen die Inuit ihre Isolierkünste entfalten. Und auch bei der Nahrung haperte es. Die Inuit essen ein Teil des Fleisches roh und trinken frisches Blut, was sie vor Skorbut bewahrt. Der Nachvollzug dieser Sitte wirft gleich mehrere Probleme auf. Der sogenannte Zivilisierte hält das Verspeisen rohen Fleisches unterschwellig für barbarisch. Weiterhin erwiesen sich die Europäer trotz ihrer Gewehre als mäßige Jäger. Im Winter bietet sich vor allem der Seehund an, der sich regelmäßig zu seinem Atemloch im Eis begeben muß. Aber wie kriegt man ihn da raus? In den Expeditionsberichten fand ich keinen Hinweis über einen Versuch, diese Aufgabe zu lösen. Der Inuit kann es, mit Hilfe einer raffinierten Harpune, die nur aus Knochen und Sehnen gefertigt ist. Nun hat der Seehund die schlaue Gewohnheit, sich mehrere Atemlöcher offenzuhalten und diese ohne erkennbares System aufzusuchen. So muß der Inuitjäger manchmal stundenlang vor einem Loch bewegungslos warten. Dazu fehlte es den Europäern sowohl an Geduld als auch an geeigneter Bekleidung. Und wenn es ihnen tatsächlich gelang, einen Seehund zu schießen, kam er natürlich nur gesotten auf den Tisch. Da die Europäer auf ihren Gewohnheiten beharrten, konnten sie sich in der ungewohnten Umgebung nicht optimal verhalten.

DIE MASCHINE BESIEGT

Je kälter es wird, um so weniger gibt es zu tun. Zuletzt bleibt nur noch die Maschine. Eine Gelegenheit für Ross, endgültig mit ihr abzurechnen.

»22. Oktober. Der Rest der Maschine wurde von Bord gehievt. Ich verschweige nicht, daß unter uns nicht einer war, der dies nicht mit Freude begrüßte. Auch in Stücken ließ uns ihr Anblick nicht vergessen, wozu sie gedacht war, und was sie uns antat. Unfreundlich waren auch unsere Gedanken über die Hersteller, in Erinnerung an unsere endlosen Versuche, unsere Geduld, die Mühsal der Reparaturen, die ständigen Hoffnungen und Enttäuschungen, bis sie uns auch noch aus der Fassung brachte. Jetzt endlich lag der Feind zu unseren Füßen.«

SCHWIERIGE LANDUNG

Wir hegen eher Gefühle der Begehrlichkeit gegenüber der ausgesetzten Maschinerie. Wir, also Duncan Grant, Hartmut und ich in der Twin Otter. Felix Harbour ist eine der wenigen historischen Stätten, die Duncan noch nicht besuchen konnte. Schon bei der Zwischenlandung in Spence Bay hat er uns gewarnt: Der Ort sei nicht leicht zu finden. Und für Landungen sei die ganze Gegend denkbar schlecht geeignet. Nun sitzt er neben mir, über den Steuerknüppel der Twin Otter gebeugt und mustert sichtlich besorgt das Gelände. Er läßt sogar zu, was er sonst für eine Beleidigung hält, nämlich daß ich die Flugkarte entfalte. Er kurvt und kurvt und schaut immer besorgter. Schließlich zeige ich ihm die Karte, die Ross von Felix Harbour gezeichnet hat. Das war es. Fünf Minuten später haben wir ihn gefunden. Ein kurzer Kiesstreifen am Strand ist unsere einzige Chance. Duncan fliegt ihn mehrfach ab, um ihn zu überprüfen. Wir hoffen, bangen etc. Er setzt tatsächlich zur Landung an. 30 Meter vom Wasser entfernt kommt die Twin Otter zum Stand. Nach kurzer Suche haben wir die Maschinenteile gefunden. Hier waren noch keine Souvenirräuber am Werk, und wir sind begeistert. Duncan hat sogar eine Freudenträne im Auge. Ich frage ihn etwas dümmlich: »Was war das für ein Gefühl, hier zu landen?« Darauf er: »Du meinst, nach der Landung. Nun, es ist ein ziemlich bewegender Ort für mich. So wie viele andere. Ich weiß nicht, ich fühle es im Bauch. Ich war hier noch nie.«

Ross hatte beim ersten Anblick notiert:

»Außer den schwarzen Flecken hervorstehender Felsen sah man nur die blendende, monotone, langweilige und ermüdende Schneewüste, am ganzen Horizont. Es war ein öder Anblick.«

So sieht es hier aus, aber wir finden das nicht öde. Hartmut filmt alles, und ich habe ein wenig Zeit, den Text von Ross einmal vor Ort zu lesen.

DER ALLTAG BEIM ÜBERWINTERN

Die Victory wird schließlich noch mit einem Dach versehen und mit einem Schneewall umgeben, der den Wind abhalten soll. Dann tritt der Alltag ein:

»Die Mannschaft schlief in Hängematten. Sie wurden morgens um sechs abgenommen, abends um zehn wieder aufgehängt und zwei Mal in der Woche gelüftet. Das Unterdeck, unser Wohnbereich, wurde jeden Morgen mit heißem Sand bestreut und bis acht Uhr geschrubbt. Dann gab es Frühstück. Der Montag wurde zum Waschtag bestimmt. Diese Operation dauerte bis zum Nachmittag, dann wurde das Leinen am Ofen getrocknet.«

Die Ingenieure können sich nun doch noch nützlich machen. Aus Blechkanistern konstruieren sie Kondensatoren, um die Küchendämpfe abzufangen. 36 Liter Wasser kommen am Tag zusammen, in Form von Eis. Parry hatte als erster erkannt, daß Feuchtigkeit im Schiff für die Gesundheit der Mannschaft die größte Bedrohung darstellte. Wie Parry befiehlt auch Ross tägliche Spaziergänge, entweder an Land oder bei starkem Wind an Deck.

»Am Sonntag war Arbeit verboten. Die Männer traten um zehn Uhr in ihren besten Kleidern zur Inspektion an. Es folgten Gebete und eine Predigt. Für die weitere Beschäftigung standen einige Abhandlungen zur Verfügung. Ab sechs fand eine Sonntagsschule statt. Zur Verlesung kamen Teile der Heiligen Schrift, und zum Tagesausklang wurden Psalmen gesungen.«

Die tägliche Ration an Hauptnahrungsmitteln pro Mann für die unteren Dienstgrade: 230 Gramm Brot, 300 Gramm Mehl, 70 Gramm Zucker, 300 Gramm Fleisch (Konserven oder gesalzen). Freitags und samstags gab es 0,4 Liter Alkoholika. Kranke und Schwache erhielten Zitronensaft. Die Speisekarte der Offiziere unterschlägt Ross. Im November zeigt das Thermometer zwischen minus vier und minus 31 Grad an, was Ross zu ausgiebigen Spekulationen veranlaßt. Langsam stellt sich die erwartete Monotonie der Untätigkeit ein. Die Offiziere bringen den Matrosen das Schreiben bei, halten Lektionen über Mathematik, Navigation und Astronomie. Am 27. November verabschiedet sich die Sonne. Aber Ross ist zuversichtlich und klaglos wie lange nicht.

»Die Zufriedenheit der Männer mit allem, miteinander, und mit den Offizieren, hätte nicht größer sein können. Durch den Unterricht machten sie erstaunlich schnelle Fortschritte. Es war leicht zu erkennen, daß es in ihrem moralischen und religiösen Charakter einen Wandel zum Besseren gab.«

DER FORTSCHRITT DER WISSENSCHAFT...

Im Dezember wurden an Land Observatorien für astronomische Beobachtungen und Messungen des Erdmagnetismus errichtet. Einige Offiziere hatten Grundkenntnisse in Geologie, Biologie, Astronomie und Physik. Ihre für das 19. Jahrhundert typische Wißbegier, ihr Interesse für Naturwissenschaften war noch nicht von New-Age-Skeptizismen angekränkelt. Ein freiwilliger Verzicht auf methodisches Denken, auf Rationalität, auf Vermehrung des Wissens wäre ihnen sicher vollkommen abwegig vorgekommen. Bei ihren Naturbeobachtungen haben sich viele britische Seeoffiziere auf der Suche nach der Passage in einer Weise verhalten, die mir Respekt abverlangt. Halb verhungert, halb erfroren haben sie oft noch ihre Messungen gemacht und ihre Proben gesammelt und mitgeschleppt oder waren noch mit ihren Aufzeichnungen beschäftigt, während die anderen schon völlig erschöpft schliefen.

DER INNERE SCHWEINEHUND

Natürlich waren die Leistungen der Offiziere nur auf der Basis der ungeheuren Anstrengungen möglich, denen sich die Mannschaften zu unterziehen hatten. Es ist in extremen Situationen auch bei großer Mühsal noch relativ leicht, das Notwendige zu tun. Aber dann noch, danach, etwas nicht unmittelbar Nützliches zu tun, was der Forschung dient, oder der Ehre, erfordert enorme innere Kämpfe. Beim Filmen in der Arktis haben wir das immer wieder erlebt. Ist diese Einstellung jetzt wirklich noch nötig, noch einmal raus in die Kälte, hungrig, durchgefroren, wo Suppe und Schlafsack schon locken? Leider hat manchmal der innere Schweinehund gewonnen.

MÄNNERFREUDEN

Im sichern Winterquartier des ersten Jahres sind die Beobachtungen auf der Victory noch eher ein Mittel der Zerstreuung. Noch sind alle gesund, noch gibt es volle Rationen. Und samstags wird zum Tanz aufgespielt.

»19. Dezember. Ich vergaß zu erwähnen, daß unser Zimmermann Musiker ist. Unsere Männer durften am Samstag tanzen. Solche Feiertage wurden begrüßt und waren von Vorteil.«

Zu Weihnachten wird die Victory beflaggt. Der weltliche Teil der Feier besteht aus einem Festessen mit Roastbeef, Grog und Süßigkeiten. Ross:

»Ich glaube, es war ein Tag voller Glück.«

Und auch in der limitierten Ausgabe geistiger Getränke sieht Ross einen Vorteil:

»Zu Hause hätte sich die Hälfte der Männer wahrscheinlich eine Alkoholvergiftung zugezogen, weil dies nach Einschätzung unserer Landsleute die einzige Straße zum Glück darstellt.«

Überhaupt übertrifft der Unterhaltungswert der Gegend alle Erwartungen. Ross, der sich im Herbst 1829 noch in düsteren Prognosen erging und lähmende Monotonie fürchtete, notiert Ende Januar 1830:

»Der erste Monat des Jahres ist beendet, und er verging wie ein Traum, mit mehr Tätigkeit und Amüsement als üblich.«

Am 9. Januar hatte eine Gruppe von Inuit die Victory entdeckt, und seither versäumte es keine Familie im weiten Umkreis, das Schiff aufzusuchen. Die Inuit kamen nicht, um die Sitten und Gebräuche der Fremden zu studieren.

KOSTBARES EISEN

Vor dem Eintreffen der Europäer war die materielle Kultur der Inuit steinzeitlich. Ihre Werkzeuge bestanden aus Steinen, kalt geschlagenem Kupfer, Sehnen und Knochen. Im Süden, an der kontinentalen Küste, kam noch das Treibholz der Flüsse hinzu. Die Inuit von Boothia hatten von den Europäern schon gehört und von südlicheren Nachbarn einige eiserne Gerätschaften eingetauscht. Nun waren die Fremdlinge leibhaftig da, versehen mit einem unermeßlichen Schatz aus eisernen Geräten.

GUT ANGEZOGEN

Commander J. C. Ross hatte zusammen mit Parry in der Hudson Bay bei einer Inuitsiedlung überwintert. Seine Erfahrungen kommen jetzt gelegen. John Ross beschreibt die Begegnung:

»Wir wußten, daß sie sich bei Begegnungen ›tima, tima‹ zuriefen. So begrüßte ich sie mit diesem Ruf und erhielt eine vielstimmige Antwort der gleichen Art. Wir näherten uns auf 20 Meter, und warfen die Gewehre weg und riefen ›aja tima‹. Wir hatten erfahren, daß man so eine freundliche Unterhaltung einleitet. Sofort warfen sie ihre Speere und Messer in alle Richtungen in die Luft, antworteten ›aja‹ und breiteten die Arme aus, um zu zeigen, daß sie waffenlos waren. Da sie stehenblieben, gingen wir auf sie zu, umarmten alle, die vorne standen und streichelten ihre Kleidung. Nun empfingen wir von ihnen diese gebräuchliche Bekundung der Freundschaft. Es erzeugte große Freude bei ihnen, die sie durch Lachen, Lärmen und merkwürdige Gesten ausdrückten... Sie wurden informiert, *daß wir Europäer seien (Kablunae), und sie antworteten, sie seien Inuit. Ihre Anzahl betrug 31. Sie waren alle gut angezogen, hauptsächlich in vorzüglichen Rehfellen. Die Oberkleidung bestand aus zwei Schichten, um den ganzen Körper herum und reichte vom Kinn bis zu den Oberschenkeln. Daran war ein Cape, das man über den Kopf ziehen konnte. Der Rock reichte bis zu den Waden, nicht anders als früher die Soldatenröcke. Die Ärmel bedeckten die Finger. Bei dem inneren Fell lag das Haar am Körper, beim äußeren andersherum. Auch die Schuhe waren doppelt, wobei die behaarten Seiten beide nach innen gerichtet waren.«*

Diese Art der Wärmedämmung ist ungemein wirksam. Bei 40 Grad unter Null hielten meine Spezialstiefel der kanadischen Armee nur warm, solange ich lief. Auf dem Schlitten hatte ich nach einer halben Stunde kalte Füße. Mir konnte geholfen werden. Die Inuit benutzen noch immer das von Ross beschriebene Schuhwerk, und ich besorgte mir welches. Man bekommt darin einfach keine kalten Füße, weil die Luft zwischen den beiden Fellen so gut wie keine Wärme nach außen durchläßt. High Tech aus der Steinzeit. Die Inuit von Boothia dagegen sehen nun den Segnungen der Eisenzeit entgegen.

»Ich sandte einen Mann zum Schiff, um 31 Eisenhaken zu holen, für jeden einen... Die Geschenke erzeugten allseitige Freude. Sie boten uns dafür ihre Speere und Messer an. Wir lehnten ab, was sie gleichermaßen erstaunte und freute. Wir konnten nun leicht erkennen, daß sie einen viel besseren Eindruck machten als wir, mindestens genauso gut angezogen und viel besser ernährt, mit plumpen Backen und so rosig, wie es eine dunkle Hautfarbe erlaubt. Wie bei allen Eskimostämmen waren ihre gutmütigen Gesichter oval und die Augen standen nahe zusammen, die Nase klein und die Haare schwarz. Ihre Tönung war nicht so dunkel, wie ich sie bei den nördlichen Stämmen beobachtet hatte. Sie schienen auch sauberer zu sein.«

BEGEGNUNG ZWEIER KULTUREN

Drei Inuit werden an Bord gebeten. Ross präsentiert die Errungenschaften des Abendlands, aber die Gäste reagieren ziemlich gelassen. Konserviertes Fleisch weisen die Inuit angeekelt zurück, und Ross bringt dafür Verständnis auf, oder besser, er läßt sich dazu herab.

»Diese Leute hatten inmitten von Walspeck, Öl und gemeinen Gerüchen nicht den geringsten Grund, auf die erlesenen Speisen des Südens neidisch zu sein. Sie hätten dafür nicht nur Ekel empfunden, sondern auch Mitleid wegen unserer Barbarei und Unwissenheit.«

Man kommt zum Unterhaltungsteil.

»Es gab ein Rennen zwischen einem von ihnen und einem Offizier. Aber man war so höflich zueinander, daß keiner zum Sieger erklärt wurde. Dann wurde die Violine hervorgeholt und zum gemeinsamen Tanz aufgespielt.«

Im Gegenzug besucht Ross eine Wintersiedlung der Inuit mit zwölf Schneehütten.

»Für die Frauen und Mädchen hatten wir Glasperlen und Nadeln mitgebracht, was sie ihre anfängliche Schüchternheit schnell vergessen ließ. So wurden wir in die Hütten gebeten. Der Eingang ist immer lang und gekrümmt und führte zum Hauptraum, einem Runddom. Für eine Familie betrug der Durchmesser drei Meter. Lebten zwei Familien darin, war es ein Oval von drei mal fünf Metern. Gegenüber dem Eingang war eine Schneebank, die mit Fellen bedeckt war und allen als Schlafstelle diente. Darauf saß hinten die Herrin des Hauses gegenüber der Lampe, die aus Öl und Moos bestand, und deren Flamme genügend Wärme und Licht lieferte. So war der Komfort perfekt.«

DAS WALTEN GOTTES

Es handelt sich um das perfekte Wärmesparhaus, um den Traum aller Ökoingenieure. Der lange schmale Eingangstunnel in Bodennähe wirkt wie eine Luftschleuse und ist der Tür wärmetechnisch weit überlegen, durch die bei jedem Öffnen große Mengen warmer Luft entweichen. Die mit Eis verschweißten dicken Schneequader isolieren besser als Steine. Die Abluftmenge wird durch eine kleine Öffnung in der Kuppelspitze genau dosiert. So genügen die kleine Flamme einer Tranlampe und die Körperwärme, um die Temperatur auf 25 Grad zu halten. Weil Ross sich nicht herablassen will, die Geschicklichkeit der Inuit als das Resultat intelligenten Handels zu akzeptieren, greift er zu anderen Erklärungen:

»*Der Fromme wird Seine Hand nicht vergessen, die unter hoffnungslosen Bedingungen für Seine Kreaturen in der Wildnis den Tisch deckt.*«

SANFTE AUSROTTUNG

Die Berufung auf Gottes Walten kann durchaus zu unbarmherzigen Sichtweisen führen. Ross sieht die Zukunft der Inuit durchaus düster, weil das göttliche Gesetz auch anders walten kann. Ross läßt die Inuit Alkohol kosten und ist erfreut, daß sie ihn nicht goutieren.

»*Wir hätten das nicht tun sollen, aber unser Brandy war abscheulich. Es steht ihnen noch bevor, sich an den Geschmack zu gewöhnen, der durch die Zerstörung der Moral die Ausrottung ihrer amerikanischen Nachbarn im Süden beschleunigte. Da diese Stämme sowieso schließlich aussterben werden, wie es ihr Schicksal zu sein scheint, ist es wenigstens besser, daß sie allmählich durch die Wirkung des Rums sterben, als daß sie in Massen mit Feuer und Schwert durch die spanische Eroberung ausgerottet werden. Es ist wenigstens einiges Vergnügen dabei, es ist ein freiwilliger und langsamer Selbstmord, an Stelle von Mord und Elend. Ist es nicht das Schicksal der Wilden und Unzivilisierten auf dieser Erde, den Klügeren und besser Informierten Platz zu machen, dem Wissen und der Zivilisation? Es ist die Ordnung der Welt, die rechtmäßige Ordnung. Das Gejammer weinerlicher Menschenfreundlichkeit wird kein Jota gegen eine Ordnung ausrichten, die mit Gewißheit so weise eingerichtet ist. Wir haben nur die Pflicht, dafür zu sorgen, daß es nicht durch Unterdrückung und Unrecht beschleunigt wird, daß es nicht vom Leiden einzelner begleitet wird.*«

DIE WELT GEHÖRT DER CHRISTENHEIT

Der simple Rechtsgrund der Kreuzfahrer und Konquistadoren hat sich kaum gewandelt. Die Welt gehört nun den »zivilisierten« Nationen wie vormals den »christlichen«. Alle anderen haben Platz zu machen, und diese Ordnung ist wahlweise von Gott oder der Natur so eingerichtet worden. Ross billigt das Prinzip abendländischer Weltaneignung und praktiziert es auch pflichtgemäß durch Landnahme. Diesen Akt verschweigt er natürlich den so Enteigneten.

Die Stiche auf den Seiten 109–111 stammen aus dem Bericht Parrys über die Expedition in die Hudson Bay.

Die Darstellungen aus dem Bericht von Parry weisen mehr Details über das Leben der Inuit auf als die übrigen in diesem Kapitel verwendeten Illustrationen aus dem Buch von John Ross (NARRATIVE OF A SECOND VOYAGE, London 1835).

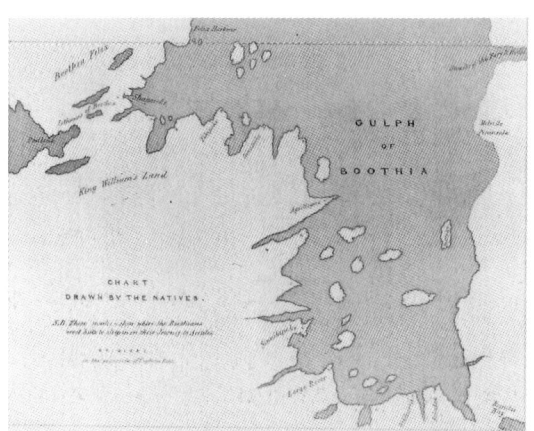

Die Karte, die Ross nach den Angaben der Inuit anfertigte.

DIE ENTDECKUNGEN DER INUIT

Ross behandelt die Inuit von oben herab, aber zunächst freundlich. Als gar der Zimmermann der Victory dem amputierten Tulluachiu mittels einer Prothese wieder auf die Beine hilft, nimmt die Völkerbegegnung herzliche Formen an. Auch die Tauschgeschäfte entwickeln sich zum beiderseitigen Vorteil. Die Inuit sind am Eisen interessiert, Ross an Pelzkleidung, frischem Fisch und an dem Verlauf der Küsten. Bei den gegenseitigen Besuchen versucht er zu erkunden, ob es eine Passage nach Westen gibt. Die Karten, die einige weitgereiste Inuit für ihn zeichnen, kommen der Realität ziemlich nahe. Sie zeigen einen Golf ohne Passage nach Westen. Ross hofft trotzdem auf einen Durchschlupf. Am 14. Januar bittet er die kundigsten Inuit noch einmal in seine Kabine:

»Eine erneute Prüfung der Karte fügte den früheren Informationen nichts hinzu. Aber wir konnten annehmen, das es zwischen diesem Ort und Akullee eine große Bucht gab. Wenn es eine Öffnung nach Westen gab, mußte sie sehr eng sein.«

J. C. Ross fragte auch nach einigen Orten an der Westküste der Hudson Bay. Zu seinem Erstaunen waren sie hier, immerhin 300 Kilometer entfernt, vom Hörensagen bekannt. Den beiden Ross war nun klar, daß die geographischen Kenntnisse der Inuit sehr verläßlich waren.

DER ERSTE TOTE

Am 20. Januar wird die Sonne wieder für einige Minuten über dem Horizont sichtbar. Kurz darauf stirbt der Schmied James Maslin, und zwar nicht an den Folgen der Reise, wie Ross betont, sondern an der Schwindsucht, die ihn schon in England befallen habe.

DIE MACHT DER GUTEN ÜBER DIE DIEBE

Im Februar kommen immer häufiger Besucher zum Schiff, um Felle gegen Messer und Haken einzutauschen. Einige Inuit bedienen sich ohne Gegenleistung. Ross, der zunächst die Ehrlichkeit der Inuit im Stil eines Schulmeisters gelobt hatte, legt nun auch die entsprechende Strenge an den Tag. Sein Neffe verbreitet das Gerücht, die Gewehre könnten die Namen der Diebe nennen.

»Daraufhin wurde im Dorf eine Versammlung einberufen, und man beschloß, alles zurückzugeben. Wie bedauerlich, daß solche Zauberkräfte nicht bei den weniger entschuldbaren Dieben unseres geliebten Geburtslandes wirken. Neben dem Fortschritt, den der Vormarsch des Wissens brachte, beraubte er auch die Guten dieser Welt dieser Macht über das Böse. Es ist hier nicht meine Aufgabe, die relativen Gewinne und Verluste zu erörtern.«

Wen meint Ross mit den armen »Guten dieser Welt«, die durch das Wissen ihrer Macht beraubt wurden? Jene, die mit magischen Ritualen und verführerischer Propaganda für die Erhaltung der Unwissenheit sorgten und sie mißbrauchten? Die im Namen eben dieses »Guten« Krieg führten, Hexen verbrannten, Diktaturen errichteten, Rassen und Völker ausrotteten? Da hätte sich der gute Ross keine Sorgen machen müssen. Die sind uns erhalten geblieben.

Felix Harbour: *»Ein einziger Anblick der Einsamkeit und des Todes.«*

»Jetzt endlich lag der besiegte Feind zu unseren Füßen.«

Farbdrucke aus dem Buch von Ross: Erstes Zusammentreffen.

Inuit zeichnen Karten.

Felix Harbour

Gemeinsame Jagd auf Moschusochsen.

Zuflucht in einer Bucht.

Das Holzbein

BEKEHRUNG UNTERLASSEN

Die Inuit haben die reale Wirkung der Gewehre bei der Jagd beobachtet. Aber damit droht Ross nicht. Er droht mit der Allmacht der Gewehre. Von ihrer Missionierung sieht er ab, da er keinen Fachmann mitgebracht hat. So kommt der allmächtige strafende Gott noch nicht zur disziplinarischen Anwendung. Der unchristliche Gewehrzauber tut auch so seine Wirkung. Die Inuit geben alle gestohlenen Gegenstände zurück und dazu einige frisch gefangene Seehunde, um die Ross schon lange gebeten hatte. Vorher hatten sie gesagt, sie könnten im Augenblick ihren eigenen Bedarf nicht decken, und das entsprach wahrscheinlich der Wahrheit. Um diese machtvollen Fremden zu versöhnen, führen die Männer einen Tanz vor dem Schiff auf. Aber Ross notiert ungnädig:

»*Der Tanz war mehr eine Bärenausstellung, wobei ein ausgebildeter Tanzbär als besserer Tänzer gelten darf.*«

ALLTAG UND WOHLBEFINDEN

Ross bilanziert den Februar des Jahres 1830:

»*Es war ein sehr kalter Monat. Ich glaube, daß das Thermometer bis 45 Grad sank. Der Durchschnitt der ersten 14 Tage war sicher nicht weniger als 40 Grad… Eine Zusammenfassung der Erfolge der Eingeborenen bei der Jagd ergibt zwei weiße Bären, drei Vielfraße, ein Dutzend Füchse und 50 Seehunde. Wir fingen oder töteten fünf Füchse, zusammen mit einigen Schneehasen und Schneehühnern… Wohlbefinden und Zufriedenheit waren unverändert gut. Einige wertvolle astronomische Beobachtungen konnten der Sammlung hinzugefügt werden, dazu kamen Experimente über die Schallgeschwindigkeit. Über unseren Verkehr mit den Eingeborenen habe ich nichts hinzuzufügen. Nur kannten wir nun genau den Preis für jeden Artikel, den sie anbrachten. Wir konnten hoffen, daß ihre Diebereien aufgehört hatten. Es schien sicher, daß sie in diesen Taten kein schweres Verbrechen sahen, denn ihre Aufdeckung rief immer allgemeines Gelächter hervor.*«

Märzbilanz: Ross hat acht Hunde für die geplanten Schlittenexpeditionen und noch mehr Pelze und Pelzkleidung erworben. Auf der Südseite der Victory beginnt das Eis zu schmelzen. Anfang April sind die Wintervorräte einiger Inuitfamilien erschöpft, weil sie im Sommer große Teile ihrer Beute eingetauscht hatten. Sie erhalten Seehundfleisch aus den Vorräten, die Ross angelegt hat.

REISEN WIE DIE INUIT

Am 5. April brechen Commander Ross, Chief Mate Blanky und die Inuitführer Awack und Ooblooria mit zwei Hundeschlitten zu einer Erkundungsfahrt auf. Ross glaubt noch immer an die Existenz eines Kanals nach Westen. Gleich am ersten Tag kommt es dick: Schneesturm und zerklüftetes Eis. Ein Schlitten bricht und kann nur notdürftig ausgebessert werden. Ross gibt den Bericht seines Neffen wieder, und es ist ein einziger Leidensbericht:

»*Bei drei Meter Sicht mußten wir aufgeben und in den Bau einer Schneehütte einwilligen. Sie war in einer halben Stunde fertig. Sie gewährte einen besseren Schutz als das beste Haus aus Steinen. Sie bot kaum Platz für uns vier, aber zerschunden wie wir waren, wären wir auch mit weniger zufrieden gewesen. Unsere Kleider waren vom feinen Schnee durchdrungen und hart gefroren. Es dauerte lange, bis unsere Körperwärme sie weicher machte und wir sie ausziehen konnten. Wir litten unter großem Durst. Während die Inuit mit dem Bau der Hütte beschäftigt waren, schmolzen wir Schnee mit der Spirituslampe. In kurzer Zeit erzeugten wir genug Wasser für uns alle. Die Inuit waren darüber erstaunt und erfreut. In den Steinkesseln über ihrer Öllampe brauchten sie sonst dafür drei bis vier Stunden.*

Auch die hochentwickelte Reise- und Jagdtechnik der Inuit hat Parry genauer dargestellt als Ross.

(Aus Parry, JOURNAL OF A SECOND VOYAGE, London 1824)

Weil die Hütte so klein war, zeigte sich gleich ein neues Übel. Die Wand der Hütte schmolz, und unsere Kleider wurden so naß, daß wir sie ausziehen mußten. Erst in den Pelzschlafsäcken wurde der Feind ferngehalten. Wir hatten kaum zwanzig Meilen zurückgelegt, wozu wir acht oder neun Stunden gebraucht hatten. Nach so vielen Stunden harter Arbeit und Kälte und den großen Anstrengungen im rauhen Eis waren wir völlig erschöpft.
Dafür hatten wir den Vorteil eines gesunden Schlafs.«

In der Nacht hätten die Hunde beinahe die Schlitten zerstört. Die Inuit stellten die Kufen her, indem sie Fische mit naßem Fell umwickelten und der Kälte aussetzten. Auf der Unterseite wurde Moos angefroren und mit Wasser besprüht, was eine glatte Eisfläche ergab. Die Querverbindung zweier Fischkufen bildeten Karibuknochen. So war der Schlitten gleichzeitig ein Nahrungsmitteldepot. Wurde es zu warm für Schneehütten, konnten aus den Knochen und Fellen Zelte gebaut werden. Ein Gefährt ohne nutzlosen Ballast also.

Der Anschlag der Hunde kann gerade noch verhindert werden. Auch am nächsten Tag hält sie der Schneesturm fest. J. C. Ross gewinnt Erkenntnisse.

»Die Untätigkeit ermöglichte ausführliche Gespräche mit unseren neuen Freunden. Entspannt und ihrer ursprünglichen Befürchtungen ledig, gewannen sie sehr in unserer Wertschätzung. Sie entwickelten weit mehr Wissen und Intelligenz, als ihre stumpfsinnigen Gesichter vermuten ließen. Besonders wichtig für uns waren ihre Informationen über den Verlauf der Küste.«

SACKGASSE ERKANNT

Am nächsten Tag können sie ihre Erkundungen in Richtung Südwesten fortsetzen. J. C. Ross versäumt es nicht, eine formelle Landnahme vorzunehmen. Aus dem Verlauf der Küste und den Erzählungen der Führer schließt er, eine Westpassage könne es allenfalls nördlich ihrer Position geben. Sie kehren um und erreichen am 10. April die Victory. Zutreffend notiert John Ross:

»Sie hatten das Meer im Westen gesehen, und wir waren nun sicher, uns an der Küste Amerikas zu befinden.«

Aber eine Westpassage hält er weiter für möglich:

»Der Kanal, der zu dem Meer im Westen führen soll, ist immer noch unsicher.«

Nach einem zweiten Erkundungsausflug seines Neffen notiert Ross am 22. April:

»Es war nun gesichert, daß es südlich des 70. Breitengrades keine Passage zum Meer im Westen gab. Es war nicht mehr nötig, eine Weiterfahrt mit dem Schiff in dieser Richtung zu planen. Eine genauere Untersuchung nach Norden hin war daher unser nächstes Ziel. Wir hatten nun allen Grund, dankbar zu sein, daß wir nicht weiter vorgedrungen waren.«

Ross hatte die schnelle Aufklärung dieses lebenswichtigen Sachverhalts hauptsächlich den Inuit zu verdanken.

DER ZAUBER SCHLÄGT ZURÜCK

Der Gewehrzauber hatte Folgen. Am 27. April werden J. C. Ross und der Bordarzt in der Siedlung plötzlich mit Messern bedroht. Erst als Ross das Gewehr anlegt, weichen die Inuit zurück. Die Männer weigern sich, ihre Haltung zu erklären. J. C. Ross:

»Wir wurden durch den Mut und das Zutrauen einer Frau erlöst, die aus ihrer Hütte kam, als ich erneut das Gewehr hob. Sie sagte, ich solle nicht schießen und kam zu uns ohne ein Zeichen von Angst. Von ihr erfuhren wir die Ursache des Aufstands, der so fatal hätte enden können, mit uns als den Hauptleidtragenden. Ein sieben oder acht Jahre alter prächtiger Junge war in der vorangegangenen Nacht umgekommen, weil er von einem Stein gefallen und mit dem Kopf aufgeschlagen war.

Sie hatten dies unserem Wirken zugeschrieben, durch die übernatürlichen Kräfte, über die wir nach ihrer Ansicht verfügten. Der Vater, der nicht ganz grundlos dieser Überzeugung war, hatte auf Rache gesonnen, so wie wir es erlebt hatten.«

J. C. Ross kann die Inuit schließlich mit dem Argument besänftigen, der Tod des Jungen habe ihnen, den Fremden, ja in keiner Weise genützt. Über einen Führer für eine weitere Schlittenreise wollen die Inuit aber wegen der Trauer erst in drei Tagen verhandeln. Ross, der keine Zeit verlieren will, bietet eine Feile als Belohnung an. Die Einhaltung der Sitten ist offenbar auch bei den Inuit eine Frage der Auslegung. Poo-yet-tah und Il-lik-tah erklären sich bereit, Ross zu begleiten.

»Der Frieden war wieder zweifelsfrei hergestellt. Sie standen um uns herum, legten wieder ihr freundliches Verhalten an den Tag und machten jene fröhlichen Gesichter, wie es ihre Gewohnheit war.«

ERKENNTNISSE BEIM REISEN

Am ersten Tag ihrer Schlittenreise nach Norden schaffen sie fast 60 Kilometer. J. C. Ross hat die Sprache der Inuit inzwischen so gut erlernt, daß er von ihrem geographischen System Gebrauch machen kann. Wichtige Orte benennen sie nicht nach heiligen, berühmten oder verdienstvollen Personen, was dem Reisenden ja auch wenig nützt. Ihre Namen dienen der Auffindung der Orte. Ein Fluß zwischen einem hohen und einem niedrigen Berg heißt Fluß-zwischen-großem-Berg-und-kleinem-Berg. Wenn Ross mit seinen Instrumenten die Position ermittelt, sind die beiden Führer natürlich irritiert. Ross überlegt, was sie sich dabei denken könnten:

»Konnten wir mit dem unerklärlichen Messingzeug Moschusochsen aufspüren oder mit den Rohren und Gläsern zwischen den Hügeln erkennen? Sie kamen in dieser Gegend tatsächlich vor. Es war für sie eine natürliche Überlegung, warum wir mit großer Mühe so weit gereist waren: Ein Mahl oder ein Fest, der wichtigste Grund, den es gab… Ich wollte aber auf keinen Fall als Zauberer gelten. Wir standen ohnehin in diesem häßlichen Ruf. Daher erklärte ich, von Moschusochsen nicht das geringste zu verstehen. Sie schienen sehr enttäuscht zu sein.«

WO IST DIE PASSAGE?

Das Ziel der Erkundung war ein Einschnitt, der nach den Berichten der Inuit als Passage nach Westen in Frage kam. Schlechtes Wetter und Zeitmangel hinderten Ross an einer näheren Untersuchung des Einschnitts. Als sie am 5. Mai bei der Victory eintrafen, war das Hauptproblem also noch immer ungelöst. Bei drei Matrosen treten die ersten Anzeichen von Skorbut auf. Der Mai ist kälter als erwartet, und Ross fürchtet, das Aufbrechen des Eises könnte sich verzögern. Auf einer weiteren Schlittenreise leiden die Europäer immer öfter unter Schneeblindheit. Im Juni erreicht J. C. Ross auf dem Eis einer Seenkette das Meer im Westen. Voller Kummer notiert er:

»Es wäre der Triumph gewesen, für den wir und unsere Vorgänger sich abgemüht hatten. Es wäre so, wenn die Natur es nicht anders gewollt hätte. Wenn unsere Seenkette eine Wasserstraße wäre, und das Tal eine Verbindung zwischen dem östlichen und dem westlichen Meer. Aber wir hatten uns wenigstens von der Unmöglichkeit überzeugt.«

SCHLECHTE KARTEN FÜR FRANKLIN

J. C. Ross überquert in westlicher Richtung einen Meeresarm und erreicht den Norden von King Williams Land. Heute heißt es King William Island. Hätte er anders entschieden und den Meeresarm in Richtung Süden erforscht, wäre die Geschichte der weiteren Suche nach der Passage anders verlaufen. Dieser Meeresarm erstreckt sich nämlich bis zu der damals schon erforschten Küste Nordamerikas und macht King Williams Land zu einer Insel.

Die Kartierung dieser Route wäre für Franklin von großer Bedeutung gewesen. Als er 1846 den Norden von King William Island erreichte, fand er in der Karte von Ross nur eine Route, die an der Westküste von King Williams Land entlangführte. Dieser Meeresarm erstreckt sich tatsächlich ebenfalls bis zur Küste Nordamerikas, aber das Eis bricht dort selten auf. J.C. Ross sieht sich nicht in der Lage, diese Route in Richtung Süden zu erforschen, um so eine der letzten Lücken zu schließen.

»Die Strecke bis Cape Turnagain war nicht größer als die, die wir schon zurückgelegt hatten. Genau so viele Tage hätten wir benötigt, um das fehlende Stück zu bewältigen, um dann im Triumph zur Victory zurückzukehren und die Frucht unserer schweren und langen Mühen mit nach England zu bringen. Aber diese Tage standen uns nicht zu Gebote, weil wir nur noch für zehn Tage Proviant hatten.«

Den südlichsten Punkt, den Ross auf King William Island erreicht, nennt er Cape Franklin. Auf dem Rückweg werden sie von den Inuit reichlich mit Fisch versorgt. Die Fangsaison ist in vollem Gange, aber die Scheeschmelze auch. Die Saison für Schlittenreisen ist beendet, und nur mit Mühe gelangen sie zurück zur Victory.

SKORBUT UND ROHFLEISCHESSER

Die Inuit essen tatsächlich einen Teil ihrer Beute ungesotten. Der Zivilisierte scheut das Rohe und muß dafür büßen. Ende Juni notiert John Ross:

»An einigen Stellen ist das Eis dünner geworden, aber es war immer noch kompakt und mächtig... Im allgemeinen war die Mannschaft gesund, drei oder vier neigten zu Skorbut.«

Im Juli kommen die Lachse, die die Inuit mit Speeren fangen. Ross kampiert mit vier Inuitfamilien an einem Fluß. Es gibt reichlich Fisch.

»Sie hatten vorgeschlagen, mit uns zu essen und wir konnten natürlich nicht ablehnen. Uns war nicht klar, wie wir für so viele Gäste kochen sollten. Trotzdem luden wir alle zwölf in unser Zelt ein. Es war mit uns fünf Mann ziemlich voll. Aber von unseren Sorgen über das Kochen waren wir bald befreit. Sie bevorzugten den Fisch roh. Unser Essen machte zeitlich Fortschritte, aber nicht die Menge. Während eineinhalb Lachse für uns Engländer zusammen mehr als ausreichten, verschlang jedes dieser gefräßigen Tiere zwei. Es ist kein Wunder, daß sie ständig mit der Beschaffung von Nahrung beschäftigt sind. Jeder hatte 14 Pfund rohen Lachs gegessen.«

Hier zeigt sich Ross doch reichlich borniert. Die Inuit hatten durch Trial and Error gelernt, daß es gut ist, möglichst viel frisches Fleisch zu essen. Die abendländische Wissenschaft brauchte noch einige Zeit, um den Erkenntnisstand »dieser gefräßigen Tiere« zu erreichen. Frischer roher Lachs schmeckt überdies vorzüglich. Bei einem Fest in Spence Bay schauten die Inuit etwas besorgt, weil wir sie beim Essen von rohem Lachs filmten. Als wir dann selbst um etwas Fisch baten, erhielten wir natürlich soviel wir wollten. Sie waren sichtlich erleichtert: Diese Herren hatten offenbar Eßkultur.

Ross kauft den Inuit Hunderte von Pfunden Fisch für ein paar Messer ab. Auch gekocht war er natürlich noch vitaminhaltiger als das Konservenfleisch. Daß sie noch relativ gesund waren, verdankten die Engländer vor allem den Inuit.

SOMMERPLAGEN

Am 16. Juli beginnt bei elf Grad plus der Angriff der Stechmücken.

»Die Moskitoschwärme waren eine Plage wie in Westindien. Es waren offenbar mehrere Sorten, eine große war besonders giftig. Wir mußten wegen der Plage unsere sportlichen Aktivitäten einstellen... Der Wind trieb etwas Eis nach Norden, aber es war noch kein offenes Wasser zu sehen.«

Inuit tauchten keine mehr auf, aber dafür können sie selbst in den nahen Seen manchmal hundert Pfund Forellen pro Tag fangen. Das Schiff ist segelfertig, aber das Eis verharrt unbeweglich.

»1. August. Der Monat Juli war sehr eintönig und langweilig für uns. Wir hatten noch kein offenes Wasser gesehen, das Eis bewegte sich nicht... 11. August. Ein südlicher Wind setzt das Eis in Bewegung. Dann wechselt der Wind und treibt es zurück... 17. August. Keine Veränderung im Eis... 19. August. Unser Schiff konnte nichts machen, und wir nur wenig... 21. August. Das Eis war immer noch fest... 23. August. Am Montag änderte sich nichts... 24. August. Der Wind frischte auf und trieb das Eis zum Ende der Bucht. Der innere Teil des Hafens war so frei, aber später strömte Packeis herein und füllte alles wieder auf... 31. August. Wir werden nun seit elf Monaten hier festgehalten. In dieser Zeit hätten wir die Welt umsegeln können. Niemand würde über zukünftige Nordwestpassagen allzu optimistisch sein, selbst wenn wir sie zuwege brächten... Es war meine Aufgabe, die Hoffnungen der Männer zu erhalten... Alles auf dem Schiff war wie neu und segelfertig. So schmuck, sauber, ordentlich und komfortabel war es nie zuvor.«

ZURÜCK ZUR MASCHINE

»Durch die Ausladung der Maschine hatten wir viel Platz gewonnen. Das war kein geringer Gewinn, um den Verlust zu kompensieren, wenn man überhaupt von Verlust reden kann, da uns die Maschinerie nur Ungelegenheiten und Ärger gebracht hatte. Vielleicht können die Eskimos lange von den cachés der Messrs. Braithwaite und Erickson profitieren.«

Trotz großer Sorgen läßt Ross noch immer keine Gelegenheit aus, dem Teufelszeug eins auszuwischen. Caches wurden die Fleischverstecke der Inuit genannt. Feinsinnig-ironisch verwendet Ross die französische Schreibweise. Er irrt allerdings. Die Inuit konnten zwar das Blech der Konservendosen kalt verarbeiten, das Gußeisen der Maschinenteile aber war für sie völlig wertlos, weil sie es nicht schmelzen konnten.

NACH HAUSE, METERWEISE

»3. September. Gerieten bei 35 cm Wassertiefe auf Grund. Wir erleichterten das Schiff, indem wir vier Tonnen Wasser abließen und zehn Tonnen Material in die Boote luden...
5. September. Der Wind hatte nach Süden gedreht und die Flut war niedriger als vorher. Daher wurde eine Brücke zu den Felsen gelegt, fast acht Meter weit, über die wir die restlichen Vorräte und Nahrungsmittel trugen, zusammen mit den letzten Maschinenteilen...
7. September. Der Sturm blies die ganze Nacht von Norden, aber das Eis bewegte sich nicht. Gegen Morgen konnten wir 30 cm Wasser unter dem Kiel gewinnen, und dann weitere 30 cm, etwa drei Meter weiter. Nun konnten wir das Schiff wieder beladen, was uns zwei Tage Arbeit kostete... 9. September. Der nächste Tag brachte keine Änderung, außer daß wir das Eis ein Stück weiter aufschnitten und ein paar Meter vorwärts kamen... 11. September. Die Bucht war mit neuem Eis bedeckt, was üble Prognosen zuließ. Wir sägten uns ein paar Meter weiter durch das Eis.«

So geht es weiter, Tag für Tag. Doch plötzlich am 17. September:

»Um zwei Uhr nachmittags schien es aufzubrechen. Wir legten ab und zogen das Schiff durch das Neueis, und nach einer halben Stunde war es, in voller Länge, wieder auf offenem Wasser und unter Segeln. Unter Segeln – wir wußten nicht, wie uns war, und ob wir es glauben sollten... Ein Jahr lag es unbeweglich zwischen den Felsen, hilflos, ungehorsam und tot. Es schien nun ein neues Leben gewonnen zu haben, es gehorchte uns: Wir alle waren frei...«

Fünf Kilometer weiter war die Freiheit zu Ende.

»Wir stießen auf eine Eisbarriere und mußten zwischen zwei Eisbergen festmachen. 19. September. Alles ist mit Eis gefüllt… 22. September. Wir waren schlimmer eingeschlossen als je zuvor… 25. September. Die Woche war vorbei, wir waren unbeweglich und untätig…«

DAS NEUE WINTERHEIM

»29. September. Unsere Hoffnung auf Befreiung schwand. Wir mußten uns nun einen Kanal durch das Eis schneiden, um einen Hafen zu erreichen, der uns für ein weiteres Jahr ein Heim sein würde. Es war schon 30 cm dick… 30. September. Nun war es sicher. Unser Wintergefängnis lag vor uns…«

Am ersten Tag schaffen sie sechs Meter. Ross sorgt sich wegen der um sich greifenden Resignation.

»Es war meine Aufgabe, ein freundliches Bild der Lage zu entwerfen. Ich wies auf unsere Entdeckungen hin, den guten Zustand des Schiffes, an die Harmonie und Gesundheit und den besseren Hafen, den wir aufsuchen wollten… 3. Oktober. Wir mußten mit der Mühsal fortfahren, aber gewannen nur fünf Meter… 4. Oktober. Fortschritt von fünf Metern… 5. Oktober. Das Schiff wurde immerhin sieben Meter weiter ins Eis geschnitten… 6. Oktober. Wir kamen 17 Meter weiter, hatten aber bei Ebbe nur noch zwei Meter unter dem Kiel. Wir waren also dem schweren Eis entronnen… 10. Oktober. Es war nötig, eine 90 Meter entfernte Stelle zu erreichen. Wir schafften mit Mühe zehn Meter.«

Sie quälen sich weiter, im Durchschnitt zehn Meter am Tag. Aber gegen Ende des Monats wird das Eis immer dicker.

»29. Oktober. Wir gewannen vier Meter. Das Eis war sehr dick und fror so schnell wieder zu, wie wir es aufschnitten… 30. Oktober. Wir schnitten uns zwei Meter weiter durch. Das war wenig. Es blieben noch fast 200 Meter, bevor wir tieferes Wasser und eine bessere Position erreichen würden. Bei der gleichen Geschwindigkeit eine Arbeit von 100 Tagen. Aber das Eis wuchs jeden Tag an… Da unser Platz wenigstens nicht unsicher war, rundum eingeklemmt vom Eis, beschlossen wir, die Arbeit einzustellen und da zu bleiben, wo wir waren. Die Zusammenfassung des Oktobers behandelt nur Arbeit. Den ganzen Monat lang waren wir damit beschäftigt, den Fortschritt einer Schildkröte zu erzielen. Das

Sheriff Harbour

Ergebnis unserer Mühsal waren 300 Meter. Und wir waren nicht einmal da, wo wir hinwollten. Ich glaube, einige rechneten nach, wie viele Jahrhunderte bei diesem Tempo für die Durchfahrung der Nordwestpassage erforderlich sein würden.«

WINTER 1830/31 JOURNAL DER LANGWEILE

Ross nennt den Ort der zweiten Überwinterung Sheriff Harbour. Die Vorbereitungen für den Winter hat Ross schon einmal beschrieben. So widmet er ihnen diesmal nur wenige Zeilen:

»21. November. Wenn das Journal der Woche so mager ist, gibt es auch nichts Neues vom Sonntag zu melden… 26. November. Die beiden letzten Tage waren uninteressant und ohne Abwechslung.«

Ross ist besorgt, weil die Inuit nicht auftauchen.

»29. November. Wir erwarteten frische Nahrung von ihnen. Bei einem Spaziergang sah ich weder Tiere noch Spuren.«

ERKENNTNISSE REIFEN

*»1. Dezember. Ein vernünftiger Philosoph käme zu der Erkenntnis, daß allein die Eskimos hier das wahre Geheimnis des Glücks und die vernünftige Kunst zu leben kennen… Der Eskimo ißt nur, um zu schlafen und schläft nur, um zu essen. Die Anpassung ist vollständig, das Glück absolut. Wären wir besser erzogen, täten wir es ihnen gleich. Aber wir waren nicht in unserem Element, weder philosophisch noch geographisch…
6. Dezember. Am sechsten geschah nichts, worüber ein Wort zu verlieren wäre. Zu viele Eintragungen gelten der Arbeit, die langweilig ist, und dem Wetter, das nichts Neues bringt.«*

Viele Tage faßt Ross nur noch mit einer Zeile zusammen.

*»14. Dezember. Am Dienstag gab es keinen Wechsel bei der Wiederholung unserer Tätigkeiten und Vergnügungen. 7. Januar. Die Beschäftigungen waren gleichförmig…
15. Januar. Eine langweilige Woche ging zu Ende, Wetter und Temperatur änderten sich nicht… 28. Februar. Die Zusammenfassung des Monats ist noch öder als üblich. Er war sehr kalt, besonders am Ende… Da wir die Eskimos noch nicht gesehen hatten, gaben wir die Hoffnung auf, sie vor Mai wiederzusehen.«*

Auch der März 1831 war kälter als der des Vorjahres.

*»31. März. Im Vorjahr lief an manchen Tagen schon das Wasser in Strömen. Unsere Aussichten waren nicht günstig, die Hoffnungen der Männer gedämpft. Aber alle waren gesund. Niemand stand auf der Krankenliste, und es gab keine Anzeichen von Skorbut. Neben vielen Füchsen wurden zwölf Schneehasen erlegt. Unsere Enttäuschung über das Ausbleiben der Eskimos nahm täglich zu…
5. April. Im letzten Jahr hatte an diesem Tag unsere Reisetätigkeit begonnen. Jetzt sahen die Dinge anders aus. Wir konnten ohne die Hilfe der Eingeborenen und ihrer Hunde schlecht auskommen.«*

DIE INUIT UND DIE UTOPIE

Am 21. April ist J. C. Ross schon unterwegs, als die ersten Inuit das Schiff besuchen. Schon am nächsten Tag handelt John Ross 180 Pfund Fisch gegen zwei Messer ein. Die Aussichten der Engländer haben sich bedeutend verbessert. Ross ist durchaus dankbar. Als er erfährt, eine Witwe mit fünf Kindern habe problemlos einen neuen Mann gefunden, gerät er in Entzücken:

»Das ist der Zustand der Utopie, wenn die Mutter von fünf Kindern als die beste aller Frauen gilt und unter den jungen Männern ihre Wahl treffen kann. Es ist mehr als utopisch, wenn Population als Reichtum gilt und nicht als Armut… Laßt die Weisen weiserer

Länder hierher fahren und von der Weisheit dieser Wilden lernen, die sich in Seehundhaut kleiden, Öl trinken und den Fisch roh essen.«

Zu schade, daß die philosophischen Reflexionen der Inuit über den frauenlosen Zustand der angereisten Schiffsgesellschaft nicht überliefert sind.

REISEN OHNE INUIT

J. C. Ross unternimmt die erste Schlittenexpedition in den Norden ohne Inuit-Führer. Er versäumt es, die Gründe mitzuteilen.

»Es war bedauerlich, daß wir von den Eskimos keine Hilfe mehr erhielten, die uns so wesentliche Dienste geleistet hatten, mit ihren Schlitten und Hunden, mit ihrer Leichtigkeit und Erfahrung beim Bau unserer Behelfsheime.«

J. C. Ross erkundet die Küste bis 70 Grad 42 Minuten Nord, ohne eine Passage zu finden. Es gibt auch, wie gesagt, nur eine Westdurchfahrt, nämlich die Bellot Strait bei 72 Grad Nord, die Ross übersehen hatte. Am 27. April muß Ross umkehren, zumal der Mate Taylor mit entzündeten Frostbeulen an den Füßen nicht mehr laufen kann. Ohne die Inuit hatten sich Fehler und Umwege gehäuft.

SCHLITTEN AUS WASSER

Bei der nächsten Expedition nach Westen sind streckenweise ganze Familien mit von der Partie. Die Engländer können unterwegs eine weitere Probe der Inuittechnologie studieren: den Guß von Schlitten aus Süßwasser.

»Er hatte die Gestalt eines gewöhnlichen Schlittens, aber er war ganz aus Eis, die Kufen und alles andere. Er war durchsichtig, wie ein Schlitten aus Kristall.«

MAGERE BILANZ

Captain Ross kehrt Ende Mai zum Schiff zurück, während J. C. Ross erneut King William Island aufsucht. Die Bilanz des Monats fällt knapp aus. Keine Durchfahrt im Norden, wenig Wild, Mate Taylor auf der Krankenliste:

»Der Krankenbericht war nicht erfreulich, aber es gab keine Bedrohung durch Skorbut, und dazu hatten die Fischlieferungen der Eingeborenen wesentlich beigetragen.«

GOTTES WORT OHNE WIRKUNG

Ross lädt einige Inuit in seine Kabine ein und liest ihnen aus einer grönländischen Inuit-Bibel vor.

»Sie schienen es zu verstehen, was ich kaum erwartet hatte. Sie hörten aufmerksam zu und verbesserten meine Aussprache...«

Ross bedauert es sehr, keine besondere Wirkung des biblischen Wortes beobachten zu können. Er sieht keine Anzeichen von Religion, räumt aber ein:

»Ohne Zweifel haben sie in gewissen Grenzen ein moralisches Gesetz in ihr Herz geschrieben, wie viele Merkmale ihres Verhaltens zeigen.«

Eine Moral ohne strafenden Gott und Priesterschaft, begleitet von zivilem Verhalten ohne geschriebenes Gesetz und Polizei, das könnte man doch nun wirklich für die reine Utopie halten. Aber hier gerät Ross nicht ins Schwärmen. Ohne Gott und Polizei, das war nun doch zuwenig.

PYRAMIDE AM MAGNETPOL

Die Hoffnung, als Entdecker der Nordwestpassage in die Ruhmeshalle der Nation einzugehen, war dahin. Dafür reist J. C. Ross zum magnetischen Nordpol an der Westküste von Boothia Felix. Man nahm an Hand der Kompaßabweichungen an, daß sich der Pol im Jahr 1829 auf 70 Grad Nord und 98 Grad und 30 Minuten West befinden müsse. Ross war auf seiner Schlittenreise im Vorjahr diesem Punkt auf 17 Kilometer nahe gekommen, führte aber keinen geeigneten Kompaß mit sich. Da auf dem magnetischem Nordpol die Feldlinien eben genau senkrecht auf der Erdoberfläche stehen, zeigt auch die Magnetnadel nach unten. Es bedarf also einer vertikalen Aufhängung. Am 1. Juni 1831 notiert J. C. Ross:

»Die Neigung meiner Nadel betrug 89 Grad und 59 Minuten, wich also eine Minute von der Senkrechten ab.«

Am Magnetpol

Ross meint, dies sei genau genug, und recht hatte er. Das Magnetfeld der Erde wandert ohnehin ständig umher, auch täglich. Aber der Mensch braucht Fixpunkte:

»Ich teilte den Leuten dieses lohnende Ergebnis unserer gemeinsamen Bemühungen mit. Während wir uns noch gegenseitig gratulierten, stellten wir die britische Fahne auf und nahmen den magnetischen Nordpol in Besitz, im Namen Großbritanniens und König Williams IV. Es gab genug Baumaterial in Form von Kalksteinen, die den Strand bedeckten. Wir bauten ein Steinmal von einiger Größe, unter das wir einen Kanister begruben, der einen Bericht über die wichtigsten Fakten enthielt. Wir bedauerten, nicht über die Mittel für eine bedeutendere Pyramide zu verfügen, die stark genug gewesen wäre, den Attacken der Zeit und der Inuit zu widerstehen. Eine Pyramide, so groß wie die des Cheops, hätte vielleicht gerade unseren Ehrgeiz befriedigt, so erregt waren unsere Gefühle.«

Die Mühe war vergeblich. Wir haben lange nach der Pyramide gesucht, wie vor uns andere auch. Die Attacken der Zeit waren also tatsächlich stärker. Und der Magnetpol ist inzwischen fast 800 Kilometer nach Norden gewandert. Zur Zeit liegt er mitten im Packeis und wird gelegentlich von wohlhabenden »Abenteurern« aufgesucht.

DAS PUBLIKUM WILL MYSTERIEN

J. C. Ross räumt selbst ein, daß er mit seinen Geräten am Pol keine neuen Erkenntnisse über das Magnetfeld der Erde gewinnen konnte. Aber darauf kam es auch nicht an. Zum ersten Mal war einer der Pole erreicht worden, und das war im aufblühenden Entdeckerkult ein ritueller Markstein. John Ross rät durchaus zu einer nüchternen Betrachtungsweise, wohlwissend, daß ihm das breite Publikum nicht folgen wird:

»Der wissenschaftlich gebildete Leser hat es lange bemerkt: Die populäre Redeweise gibt der Reise das Verdienst, die Fahne genau auf dem Punkt, auf dem Gipfel jenes geheimnisvollen Pols errichtet zu haben, den sie wohl als sichtbare und anfaßbare Realität ansieht. Sie kann sich jetzt berichtigen, wenn es beliebt... Aber gerade der Unsinn dieses Glaubens weckt ein Interesse an der Sache, welches die nüchterne Wahrheit nicht vermocht hätte.«

MÜHSAME VERTEILUNG DER VERDIENSTE

Am 13. Juni ist J. C. Ross wieder auf der Victory, und Kapitän John Ross widmet nun der »Entdeckung« drei Seiten. Er nennt den Neffen einen »energischen und philosophischen Offizier«, der natürlich nicht genau auf der Stelle gewesen sein konnte, erinnert an vorangegangene gemeinsame Messungen mit den Magnetnadeln, und hält fest, der Pol sei von Anfang ein wichtiges gemeinsames Ziel gewesen. Aber leider habe er die letzten 30 Meilen nicht dabei sein können, weil er woanders gebraucht wurde.

Landnahme

»Wir zogen es mit Tauen an Land.«

»Der Schlußstein unserer Bemühungen wurde durch jenen Trupp gelegt, der hauptsächlich aus den Mates Blanky und Abernethy und meinem erfolgreichen Neffen bestand. Der Himmel verbietet, sie ihrer Verdienste zu berauben...«,

erklärt John Ross scheinheilig, um dann sehr deutlich zu werden:

»Es muß historisch daran erinnert und berichtet werden, daß es das Schiff Victory war, unter dem Kommando von Captain John Ross, das den magnetischen Nordpol im Jahr 1831 markierte, und daß dieses Schiff von einem Mann ausgerüstet wurde, den ich nun Sir Felix Booth nennen kann.«

Die Inuit-Helfer werden bei der Verteilung der Entdeckungsmeriten nicht bedacht. Zu Recht. Das Land, genauer, ihr Land, war ihnen ja vertraut, für sie gab es nichts zu entdecken. Als ein Arktisforscher den Einheimischen stolz erzählte, er habe einen Fluß gefunden, sollen sie geantwortet haben: »Oh, wir wußten gar nicht, daß wir ihn verloren hatten.«

SEGELFERTIG

Die frohe Botschaft von der Auffindung des Pols konnte erst in der Heimat ihre volle Wirkung entfalten. Am 30. Juni ist die Victory segelfertig, aber das Eis weicht nicht von der Stelle. Die Inuit bringen wieder Fisch, den ganzen Juli lang.

»13. Juli. Wir waren noch immer eingefroren... 3. August. Das Eis gab am Schiff etwas nach und wir kamen um eine halbe Länge vorwärts... 6. August. Vom Land aus wurde im Nordosten zum ersten Mal eine Bewegung im Eis gesehen... 8. August. Das Eis war sichtbar in Bewegung, öffnete sich aber kaum... 12. August. Keine Änderung... Der Wunsch nach Beschäftigung machte uns krank, der Wunsch nach Abwechslung, nach geistiger Anstrengung, nach Gedanken, nach Gesellschaft. Heute war wie gestern, und wie es heute ist, wird es morgen sein... Ist es da ein Wunder, daß uns sogar die Besuche von Barbaren willkommen waren...«

Ross widmet den »Barbaren« einen weiteren Exkurs, in dem er sich wundert, daß die Inuit ihre Hunde nicht lieben, sondern schlecht behandeln und füttern.

»Aber ich sollte sie dafür nicht tadeln. England behandelt seine Pferde auch nicht viel besser...«

Ross hat genug Zeit, um zu fabulieren.

»15. August. Das Eis war in Bewegung, die Öffnung hatte sich wieder gefüllt...
21. August. Das Eis verschob sich am Sonntag, es war um das Schiff aufgelockert, aber es kam wieder in die Bucht und füllte sie wieder...
25. August. Oh möge ein Feuer diese hartnäckigen Massen schmelzen, war unser stündlicher Wunsch, auch wenn es die ganze Umgebung verbrennen würde...«

BEFREIT...

Am 28. August kommt kurzfristig Hoffnung auf.

»Das Eis trieb aus der Bucht... Wir setzten Segel, aber die Besan-Spiere riß los, so daß wir einen Eisberg nicht umschiffen konnten, der auf Grund lag. Daher lief das Schiff selbst auf Grund. Wir zogen es mit Tauen zum Strand. Der Boden war unbeschädigt, aber ein Rudereisen war gebrochen. 29. August. Das Ruder war repariert, ein kräftiger Wind kam von Westen, so wie wir es wünschten. Nach vielen Zweifeln und Ängsten fühlten wir uns befreit, aber nicht frei.«

Sie schaffen ein paar Meilen. Um neun Uhr drückt der Wind die Victory gegen die Felsküste.

»Daher wurde ein Boot mit Ketten an Land geschickt, um das Schiff an Felsen festzumachen. Während wir zogen, glitt die Kette ab, und wir mußten den Anker in 40 Meter Tiefe zurücklassen.«

UND ZEHN MEILEN WEITER GEFANGEN

Wieder gelingt es ihnen, im letzten Moment eine schützende Bucht zu erreichen.

»Wir waren Gefangene. Obwohl niemand richtig krank war und niemand Skorbut hatte, war der Gesundheitszustand der Mannschaft nicht mehr das, was er einmal war. Daß es ein stumpfsinniger Monat war, ist kaum erwähnenswert.«

14 Tage lang weicht das Eis draußen nicht, und das Eis in der Bucht drückt das Schiff gelegentlich auf die Seite.

»14. September. Das Neueis war dick genug, um darauf Schlittschuh zu laufen. Ein Vergnügen, auf das wir gerne verzichtet hätten... Gibt es jemanden, der den Anblick von Eis und Schnee liebt? Ich habe es schon immer bezweifelt. Jetzt bin ich sicher.«

Drei lange Seiten nörgelt Ross über die angeblichen Schönheiten und Vergnügungen des Winters. Was soll er sonst auch schreiben.

»18. und 19. September. Der Sonntag bedarf keines Berichtes. Auch der Montag liefert nichts, außer daß wir das Neueis vor dem Schiff aussägten... 22. September. Die See draußen war mit schweren Massen dieses endlosen Materials bedeckt.«

DIE LETZTE FAHRT DER VICTORY

Am 23. September bringen sie das Schiff bis zum Eisrand, in der Hoffnung, am nächsten Tag entweichen zu können.

»Es sollte nicht so sein. Da war nur die übliche Hoffnung, und das war alles... 27. September. Wir hatten klares Wetter und waren uns nun wenigstens sicher, daß das Eis so dicht gepackt war, wie nur möglich. Es ist ein Gewinn im Leben, nicht mehr von Hoffnung belästigt zu werden... Die schlimmste Aussicht lag in der Zukunft. Es sah aus, als käme das Schiff nie mehr frei, als müßten wir es verlassen, mit allem, was sich an Bord befindet... Unsere Männer waren betrübt. Sie hatten sich auf die Löhne von drei Jahren gefreut, das Zusammensein mit der Familie und Freunden in London. Ihre Depressionen waren entsprechend.«

Der einzige Ausweg: Die Victory aufgeben.

Victory Harbour

»Vor uns gab es noch die Vorräte am Fury Beach, und da gab es Boote, mit denen wir Walfänger in der Davis Strait erreichen konnten oder dänische Siedlungen in Grönland.«

Ross nennt den Ort der dritten Überwinterung Victory Harbour, weil es der letzte Hafen der Victory ist. Vom Schiff ist heute nichts mehr sichtbar, jedenfalls von oben nicht. Da es keinen Kiesstrand gab und das Eis schon zu dünn war, konnten wir nicht landen.

DIE SCHWÄCHE KOMMT

Das Schiff wird nun zum dritten Mal winterfest gemacht. Und zum ersten Mal müssen die Rationen gekürzt werden.

»30. November. Die Zuteilungen an Brot und Pökelfleisch wurden reduziert... Sechs Leute waren leicht von Skorbut befallen, was mit Zitronensaft behandelt wurde... 31. Dezember. Die Männer hatten sehr viel Kraft verloren, aber der Skorbut konnte in Schach gehalten werden. Nur ein Mann, Dixon, zeigte Komplikationen. Er würde nicht mehr lange leben.«

INUIT SCHLECHT BEHANDELT – UND DIE FOLGEN

Die Inuit tauchen nicht mehr auf, und es fehlt daher an Frischfleisch. Sie waren nicht weit weg, warum kamen sie nicht? Nach den Bekundungen von Ross waren sie immer gut behandelt worden. Der Steward William Light meldet dagegen, Ross habe sich undankbar verhalten, nachdem er von den Inuit alles bekommen hatte, was er brauchte:

»Dann wurden sie einer unfreundlichen und unzivilisierten Behandlung unterzogen, die schließlich zur schieren Grausamkeit und Unmenschlichkeit degenerierte.«

Light hatte Gründe, Ross nicht zu mögen, weil er ein schlechtes Zeugnis von ihm bekam. Aber ganz aus der Luft gegriffen ist seine Darstellung sicher nicht. Damit wäre auch geklärt, warum die Inuit nicht mehr zum Schiff kamen. Das war besonders schlimm für die Kranken. Dixon starb am 10. Januar 1832. Ross würdigt seine Beerdigung mit einer Zeile. Er hat andere Sorgen:

»31. Januar. Alle waren sehr geschwächt. Es gab viel Leiden ohne bestimmte Krankheiten. Eine alte Wunde auf der Seite war bei mir aufgebrochen und blutete. Ich wußte, daß es ein Zeichen von Skorbut war. Alle waren natürlich sehr besorgt... 29. Februar. Die Dicke des Eises um das Schiff herum machte jede Hoffnung auf Befreiung unmöglich... Der Zimmermann hatte die Schlitten für die Beiboote fertiggestellt und baute nun Schlitten für den Proviant.... 30. Februar. Wir hatten jetzt einen Blinden in der Mannschaft, und der Mate Taylor war so lahm, daß er kaum laufen konnte. Dazu kamen drei Mann mit sehr mäßiger Gesundheit. Und niemand war so stark wie im vergangenen Jahr.«

QUALVOLLER MARSCH

Ross läßt wieder die vollen Rationen austeilen. Er rechnet mit den Vorräten auf Fury Beach, rund 300 Kilometer Luftlinie weiter im Norden. Zu bewältigen waren mindestens 350 Kilometer, mit zwei Booten und dem gesamten Proviant. Aber viele Strecken mußten mehrfach zurückgelegt werden.

»23. April 1832. Wir brachen um neun Uhr auf und erreichten das nächste Boot, das bereits vier Meilen nach Norden getragen worden war. Wir zogen es zum nächsten Boot, das zwei Meilen weiter lag. Die Gewichte wurden gleichmäßig verteilt, und wir drangen mit großer Mühsal und mit großen Schwierigkeiten weiter vor. Wir mußten durch zerklüftetes Eis, so daß wir auf die Dauer nur ein Boot tragen konnten, und dann zurückkehrten, um das andere zu holen. Auf diese Weise machten wir in fünf Stunden nur eine Meile gut.«

»Eine Meile in fünf Stunden.«

ZURÜCK ZUR VICTORY

Am nächsten Tag schaffen sie bei besserem Eis zehn Kilometer. Da ihre Zelte nicht heizbar sind, schlafen sie bei 43 Grad minus, das Fleisch tauen sie im Kakao auf, weil sie Brennstoff sparen müssen. Immer wieder tragen sie Schlitten und Boote über Land, um den Weg abzukürzen oder rauhes Eis zu umgehen. Am 28. April wird der Gegenwind so stark, daß sie die Boote deponieren und lieber zum Schiff zurückkehren. Am 30. April notiert Ross:

»Das ganze Ergebnis unserer Reise war, daß wir 110 Meilen gelaufen waren, und dabei nur 18 Meilen gutgemacht hatten.«

Am 4. Mai geht es wieder los, mit weiteren Proviantschlitten. Am 11. Mai graben sie die deponierten Schlitten und Boote aus dem Schnee. Am 31. Mai haben sie 600 Kilometer zurückgelegt und 50 Kilometer Luftlinie gewonnen. Noch einmal kehren sie zur Victory zurück, um Proviant zu holen. Dann folgt der Abschied:

»Die Fahnen wurden aufgezogen und am Mast festgenagelt. Wir tranken einen Abschiedsschluck auf unser armes Schiff. Es war wie der letzte Abschied von einem alten Freund.«

WARUM DIE BOOTE?

Ross ließ die beiden Boote mitschleppen, obwohl auf Fury Beach genug Boote vorhanden waren. Warum er die Mannschaft der Plackerei unterzog, ist nicht klar, vor allem der Mannschaft nicht.

SYMPTOME EINER MEUTEREI

Die Matrosen sind am Ende ihrer Kräfte, wie Ross selbst durchblicken läßt:

»Obwohl unsere Mannschaft kaum zur Arbeit fähig war, mußten sich alle, sogar der Blinde und der Lahme, in einer Weise einsetzen, die Mut machte und hoffen ließ. Das Eis war in einem unglaublich schlimmen Zustand.«

Ross hofft vergeblich, er ist offensichtlich zu weit gegangen.

»3. Juni. Die Männer schienen sehr müde. Der Mate Blanky, als ihr Abgesandter, gab ihren Wunsch zu verstehen, die Boote und unnötigen Proviant zurückzulassen und sich direkt zum Fury Point zu begeben. Ich hatte etwas in dieser Art erwartet, wollte aber unsere Ressourcen nicht an einem Ort zurücklassen, zu dem man unmöglich zurückkehren konnte. Daher lehnte ich nicht nur ab, sondern befahl ihnen weiterzumachen, und zwar in einer Weise, die nur schwer mißzuverstehen war, mit einem Argument, das völlig unbestreitbar war. Zuvor hatte ich den Abgesandten für die Ungehörigkeit seines Benehmens gerügt. Es war das erste Symptom, das einer Meuterei nahe kam.«

ROSS LENKT EIN

Das unbestreitbare Argument war wohl, daß er das Kommando hatte. Kurz darauf hatte er andere:

»9. Juni. Wir erstiegen einen Berg, um den Zustand des Eises zu erkunden. Er war so extrem schlecht, daß wir die Unmöglichkeit erkannten, die Boote noch weiter zu tragen. Sie waren jetzt auch in Reichweite, falls wir zurückkehren mußten.«

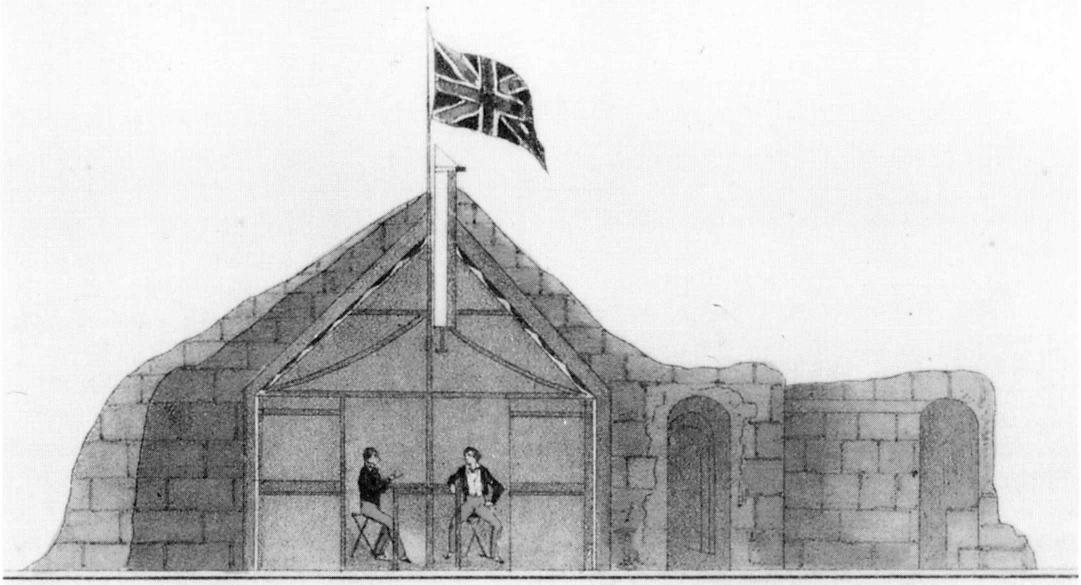

LATITUDE 72° 46'. 46." N. LONGITUDE. 91° 47.' W.

SOMERSET HOUSE.

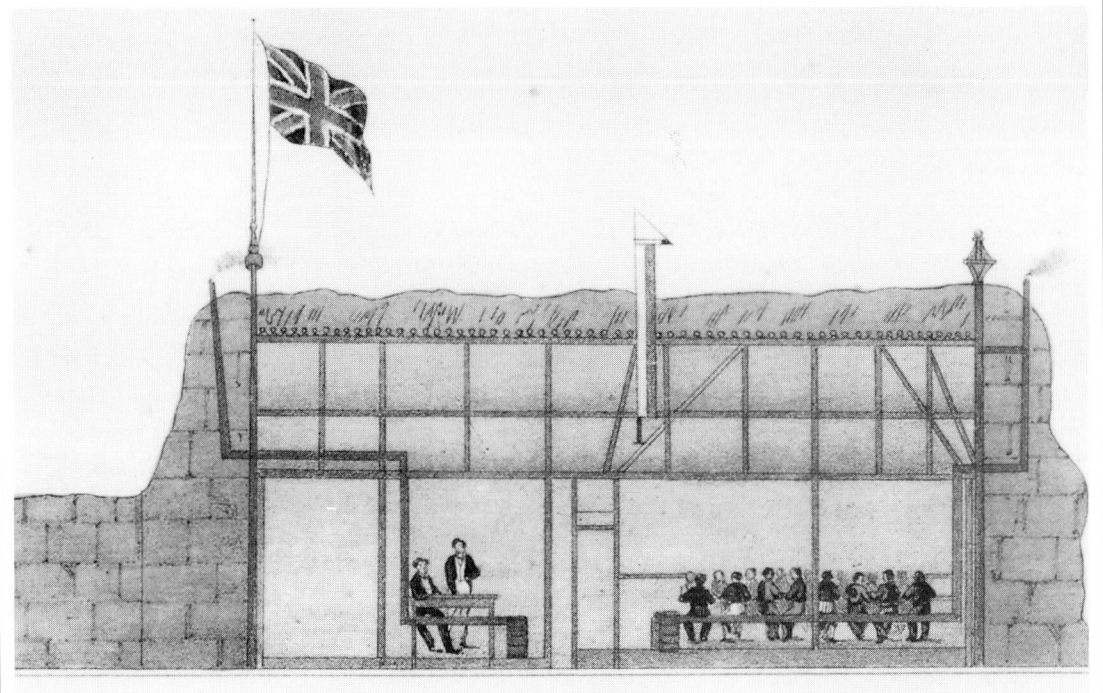

Trautes Heim auf Fury Beach.

Seit der »Meuterei« hatten sie die Boote höchstens vier Meilen weiter geschleppt. Ross hatte also nur ein paar Tage länger für die richtige Entscheidung gebraucht als die geplagte Mannschaft. J. C. Ross bricht nun mit zwei Mann und leichtem Gepäck auf, um den Weg nach Fury Beach zu erkunden. Die anderen folgen mit drei schwer beladenen Schlitten. Sie werden durch die Erkrankung des Bordarztes und durch Stürme aufgehalten. Aber an guten Tagen schaffen sie 20 Kilometer.

PASSAGE ERNEUT ÜBERSEHEN

Am 23. Juni untersucht John Ross die Brentford Bay, die in die Bellot Strait mündet, das heißt, in die gesuchte Passage nach Westen.

»Vor der Überquerung des Meeresarms zogen wir es vor, auf dem Eis zu schlafen. Um sechs Uhr morgens ließ ich die Männer ruhen und machte mich daran, den Meeresarm zu erkunden. Nach den üblichen Messungen und Beobachtungen hielt ich Form und Ausdehnung fest. Ich stellte fest, daß das Ende in einen großen Fluß überging, und es daher hier keine Öffnung, keine Passage zum Westmeer gab.«

Ob Ross die Bellot Strait für diesen Fluß hielt, oder ob er sie einfach übersah, geht aus seinem Bericht nicht hervor. Er muß ihr aber recht nahe gekommen sein, näher als beim ersten Mal. Auf der Suche nach Franklin wurde die Bellot Strait von William Kennedy und Joseph Bellot im Jahr 1852 kartiert, also 20 Jahre später. Wie John Ross auf diese Nachricht reagierte, konnte ich nicht ermitteln. Die Entschiedenheit ist schon bemerkenswert, mit der er mehrfach übersah, was er sich zum Lebensziel gemacht hatte.

ZU HAUSE AUF FURY BEACH

Am 1. Juli sind sie da:

»Es war ein Gefühl von Zuhause, und das war schon etwas. Es war das Heim von uns allen, weil es einmal unser Vorratshaus war.«

Auf Fury Beach gibt es etwas zu filmen, hatte Duncan uns gesagt, und dort kann man auch mit einer Twin Otter landen. Am 4. Juli 1991 sind wir da... und sehen nichts. Dichter Nebel umlagert den Fury Beach. Duncan setzt sechs oder sieben Mal zur Landung an. Der Kummer ist groß. Aber wenn Duncan nicht landet, dann kann man eben nicht landen. Gänzlich anderer Natur sind die Probleme auf Fury Beach im Juli 1833. Einige Boote sind beschädigt und Ross läßt sie sofort instand setzen. Er will auf keinen Fall eine vierte Überwinterung riskieren. Ihr Leben ist dank der Vorräte der Fury wieder etwas komfortabler geworden.

»Das Haus, das wir nun bezogen, war in zwei Räume aufgeteilt. Einer für die Mannschaft, der andere mit vier kleinen Kabinen für die Offiziere.«

Wieder werden die Eintragungen knapper.

»22. – 31. Juli. Über den Rest des Monats sind keine Details für das Journal nötig. Unsere Arbeit war eintönig und bestand in der Vorbereitung der Boote und Nahrungsmittel. Die gelegentliche Erlegung von Seevögeln bildete die einzige Abwechslung in unserem monotonen Leben. Eine leichte Brechung des Eises sollte indessen am 29. vermerkt werden. Sie nahm in den folgenden Tagen zu.«

Fury Beach

HEIMREISE – DRITTER VERSUCH

Am 1. August bricht das Eis plötzlich auf.

»Die Boote wurden mit Proviant bis zum 1. Oktober ausgerüstet, neben Bettzeug und anderen nötigen Dingen. Jedes trug sieben Männer, mit einem Offizier.«

Nach 14 Kilometern zwingt sie das Treibeis, die Boote an Land zu ziehen.

»Es war keine Minute zu früh. Das Eis drückte gleich darauf nach, und zwei Schollen zerbrachen nahe bei uns mit heftigem Krachen.«

Am nächsten Tag zwingt sie das Eis, die Boote noch weiter an Land zu ziehen. Und auch von oben droht Gefahr. Der Regen löst auf den Steilfelsen über ihnen Steine. Ein Boot erhält einen Treffer. Als das Bombardement lebensbedrohlich wird, ziehen sie unter großen Mühen um. Fünf Kilometer weiter zwingt sie das Eis erneut an den Strand.

»Wir wurden fast genauso von fallenden Steinen belästigt wie in unserer vorherigen Position. Am 8. August bedrohte uns das Eis sogar am Strand, so stark war der Druck.«

Am. 29. August hatten sie sich bis zur Nordostecke von Somerset Island durchgekämpft. 26 Tage lang beobachten sie das Eis in der Barrow Strait und im Lancaster Sound. Der tägliche Report: Massives Packeis von einem Ende zum anderen. Sie warten und frieren in den dünnen Zelten.

»Am 24. September waren sich alle einig, daß jede Hoffnung am Ende war, und daß uns nichts anderes übrig blieb, als zum Fury Beach zurückzukehren.«

HEIM NACH FURY BEACH

»25. September. Am Nachmittag segelten wir mit einer frischen Brise ›nach Hause‹. Der Kanal zwischen Eis und Küste war so eng, daß die Boote nur einzeln passieren konnten. Um sechs Uhr erreichten wir unsere alte Position in der Elwin Bay. Wir konnten nicht an Land und mußten in den Booten schlafen, die in einer Wasserrinne lagen. Die Nacht war rauh und unangenehm, mit viel Schnee. Am nächsten Morgen versuchten wir die Bucht zu überqueren, wurden aber von den Eisschollen eingeschlossen. Gegen Mittag mußten wir die Zelte auf dem Eis aufschlagen. Um sechs Uhr morgens fiel das Thermometer auf 17 Grad minus... 27. September. Wir blieben Gefangene... 28. September. Das Eis lockerte sich auf und wir fuhren los, kamen aber im dichten Eis kaum voran. Eine steife Brise kam so schnell auf, daß wir mittags die Segel einzogen und auf dem Küsteneis Zuflucht suchen mußten. Unglücklicherweise lagen wir unter dem bisher schlimmsten Steilhang, mit nur zwei Meter Strand und 150 Meter hohen Felsen über uns.«

Einen Tag lang müssen sie aushalten, dann können sie auf einen sicheren Strand in der Nähe umziehen und die Boote an Land ziehen. Ross zieht Bilanz:

»Dieser Monat verging in größerer Sorge als alle anderen, er war eine Periode von häufigeren und ärgerlicheren Enttäuschungen. Aber wir fanden auch eine Beschäftigung für unseren Verstand, die uns wenigstens von den düsteren Aussichten und den quälenden Schwierigkeiten ablenkte. Sie bestand aus Diskussionen unter uns, die wir zwar schon öfter geführt hatten, aber die natürlich nun hartnäckiger und energischer wurden. Manchmal waren sie auch eine Quelle von Vergnügen, die einzige, die wir hatten.«

DIE LAGE IST ERNST

Im Zelt von J. C. Ross, so teilt John mit, war die optimistische Partei zu Hause. Im Zelt von Mr. Thom herrschte eher Pessimismus, und bei John Ross waren die Ansichten geteilt. Kurz darauf notiert er:

»Die Lage ist nicht einfach nur kritisch, sie ist ernst.«

Ihr Proviant reichte bei halben Rationen noch für fünf Tage. Und das bei zunehmender Kälte.

»Wir litten mehr unter der Kälte als je zuvor. Wir hatten nicht die übliche Menge von Kleidern und Segeltuch mitführen können... Es gab Gründe, die Folgen der reduzierten Portionen für die Mannschaft zu fürchten, nicht nur für ihre Gesundheit und Kraft, sondern für ihr Leben. Wir hatten schon alle darunter gelitten, aber diesmal wurden unheilbare Leiden täglich wahrscheinlicher.«

Am 1. Oktober ziehen sie die Boote über die Hochwassermarke.

»Es gab keine Hoffnung mehr, sie nach Fury Beach zurückzubringen... Wir machten uns mit den Schlitten auf den Weg. Die Schwierigkeiten waren fast unüberwindlich. Wir kamen ganze vier Meilen weiter. Der tiefe und lose Neuschnee machte den Weg fast unpassierbar. Als wäre das nicht genug, konnte unser lahmer Mann Taylor weder auf seinen Krücken laufen noch auf den Schlitten fahren, da diese im rauhen Eis ständig umstürzten. Irgendwie erreichten wir einen schlechten Schlafplatz um sieben. Es war schon dunkel, und das Thermometer stand auf 17 Grad minus.«

ZU HAUSE

Am 7. Oktober sind sie wieder auf Fury Beach.

»Der Sonntagmorgen sah uns noch ein paar Stunden an der Arbeit. Als sie vorbei war, erreichten wir unser Haus, Somerset House, um drei Uhr. Unsere Mühsal war zu Ende, und wir waren wieder einmal daheim.«

Noch müssen Proviant, Schlitten, Zelte und ein Ofen geholt werden, die sie unterwegs hatten liegenlassen. Noch muß das Haus winterfest gemacht werden. Aber ein eisiger Sturm verhindert jeden Aufenthalt im Freien, und sie drängen sich tagelang um den einen Ofen, den sie noch haben. Am 23. Oktober ist der zweite Ofen da, und ein Schneewall schützt das Haus. Sie sind für den vierten Winter gerüstet.

DIE RELATIVITÄT DES GLÜCKS

Ross ist wieder ganz zufrieden und dankt Gott für eine Serie von Mißgeschicken, die sich nun als Glücksfälle herausstellen:

»Zuerst möchte ich den Verlust der Fury aufzählen, durch diesen Vorfall blieben die Vorräte hier. Weiter die Meuterei der Mannschaft der John. Denn das Schiff sollte die Vorräte von Fury Beach nach England bringen. Drittens die Maschinenkessel, ohne die wir wohl so weit vorgedrungen wären, daß eine Rückkehr nicht mehr möglich gewesen wäre.«

Die Inventur der Lebensmittel ergibt:

»Mehl, Zucker, Suppen, Erbsen, Gemüse, Eingelegtes und Zitronensaft gab es im Überfluß. Bedauerlich war, daß die Fleischkonserven gerade noch für die Bootsreise in der nächsten Saison reichen würde. Zusammen mit einem halben Pfund zusätzlich an Sonntagen und Donnerstagen.«

1832/33 DER VIERTE WINTER

Die Eintragungen des vierten Winters sind noch spärlicher als im Jahr zuvor.

»26. – 31. Dezember. Über das Wetter brauchte man kein Wort zu verlieren, und auch zwischen uns geschah nichts, was einen Tag von dem anderen unterschied oder das Elend der Eintönigkeit linderte.«

Am 15. Februar 1833 stirbt der Zimmermann Chimham Thomas. Bei Temperaturen um 45 Grad unter Null wird die Beerdigung bis zum 22. verschoben.

»Dieser arme Mann war schon seit drei Monaten krank, und sein Fall schien schon lange hoffnungslos, da er an Skorbut und Erschöpfung litt. Es war der erste Fall, der dem Klima und den besonderen Umständen zugeschrieben werden konnte.«

Die Märzbilanz fällt düster aus. Es hatte fast ununterbrochen gestürmt:

»Die Männer waren in den letzten Monaten extrem eingesperrt. Mangelnde Körperübung und Beschäftigung, dazu herabgesetzte Rationen und das unvermeidliche Stimmungstief, welches die öde, melancholische und eintönige Schneewüste erzeugte, das alles setzte vereint unserer Gesundheit erheblich zu. Mr. Thom war krank, meine alten Wunden plagten mich, zwei Matrosen waren so stark an Skorbut erkrankt, daß wir an ihrer Genesung zweifelten... Wir hatten im ganzen Monat nur drei Füchse und zwei Schneehasen erlegt... Wir alle hatten unser elendes Heim satt. Es war uns willkommen, als wir es erreichten, weil es vorher so schlimm war. Es hatte uns aufgenommen, müde, schutzlos und halb verhungert, wie wir waren, und uns etwas Ruhe und Frieden versprochen. Aber das Neue an diesem Gefühl war schon lange abgenutzt, die Tage waren fast ohne Abwechslung oder Merkmal, jeder langweiliger als sein Vorgänger. Sogar die Stürme waren alle gleich in dieser ewigen Gleichheit von Schnee und Eis.«

HUNGER MACHT KEINE DICHTER

»Wer liest, um das Magere zu verurteilen, möge etwas Mitleid mit dem Autor haben, der nichts anderes hatte als seine Magerkeit, seine Wiederholungen, die Wiederholung der Wiederholung, der nur vom Stumpfsinn berichten konnte, und was unendlich schlimmer war, ihn zu erleiden hatte. Man hat gesagt, ich hätte mehr sehen können. Kann sein. Aber ich sah nur Eis und Schnee, Drift und Sturm. Vielleicht hätte ich gesehen, was ich nicht sah, gesehen als Maler, gefühlt als Poet. Kann sein. Aber lassen wir doch den Maler und Poeten hier anreisen und es versuchen. Versuchen, wie weit Kälte und Hunger, Not und Depressionen jene Fähigkeiten fördern, die am besten unter den Annehmlichkeiten des Lebens gedeihen... Unsere ›fecundi calices‹ waren kaltes Schneewasser. Laut Persius läßt der Hunger die Dichter schreiben und Papageien sprechen, aber ich glaube, weder Dichter noch Papagei hätten viel Beredsamkeit entwickelt bei einer Fuchs-Diät, und zwar einer unzureichenden, in den gesegneten Ländern von Boothia Felix.«

HEIMREISE – VIERTER VERSUCH

Am 19. April beginnen sie entlang ihrer Route zu den Booten Depots zu errichten. Und die Jagd beginnt. Ein Eisbär, ein Seehund und fünf Hühner kräftigen die Mannschaft.

»Den Männern ging es besser, außer John Wood, einem der Skorbut-Patienten, dessen Zustand hoffnungslos schien.«

Am 24. Mai wird die erste Ladung am Bootsplatz deponiert, am 27. Mai die letzte. Dann kehren alle in das Haus am Fury Beach zurück. Die Lebensmittel würden bei ⅔ Rationen bis zum ersten Oktober ausreichen. Sie warten.

»Das Journal von diesem Monat ist sehr allgemein, eintönig und langweilig.«

Zwischen dem 11. und 16. Juni werden zwei Dutzend Enten und eine Gans erlegt. Am 30. Juni sind sie damit beschäftigt, Zelte und Vorräte zur zweiten Station zu bringen.

»Sie war nur 30 Meilen entfernt, aber wir mußten 100 Meilen zurücklegen, weil wir immer wieder umkehren mußten, um die restliche Last abzuholen. Wir wurden durch jene behindert, die nicht mehr laufen konnten, aber unglücklicherweise die schwersten waren. Andere konnten gerade noch laufen, aber nicht beim Ziehen der Schlitten behilflich sein.«

UM ZU STERBEN?

In einer Notiz vom 8. Juli erwägt Ross zum ersten Mal einen tödlichen Ausgang der Unternehmung.

»Am Montag war alles bereit. Wir konnten es kaum abwarten, diesen trostlosen Ort zu verlassen, und zwar, wie wir hofften, für immer. Doch unsere Hoffnungen waren mit vielen Befürchtungen vermischt. Es bestanden doch zu starke Zweifel, ob wir nicht gezwungen werden könnten, zurückzukehren. Zur Verzweiflung zurückzukehren und vielleicht, um zu sterben.«

Mühsam schleppen die Gesunden sich, die Ausrüstung, den Proviant und die Kranken durch feuchten Schnee und rauhes Eis. Wieder müssen sie viele Wege mehrfach zurücklegen, weil Gepäck und Kranke nicht auf einer Fuhre bewegt werden können. Sie finden Sauerampfer und können Dutzende von Sommervögeln erlegen. Am 12. Juli sind sie in Batty Bay. Die einen setzen die Boote instand, die anderen jagen. Manchmal gelingen 50 Abschüsse am Tag. In der Monatsbilanz notiert Ross:

»Daß es den Kranken besser ging, war ein tröstlicher Umstand.«

OFFENES WASSER

Sie warten. Die einen jagen, die anderen beobachten vom nächsten Berg aus das Eis. Am 14. August wird ein nach Norden führender Kanal gesichtet. Am 15. sind alle damit beschäftigt, einen Weg durch das am Strand aufgehäufte Eis zu ebnen.

»Bei einer guten westlichen Brise ließen wir die Boote zu Wasser, beluden sie mit den Vorräten und Kranken, und waren um acht Uhr unterwegs.«

Ohne größere Probleme erreichen sie am 17. August offenes Wasser und schaffen über 100 Kilometer.

»Wir waren so an das Eis, seine Launen, seine Wechselfälle gewöhnt, daß es uns wie Magie vorkam. Der massive Ozean, auf den wir so lange gestarrt hatten, als sei er für immer zur Ruhe gekommen, verwandelte sich plötzlich in Wasser, schiffbar, für uns schiffbar, die wir fast vergessen hatten, was es hieß, in Freiheit das Meer zu befahren.«

Sie rudern und segeln entlang der Südküste des Lancaster Sounds nach Westen. An stürmischen Tagen suchen sie schützende Buchten auf und reparieren die Boote. In der Nähe von Navy Bord Inlet ist es endlich soweit:

»26. August. Um vier Uhr morgens, als alles noch schlief, dachte der Wachhabende David Wood, auf offener See ein Segel entdeckt zu haben und informierte Commander Ross. Dieser sah mit Hilfe des Fernglases, daß es tatsächlich ein Schiff war... Es wurde keine Zeit verloren. Die Boote wurden zu Wasser gelassen und feuchtes Pulver als Signal abgebrannt. Um sechs Uhr verließen wir unseren kleinen Hafen. Wir kamen nur langsam voran, weil Flauten sich mit wechselnden Winden ablösten, aber wir näherten uns dem Schiff. Wenn es ruhig geblieben wäre, hätten wir bald anlegen können. Unglücklicherweise kam gerade jetzt eine Brise auf, und es setzte alle Segel für Südosten, und ließ uns zurück... Um zehn Uhr sahen wir ein weiteres Segel...«

UND DOCH KEINE RETTUNG?

»Es war bald deutlich, daß es sich schnell entfernte... Es war der fürchterlichste Augenblick von den bisher erlebten. Ganz in der Nähe waren zwei Schiffe, jedes hätte das Ende unserer Ängste und Mühsal bedeutet, und nun schienen beide unerreichbar. Es war nötig, den Männern Mut zu machen. Daher wurde ihnen versichert, wir könnten mithalten. Da trat zum Glück eine Flaute ein, und wir holten schnell auf... Um elf Uhr wurde ein Boot herabgelassen, das bald an unserm anlegte... Der befehlshabende Mate sprach uns mit der Vermutung an, wir hätten durch ein Unglück

unser Schiff verloren. Nachdem dies bestätigt war, fragte ich nach dem Namen seines Schiffes und sprach den Wunsch aus, an Bord genommen zu werden. Ich bekam die Antwort, es wäre die Isabella aus Hull, früher unter dem Kommando von Captain Ross. Ich sagte nun, daß ich mit diesem identisch sei und meine Leute die Mannschaft der Victory.«

SEIT ZWEI JAHREN TOT

»Daß der Mate so erstaunt war, wie er erschien, daran habe ich keinen Zweifel. Mit der üblichen Dickköpfigkeit von Männern bei solchen Gelegenheiten versicherte er mir, ich sei seit zwei Jahren tot. Ich konnte ihn leicht von der Wahrheit überzeugen… Mit mehr Zeit zum Nachdenken wäre ihm aufgefallen, daß diese bärenähnliche Truppe nicht aus Walfängern bestehen konnte… Ein herzliches Willkommen nach echter Seemannsart folgte… Bei zweihundert Metern wurden wir mit drei ›Hurras‹ begrüßt, und kurz darauf waren wir an Bord meines früheren Schiffes und wurden von Captain Humphreys mit dem herzlichen Willkommen eines Seemanns empfangen.«

ABENTEUER?

Nach vier Überwinterungen hat die Zivilisation sie wieder. Das Wort Abenteuer ist Ross in der realen Not nicht unter die Feder gekommen. Gerettet und im Rückblick dient es sogleich zur Verklärung. So ist der Mensch.

»Alles mußte sofort geschehen, und alles durcheinander. Waschen, anziehen, rasieren, essen, und dabei mußten noch endlose Fragen von allen Seiten gestellt und beantwortet werden, nach den Abenteuern der Victory, unserem Entkommen, der Politik in England… In der Nacht kamen ruhige und ernste Gedanken. Sicher gab es keinen, der nicht seine Dankbarkeit für die Fügung ausdrückte, die uns der unvergeßlichen Verzweiflung enthob, die uns von den Rändern eines nicht fernen Grabes zurückbrachte, zum Leben, zu Freuden, in die Zivilisation.«

DER LOHN DER EINEN UND DER ANDEREN

Am 19. Oktober ist Ross in London und berichtet der Admiralität.

»Am nächsten Morgen war ich veranlaßt, ihrer Majestät in Windsor vorgestellt zu werden. Ich erhielt die Erlaubnis, ihm mein Journal zu widmen und dem magnetischen Pol den Namen ›William IV.‹ zuzufügen.«

Die Offiziere wurden befördert, die Mannschaft von der Admiralität bezahlt, die Witwen und der Blinde entschädigt. Die Heuer der drei Toten wurde nur bis zum Todestag ausgezahlt. Der Koch, der dabei war, eben jener Henry Ayre, erhielt für vier Jahre 165 Pfund und starb kurz nach seiner Heimkehr.

Sir John Franklin

8 WO IST FRANKLIN?

DIE NATION IN GEFAHR

Der Bericht von Ross ließ in England Ernüchterung eintreten. Niemand glaubte mehr ernsthaft an einen praktikablen Wasserweg durch die Arktis nach Asien. Was nützte es, ihn zu finden, wenn er ständig durch Eis blockiert war? Aber das waren Argumente von Krämerseelen. Great Britannia rules the sea. Wie soll man die Meere beherrschen, wenn man einen Teil noch nicht kennt, der sich zum Hohn unter einem Fleck verbirgt, und noch dazu in einer Gegend, die man längst dem eigenen Besitz zurechnete? Der greise John Barrow, der die Öffentlichkeit in dieser Sache schon mehrfach aufgerüttelt hatte, sprach gar vom drohenden nationalen Selbstmord. Im Jahr 1845 wollte auch die Admiralität die drohende Schmach nicht länger riskieren und ernannte Sir John Franklin zum Kommandanten einer weiteren Expedition. Franklin hatte sich in den 30er Jahren durch die Erforschung großer Teile der Nordküste des Kontinents beträchtlichen Ruhm erworben. In seiner letzten Stellung als Gouverneur von Tasmanien war er weder besonders aufgefallen noch sonderlich beliebt. Der neue Auftrag stellte also die letzte Chance für den betagten Franklin dar. Er hatte Order, durch den Lancaster Sound in den arktischen Archipel vorzudringen. Weder er selbst noch einer seiner Offiziere war mit der Seefahrt in dieser Gegend vertraut, außer dem Kapitän der Terror, F. R. M. Crozier, der bereits unter Parry gedient hatte.

SCHEITERN AUSGESCHLOSSEN

Im Mai 1845 stechen die Schiffe Ihrer Majestät Erebus und Terror mit 134 Mann Besatzung in See. Die Nation ist überzeugt, daß Franklin den alten Traum wahrmachen würde. Bis Grönland begleitet sie ein Transportschiff. Besonders gut scheint es um die Gesundheit der Mannschaft nicht gestanden zu haben. Vor Grönland nimmt H.M.S. Rattler einen Kranken auf und die Baretto Junior vier. Die Stimmung hat aber darunter wohl nicht sonderlich gelitten. Ein Offizier des Transportschiffes notiert:

»Sir John Franklin und seine Offiziere waren vom Erfolg überzeugt. Wenn es eine Passage gibt, werden sie alles riskieren, um das Eis zu bezwingen und über den Pazifik nach England zurückkehren, bedeckt mit unvergänglichem Ruhm.«

Weiter nördlich unterhält sich noch einmal der Kapitän eines Walfängers mit Franklin und schreibt:

»Franklin sagte, er habe für fünf Jahre Vorräte an Lebensmitteln.«

Commodore James Fitzjames empfiehlt in seinem letzten Brief, man möge ihm die Post via Petersburg nach Asien schicken, wenn er bis Juni 1846 nicht zurück sei.

Auf der Höhe des Lancaster Sounds wurden am 26. Juli 1845 die beiden Schiffe zum letzten Mal gesehen.

KEINE NACHRICHT AUS CHINA

In den Londoner Gazetten wird ein Jahr später spekuliert, wann die Postschiffe Franklins Ankunft in China oder Indien melden könnten. Die Nachricht bleibt aus, aber man gibt sich gelassen. Ein Mißerfolg gilt noch immer als undenkbar. Für Irritationen sorgt zeitweise das Gerücht, die beiden Schiffe befänden sich in mißlicher Lage noch immer zwischen Grönland und Kanada. Aber genaue Recherchen ergeben: Niemand hat die Schiffe gesehen, weder Walfänger noch die Kundschafter der Hudson Bay Company in der Arktis. So harrt die Nation zuversichtlich auf das Eintreffen besserer Nachrichten.

KEINER HÖRT AUF ROSS

Nur einer macht sich Sorgen: John Ross. Schon im September 1846 schlägt er der Admiralität vor, eine Suchexpedition unter seinem Kommando zu entsenden. Die Behörde lobt seine Motive, lehnt aber dankend ab. Anfang 1847 erneuert Ross das Angebot mit dem dubiosen Hinweis, er hätte das mit Franklin insgeheim vereinbart. Nun holt die Admiralität bei Parry, J. C. Ross und anderen Arktisveteranen Gutachten ein, die aber allesamt negativ ausfallen. John Ross, der sich so oft geirrt hatte, steht allein da. Wie sich zeigen wird, befindet sich die Franklin-Expedition schon 1847 in einer äußerst bedrohlichen Lage. Ross hat also diesmal recht, und keiner hört auf ihn. Aber die Einheitsfront der Optimisten beginnt zu wanken, und in den Gazetten wird das Pro und Kontra einer Rettungsaktion erörtert. Die Verantwortlichen wollen aber bis Anfang 1848 auf neue Nachrichten warten.

Als erster wird John Richardson mit einer Expedition beauftragt. Er hatte Franklin bei der Erkundung der Nordküste des Kontinents begleitet und soll wie damals mit Booten auf Flüssen den arktischen Archipel erreichen. Nun galt es inzwischen nicht nur, die Verschollenen zu finden, sondern auch, sie zu versorgen. Richardson läßt in London eine Mischung aus Fett und Trockenfleisch (Pemmikan) herstellen. Der Einkauf von anderthalb Tonnen bestes Ochsenfleisch läßt an den Märkten die Preise in die Höhe schnellen.

Da auch 1848 keine Nachrichten über den Verbleib Franklins eintreffen, wird die größte Suchaktion aller Zeiten in die Wege geleitet – es wurde auch die längste und kostspieligste.

VON SÜDEN

John Richardson und John Rae erreichen mit 20 Mann im August 1848 auf dem Mackenzie River die Nordküste Amerikas und suchen sie bis zum Coppermine River ab. Doch es gab keine Spuren, und die Inuit hatten nichts gesehen. (Die Verschollenen befanden sich zu diesem Zeitpunkt rund 700 Kilometer nordwestlich vom Coppermine River.) Richardson kehrt 1849 nach London zurück. Rae sucht weiter.

VON WESTEN (I)

Die Herald unter Henry Kellet wird von Panama in die Bering Strait beordert. Die Plover verläßt Plymouth im Januar 1848, umrundet Südamerika und erreicht die Bering Strait im Oktober 1848. Mehrere Vorstöße entlang der Nordküste Alaskas mit Booten nach Osten bleiben in den nächsten Jahren erfolglos. Die Suche vom Pazifik aus war mit der Hoffnung verbunden, Franklin hätte den größten Teil der Passage geschafft.

VON OSTEN (I)

J. C. Ross soll mit der Investigator und der Enterprise der Route von Franklin folgen. (136 Mann, darunter Robert McClure und Francis Leopold McClintock, von denen noch einige Rede sein wird.) Unterwegs im Lancaster Sound suchen sie vergeblich nach einer Botschaft. Am 11. September 1848 frieren die beiden Schiffe in Leopold Harbour im Nordosten von Somerset Island ein. Der Winter wird für die deprimierten Mannschaften zur Qual. J. C. Ross setzt die Erfahrungen früherer Expeditionen nicht um, allein McClure versucht die lethargischen Matrosen zu beschäftigen. Um die Suche im Frühjahr fortsetzen zu können, werden Schlitten gebaut.

TRAGISCHE FEHLER

Am 15. Mai 1849 folgen J. C. Ross und McClintock mit zwölf Mann und zwei Schlitten der Westküste von Somerset Island nach Süden. Da sie vorher entlang ihrer Route keine Depots angelegt haben und die Schlitten Mängel aufweisen, müssen sie bei 72° 38' Nord umkehren – nur 250 Kilometer entfernt von der Stelle, an der im April 1848 die Mannschaften des Franklin-Geschwaders ihre Schiffe verließen. Dieser Sachverhalt wurde aber erst neun Jahre später aufgedeckt. Ob sie noch Überlebende angetroffen hätten, ist unsicher. Von den drei weiteren Schlittenreisen führt eine nach Norden. Aber der Trupp unter Lieutenant Barnard schafft es nicht bis Beechy Island, wo er Spuren der Verschollenen gefunden hätte. Der Enttäuschung folgt Skorbut. Sieben Männer sterben, J. C. Ross und McClure erkranken schwer. Erst am 28. August gibt das Eis die beiden Schiffe frei, aber nach kurzer Fahrt nach Norden werden sie erneut in einem Packeisfeld eingeschlossen. Ob die Mannschaften einen zweiten Winter überlebt hätten, ist mehr als fraglich. Die Anschlußkatastrophe wird durch die Strömung im Lancaster Sound verhindert. Die Investigator und die Enterprise treiben mit dem Eisfeld nach Osten in die Baffin Bay, wo sie freikommen. Aber weder die mentale noch die körperliche Befindlichkeit der Mannschaften erlauben die Fortsetzung der Suche. Am 3. November zurück in England kann J. C. Ross nicht den geringsten Erfolg vorweisen.

Plakat: 20 000 Pfund Belohnung.

STIMMUNGSTIEF

Ross sieht sich heftiger Kritik ausgesetzt, und er nicht allein. Von Rae und dem Pazifikgeschwader liegen keine Nachrichten vor. Die Experten streiten sich. Der Optimismus weicht tiefer Sorge. Die Gazetten malen Horrorvisionen. Jane Franklin, die Frau von Sir John, drängt mit zahlreichen Briefen und setzt eine Belohnung von 3000 Pfund aus. Die Admiralität, im Zugzwang, bietet nun ihrerseits 20 000 Pfund für die Rettung der Verschollenen und entsendet eine ganze Flotte.

Leopold Harbour. Stein mit Inschrift: E. I. 1849.

1850 VON WESTEN (II)

Die Enterprise unter Richard Collison und die Investigator unter Robert McClure sollen das Pazifikgeschwader verstärken. Sie stechen am 10. Januar 1850 in See, um nach der Umseglung Südamerikas durch die Bering Strait in den arktischen Archipel vorzudringen.

1850 VON OSTEN (II)

Von Aberdeen, 13. April: Die Schiffe Lady Franklin und Sophia.

Von London, 3. Mai: Resolute, Assistance und die Dampftender Intrepid und Pioneer.

Das Vertrauen in die staatlichen Maßnahmen ist offenbar beschädigt. Weitere Schiffe stechen auf private Initiative hin in See:

Von Schottland, 23. Mai: Felix unter John Ross und die Yacht Mary, finanziert von der Hudson Bay Company und privaten Sponsoren.

Von Aberdeen, 5. Juni: Prince Albert, finanziert von Jane Franklin und privaten Sponsoren.

Von New York, 22. Mai: Advance und Rescue, finanziert von Henry Grinnell.

Fünf Jahre nach Franklin passieren die Suchschiffe den Lancaster Sound. John Ross hatte vier Überwinterungen gemeistert, wenn auch äußerst knapp. Aber nach dem Bericht der Walfänger soll Franklin ja für fünf Jahre Proviant mit sich führen. Es gibt also noch Hoffnung.

Suchflotte 1850

ERSTE SPUREN

Als erster erreicht Captain Ommanney mit der Assistance und der Intrepid Beechy Island. Gegenüber, auf Cape Riley, werden am 23. August die ersten Spuren der Verschollenen gefunden. Und etwas später weitere auf Beechy Island selbst. Nun steht fest, daß die Franklin-Expedition auf Beechy Island 1845/46 überwinterte. Mehr nicht.

Die Prince Albert trifft noch 1850 mit der Nachricht über diesen Befund in England ein. Alle anderen Suchschiffe überwintern in der Umgebung von Resolute Bay. Mehrere Schlittenexpeditionen im Frühjahr bringen keinerlei neue Erkenntnisse. 1851 kehren alle Schiffe zurück, außer der Yacht Mary, die John Ross auf Beechy Island zurückläßt. Vom Pazifik-Geschwader und John Rae liegen keine Nachrichten vor.

Die Prince Albert macht sich gleich im Mai 1851 wieder auf die Suche und überwintert in Batty Bay auf Somerset Island. William Kennedy und der Franzose Joseph René Bellot finden mit der Bellot Strait eine Durchfahrt nach Westen und nähern sich (unwissend natürlich) bis auf 200 Kilometer dem Ort des Franklin-Dramas. Spuren finden sie nicht. Nach einer Begegnung mit der nächsten Suchflotte auf Beechy Island kehrt die Prince Albert im Oktober 1852 nach England zurück.

1852 VON OSTEN (III)

Von London, 15. April: Assistance und Pioneer unter Sir Edward Belcher (Oberbefehl) und Sherard Osborn. Erreichen Beechy Island im August und dringen im Wellington Channel nach Norden vor.

Von London, 15. April: Resolute und Intrepid unter Henry Kellet und F. L. McClintock. Sie erreichen Beechy Island im August und dringen weiter bis Melville Island nach Westen vor. Sie sollen dort vor allem nach der Investigator und der Enterprise suchen, von denen seit mehr als zwei Jahren keine Nachrichten vorliegen.

Von London, 15. April: North Star. Bleibt auf Beechy Island als Basis der Suchflotte.

SPURENSUCHE

Resolute Bay, 20. August 1990. Tagelang haben wir auf besseres Wetter gewartet. Barry vom Wetteramt meint, wir könnten es heute versuchen. Hartmut und ich sind gespannt auf die Hinterlassenschaften von Franklin und den Suchexpeditionen. Wieder in der geliebten Twin Otter. Es geht zunächst nach Norden, wo die Assistance und Pioneer überwinterten. Nach einer halben Stunde sehen wir nur noch Nebel. Es geht nicht, sagt Duncan traurig. That's the Arctic etc. Also Richtung Osten, über den Wellington Channel und dann entlang der Ostküste von Devon Island nach Süden. Entlang dieser Küste gab es einen regen Verkehr von Schlittentrupps zwischen den Suchschiffen im Norden und der North Star auf Beechy Island. Sie suchten hier 1852 noch immer nach einer Botschaft von Franklin. Und fanden keine, obwohl die Erebus und die Terror an dieser Küste entlanggesegelt waren, wie sich viel später herausstellte. Duncan landet plötzlich, und nach dem üblichen Gerumpel stehen wir in einer Müllkippe.

Hunderte leerer Konservendosen liegen herum. Duncan meint, es handele sich um ein Versorgungslager für die Schlittentrupps aus den Jahren 1853/54 mit einer ständigen Besatzung. Mit alten Konservendosen kennt sich Duncan aus. Er erklärt uns, was darin war und wie sie verschlossen wurden.

DIE GRÄBER AUF BEECHY ISLAND

Weiter nach Beechy Island, der historischsten Stätte der kanadischen Arktis. Eine halbe Stunde später liegt es unter uns. Resolute meldet Nebel im Anzug, aber Duncan landet trotzdem. Notfalls übernachten wir hier, meint er. Hoffentlich, denke ich, übernachten wir hier. Im Notfall müssen wir die Twin Otter nämlich nicht bezahlen. Leider schläft Duncan nicht gern in der Wildnis. Wir sind da, eine gewisse Rührung ist unvermeidlich. Auf Beechy Island fanden die Teilnehmer der Suchexpedition von 1850 die ersten Spuren der Verschollenen. Traurige Spuren. Dazu gehörten die Gräber der ersten drei Toten der Franklin-Expedition, verstorben 1845/46. Osborn, Offizier auf der Resolute, notierte:

»Die Gräber waren so, wie sie englische Seeleute bauen – mit rauhen, aber warmherzigen Händen über dem letzten Heim ihrer Kameraden.«

Die Gräber auf Beechy Island.

Sie hießen John Torrington, John Hartnell und William Braine. Im Jahr 1850 wollten die Kapitäne zunächst die drei Leichen ausgraben lassen, aber dann überwog die Pietät. 1852 wurden sie ausgegraben, nur um festzustellen, daß sie nicht an Skorbut gestorben waren (DAILY NEWS, London, 27. 10. 1853). In den Jahren 1984 und 1986 hat Owen Beattie die Prozedur wiederholt, nur um festzustellen, daß sie nicht an einer Bleivergiftung gestorben waren (DER EISIGE SCHLAF, vgs, Köln, 1989). Duncan hatte die Truppe von Beattie nach Beechy Island geflogen und ist nicht gut auf ihn zu sprechen. Er hält es für Leichenschändung aus Gewinnsucht. Wir drehen die Replikas der Grabtafeln und sprechen nur leise.

KEINE BOTSCHAFT

Es wurde noch mehr gefunden: Reste einer Werkstatt, eines Gartens, eines Waschhauses und eines Vorratshauses, ein Steinmal auf dem Tafelberg von Beechy Island und eine Pyramide aus mit Sand gefüllten Konservendosen. In der Umgebung der Fundstellen wurde alles umgegraben, sämtliche Dosen wurden geleert: Es fand sich keine Botschaft. Nach den Vorschriften hätte Franklin unbedingt mitteilen müssen, welche Route er einzuschlagen gedachte. Die Suche mußte so in alle Richtungen fortgesetzt werden. Wenn Franklin es tatsächlich versäumt hatte, eine Botschaft zu hinterlassen, hatte er damit unnötig das Leben jener aufs Spiel gesetzt, die zu seiner Rettung geeilt waren.

Wir drehen noch das Vorratshaus der North Star, die hier 1852 bis 1854 als Depotschiff diente. Mauerreste, Ofenteile, Dosen, Faßreifen, Faßdauben, einen Kohleberg. Die einzigen noch erhaltenen Franklin-Relikte außer den Gräbern sind eine Grube mit Dosen und das Steinmal auf dem Berg. Duncan drängt, wir eilen uns. Als Osborn ankam, waren die Gräber schon gefunden worden und das Wetter war schlecht. Er notiert:

»Es hätte kein düsterer Tag sein können, um dunkle Schatten über mein Gemüt zu werfen, als ich über die Bucht schaute, die Ihrer Majestät Schiffe Erebus und Terror beherbergt hatte.«

Auch unsere Stimmung ist ziemlich düster. Es wird nichts mehr mit dem Steinmal und den Franklin-Dosen. Duncan drängt, wir müssen starten. In Resolute warten wir noch ein paar Tage vergeblich auf besseres Wetter. Dann fliegen wir nach Frankfurt. Etwas unfroh, insgesamt.

»Bitte entfernen Sie keine Relikte.«

Der Mast der Mary.

Vorratshaus auf Beechy Island.

Die Suchflotte von 1852.

Nachtlager

Abfahrt der Suchtrupps.

Überwinterung der Nordgruppe unter Belcher.

Godthab

Die wiedererstandene Kivioq.

Eisfjord

9 MIT DER KIVIOQ IN DER NORDWESTPASSAGE

KURZE RECHERCHE

Mitte Juni 1990. Nuuk (Godthab) in Mittelgrönland. Ich bin mit dem Skipper verabredet, der mit uns in die Passage fahren will. Er ist nicht da. Nachfrage im Büro des Hafenmeisters. Er heißt Erik Möller und ist empört. Die Aluyacht ist im Hafen gesehen worden und wieder verschwunden. Der Skipper hat sich nicht angemeldet, was gegen die Bestimmungen verstößt. Erik setzt dringende Suchmeldungen per Funk an alle Schiffe ab. Ich bin auch empört und werde von düsteren Ahnungen geplagt. Was ist, wenn wir mit diesem Skipper nicht zurechtkommen? Ein Ersatzschiff muß her. Ich beginne mit der Recherche: Erik, kennst du jemanden, der in die Nordwestpassage fahren würde? Ja, sagt er, ich. Ende der Recherche. Hast du denn ein Schiff, frage ich. In der Antwort kommt der Name Knud Rasmussen vor. Ich kann es kaum fassen und höre mir die Story an. Als Erik sein Amt als Hafenmeister in Godthab antrat, lag ein Schoner halb versunken am Pier. Er machte sich kundig: Es war die Kivioq, das Forschungsschiff von Knud Rasmussen. Der letzte Eigner war froh, daß Erik die Bergungskosten übernahm. Dafür gehört die Kivioq jetzt der Familie Möller, die nun jede freie Stunde am Schiff werkelt. Nach Eriks Dienstschluß: Besichtigung der Kivioq. Zwei Masten, schwere Eiche, blitzendes Messing, eine Schönheit. Ich will kein Honorar, sagt Erik, aber ihr müßtet mir bei der Restaurierung helfen. Das Reserveschiff ist also da, und ein Skipper mit Erfahrung im Eis.

DIE KIVIOQ

Zweimastschoner, Eiche, 22,54 Tonnen, 16 m Länge, 4,40 m Breite, 1,50 m Tiefe, 50 m² Segelfläche. Gebaut 1932/33 in Frederikssund/Dänemark für die 7. Thuleexpedition von Dr. Knud Rasmussen. Der Name stammt aus einer alten Inuit-Sage.

KNUD RASMUSSEN

Knud Rasmussen war Grönländer aus Überzeugung und von Abstammung. In den Jahren 1902 bis 1933 unternahm er mehrere Expeditionen in die Arktis und erforschte das Leben und die Mythen der Inuit. Er war schon berühmt, als er seine größte Tat vollbrachte: die 5. Thuleexpedition von 1921 bis 1924. Dabei bereiste Rasmussen per Schiff und Hundeschlitten das gesamte von Inuit bewohnte Gebiet zwischen Grönland und Pazifik, entlang der Nordwestpassage. Er konnte belegen, daß die Sprachen und Mythen aller Inuit verwandt waren. Auf dieser Reise fand Rasmussen auch Gebeine von Verstorbenen der Franklin-Expedition und bestattete sie. Für die 7. Thuleexpedition und einen Spielfilm ließ Knud Rasmussen 1932 den Schoner Kivioq bauen. Es war sein letztes Projekt, da er kurz drauf schwer erkrankte. Die Kivioq wurde bis 1977 für Forschungsreisen benutzt und schließlich verkauft, als sie nicht mehr rentabel war. Sie lief voll Wasser, sank und geriet in Vergessenheit.

ES KLAPPT

Im August 1990 hatten sich die düsteren Ahnungen bestätigt. Die auf der Aluyacht gedrehten Filmaufnahmen waren unzureichend, also Anruf bei Erik: »Fahren wir in die Passage?« »Ja«, sagt er, »hab ich doch gesagt.« »Wunderst du dich nicht?« frage ich. »Nein, ich wußte, daß ihr mit diesem Mann nicht zurechtkommt.« Wir wurden handelseinig. Bei der Restaurierung half die Frankfurter METALLGESELLSCHAFT. So wurde die Kivioq wieder ein Filmschiff. Sie scheint mehrere Leben zu haben, wie der Namensgeber. Ein Inuit hatte Rasmussen erzählt, wer Kivioq war:

»Kivioq war in allen Ländern, und man erzählt wundersame Geschichten über ihn. Er ist ein Mensch, aber mit vielen Leben. Er stammt aus Zeiten, in denen es keinen Nebel gab und die Länder niemals im Eis verschwanden, aus jenen Zeiten, wo Tiere sich oft in Menschen verwandelten.«

Der Tuxam-Dieselmotor aus dem Jahr 1931 war allerdings vom Meerwasser hart mitgenommen worden, als die Kivioq auf Grund lag. Er wurde durch einen Diesel Marke »Detroit« von General Motors (Baujahr 1942) ersetzt. Die 160 PS machen aus der Kivioq nicht gerade ein Schnellboot (acht Knoten ohne Segel). Eine Tankfüllung reicht für 1500 Meilen.

EIN PAAR PROBLEME

Am 25. Juli 1991 stehen Hartmut und ich am Kai in Godthab. Die Kivioq sieht prächtig und durchaus reisefertig aus. Erste Frage: »Geht's denn am ersten August wirklich los«? »Klar, um zehn Uhr«, sagt Erik, der Kapitän, »ein paar Probleme müssen wir noch lösen.« Ein paar Probleme! Die Szene erinnert an die alten Expeditionsberichte. Es ist unglaublich, was es auf einem Schiff vor einer solchen Reise zu regeln gibt. Ein Jahr lang denkt jeder, es sei an alles gedacht worden, und jetzt stellt sich das Gefühl ein: Die Hälfte fehlt noch. Eine ganze Schar von Experten macht sich noch einmal über die Kivioq her. Takelage, Maschine, Wasserversorgung, Instrumente, Ersatzgenerator, Funkgeräte und Beiboote müssen jeder Prüfung standhalten. Hier in Godthab kann jeder Fehler noch behoben werden. In der Arktis herrscht bekanntlich ein gewisser Mangel an Werkstätten und Servicestationen. Die Experten beruhigen uns: »Das Schiff ist O.K., wir wollen nur 100 Prozent sichergehen.«

Die Crew ist kein Amateurclub. Henning, der Eispilot, hat jahrelang die Baffin Bay durchkreuzt, Steen ist Maschineningenieur bei der Königlich Dänischen Marine, Erik fühlt sich auf allen Weltmeeren zu Hause, und Vibeke, seine Frau, ist Krankenschwester. Gleichzeitig sind alle Matrosen und Köche; wir, das HR-Team, zur Zeit in Ausbildung.

Am 1. August meldet Erik: »Die letzte Überprüfung der Ruderanlage kann erst heute erfolgen. Abfahrt morgen um elf Uhr«. Das Grönländische Fernsehen und die Presse müssen noch einen Tag warten. Wir sind's ge-

Henning, Steen, Erik, Vibeke, der Autor und Hartmut.

wöhnt. Vibeke freut sich und schafft noch mehr Proviant an Bord, wir könnten inzwischen glatt überwintern. Aber wer kann heute so viel Zeit aufbringen? Wer zahlt das Gehalt? Was sagt die Rentenkasse? Wann werden die Filme fertig? Wir haben sechs Wochen, mehr nicht.

VERDAMMTE MASCHINE

2. August. Probefahrt. Es ist die dritte und wieder bei ruhiger See. Aber woher soll man einen Sturm nehmen, um ein Schiff zu testen? Der zweite Stromgenerator lädt die Batterien nur bei 1100 Umdrehungen pro Minute, aber der Motor macht bei voller Fahrt nur 900. Ohne Strom läuft die Umwälzpumpe der Heizung nicht, und ohne Wärme bleibt an Bord kein Faden trocken. Das ist in der Arktis nicht nur ungemütlich, sondern gefährlich. Der Ersatzgenerator muß also angepaßt werden. Die Abfahrt wird auf den nächsten Tag verschoben. Mir entfährt ein Fluch, den Generator betreffend, und ich muß lachen, weil mir die Dampfmaschine und Ross in den Sinn kommen. Sonst läuft die Kivioq zur vollen Zufriedenheit aller, auch unter Segeln. Am 15. August sollten wir unbedingt in Resolute sein. Die Zeit wird knapp.

HOCH GEHT DIE SEE

3. August. Der Generator kommt um 14 Uhr aus der Werkstatt. Eine Stunde später legen wir bei naßkaltem Wetter ab. Ein paar Unentwegte sind zum dritten Mal erschienen, das Grönländische Fernsehen hat es aufgegeben. Einige Autohupen führen einen Dialog mit

dem Schiffshorn, die Leute winken, unter anderen auch Vibeke und Erik, die mit dem Hubschrauber nachkommen und erst weiter im Norden an Bord gehen. Godthab wird schnell kleiner, wir sind endlich unterwegs. Alle Segel sind gesetzt, der Motor hilft nach, bis die Kivioq stolze zehn Knoten läuft. Frohe Gesichter, Erleichterung, Hartmut filmt den Godthab-Fjord, der auf den ersten Karten noch »Baal's Fluß« genannt wurde. Kaum sind wir auf dem offenen Meer, da haben wir unseren Test. Nordwestwind, Windstärke 8–9, Seegang 7–8 (sagt Henning). Wir brauchen eine halbe Stunde, um die Segel einzuholen. Diese Tätigkeit werde ich nicht unter meine Lieblingsbeschäftigungen einreihen, es gibt nichts Widerspenstigeres als Segel bei starkem Wind. Henning und Steen haben bis zwei Uhr nachts am Schiff gearbeitet und sind recht müde, also darf ich ans Steuer. Was heißt »ans Steuer«. Die Kivioq hat zwar ein Steuerrad wie aus dem Bilderbuch. Aber das wird höchstens beim Anlegen benutzt oder wenn die Hydraulik ausfällt. Normalerweise liest man heute den Kurs auf dem GPS (Positionsbestimmung durch Satelliten) ab und korrigiert mit einem Knopf die Steuerautomatik. Henning legt die Wegpunkte fest und gibt die Koordinaten ein. Man muß sich nicht mehr mit den Gestirnen auskennen, sondern mit Computerlogik. Menue ist Menue. Als ich dem GPS souverän die Wegepunkte entlocke, sagt Henning hinter mir fast enttäuscht: »Was, das kannst du, na dann mach mal.« Eine Stunde später hat er mit seiner Skepsis gegenüber dem modernen Kram recht: Kein Satellit in der Nähe, keine Infos vom GPS. »Wir halten den Kurs bei, ich weiß schon, wo wir rauskommen«, meint Henning. Inzwischen wird der Seegang etwas problematisch. Wenn der Bug mit zu viel Fahrt ins Wellental eintaucht, ähnelt das einer Vollbremsung und an Bord setzt sich alles in Bewegung, was nicht mehrfach gesichert ist. Ich habe ein wenig Übung damit und nehme also jedesmal die Fahrt weg, wenn die Kivioq »bergab« zu schnell wird. Beim ersten Mal schaut mich Henning erstaunt an, sagt aber nichts. Ich ahne, was er denkt. In seiner Welt gibt es nur Seefahrer und Landratten, und Mischformen sind ihm unheimlich. Infolge von Überlagerungen von Ober- und Unterwellen kommen die großen meistens mit einer gewissen Regelmäßigkeit. Diese Monster kann man rechtzeitig sehen, nur manchmal bauen sie sich auch unerwartet vor dem Schiff auf, und ich finde den Ausdruck »haushoch« durchaus angemessen. Zuwenig Fahrt ist nicht gut, weil dann das Ruder nicht mehr wirkt. Wenn der Bug wieder hochkommt, gilt es also, auf volle Kraft zu gehen, um den nächsten Kamm zu erklimmen. Das Spiel mit den Wellen macht mir einen bübischen Spaß, und ich werde (vielleicht daher) nicht seekrank. Aber Hartmut wird es schlecht. Er gibt mir die Kamera und zieht sich in seine Koje zurück. Henning testet, ob ich auch das Radar lesen kann, und schläft auf dem kleinen Sitzplatz im Steuerhaus ein. Später brummt er, er würde unten doch besser schlafen, bei der kleinsten Schwierigkeit solle ich ihn wecken.

EINSAME WACHT

4. August. Seit zwei Stunden ist es ziemlich dunkel, aber die Wellen kann man gerade noch erkennen. Du liebe Zeit, das ist ja wie in den Knabenphantasien: Ich plötzlich allein in stürmischer See, nein, in den tobenden Elementen, angewiesen nur auf mich selbst – ach Quatsch. Hinter mir das GPS, rechts die Steuerautomatik, links das Radar, unter mir 160 PS, neben mir taucht regelmäßig Steen oder Henning auf. Als Henning mich nach 16 Stunden ablöst, habe ich zwei Schachteln Kekse und zwei Schachteln Zigaretten zu mir genommen. Mein »Abenteurer« hat sich in halbautomatische Routinehandlungen zerlegt, denke ich so ungefähr. Beim Versuch, Henning noch eine Weile zuzuschauen, schlafe ich zum ersten Mal in meinem Leben im Stehen ein. Um 15 Uhr laufen wir in Sukkertoppen ein, rund 170 km hatten wir geschafft, nach unserem Zeitplan 100 zuwenig. Im Salon sieht es aus wie bei Hempels nach einem Wasserrohrbruch. Unter anderem haben der Herd,

die Treppe, zehn Dosen Tomaten, ein Feuerlöscher und die Freizeitbibliothek ihre Position verändert. Im Hafen ist es windstill, die Sonne scheint. Wir schaffen an Deck, was aus Textil besteht und feucht geworden ist. Es ist alles feucht geworden. Wir ziehen ins Seemannsheim.

DIE PLATTEN SIND LOS

5. August. Alle haben zwölf Stunden lang geschlafen. Am Schiff zeigt mir Henning etwas schier Unglaubliches: Eine Eisenplatte am Bug steht ab, zehn weitere sind ganz abhanden gekommen. Sie sollten das Holz gegen Eisstöße von der Seite schützen. Den Wasserdruck von oben und unten haben sie nicht ausgehalten. Die Werft in Holsteinsborg sagt uns am Telefon zu, den Schaden in einigen Stunden zu beheben. Der Ort liegt zum Glück auf unserer Route, aber draußen weht noch immer der Nordwest. Wir hoffen, daß er sich in der Nacht legt. Auch wenn die Zeit immer knapper wird, herrscht noch Optimismus. Das Schiff ist jetzt getestet und fast alles hat gehalten. Der Generator geht übrigens immer noch nicht. »Erbärmliche Maschine!«. Originalton Ross.

TROCKENDOCK BESETZT

6. August. Bei schönem Wetter brauchen wir nur 13 Stunden bis Holsteinsborg. Wir legen um 23 Uhr an. Auf der anderen Seite im Trokkendock registrieren wir betrübt ein Fischerboot. So war es nicht verabredet.

7. August. Das Boot im Trockendock ist ziemlich mitgenommen. Vielleicht wird es heute nachmittag fertig. Dann kommen wir dran. Warten. Wieder einen Tag verloren. Steen ist mit dem Generator zugange. Ich gehe einkaufen. Das neue Zentrum von Holsteinsborg (5000 Einwohner) liegt auf einem Bergsattel und besteht aus zwei Bankfilialen, einem Supermarkt und der Post. Von hier kann man das offene Meer sehen. Draußen tobt wieder der Nordwest und treibt gigantische Nebelbänke vor sich her. Der Anblick beruhigt mich etwas: Wir lägen hier auch fest, wenn die Kivioq noch alle Platten beieinander hätte. »Sie kommt morgen aufs Trockendock«, bringt man mir vorsichtig bei, als ich zurück bin. Mache ich einen nervösen Eindruck? Ich bin doch ganz ruhig? Oder?

ES GEHT WEITER

8. August. Wo die Eisenplatten fehlen, sieht die Kivioq etwas weidwund aus. Die Werftarbeiter schlagen Holznägel in die alten Nagellöcher, so daß sich nun das Bild eines gespickten Bratens anbietet. Kapitän Erik, der sich mit Vibeke inzwischen eingefunden hat, nimmt den Anblick gelassen hin. Er ist auch ganz ruhig. Oder? Zufällig hat jemand einen Generator, der zu unserem Motor paßt. Gebraucht und trotzdem teuer. Aber daran soll es jetzt nicht scheitern.

9. August. Endlich wieder nordwärts auf offenem Meer, Seegang 4–5, bedeckter Himmel. Dann durch einen Fjord mit vielen Eisbergen und Inseln. Die Eisberge sind größer als die Landberge! Die Namensgebung wird von allen als zutreffend empfunden. Die Farben von Blau bis Türkis leuchten auch bei trübem Wetter. Steen ist immer noch nicht froh. Der Motor macht zuwenig Umdrehungen, weil die Schraube zu groß ist. Henning kennt einen in Egedesminde, der einen kennt, der eine Drehbank hat. Also Kurs auf Egedesminde, welches glücklicherweise auf unserer Strecke liegt.

10. August. Steen ändert die Übersetzung des Getriebes. Hoffentlich hält der Sommer noch drei Wochen.

10./11. August. Ruhige Nachtfahrt nach Jakobshavn in der Disko Bay. Wir sind nun auf 69 Grad Nord, haben also den Polarkreis überfahren. Der Motor macht jetzt 1500 Umdrehungen pro Minute, und Steen macht ein frohes Gesicht. Bei Sonnenaufgang häufen sich die Eisberge, manche sind hoch wie Kirchtürme, manche lang wie Fußballfelder, und in der Morgensonne glitzern sie in mancherlei Farben. Es sind Ausgeburten des produktivsten Eisgletschers auf der Nordhalbkugel mit einem Jahresausstoß von 5000 Stück und einer Tagesleistung von 20 Millionen Tonnen.

12. August. Jakobshavn. Hier wurde Knud Rasmussen geboren, und auf dem entsprechenden Denkmal wird er der »bedeutendste Sohn Grönlands« genannt. Natürlich kennt in Jakobshavn jeder die Kivioq. Die Abfahrt muß verschoben werden. Der fabrikneue Sender hat eine Macke. Das Neuteil kommt morgen mit dem Hubschrauber aus Nuuk. Dann soll's wirklich losgehen, drei Tage über das offene Meer zum Lancaster Sound. Es sind vier Zehntel Eis in der Mitte gemeldet, Platz genug, um sich durchzuschlängeln. »Kein Problem«, meint Henning. Normalerweise zucke ich bei diesem Satz zusammen, da er in der Regel das erste Problem darstellt. Bei Henning war es bisher anders.

13. August. Das Teil ist nicht angekommen. Einer aus dem Versand hat geschlampt. Morgen soll ein Neugerät mit Techniker auf Kosten der Firma eingeflogen werden. Wir warten. Der Sommer geht zur Neige.

VERDAMMTER CHIP

14. August. Am Nachmittag kommt ein Techniker mit dem Neugerät aus Nuuk. Beim Einbau hören sich die Herren im Ruderhaus nicht sehr fröhlich an. Die Chips für den mittleren Frequenzbereich stimmen nicht. Das darf doch nicht wahr sein, wir überstehen Stürme und scheitern an einer winzigen Platine. Begehrlich schweift mein Blick über die Antennen der naheliegenden Fischerboote. Einige haben offenbar genau das, was wir brauchen. Ein nächtlicher Besitztransfer erscheint mir als Mundraub auslegbar. Erik verhindert eine

weitere Verwahrlosung meiner Rechtsauffassungen mit der Nachricht: »Die Notrufwellenlängen funktionieren. Um 21 Uhr fahren wir los.« Einteilung der Wachen: Erste 0 bis 6 Uhr. Zweite 6 bis 12 Uhr. Dritte 12 Uhr bis 18 Uhr. Vierte 18 bis 24 Uhr. Erste und dritte Wache: Henning und ich. Zweite und vierte: Vibeke, Erik und Steen. Die Sonne verschwindet nur kurz hinter dem Horizont, wir können fast die ganze Zeit drehen. Wale, Eisfelder und andere besondere Ereignisse kommen unvermutet, also teilen Hartmut und ich den Schlaf so ein, daß wir immer drehbereit sind. Ruhige Fahrt im Vaigat Channel.

CRAWLER, WO BIST DU?

16. August. Vierte Wache. Wir erreichen das offene Meer. Noch 450 Seemeilen bis Amerika. Henning und ich ziehen den Wind an. Hoch geht erneut die See über die Kivioq, halbe Fahrt, es tropft überall im Boot, aber die Dinge bleiben diesmal dort, wo sie hingehören. Sechs Stunden sind ziemlich lang. Zwar hält die Ruderautomatik den Kurs, aber es gilt nach den Crawlern Ausschau zu halten. Das sind besonders harte Biester aus Süßwassereis, die von den Eisbergen abbrechen und zu flach für das Radar sind. Wir starren abwechselnd und kämpfen mit dem Schlaf. Die Brecher legen sich während unserer nächsten Wache. Wir machen wieder sieben Knoten Fahrt. Weiteres Minus im Zeitplan.

ÜBER HENNING

17. August, erste Wache. Die Brecher sind wieder da, aber das ist ja nun schon Routine. Henning und ich können ganz gut. Wir sind die beiden Raucher und gute Schweiger. Und doch bemerke ich erste Anzeichen von Gereiztheit bei uns beiden. Er hat den Kurzwellenempfänger ständig in Betrieb, meistens BBC, aber oft sucht er auch andere Sender, zum Beispiel dänische. Die Lautstärke regelt er ständig auf meine Schmerzgrenze ein. Ich grüble über seinen Hang zum Krach nach. Soll ich ihn fragen? Besser nicht, wir haben noch ein paar gemeinsame Stunden vor uns, und ich neige zur Harmonie. Manchmal läßt er aber den Tuner auf einem Maschinensender stehen, der nur schrille Codes von sich gibt. Dann senke ich entschlossen die Lautstärke, obwohl ich merke, daß er's nicht mag. Am Radar, Echolot und GPS läßt er mich willig herumfuhrwerken. Was mache ich also falsch?

ABSCHWEIFUNG ÜBER DIE ORDNUNG

Im Ruderhaus gibt es einen Sitzplatz, einen Kartentisch und zwei Stehplätze: einer hinter dem Ruder und einer am Steuerbordfenster. Der Stehplatz am Backbordfenster ist wegen des dortigen VHF-Funkgerätes inkommod. Nun bin ich wohl immer dort befindlich, wo er gerade einen seiner Zustände einnehmen möchte. Diese Zustände sind: Radiotunen, Funken, am Echolot, GPS oder Radar die Menues wechseln, Wale oder Eisberge spähen, Kurs festlegen, Position eintragen, Kekse oder Trockenfisch kauen, Kaffee trinken, Rauchen, Dösen. Was er wo am liebsten tut, habe ich bald raus. Aber wann was, das ist das Problem, an dem ich offensichtlich scheitere. Nun ist er auch noch unnachgiebig höflich, weil er mich als Gast betrachtet. Meinem Wunsch, er möge mich als Deckhand behandeln, hat er verbal zugestimmt. Aber er kann nicht, weil er mauerfeste Gewohnheiten hat. Daß die seefahrende Menschheit dergleichen entwickelt, war zu mir durchgedrungen. Daß sie sie tatsächlich braucht, um das Leben an Bord zu strukturieren, versucht er mir beizubringen. Nicht durch Klartext, nein, durch zäh wiederholte kleine Gesten legt er mir nahe, Dinge an ihrem Ort zu lassen oder dorthin zu retournieren. Zwischen den Instrumenten vor uns gilt es an beweglichen Dingen zu plazieren: eine Keksschachtel, zwei Tassen, ein Fernglas, eine Schachtel Zigaretten (meine), ein Feuerzeug (meins, sein Rauchzeug fischt er jeweils aus der linken Hemdtasche), einen Aschenbecher und eine Brille (meine, der definierte Ort seiner Sonnenbrille ist hinten links in der unteren Schublade). Da der Untergrund der Dinge beweglich ist, gilt es, Orte für sie auszumachen, auf denen sie auch verharren. Die Keksschachtel etwa wird zwischen Echolot und Radarbildschirm eingeklemmt. Und er verlangt natürlich auch von mir, relativ zu seinem Standpunkt immer am richtigen Ort zu sein. Soll ich Henning fragen, ob er sich Ordnung ohne Unordnung vorstellen kann? Nein, es sieht nicht so aus, als sei dies der richtige Ort für des Gedankens Blässe. Es bleibt mir nichts übrig, als ständig seine Signale zu deuten. Nur wenn es um die anderen geht, wird er deutlich. 20 Minuten vor Wachwechsel präzise Order: Kaffee für die anderen kochen, sie dann wecken. Ich, nun doch Deckhand, aber auch nicht ohne Stolz, trolle mich beim nächsten Mal pünktlich, ohne seine Order abzuwarten. So hat er's am liebsten.

HENNING, COOL

18. August. Mir sind inzwischen zwei Mützen und zwei Feuerzeuge abhanden gekommen. Henning fühlt sich milde lächelnd bestätigt. Eben doch Landratte. Ruhige Fahrt bei mäßigem Seegang. Erik und Steen machen sich an der Ruderautomatik zu schaffen. Ergebnis: Sie tut's nicht mehr. Verdammte Maschinen. Henning kommt um elf Uhr aus der Koje. »Sie haben ein Problem mit der Ruderautomatik«, leite ich einen Kurzdialog ein. »Bei einem Schiff gibt es nur ein Problem«, greift er meine Rede auf, »und zwar, wenn es sinkt.« Das war's. Ich glaube, er freut sich. Der Ausfall kommt auch mir zustatten, er bringt Ordnung in unser Leben. Um 12.30 Uhr räumt er den Platz am Ruder. »Kurs o one o«, sagt er. Ich, helle, weiß: Ich muß wiederholen. »Kurs 10 Grad.« Absolut daneben, chaotische Abweichung. »Kurs zero one zero«, versuche ich. »No, o one o«, brummt er, weil Seebär. Also gut: »o one o.« Natürlich hat er recht, die Codes müssen eindeutig sein. 30 Minuten auf der Sitzbank, 30 am Ruder. Nach zwei Stunden kommt der Kühle aus dem Norden zurück. Seegang 6, also halbe Kraft gegen den Wind. Das Segel hält den Kurs. Altautomatik.

ENTDECKUNG

19. August. Der Wind legt sich um vier Uhr morgens. Um sechs Uhr bläst es moderat aus Südwest. Alle sind mit dem Wachwechsel beschäftigt. Ich schaue auf die Karte: Nur 40 Meilen bis Baffin Island. Ich schaue nach Südwest und entdecke Amerika. Das ist wirklich ein anderes Gefühl, als über Kennedy-Airport einzufliegen. Nach vier Nacht- und drei Tagwachen, Kompaßanstarren, Crawlersuchen und Schlafbekämpfen in rauher See kommt eine andere Art Freude auf. Es geht allen so. »Volle Segel«, gebietet Erik. Richtig schön sieht die Kivioq dann aus und macht 1,5 Knoten mehr. Wir nehmen Kurs auf Pond Inlet, um Wasser und Diesel nachzutanken. Als wir kurz vor Mitternacht vor der Inuit-Siedlung (700 Einwohner) ankommen, hat der Wind wieder aufgefrischt. Es gibt keinen Hafen, wir müssen also ankern. Henning übernimmt die Nachtwache, ich kann also in die Koje. Das Schaukeln vor Anker ist unangenehm, aber zum Glück vertrage ich es.

GESCHEITERTE

20. August. Neben uns ankert die 10-Meter-Yacht Reindeer. An Bord sind sechs witzige US-Rentner, denen es auch die Nordwestpassage angetan hat. Erik kennt sie aus Nuuk und spricht über Funk mit ihnen. Sie haben die Baffin Bay weiter nördlich überquert und sind mehrfach in Packeis geraten. Wir brechen bei dem Bericht mehrfach in Gelächter aus, aber hinter der Selbstironie klingt schwere Bedrängnis durch. Eis im Drink sei ihnen nun doch lieber, meint er zuletzt, sie hätten die Schnauze voll. Ich bin gespannt, ob und wann wir diesen Punkt erreichen.

HEIMWEH

Erik und ich wollen an Land, um zu telefonieren und einzukaufen. Seegang und Wind sind schon wieder unangenehm, und es kostet einige Mühe, das Schlauchboot klarzumachen. Spielball der Wellen? Zutreffender Ausdruck. Ohne die wasserdichten Segelanzüge wären wir nach Sekunden vollkommen durchnäßt. Wir werden an den Strand gespült, zerren das Dingi über den Sand, bis es aus der Reichweite der Wellen liegt, und begeben uns zur RCMP (Royal Canadian Mounted Police). Dort melden wir unsere Einreise an, und dort lasse ich meine letzte Mütze liegen. Auf der Post erfahren wir, daß wir nur bei der Kommune Ferngespräche führen können, der dortige Sekretär schickt uns ins Hotel. Erik überzeugt eine Institution namens Arctic Safety fernmündlich, daß wir a) für die Arktis gerüstet sind und b) gewillt, dieselbe nicht zu verunreinigen. Ich versuche unseren Redakteur Wolfgang Vogel zu erreichen, der in Resolute unseren Nachschub regeln soll. Er ist noch nicht da, weil die Linienmaschine aus Montreal wegen Nebels nicht landen konnte. Macht nichts, wir haben ja auch Verspätung. Auf zur ehrwürdigen Hudson Bay Company, vielleicht gibt es dort frisches Brot. Gibt es nicht, macht erst in zwei Stunden wieder auf. Öl und Wasser können wir wegen Seegang nicht nachbunkern, also meint Erik, dann könnten wir ja gleich weiterfahren. Na, aber erst mal ins Dingi kommen. Die Brecher werfen es einfach immer wieder an Land. Also ich bis zur Brust ins kalte Naß, und Erik im Boot versucht den Motor zu starten. Das ist auch nicht so einfach, weil er eigentlich seine zwei Hände braucht, um sich festzuhalten. Die Böen hüllen das Drama gnädig in Gischt, so daß die Lachmimik der Einheimischen geschont wird. Langsam rinnt das kalte Wasser in meine Stiefel, und zum ersten Mal frage ich mich, warum ich mich so weit von meinem gemütlichen Heim und den Freunden in der warmen Stammkneipe entfernt habe. Natürlich fällt mir keine Antwort ein. »So geht das nicht«, rufe ich Erik zu, und der hat ein Einsehen. Hinter einer kleinen Steinmole gibt es eine ruhigere Stelle, wo genau ein Schiff hinpaßt, und das liegt da auch. Aber die Vertäuung bietet sich als Halt an. Wir zerren unser Dingi dorthin, und der Einstieg gelingt. Dann springt sogar der Motor an, und das Wasser in den Stiefeln wird langsam warm. Henning reicht mir die Hand, um mir aus dem Dingi zu helfen. Das macht er immer, obwohl es falsch ist. Ein fester Halt ist wesentlich hilfreicher, wenn man über die Bordwand turnt. Will er mich doch ärgern? Wie immer übersehe ich einfach seine Hand. Um 14 Uhr ist alles festgezurrt, Anker hoch und wir sind wieder unterwegs, und noch immer rollen die Brecher.

DER OBLIGATE BÄR

21. August. Am Morgen biegt der Fjord nach Norden, der Westwind kann uns nicht mehr packen, die Fahrt wird ruhig, und die Sonne scheint. Ich nehme meinen Lieblingsplatz am Bug ein und lauere nach Motiven. Wir brauchen Bilder von allen eßbaren Tieren, da sie in den Expeditionsberichten eine große Rolle spielen. Die ersten Eisschollen tauchen auf und in der Nähe auch Seehunde. Dergleichen hat der Eisbär gerne, also aufgepaßt. Frohlocken. Im Dunkelblau des Wassers sehe ich einen schwarzen Fleck in weißem Rund. »Eisbär«, rufe ich, »Polarbear«, ruft es von hinten. Dem Himmel sei Dank, er ist entweder wissenschaftlich interessiert oder er hält uns für einen stark entwickelten Seehund. Jedenfalls schwimmt er auf uns zu. Zwei Videokameras, zwei Fotokameras und die Arriflex SR von Hartmut richten sich auf den Bär. Und er kommt näher. Und eine Scholle. »Lieber Bär«, flehe ich, »sei so gut und betrete das Eis.« Er tut's wirklich. Und posiert wie der MGM-Löwe persönlich. 20 Minuten dauert die gegenseitige Beäugung, dann werden wir ihm langweilig, und er trollt sich. In jedem Expeditionsbericht kommt ein Bär vor. In unserem jetzt auch.

DURCH EIS UND WIND

Kaum hat man ein wenig Freude, da taucht schon das nächste Problem auf. Zwei Zehntel Eis, und der arme Henning, der so gerne Kurven fährt, liegt in der Koje. Steen steuert mit besorgter Miene, gelegentlich rumpelt es an der Bordwand. Hier haben die alten Knaben von der Reindeer das Handtuch geworfen. Kein Problem mit der Kivioq. Aber der Wind. Kaum haben wir den Bug im Lancaster Sound, da bläst uns der Wind entgegen. Es ist etwa der siebte Tag, an dem wir Wind und Wellen über Stärke 6 haben. Mehr als die Statistik für diese Gegend vorsieht, und wir natürlich mitten drin. Das heißt, mir macht es manchmal sogar Spaß, vielleicht habe ich ein positives Wiegentrauma. Aber Hartmut geht es dann nicht gut. Er dreht, solange er kann, und zieht sich in seine Koje zurück. Wenn etwas Wichtiges kommt, muß ich eben selbst drehen. Henning macht halbe Fahrt. Um 17 Uhr brummt er: »Gleich sind wir dort, wo wir um drei Uhr waren.« Erik entscheidet sich für den Rückzug. An der Westseite des Fjords müßte der Wind Ruhe geben. Tut er auch, hat aber dafür auch das Eis nicht entfernt. Ankern ist zu gefährlich, sich treiben lassen auch, also bleibt nur die Offensive: zurück in den Lancaster Sound, Kurs Nord. Dundas Harbour auf Devon Island kommt uns wie eine Verheißung vor. Die Station ist vor etwa 40 Jahren aufgegeben worden, die Bucht aber bietet Schutz vor jedwedem Wind. Erik geht die Wellen moderat an, wir kommen langsam vorwärts.

KRAKE MÜSSTE MAN SEIN

22. August. Henning möchte Hartmut für die Nachtwache im Ruderhaus haben. Ich bin ganz froh, irgendwie hingen wir beide zu lange zu dicht aufeinander. Nach einer Stunde (Erik schläft) legt Henning einen Zahn drauf. Hartmut, dem es im Ruderhaus relativ am besten geht, berichtet später, Henning habe das Ruder wild kreisen lassen. Ich halte Wache in der Messe und stelle fest: Es ist ein Zahn zuviel. Alles tropft und scheppert. Krake müßte man sein, um alles zu halten, was den Gesetzen der Schwere folgen will. Schließlich tauchen unter dem Tisch aus den Vibekeschen Vorräten auf: zwei Dosen Pastete, ein fast leeres Glas Rote Bete, die Apfelsaftkanne. Ich sehe fasziniert zu, wie die Rolle Papierwischtücher selbständig und gänzlich abrollt. Die Plastikfolie zum Schutz der Sitzkissen gegen Nässe lockert sich erneut und zur Pastete gesellt sich das Gästebuch. Ich habe deutlich zu wenig Arme. Zum zweiten Mal bricht in mir ein tiefes Heimweh aus. Ich sage dreimal auf: »Ich hasse Selbstmitleid« und räume in einer Blitzaktion alles an seinen Ort. Die Pastete nehme ich als Zeichen und mache eine Dose auf. Erneut beschäftigt mich die Idee, Henning wolle mich quälen. Was ich ihm auch angetan habe, solche Strafe habe ich nicht verdient. Außerdem sollte ich nicht alles auf mich selbst beziehen. Also was ist es? Vielleicht ist seine Ordnungsliebe auf den Bereich des ihm Sichtbaren beschränkt, während er sich für Delokalisierungen anderenorts einfach nicht für zuständig hält. Als ich gerade die kleine Bordbibliothek wieder zurücksortiere, taucht wie eine Erlösung der Kapitän auf, flucht, stürzt nach oben und mäßigt Henning.

KINDSKÖPFE AUF WASSERSUCHE

Um zwei Uhr ankern wir bei strahlender Sonne in Dundas Harbour (Südküste Devon Island). Als ich mit der sparsamen Hygienehandlung dran bin, kommen die letzten Tropfen aus dem Hahn. Ich suche mit dem Fernglas nach Wasser und einer Landungsstelle. Der kleine Fluß ist trocken, weil die Schneeschmelze vorbei ist. Henning sitzt schon im

Dingi, aber es tut sich nichts. Er hat auf der Karte einen Fluß gesehen. Ich gebe zu bedenken, daß Flüsse hier nur während der Schneeschmelze Wasser führen. Henning brummt Unverständliches. Ob er mich an Land absetzen könne? Ungnädiges Einverständnis. Er fährt mich partout nicht dorthin, wo mein Arm hindeutet. Nein, soweit geht er nicht, sondern er setzt mich auf einem recht ungünstigen Felsen ab und kurvt zur Kivioq zurück. Die Flußfahrt hat sich wohl doch erledigt. Ich suche die Tundra nach Senken ab und die Küste nach einem Kiesstrand. Nach einer Weile habe ich beides zusammen, das Wasserloch liegt 60 Meter über der Landungsstelle. Am Schiff tut sich nichts, ich rauche an meiner letzten Schachtel. Dann kommt er endlich bei, mit einem 20-Liter-Plastikbehälter. Wir brauchen mindestens 400 Liter bis Resolute. Henning gibt ein homöopathisch dosiertes Zeichen der Zufriedenheit ab, als er meine Wasserstelle prüft. Sie liegt einen Meter über einer naheliegenden Senke. Er beginnt mit dem Schöpfen. Das dauert. Ich erinnere ihn an einen Schlauch, den ich an Bord gesehen habe. Hat er nicht gesehen. Er hat 40mal den Schöpfbecher bewegt und ist ja im Prinzip einsichtig. Beim nächsten Mal bringt er den Schlauch mit.

KLEINE FLUCHT

Nach zehn Fuhren löst mich Hartmut ab, und ich begebe mich auf die Suche nach der verlassenen Siedlung, die westlich von hier liegen muß. Schon vom nächsten Hügel kann ich sie sehen. Zwei einräumige Holzhäuser, eins mit drei Räumen. Zwei Aborte. Viele Ölfässer. Drinnen sieht's wüst aus, wahrscheinlich waren Eisbären zugange. Die Zeitschriften stammen aus dem Jahr 1949. In einem Raum gibt es noch Fenster. Ich beschließe, hier zu übernachten, da alleinseinsbedürftig. Beim Abendessen verkünde ich meine Absicht. Ich packe in meinen Seesack: eine Schachtel Kekse, vier kleine Rundkäse, ein Gewehr (Mauser), 30 Patronen, einen Schlafsack, eine Isomatte (aufblasbar), die Filmkamera, zehn Zigarillos (lang) und keine Teebeutel. Sitze dann alleine am Feuer und denke über mein Leben nach und über die Tatsache, daß ich mir keinen Tee kochen kann. Töpfe gibt es genug. Ich lade das Gewehr, denn der Polarbär sucht gelegentlich menschliche Behausungen heim. Ein Probeschuß auf eine Büchse geht zu hoch und hinterläßt ein fußballgroßes Loch in der Tundra. Zurück zu meinem Leben: Es war mir wichtig, mit der Kivioq hierherzukommen. Warum eigentlich? Also klar, wichtig für den Film, für die Reputation etc. Aber das ist nicht alles. Die Befriedigung, die ich verspüre, ist irgendwie komisch. Gelungener Bubenstreich nach dem Muster abartiger Wetten in einem englischen Club? Ein Spleen, Sehnsucht nach »Abenteuern«? Wie die meisten Menschen werde ich am Lagerfeuer sentimental. Erinnerungen an die Kindheit. Ich höre streng klingende Stimmen. »Sei nicht so neugierig!« Absurde Zurechtweisung. Natürlich, es ist die Neugier. Also doch »Entdecker«? Ach du liebe Zeit. Ich lege einige saubere Bretter in mein Zimmer, darauf Isomatte und Schlafsack und verkrieche mich. Letzter Gedanke: Ein Bär steht in der Tür, also Patrone in den Lauf. Ein toter Eisbär ist etwas Trauriges, denke ich noch, und sehe die kraftvolle Anmut wieder vor mir.

VOM ZIELEN AUF URTIERE

22. August. Es gibt heißes Wasser statt Tee, Käse und Kekse. Überall liegen Exkremente von Moschusochsen, also auf geht's. Nehme ich das Gewehr mit oder die Filmkamera? Beides ist mir zuviel, denn es geht nur über Geröll und weiche Tundra. Ich lasse die Kamera stehen. Kann ja Hartmut holen, denke ich. Also nehme ich das Gewehr. Wegen dem Bär, und weil das Moschustier auch böse werden kann. Und weil man sich mächtiger vorkommt, natürlich. Unschöner Gedanke. Nach einer Stunde Stapfen und Stolpern sehe ich drei dieser Urtiere und lasse sie ungestört, damit sie Hartmut später filmen kann. Ein einsames Exemplar versuche ich zu fotografieren. Wir schauen uns an, Entfernung 200 Meter. Zu weit für mein Objektiv. Also rücke ich langsam 30 Meter vor. Es äugt, bleibt ruhig, weil

ich nicht in seine Feindbilder passe, wie etwa der Wolf. Ich nehme das Wollbündel mit Hörnern ins Visier (sieht ja keiner). Sämtliche Über-Ichs in Form der mir bekannten Tierfreunde schreien empört auf. Gemach, ich habe ja nicht mal entsichert. Könnte ich dieses schöne Bild zerstören? Ein paar Tage Hunger, dann ja. Unschöner Gedanke auch das. Indem ich so nachsinne, macht es sich davon. Meine Begegnung mit der Vorzeit hat jedenfalls zu lange gedauert. Es bleiben nur zwei Stunden bis zur verabredeten Abfahrt, zuwenig, um die Kamera zu holen. Ich schleppe meine Habe zum Schiff. Der Tag in Dundas Harbour hat allen gut getan.

WENDE IM EIS

23. August. Südöstliche Winde herrschen bei der Weiterfahrt nach Beechy Island. Es war das realistische Minimalziel, mit der Kivioq diesen historischen Ort zu erreichen. Wir hatten ja mit der Twin Otter nur einen Teil der Relikte drehen können. Nun sind wir kurz davor, aber die Freude ist gedämpft. In der Bucht zwischen Beechy Island (das eigentlich eine Halbinsel ist) und Cape Riley (dem wir uns nähern) liegt der Eisbrecher Sir John Franklin. Der Eisbeobachter sagt zu uns über Funk Ungutes über das Eis: Der Wind hat es gegen Cornwallis Island geschoben, direkt in unseren Weg.

Ein schmaler Streifen an der Küste, meint er, könne noch offen sein. Wir biegen um Cape Riley und sehen den Eisbrecher. Von Beechy Island sehen wir wenig, es ist trüb, kalt und windig. Erik fragt mich, ob wir ankern sollen, um zu drehen. Natürlich möchte ich die Kivioq vor diesem geschichtsträchtigen Ort aufnehmen. Aber ich habe (mühsam) gelernt, daß hier das Eis Regie führt. Wir müssen nach Resolute, um zu tanken. Wenn der Wind weiter von Süden kommt, ist Resolute zu. Manchmal bleibt es dann bis zum nächsten Sommer so. Da der Eisbeobachter noch eine Möglichkeit zum Durchkommen sieht, hat das Filmen keine Priorität. Also weiter nach Westen. Es tut irgendwie weh, als die Steilküste mit dem Franklin-Cairn an Steuerbord vorbeizieht. Das Eis wird langsam dichter, die schmalen Durchfahrten immer seltener. Nach vier Stunden sind wir mitten im Packeis. Rechts liegt Assistance Bay, in der John Ross und Penny 1850 überwinterten. Die Bucht ist alles andere als ideal, sie schützt nur gegen nördliche Winde. Das Packeis hatte sie hier festgehalten. Das droht uns jetzt auch. Eis, überall Eis, wir können nur da raus, wo wir reingekommen sind. Es ist zum Heulen, bis Resolute sind es kaum sechs Meilen, und wir müssen umdrehen. Ein kräftiger Wind aus Norden kann in wenigen Stunden das Packeis wegschieben. Und der weht hier nicht selten.

Eis, überall Eis.

EIN TAG AUF BEECHY ISLAND

24. August. Bei Sonnenaufgang liegt die Kivioq vor Beechy Island. Kein Ort ist mit der Suche nach der Nordwestpassage mehr verbunden als diese steinige Insel vor Devon Island. Meine Gedanken verschwimmen wie im Fieber. Die Kivioq verwandelt sich in all die berühmten Schiffe, die einst hier ankerten. Ich sehe die Männer vor mir. Ich spüre ihre Freude, es bis hierher geschafft zu haben, ihre Enttäuschung, wenn sie erfolglos die Heimfahrt antreten mußten. Wir sind zum Drehen hier. Zuerst die Kivioq vom Beiboot aus, während sie die Bucht umrundet. Schöne Bilder. Dann ankern wir in der Nähe der Franklin-Gräber. Die Crew besichtigt die Grabstätte und die Ruinen des Northumberland-Hauses (Belcher-Suchexpedition). Wir klettern durch einen Einstieg auf das 180 Meter hohe Plateau des Inselberges. Der kalte Wind treibt uns die Tränen in die Augen. Nach einem Kilometer über Schnee und Geröll stehen wir vor einem Steinhaufen: Der Franklin-Cairn. Stumme Zeugen sind reichlich vorhanden: Faßreifen, Dauben und ein abgebrochener Signalmast mit zwei Ölfässern am Ende.

DAS FRANKLIN-RÄTSEL

In solchen Steinhaufen und ihrer Umgebung pflegten die Seeleute in der Arktis Botschaften zu deponieren. Also haben die Franklin-Sucher hier im Umkreis von 50 Metern das Geröll durchwühlt. Haben sie vielleicht etwas übersehen? Wir suchen frierend eine Weile und finden natürlich auch nichts. Dann halten wir dem Wind nicht mehr stand und beginnen den Abstieg. Warum ließ Franklin einen Cairn errichten, aber keine Nachricht hinterlegen? Ich grübele, friere und habe keine Ahnung. Warum hat Franklin im Lancaster Sound und im Wellington Channel keine Botschaften hinterlegt, wie es seine Pflicht gewesen wäre? Bei der Suche nach Franklin wurden sogar noch die Steinmale von Parry gefunden. Die in den dafür vorgesehenen Kupferzylindern enthaltenen Nachrichten waren noch lesbar. Es gibt Tage, an denen Wind und Eis es nicht zulassen, an Land zu gehen. Es gibt aber auch Tage, an denen Wind und Eis dazu nötigen, mehrere Tage in einer Bucht abzuwarten. Es kann also nicht an der Eile gelegen haben. Schon gar nicht auf Beechy Island, dem Ort der Überwinterung. Ich bin fest entschlossen, das Rätsel für unlösbar zu halten, aber es grübelt einfach weiter in mir.

Franklin-Cairn

DAS DOSEN-RÄTSEL

Unten ist es erträglicher, und wir begeben uns zu den letzten Resten des Franklin-Camps. In einem flachen Aushub von 3 × 3 Metern sind die stark angerosteten Reste von etwa 40 Dosen sichtbar. Man kann ihnen nicht ansehen, ob ihr Inhalt verdorben war. Um der britischen Nation einen unlädierten Helden zu erhalten, haben einige Autoren den Ruf der britischen Dosenindustrie beschädigt. Die Firma Goldner soll minderwertige Waren für die Expedition geliefert haben. Falls die Katastrophe tatsächlich durch verdorbene Nahrung verursacht wurde, wäre es Franklins Ruhm eher abträglich. Dann wäre nämlich versäumt worden, den Proviant durch ständige Stichproben zu kontrollieren. Hätte die Prüfung im Winter 1845 ergeben, daß große Teile des Proviants verdorben waren, hätte Franklin wie jeder andere auch den Befehl zur Umkehr gegeben.

Franklin-Müll

MAN LERNT NICHT AUS

Die Zeit reicht noch aus, mit dem Dingi zu dem ein paar Meilen entfernten Cape Riley zu fahren. Da das Gummiboot mit dem 15-PS-Außenborder gleiten kann, ist es schneller als die Kivioq. Der Wind hat wie erhofft auf Nord gedreht und frischt bei der Überfahrt auf. Obwohl wir mit dem Wind fahren, habe ich Mühe, das Spritzwasser zu minimieren. Die Kamera haben wir mit Plastiksäcken geschützt, aber Hartmut, der auf dem Rand sitzen muß, wird ziemlich naß. In der Mitte der Bucht brechen sich schon die Wellen, und die Rückfahrt gegen den Wind macht mir Sorgen. Für die Landung auf dem Kiesstrand gibt es ein einfaches Rezept: Mit genügend Fahrt auf einer Welle ansteuern, Motor hoch, warten, bis der Kiel aufsetzt, rausspringen und das Boot hochziehen, bevor die nächste Welle hineinschwappen kann. Das gelingt. Zurück geht's bestimmt nicht so einfach, da müssen wir uns etwas einfallen lassen. Mir schwant, daß wir einen Fehler gemacht haben. Ich stürze los, um nach Relikten zu suchen. Die von Franklin sind schon 1850 komplett eingesammelt worden. Vor Cape Riley ist aber 1853 die Breadalbane gesunken, ein Versorgungsschiff für die Belcher-Suchexpedition. Es wurde durch Eispressungen leck, aber Teile des Proviants konnten hier noch an Land gebracht werden, bevor die Breadalbane sank. Faßreifen und Holzdauben sind in Fülle auf kleinen Tundraflecken zwischen den Felsen zerstreut. Wir beeilen uns beim Drehen, weil die Abfahrt nach Resolute ansteht. Der Nordwind hat stetig zugenommen und dürfte das Eis inzwischen abgedrängt haben. Andererseits hat er das Wasser in der Bucht ganz schön aufgewühlt. Wenn wir bis zur Kivioq gegen Wind und Wellen fahren müssen, brauchen wir mindestens zwei Stunden. Ich hoffe, daß sie uns entgegenkommen. Dann stehen wir am Boot und denken uns was aus. Die elegante Methode: Mit dem Heck nach vorne ins Wasser stoßen, reinspringen, Motor absenken und per Hand anwerfen, Rückwärtsgang rein und nichts wie weg vom Land. Wir malen uns aus, wie die erste Welle uns unter Wasser setzt und an Land zurückwirft. Auf Eleganz müssen wir auch keinen Wert legen, da uns sowieso keiner zuschaut. (Seefahrer pflegen die Bootsmanöver ihrer Kollegen vom anderen Schiff mit einer Mischung aus Nachsicht und Häme zu begutachten.) Zur Vermeidung einer Slapstick-Nummer verlegen wir uns auf ein biederes Verfahren. Wir warten ab, bis eine Welle zurückläuft, stoßen das Boot mit dem Bug nach vorne ab, springen hinein und versuchen, wild paddelnd die erste Welle zu nehmen. Einen Moment ist es doch ein Slapstick. Wir kommen nicht vorwärts und die Welle wird immer höher. In meinem geistigen Kino läuft ein Kurzfilm ab: Wir fallen über Bord, schwimmen an Land (vier Grad Wassertemperatur), und das Dingi samt Kamera treibt davon. Die paar Meter hält unser Kreislauf wohl aus, wir stehen aber dann unterkühlt in nassen Sachen da. Wir könnten uns an einer windgeschützten Stelle ausziehen und mit den Faßdauben ein Feuer machen. Die Kivioq dürfte in der nächsten Stunde auftauchen. Aber wie kommen wir an Bord? Das Dingi geht zwar nicht unter, ist aber inzwischen abgetrieben. Also suchen sie mit der Kivioq das Dingi. Und wenn sie es nicht finden? Kein guter Film, also lieber ein paar Schläge zulegen. Wir schaffen die erste Welle, aber irgendwie geht's nur langsam vorwärts. Ungeübt, wie wir sind, können wir das Tempo sicher nicht lange halten. Also Motor runter. Hartmut paddelt allein weiter, und wir treiben wieder auf das Land zu. Ich reiße an der Anlasserschnur. Mehr als drei Versuche habe ich nicht. Gütiger Motor, er tut es beim ersten Mal. Eine Viertelstunde lang quälen wir uns von Welle zu Welle, dann kommt endlich die Kivioq. Henning legt sie mir quer zum Wind, so daß ich einigermaßen »elegant« anlegen kann. Hartmut ist schon ziemlich naß, ich habe hinten am Steuer günstiger gesessen. Henning schaut mich nur an.

ENDLICH DA, ABER NICHT FROH

Wir fahren mit vollen Segeln wieder nach Westen. Mit acht Knoten geht's über den Wellington Channel nach Cornwallis Island. Dort hat der Wind eine Fahrrinne gebildet, aber das Packeis an Backbord dämpft unsere Stimmung. Da müssen wir nämlich durch, wenn wir zum Prince Regent Inlet wollen. Ausgerechnet jetzt ist kein potentes Tief in der Nähe. Wir haben unser Sturmkontingent offenbar ausgeschöpft. Das Eis wird auch vor uns immer dichter. Die Stürme und unsere Rückkehr nach Beechy Island haben zuviel Treibstoff gekostet. Wir müssen in Resolute bunkern. Zum ersten Mal sind wir alle etwas besorgt und starren auf die Eisbarrieren vor uns. Von weitem sieht es manchmal aus, als ginge es nicht weiter. Aber wir finden immer wieder eine Öffnung. Kurz vor Mitternacht biegt die Kivioq um das letzte Kap, und einige Lichter werden sichtbar. Hartmut und ich fühlen uns zu Hause. Der Himmel ist wunderbar gefärbt, und über dem Heck strahlt der Vollmond. Vor uns gibt es jede Menge Diesel und warme Duschen. Und doch ist die Freude gedämpft. Die verdammte Packeisbarriere da draußen. Am demolierten Behelfspier der Meeresforscher werden wir erwartet. Ein Wissenschaftler und unser Freund Peter Robinson begrüßen uns. Ein Kajak mit Außenborder kommt hinzu, darin eine Inuit-Familie. Mutter filmt uns mit ihrem Video. Wir filmen zurück. Henning macht den Anker klar, ich paddle mit dem Dingi ein Tau zum Pier. Peter, unser Führer bei den Schlittenreisen, bietet mir eine warme Dusche an. Die anderen wollen an Bord bleiben. Auf der Fahrt zum Explorer's Home sage ich ein paar müde Sätze. »Kannst du mir morgen erzählen«, meint Peter, der selbst mit Worten eher sparsam ist. Unter der Dusche habe ich plötzlich das Gefühl, sehr viel gefroren zu haben. Die Wärme dringt langsam nach innen, als sei sie dort unbekannt.

KEINE BEWEGUNG

25. August. Glen von der Coast Guard ist jetzt für Wetter und Eis zuständig, hat keine guten Nachrichten für uns. Wir studieren die Eiskarte und Satellitenfotos. Die Eisbarriere verharrt unbeweglich vor Prince Regent Inlet. »Die kann dort bleiben, bis das neue Eis sich bildet«, meint er. »Und bei Südwind kann sie euch den Rückweg versperren.« Ich sehe Erik an, daß er die Entscheidung getroffen hat. Ich mache es ihm leicht. »Dann geht es in diesem Jahr eben nicht.« Er nickt und ist genauso traurig wie ich. Mit dieser Crew und diesem Schiff hätten wir es geschafft, wenn es die geringste Chance gegeben hätte. Oder gibt es doch noch eine? Wir müssen Wasser und Diesel bunkern, Steen braucht neue Düsen für die Maschine, die Steuerautomatik soll nachgesehen werden, und heute ist Sonntag. Vor Dienstag nachmittag können wir die Heimfahrt nicht antreten. Bis dahin...

KEIN TIEF

26. August. Glen im Wetterbüro ist schon so betrübt wie ich. »Es bewegt sich nichts, es ist kein Tief in Sicht.« Die Kivioq ist zur Zeit die Attraktion von Resolute, und Erik zeigt allen Besuchern das Schiff. Die Leute hier wissen, daß wir keine Spazierfahrt hinter uns haben. Alle sind sehr hilfreich. Die Meeresforscher besorgen uns Wasser, die Coop liefert preiswert Heizöl, die Werkstatt von der Coast Guard baut die Düsen aus einem Motor aus. Steen ist glücklich, weil die Maschine zum erstenmal 100 Prozent in Ordnung ist.

LETZTE OPTION

27. August. Das Eis vor Prince Regent Inlet bewegt sich nicht, und Erik will um drei Uhr aufbrechen. Für den Fall einer Rückkehr nach Grönland war vorgesehen, daß Hartmut und ich das Schiff in Resolute verlassen. Wir packen, wobei mir klar wird, daß dieser Plan keine Optionen mehr offenläßt. Die Rückfahrt erfolgt entlang der Eisbarriere. Was ist, wenn sie sich doch noch auftut? Der Plan wird

geändert. Wir fahren bis Beechy Island mit, und wenn sich bis dahin nichts ändert, steigen wir dort aus und lassen uns von einer Twin Otter abholen. Peter Robinson kommt mit, er war in der Arktis bisher nur mit Schlitten unterwegs und ist ganz vernarrt in die Kivioq. Falls wir doch noch bis Bellot Strait kommen, kann er von einem Inuit-Camp im Prince Regent Inlet zurückfliegen.

EISBESICHTIGUNG NEGATIV

Ein paar Leute winken zum Abschied, Erik läßt das Horn tönen, die Schiffsglocke bimmelt, aber die Mienen sind nicht heiter. Das verdammte Eis. Gleich um die Ecke fängt es an, aber in Richtung Osten gibt es viele Öffnungen. »Es hat keinen Sinn, gegen das Eis zu sein«, sage ich mir immer wieder. Ohne das Eis ist die Gegend kein Thema. Ohne Eis führen hier täglich hundert Schiffe durch. Ich starre auf das Packeis. Ab und zu gibt es kleine Öffnungen nach Süden. Aber wie oft habe ich gelesen, warum es unklug ist, sie zu benutzen. Man kommt manchmal ein paar Meilen weit vorwärts, aber dann geht's nicht mehr weiter, weder vorwärts noch rückwärts. Das ist nicht unbedingt gefährlich. Der Rumpf der Kivioq ist flach und so rund, daß er bei Eispressungen nach oben gedrückt würde.

ANDERE ZEITEN

Leider stehen wir nicht auf den Gehaltslisten Ihrer Britischen Majestät. Die Zeiten haben sich geändert. Wir können es uns nicht leisten, im Packeis zu überwintern. Wir gehen noch einmal ganz nah heran, Hartmut filmt den Kasus und das war's dann. Die Kivioq ist unterwegs nach Grönland.

WAS IST ERFOLG?

28. August. Um Mitternacht kommen wir auf Beechy Island an. Händeschütteln, Umarmungen, ein kurzes Resümee. Wir haben in vier Wochen alle Standardsituationen einer arktischen Schiffsreise erlebt, bewältigt und nicht zuletzt gefilmt. Es war harte Arbeit, manchmal an der Grenze, also da, wo man noch Erfahrungen machen kann. Wir haben eine historische Route nachgesegelt, und es war, als hätten Ross, Parry und Co. das Drehbuch geschrieben. Als ich etwas feierlich mit dem Spruch herauskomme: »Wir hätten etwas mehr Glück mit dem Eis verdient«, verstehen sie ganz gut, daß ich es als Lob meine. Viele Segler hatten mich belehrt, die Enge auf einem solchen Schiff würde unvermeidlich zu Konflikten führen. Sie sind vermeidlich. Wir hatten keinen Streit, und es gab nicht einmal einen Ansatz dazu. Die Harmonie war nicht das Resultat von Befehlsgewalt und Hierarchie, sondern freiwilliger Disziplin und gemeinsamer Abwägung aller Entscheidungen. Mir sage noch einmal jemand, Demokratie sei auf einem Schiff nicht möglich. War es ein Erfolg? Wir haben alles versucht, was in unserer Hand lag. Die Kivioq ist kein Eisbrecher, und Überwintern war nicht möglich. Wir haben alle anderen Optionen wahrgenommen und waren nur drei Tagesreisen von unserem Ziel entfernt. Einer der Lieblingssprüche meiner Jugend fällt mir ein: »Ich ärgere mich nie über das Wetter, weil ich es nicht ändern kann.« So ist das auch mit dem Eis. Niemand hat das Gefühl, aufgegeben zu haben, aber der Schampus bleibt zu. Der Abschied ist herzlich.

ACH, MASCHINE

Wir stehen auf Beechy Island zwischen unseren Sachen. Es ist ziemlich dunkel, aber Hartmut dreht die Abfahrt. Auf der Kivioq sind alle Lichter an, das Horn tönt, die Glocke bimmelt, ein paar Rufe. Bye bye. Sie sind weg. Es ist windstill, und wir hören noch lange die Maschine. Verdammte Maschine? Nein, nicht mehr verdammt. Sie fehlt uns, als die arktische Stille sie verschluckt.

Abschied von der Kivioq.

NÄCHSTES JAHR...

Wir bauen die Zelte auf, Peter macht Kaffee auf dem Kerosinofen, Hartmut und ich suchen Treibholz für ein Feuer. Wir teilen den Rest Whisky und starren in die Flammen. Ich mümmle ein paar Kekse und bin wieder ziemlich sentimental. Dann reden wir wieder von den Plänen für nächstes Jahr. Von der eigentlichen Passage fehlen uns noch ganze 500 Kilometer. Wenn es gegen das Eis nicht geht, muß man es auf dem Eis versuchen. Solche Strecken wurden mit Schlitten schon von Ross bewältigt, im Frühjahr, als alle Wasserstraßen noch zugefroren waren. »Kein Problem mit Hundeschlitten oder Schneemobil«, meint Peter. Hartmut und ich haben im Frühjahr mit ihm ja schon mehr als 100 Kilometer über das Eis zurückgelegt und wissen jetzt, wie man sich bei 40 Grad minus verhält – und dreht. Mal sehen, was das Budget noch hergibt. Amundsen hat auch drei Jahre gebraucht. Warum sollte es uns besser gehen als den anderen?

Beechy Island

Freilichtmuseum

Lithographien in diesem Kapitel aus S. G. Creswell, VOYAGE OF THE INVESTIGATOR, London 1854.

Mercy Bay

10   DIE BUCHT DER GNADE

FRANKLIN ENTGEGEN

Niemand wußte, wie weit die Erebus und Terror unter Franklin von Osten in den Archipel vorgedrungen waren. Also war es sinnvoll, sie auch von Westen her zu suchen. Im Frühjahr 1850 umsegelten die Investigator unter McClure und die Enterprise Südamerika. Collinson, der Kapitän der Enterprise, hatte den Oberbefehl, aber wenig Interesse, ihn auszuüben. Die Schiffe segelten getrennt entlang der Westküste Amerikas nach Norden, und die Investigator passierte die Bering Strait vor der Enterprise. Die Order der Admiralität erlaubte eine Trennung eigentlich nur im Notfall oder bei »unvermeidbarer Notwendigkeit«. Aber beide Kapitäne hatten sich keine erkennbare Mühe gegeben, sich wieder zu treffen.

Johann August Miertsching

AUF EIGENE FAUST

Ende Juli, bei Cape Lisburne, dem Nordwestkap von Alaska, legt McClure die Order in seinem Sinn aus: Er beschließt, nicht auf Collinson zu warten, sondern die Fahrt entlang der Nordküste Alaskas nach Osten allein fortzusetzen. Die »Notwendigkeit« war in gewisser Weise gegeben, da die Eisbedingungen ungewöhnlich günstig waren. Alexander Armstrong, der Schiffsarzt, gibt die allgemeine Stimmung wieder:

»Wir fühlten nur ein geringes Bedauern, einen so ungetreuen Begleiter zu verlieren.«

Es gab viel zu gewinnen, Ruhm, Ehre und Geld. Die Teilung hätte sich fraglos wertmindernd ausgewirkt. Die Entscheidung war durchaus problematisch. Solange alles gutgeht, kommt ein Schiff allein besser voran, aber im Notfall kann die Anwesenheit eines zweiten Schiffs die einzige Rettung bedeuten – und der Notfall trat dann auch ein. Es gab auch nur einen Dolmetscher, der die Inuit nach den Verschollenen befragen konnte, und der war an Bord der Investigator. Der Deutsche Johann August Miertsching, ein Herrnhuter Missionar, hatte die Inuit in Labrador christlich unterwiesen und dabei ihre Sprache erlernt. Daher hatten die Engländer Miertsching für die Franklin-Suche angefordert. Collinson drang dann zwei Jahre später entlang der nordamerikanischen Küste bis in eine Gegend vor, in der die Inuit vom Schicksal der Verschollenen gehört haben dürften, nur befragen konnte er sie nicht.

DIE PASSAGE LOCKT

Nach rund 1700 Kilometern Fahrt nach Osten entlang der Küste und mehreren bedrohlichen Situationen im Treibeis erreicht die Investigator am 6. September Cape Parry. Zwischen diesem Kap und einem schmalen Küstenstrich rund 450 Kilometer weiter nördlich war auf den Karten ein weißer Fleck eingezeichnet. Diese Küste im Norden hatte Parry 1819 von Melville Island aus gesehen und Banks Land genannt. Wenn McClure den Parry Channel zwischen Banks Land und Melville Island erreichen würde, könnte er von dort über die Barrow Strait und den Lancaster Sound nach England zurückkehren. Er hätte Amerika umrundet und die Nordwestpassage von Westen nach Osten durchfahren. McClure zögert. Es war riskant, das offene Wasser in Küstennähe zu verlassen und Kurs auf 450 Kilometer Terra Incognita zu nehmen. Als es plötzlich aufklart, sehen sie im Norden offenes Wasser und in rund 100 Kilometer Land. Nun gibt es kein Zögern mehr. McClure verspürt die Erregungen, die sich bei der Aussicht auf große Erfolge einstellen. Noch nie waren Europäer bis zu der Küste vorgedrungen, die er vor sich sah (es sei denn Franklin). Am 7. September sind sie da. McClure begibt sich nur kurz an Land, um es für England in Besitz zu nehmen. Er nennt es Baring Island, in der Hoffnung, es sei eine Insel. Ihm ist noch nicht klar, das es mit dem Banks Land im Norden verbunden ist. Eine systematische Suche nach Spuren der Franklin-Expedition würde Wochen dauern. McClure versucht es erst gar nicht. Er hat es eilig, es gibt weiter offenes Wasser, die Küste biegt nach Nordosten und verläuft schließlich genau in nördlicher Richtung, direkt auf den Parry Channel zu. Ist es tatsächlich eine Wasserstraße oder eine Bucht?

GEFÜHLE IM WECHSELBAD

Sherard Osborn hat einen Reisebericht an Hand der Notizen von McClure verfaßt. Er notiert:

»Einige waren sehr besorgt, ob sie nicht in einen tiefen Meeresarm eindrangen, ohne einen Ausgang zur Barrow Strait. Falls es so wäre, müßten sie auf demselben Weg zurückkehren, und die Periode der Schiffbarkeit konnte nur noch in Stunden gemessen werden.«

Der Bordarzt Armstrong präzisiert die Gefühle:

»Wir setzen unseren Weg in einem schmerzlichen Zustand von Zweifeln und Ungewißheit fort, gefolgt von Gefühlen der Freude und Hoffnung – aber niemals Verzweiflung.«

Rechts und links Land, vor ihnen offenes Wasser, der Triumph liegt in greifbarer Nähe. Osborn zitiert McClure:

»Darf eine so einfache Kreatur wie ich etwas vollbringen, was den Talentierten und Wissenden über Jahrhunderte rätselhaft blieb?«

Armstrong, am 10. September:

»Am Nachmittag waren wir nur noch 60 Meilen von der nördlichen Begrenzung von Banks Land entfernt, die uns in die Barrow Strait führen würde und weiter zur Entdeckung einer Passage. Unsere Hoffnungen erreichten ihren Höhepunkt, aber nur, um allzu bald zum Tiefpunkt zu verebben… Der Wind schlug um und trieb das Eis auf uns zu… Es war nichts mehr auszumachen als eine undurchdringliche Eisbarriere.«

Immerhin mehren sich die Anzeichen, die auf eine Wasserstraße hinweisen.

Passage blockiert.

NÄHERUNGEN, EHER FATAL

Die Investigator treibt mit dem Packeis weiter nach Norden und ist am 16. September nur noch rund 50 Kilometer von Banks Land entfernt. Aber dann ändert sich die Richtung der Eisdrift. Die Investigator treibt nach Süden gegen die Klippen von Princess Royal Island und gerät immer öfter in Bedrängnis: Armstrong erlebt eine Kollision mit dem Eis in der Kabine:

»Das Krachen und Kratzen dröhnte unangenehm in den Ohren. Ich wurde durch die Vibrationen der Planken geweckt, es schien, als würde das Eis sie durchbrechen.«

Die Klippen kommen immer näher. Am 26. September sieht es so aus, als sei die Investigator verloren. McClure läßt Proviant, Heizmaterial und Kleidung an Deck bringen und die Boote klarmachen. Osborn:

»Aber die Stunde der Investigator hatte noch nicht geschlagen. 500 Yards vor den Klippen kutschierte das Eis sie an ihnen vorbei.«

Am 1. Oktober drückt das Eis die Investigator auf die Seite und hebt sie einen halben Meter aus dem Wasser. Osborn:

»Jede Planke im Schiff stöhnte und krachte, und die Schiffsglocken schlugen an, als es unter dem Stoß erzitterte. Alles stürzte an Deck, ohne den Befehl abzuwarten. Da standen sie, in einer Oktobernacht, bei 3 Grad unter Null, jeder an seinem Platz, in Erwartung der endgültigen Katastrophe für das Schiff, das sie in der Öde einer vereisten Straße allein lassen würde.«

Die Investigator bleibt bei ihnen. McClure läßt sie für den Winter herrichten und die Vorräte prüfen. 500 Pfund Fleischkonserven waren verdorben, weil sie, laut Osborn, beim Verpacken in England beschädigt wurden.

NACH 350 JAHREN GEFUNDEN

Obwohl die Investigator in ungünstiger Position eingefroren ist und sich samt dem Packeis wieder in Bewegung setzen kann, verläßt McClure am 24. Oktober das Schiff. Mit sieben Begleitern und einem Schlitten stapft er auf dem Eis der Wasserstraße nach Norden. Nein, nicht um Franklin und die Seinen zu suchen, davon ist keine Rede. McClure will den Triumph, die Passage. An manchen Tagen schaffen sie nur 10 Kilometer. Erschöpft erreichen sie am 26. Oktober 1850 die Nordküste von Banks Land. Ihre Wasserstraße mündet also in die Parry Strait. Über dem Eis sehen sie gegenüber Melville Island, und rechts davon, wo das Eis in den Himmel übergeht, führt der Weg in die Heimat – falls es im Sommer aufbricht. Aber es ist nicht der Augenblick des Kleinmuts. Osborn:

»*Nie kam Menschen ein so glühendes Thank God über die Lippen, als von denen dieser kleinen Gesellschaft.*«

Kritiker von McClure haben ihm später unterstellt, er habe der Suche nach der Passage den Vorrang eingeräumt. Osborn tut das nicht, er bringt den Zielkonflikt höchst feinfühlig zur Sprache:

»*Franklin und seine heldenhaften Begleiter wurden in der Tat nicht gefunden. Aber auf der Suche nach ihnen wurde das große Geheimnis enträtselt, das sie selbst aufdecken wollten. McClure dachte, auch wenn er zu seinem Unglück die vermißte Expedition nicht entdecken würde, sollte er nicht mit leeren Händen in sein Land zurückkehren.*«

UND FRANKLIN?

Im Frühjahr werden drei Schlitten-Expeditionen ohne den Dolmetscher Miertsching unternommen. Dies ist in der Tat verwunderlich. Die Chance, die Verschollenen selbst zu finden, war minimal. Also hätte McClure alles daran setzen müssen, einheimische Inuit aufzuspüren und zu befragen. Die Erkundungen dienten laut Osborn der Kartierung der Küsten. Ein Schlittentrupp meldet dann auch die Auffindung einer Inuitsiedlung. Jetzt erst bricht McClure mit Miertsching und sechs Mann auf, um die Inuit zu besuchen. Osborn nennt den Grund nicht, und Miertsching sagt nur:

»*Da diese Leute nur 100 Meilen vom Schiff entfernt wohnen, auf einem neu entdeckten Lande, also auch ein neu entdeckter Stamm der Eskimos sind, so beschloß der Capitan eine Reise dorthin zu machen, auf welcher ich ihn begleiten sollte, um von den Leuten zu erfahren, wie das Land und besonders die Küste weiter nach Südosten beschaffen sei.*«

Am 2. Juni 1851 sehen sie fünf Zelte. Miertsching:

»*Wir fürchten uns, das waren die ersten Worte, die ich von den armen Leuten hörte und zu meiner Freude auch verstand. Die Geängstigten setzten sich nicht zur Wehr, sie hatten auch nicht einmal die Waffen dazu, sondern erwarteten mit Furcht und Schrecken unsere Ankunft. Sie hatten noch nie einen fremden Menschen gesehen. Es kostete manche Worte und einige Geschenke, ehe sie zutraulicher wurden… Ihre Harpunen, Messer, Beile, Pfeilspitzen, Nähnadeln sind alle von Kupfer verfertigt, welches sie gediegen von den weiter östlich wohnenden Eskimos gegen Seehundstran, Narwalhörner und dergleichen eintauschten.*«

Wie einst Ross läßt McClure die Inuit Karten zeichnen. Miertsching:

»*Auch zwei bekannte Inseln in der Dolphin und Union Strait wurden ganz richtig eingezeichnet. Nach ihrer Aussage wohnen viele Eskimos an dieser südöstlich sich hinziehenden Küste.*«

Miertsching erwähnt nicht, daß er nach Franklin gefragt habe. Wahrscheinlich kam es ihm nicht in den Sinn, weil die Inuit noch nie Weiße gesehen hatten. Aber ihre Handelswege und geographischen Kenntnisse reichten über Hunderte von Kilometern nach Osten, also in die Richtung, in der sich das Franklin-Desaster tatsächlich ereignete. Es bleibt rätselhaft, warum niemand fragte: Habt ihr von solchen Männern wie wir gehört?

Armstrong, Miertsching und Osborn (McClure) erwähnen Franklin nur selten. Das Schweigen verdeckt recht bittere Sachverhalte:

NICHT ZU RETTEN

1. Die Investigator hatte für ihre 60 Mann Besatzung noch für zwei Jahre Proviant an Bord. Bei der Auffindung von alleine 120 Mann hätte er nur noch für acht Monate ausgereicht. Die Investigator würde frühestens im August freikommen. Die Chancen waren gering, in den verbleibenden fünf Monaten einen Ort zu erreichen, an dem es genug Nahrungsmittel für 240 ausgehungerte Männer gab. Schon mit der Trennung der beiden Suchschiffe war die Rettung aller Verschollenen praktisch unmöglich geworden.

KEINE HOFFNUNG

2. Franklin war 1845 abgefahren, die Gesuchten hatten also inzwischen sieben Überwinterungen hinter sich, so sie noch lebten. Ross hatte 1829 bis 1833 knapp vier Jahre überlebt. Es ist also verständlich, daß niemand mehr daran glaubte, Überlebende anzutreffen.

UND WENN, KEINE PASSAGE

3. Wenn überhaupt, konnte ein Teil der Gesuchten bei den Inuit überlebt haben. Die aber lebten, wie McClure nun erfahren hatte, im Osten. Die Passage war im Norden. Da gab es also einen Zielkonflikt, dessen Erörterung nicht besonders angenehm war.

KEIN DOLMETSCHER, KEIN ERFOLG

4. McClure hat wohl zu seiner Entlastung darauf gesetzt, daß Collinson mit der Enterprise die Küste weiter nach Osten absuchen würde. Er hätte recht gehabt. Collinson kam bis Cambridge Bay, wo er 1852/53 überwinterte, kaum 200 Kilometer vom Ort des Dramas entfernt. Die dortigen Inuit konnten nur mangelhaft befragt werden. Collinson:

»Mr. Arbuthnot (ein Offizier) konnte einige von ihnen dazu bringen, eine Karte der Küste im Osten zu zeichnen. Er schien zu denken, daß sie auch ein Schiff dort andeuteten, aber nach meiner Meinung war es nur eine Wiederholung seiner Fragen.«

Pech für Collinson. Später stellte sich heraus, daß sich das Auftauchen der Schiffe und die Not ihrer Besatzungen im weiten Umkreis bei den Inuit herumgesprochen hatte. Hätte Collinson sie besser verstanden, hätte er die Suche nicht auf die Küste von Victoria Island beschränkt. Er hätte wahrscheinlich auf King William Island als erster die Zeugnisse der Verschollenen entdeckt, wäre er nicht 80 Kilometer davor umgekehrt.

KEINE DIEBE

Miertsching konnte sich gut mit den Inuit verständigen, die aber nichts über Fremde sagten, entweder weil sie nichts wußten, oder weil sie nicht danach gefragt wurden. Armstrong stellt ihnen gute Noten aus:

»Sie waren ohne jene Geldgier und ohne jene schweren Diebereien, die bei den Eskimos an der amerikanischen Küste verbreitet sind, als Folge ihres Kontaktes mit der Zivilisation.«

Miertsching spricht von »armen Leuten«. Eine ziemliche Verkennung der Situation, wie sich bald zeigen wird.

NACH NORDEN…

Im Sommer 1851 kommt die Investigator wieder frei. McClure versucht trotz einer gefährlichen Eisdrift den Durchbruch zur Passage im Norden. Nur um Haaresbreite übersteht das Schiff mehrere Eispressungen.

MIT PULVER...

Miertsching, 17. Juli:

»Am Morgen wurden wir gegen die steile Felswand der Insel angetrieben... Indem fortwährend mit Pulver gesprengt wurde, kamen wir nachmittags in leichteres Eis.«

UND GOTT...

»Den 2. August. Unser Schiff wurde auf den flachen Strand zugetrieben, wo sich die Eisschollen immer höher aufschichteten und einen 30 bis 40 Fuß hohen Damm bildeten. Jeder sah: Hier ist keine Rettung mehr! Hier wird das Wasser unser Grab... Es war eine ängstliche Wartezeit, deren Schrecken nicht zu beschreiben ist... Als alles verloren zu sein schien und jeder Weg abgeschnitten war, lebendig das Land zu erreichen, so gefiel es dem allmächtigen Herrn, sein: ›Bis hierher und nicht weiter!‹ zu sagen. Ein starker Windstoß vom Lande trieb das Eis zurück.«

ABER VERGEBLICH

40 Kilometer vor dem Ziel muß McClure einsehen, daß es nordwärts kein Durchkommen gibt:

»Ich sah, daß die Straße von der einen Seite bis zur anderen vom Eis blockiert war.«

ANDERS HERUM

In der Hoffnung, Banks Land sei eine Insel, versucht McClure diese nun im Uhrzeigersinn zu umfahren, um doch noch den Kanal im Norden zu erreichen. Dabei gerät die Investigator wieder mehrfach in Eispressungen und Stürme. Am 29. August 1851 notiert Miertsching:

»Das war ein Tag voll Angst und Schrecken, wie wir es noch nicht erlebt haben. Von 2 Uhr morgens bis 10 Uhr abends standen wir, warm gekleidet und unsere Bündel fertig, auf dem Verdeck des vom Eise auf furchtbare Weise hin und her geworfenen Schiffes... Das Schiff

»Ein Tag voll Angst und Schrecken.«

lag bald auf der linken, bald auf der rechten Seite. Jetzt kamen Stücke des hoch aufgetürmten Eises heruntergeprasselt, die das Schiff zu zertrümmern drohten... Die Balken des Schiffes bogen sich ächzend und krachend; Bretterwände und Türen sprangen. Um 7 Uhr abends war der Aufruhr auf das höchste gestiegen, so daß selbst der Capitain aussprach: ›Nun ist es vorbei, das Schiff geht in Stücke, in 5 Minuten ist es gesunken...‹ Auf einmal stand sämtliches Eis ganz unbeweglich und eine fast schauerliche Stille trat ein. Der Eindruck dieses Augenblicks war unbeschreiblich. Alles stand blaß und still auf dem auf der Seite liegenden Schiffe.«

Die Erkenntnis reift bald, daß auch dieser Weg in die Passage nicht praktikabel ist. Aber es ist einer, und nach unsäglichen Mühen findet die Investigator schließlich in einer Bucht an der Nordküste Zuflucht. Gegenüber liegt Melville Island, und Banks Land ist eine Insel, also Banks Island. McClure nennt den Zufluchtsort etwas voreilig Mercy Bay – Bucht der Gnade. Die Investigator friert ein, und der zweite Winter wird schrecklich. Die Spuren sind noch vorhanden.

DIE MERCY BAY UND WIR

Als wir 1991 von Resolute aus mit der Twin Otter in die westliche Arktis flogen, wollten wir auch in der Mercy Bay drehen, konnten aber nicht landen. Hartmut und ich waren traurig. Weniger, weil wir nicht drehen konnten, sondern weil wir schon einmal dort waren: Wir drehten 1977 einen Film über die Forschungen des Tübinger Instituts für Urgeschichte. Die Archäologen wollten ergründen, warum es bei den Inuit von Banks Island eine Hungersnot gab, nachdem die Investigator in der Mercy Bay überwintert hatte. Sie vermuteten einen Zusammenhang – und das war damals auch unser Thema. Für Hartmut und mich war es die erste Begegnung mit der Arktis und der Nordwestpassage. Damals entstand der Plan für diese Serie – und es dauerte 13 Jahre bis zur Realisierung. Alles, was mit diesem Thema zu tun hat, zieht sich hin. 1977 charterten wir in Inuvik einen Hubschrauber. Und wir hatten auch gleich das erste Problem: die geringe Reichweite. Obwohl der Pilot in der Mitte von Banks Island ein Depot angelegt hatte, war es unsicher, ob der Treibstoff bis zur Mercy Bay reichen würde. Es wurde knapp. Wir suchten daher nach einem Treibstoffdepot, von dem unser Pilot Ed gehört hatte. Der Tank war schon halb leer, und wir suchten immer noch. Mir war klar, daß wir knapp unser Camp erreichen konnten, ohne Depot, aber niemals die Mercy Bay. Ohne Mercy Bay kein Film. Was für eine Blamage. Premiere eines Grundgefühls in der Arktis. Ed suchte nach einem Lastwagen, ich jedoch dachte, es seien zwei Fässer. Man findet leichter, was man sucht. Als ich zwei winzige Punkte sah, und überglücklich Ed anstoße, sagte der nur »wait« und setzte zur Landung an. Er sprang raus, klopfte an die beiden Fässer, und nun strahlte auch er. Der Film war gerettet.

In der Mercy Bay fanden wir einen Treibanker der Investigator, einen Kohlehaufen und viele Faßdauben. Aber kein Eisen. Zur Klärung dieses Umstandes sollten die Archäologen beitragen.

Tankstelle gefunden.

SELBSTRETTUNG HAT VORRANG

Die Bucht war mit Packeis gefüllt, und Ed, der in der Nähe jahrelang Eisbären gezählt hatte, meinte, sie sei immer zugefroren. McClure hoffte 1851 natürlich, das Eis in der Bucht würde im nächsten Sommer wieder aufbrechen.

Miertsching, 6. Dezember 1851:

»Mit hoffnungsvollem Mute begrüßte jeder von uns den letzten Monat dieses Jahres. Der Capitain erklärte, daß er nun alles andere aufgeben und nur suchen wolle, auf dem kürzesten Wege nach England zu kommen. Die Aufsuchung der verlorenen Franklinschen Expedition müsse bei dem gänzlichen Mangel an Lebensmitteln beiseite gesetzt werden; es sei außerdem ohne Zweifel, daß Franklin, mit Lebensmitteln auf drei Jahre versehen, unmöglich sechs Jahre in dem Eis das Leben habe fristen können. Zugleich aber machte der Capitain auch bekannt, daß, da von dem Schiffsproviant sehr viel verdorben sei..., die tägliche Ration auf die Hälfte herabgesetzt werde.«

»Den 1. Januar 1852. Drei Matrosen wurden bestraft, weil sie das Hundefutter gestohlen und verzehrt hatten.«

»Den 4. Februar. Der Hunger fängt bei den kleinen Portionen, die verabreicht werden, an, förmlich schmerzlich zu werden. Die wenigen weißen Füchse und Lemminge, die auf dem Lande gefangen und geschossen werden und die man auf dem Schiff nicht abzugeben braucht, werden mit dem größten Appetit verzehrt.«

»Den 31. März. Neun kleine Rennthiere wurden in diesem Monat geschossen. Doch wurden drei davon... von Wölfen gefressen.«

KEIN SCHIFF AUS ENGLAND

»Den 9. Mai. Heute nachmittag kehrte der Capitain mit seiner Gesellschaft von der Melville Insel zurück. Die Hinreise hatte 16 Tage, die Rückreise 11 Tage gewährt. In Winter Harbour hatte der Capitain gehofft, ein Schiff aus England oder wenigstens ein Depot an Lebensmitteln anzutreffen, aber keins von beiden war darselbst zu finden.«

Die Retter auf der Investigator hofften inzwischen selbst auf Rettung. Daher hatte McClure in Winter Harbour bei dem Sandstein eine Botschaft mit einem Lagebericht und der Position der Investigator hinterlegt.

BOTSCHAFT AM SANDSTEIN ÜBERSEHEN

Am 7. September 1852 kommt die Resolute im Schlepp der Intrepid vor Winter Harbour an (von Beechy Island, also von Osten kommend). Der Offizier George F. McDougall notiert:

»Der von Parry beschriebene Sandstein am Eingang von Winter Harbour wurde gesichtet... er hob sich in scharfem Kontrast von der schneebedeckten Küste ab.«

Gesichtet, nicht untersucht. Ohne eine Spur von Franklin oder der Investigator gefunden zu haben, zieht sich die Suchflotte unter Kellet nach Osten zurück und überwintert bei Dealy Island. Am 12. September wurde ein Ballon mit 800 Flugblättern aufgelassen, mit der Position der Suchflotte. Er flog in die falsche Richtung. McDougall:

»Der Ballon verschwand in nordwestlicher Richtung.«

GLEICHZEITIG IN DER MERCY BAY...

Miertsching, 9. September:

»Jeden Tag ging der Capitain bisher selbst auf den Berg, um die See zu beobachten; aber es ist vergeblich. Der Sommer ist vorüber, und das Eis in der Bucht und ringsum weit und breit ist noch so unbeweglich, wie es im Winter war.«

McClure erklärt der Mannschaft, eine dritte Überwinterung sei unvermeidlich und legt die neuen täglichen Rationen fest: 330 Gramm Brot oder Schiffszwieback, 130 Gramm Fleisch, 50 Gramm Gemüse und zusammen 50 Gramm Schokolade, Tee und Zucker.

»Der Capitain fuhr fort, daß er nächstes Frühjahr 40 Mann wegsenden werde. Einen Schlitten mit 8 Mann nach dem Mackenziefluß und vier Schlitten mit 32 Mann nach Port Leopold am Eingang von Prince Regent Inlet, wo ein Haus und großer Vorrat an Lebensmitteln und Kleidern zu finden sei. Man bemerkte viele betrübte Gesichter.«

Recht hatten die Leute, denn die Strecken waren so um die 1000 Kilometer lang.

»Den 2. October. Ob alle bei diesen kleinen Portionen werden bestehen können, muß die Zeit lehren. Schon jetzt läßt sich viel Unzufriedenheit bei der Mannschaft wahrnehmen. Man sieht die Hungrigen in den Kehrichthaufen umwühlen, der noch vom vorigen Winter her auf dem Eise liegt.«

»Den 9. October. Die ganze Woche bin ich aufs empfindlichste mit rheumatischen Schmerzen in allen Gliedern und mit heftigem Zahnweh geplagt. Gestern ließ ich mir zwei Zähne ausnehmen. Den ganzen Tag zittere ich vor Frost und muß mich am Abend in das feuchte, dumpfige Bett legen, wo ich vor Schmerzen wenig Ruhe finde. Ach, wann wird dies elende Schiffsleben ein Ende haben!«

WAHN UND AUFLEHNUNG

»Den 18. October. Jetzt ist auch einer der Offiziere vom Wahnsinn ergriffen. Er tobt und lärmt die Nächte hindurch und verscheucht, als mein Kajütennachbar, die wenige Ruhe, die ich genießen möchte. Heute mittag versammelte sich die ganze Schiffsmannschaft auf dem Deck und verlangte durch den Offizier der Wache, den Capitan zu sprechen. Als derselbe erschien, traten vier Matrosen hervor, baten, er möge verzeihen, daß sie hier ohne seinen Befehl versammelt wären; aber sie hätten beschlossen, gemeinschaftlich zu bitten, die täglichen Portionen etwas zu vergrößern, denn bei den jetzigen könnten sie nicht bestehen… Der Capitain versprach, die Rationen etwas zu vergrößern.«

INZWISCHEN AUF DEALY ISLAND…

McDougall, 14. Oktober:

»Lieutenant Mecham kehrte nach 22 Tagen zum Schiff zurück… In Winter Harbour hatte er den Sandsteinblock untersucht. Man stelle sich seine Verwunderung vor, als er aus einem Zylinder, der auf dem Stein lag, einen Bericht und eine Karte hervorzog, die von Captain McClure im letzten April dort deponiert worden waren.«

Die Position der Investigator in der Mercy Bay war natürlich angegeben. Aber für eine sofortige Rettungsaktion war es zu spät:

»Der Vormarsch des Winters und die zunehmende Dunkelheit hätten eine große Gefahr bedeutet.«

UND IN DER MERCY BAY…

Miertsching, 1. Januar 1853:

»Bei der Untersuchung der Mannschaft fanden die Doctoren dieselbe sehr entkräftet, auch fängt der Scorbut an, sich mehr zu verbreiten und bedenklicher zu werden; ein Matrose hat denselben in so hohem Grade, daß ihm nach und nach alle Zähne ausgefallen sind, und nun fangen seine Beine an, schwarz zu werden.«

»Den 25. Januar. Ich bin sehr niedergeschlagen. Schon seit 14 Tagen habe ich heftiges Zahnweh mit Zahngeschwüren. Und nun gesellt sich dazu noch ein Fieber. Die beiden Geisteskranken toben Tag und Nacht. Ein Matrose, vom Eise kommend, ganz steif gefroren, fällt die Schiffstreppe hinab und bricht den Arm. Mr. Sainsburry und Paine sind dem Tode nahe, und die immer ungünstigeren Berichte des Doktors über den Gesundheitszustand der Mannschaft machen dem Capitain viel Sorge und Kummer. So ist überall nichts als Noth.«

»Den 22. Februar. Die monatliche Untersuchung der Schiffsmannschaft ergab, daß kein Einziger unter der Mannschaft bei der fortwährenden Abschwächung mehr zu schwerer Arbeit fähig ist. Das Krankenzimmer bewohnen nun 21 Mann, darunter mehrere, die kaum wieder aufkommen werden. Das sind trübe Aussichten für uns, die wir in sechs Wochen, gerade mit den Schwächeren, die mit Reiseproviant beladenen Schlitten Hunderte von Meilen durch Schnee und Eis ziehen sollen.«

SELEKTION

Armstrong, 2. März:

»McClure gab mir seine Absicht bekannt, die schwächere Hälfte der Mannschaft vom Schiff zu schicken, und die Fähigsten darauf zurückzuhalten. Gleichzeitig verlangte er, ich solle die Auswahl treffen… Am nächsten Tag wurden die Männer informiert, sehr zur Freude derer, die abreisen sollten, und zur deutlichen und bitteren Enttäuschung der anderen. Es schien mir dann meine Pflicht, im Bericht meine Meinung und die des Assistant Surgeon niederzulegen, die Männer seien für diese Reise vollkommen untauglich… In der Nacht zum 5. erschien zum erstenmal der Tod unter uns und entfernte John Boyle nach kurzer Krankheit von dieser Welt.«

ZENSUR?

Miertsching notiert Anfang April:

»Ein geschriebener Befehl des Capitains machte bekannt, daß alle Tagebücher, Zeichnungen, Karten und Schriften, die in Bezug auf unsere Expedition geschrieben und verfertigt sind, bis zum 5ten dem Capitain versiegelt und mit der gehörigen Adresse versehen abgeliefert werden sollen. Derselbe wird alle Papiere an die Admiralität besorgen, von wo man sie wiederbekommen soll. So muß ich denn mein Tagebuch, meine vierjährige Arbeit abliefern.«

»Das sind trübe Aussichten.«

Miertsching hat es nie wieder gesehen. Armstrong und Osborn erwähnen den Befehl nicht. Am 7. April ist alles für die Abreise vorbereitet. Bei einem letzten Spaziergang sagt McClure zu Miertsching:

»*Myn Heer, wenn sie glücklich die Heimat erreichen sollten, und dann nichts von Capitain McClure und seinen Leuten hören, so daß sie daraus schließen müssen, daß auch ich nicht mehr unter den Lebendigen bin und der Todesschlaf mich von allen Mühsalen erlöst hat…, so seien Sie doch dessen versichert, daß der Erlöser meine einzige Zuversicht gewesen ist…*«

EIN PUNKT SPRICHT

Kurz darauf meldet ein Matrose, er habe einen schwarzen Punkt gesichtet. Ist es ein Bär? Ein Moschusochse? Nein. Der Punkt kommt näher und sagt laut Miertsching:

»*Ich bin Leutnant Pim vom Schiff Resolute unter Capitain Kellet auf Dealy Island…‹ Die Kranken, ihres Elends vergessend, sprangen bei der Nachricht von der Ankunft der Fremden von ihren Lagern auf, die Gesunden vergaßen Kummer und Verzweiflung. Und in kürzerer Zeit, als man es erzählen kann, war alles auf dem Verdeck zusammen. Diese Scene wird niemand vergessen, der sie miterlebt hat. Alles war Erstaunen und Freude, Leben und Thätigkeit.*«

McClure begleitet Pim auf der Rückreise nach Dealy Island. An Bord der Resolute empfängt er die Glückwünsche für die Auffindung einer Nordwestpassage. Über das weitere Vorgehen sind sich Kellet und McClure uneinig. McClure will alles daransetzen, um ihre Durchquerung mit der Investigator zu vollenden. Beträchtliche Ehrungen und 20 000 Pfund stehen auf dem Spiel. Kellet will es nur erlauben, wenn sich genug Freiwillige melden.

NOT UND RETTUNG

Kurz nach der Abfahrt von McClure bricht ein Schlittentrupp von 28 Mann mit den Kranken nach Dealy Island auf. Bei ihrem 14tägigen Marsch über kaum 100 Kilometer wird deutlich, daß die Mannschaft der Investigator die geplanten Strecken nicht überlebt hätte.

»*Es war ein Bild unsäglichen Elends.*«

Miertsching:

»Der Schlitten wurde für die durch Entbehrung und Scorbut geschwächten Matrosen fast zu schwer, und die wenigen Gesünderen mußten sich um so mehr anstrengen und ermüdeten daher eher. Oft ging es über aufgethürmte und zusammengeschobene Eisblöcke, wo wir auf Händen und Knien kriechend den Schlitten nachziehen mußten… Zwei Matrosen haben wir auf dem Schlitten, mehrere andere sind so schwach, daß sie sich nur an den Schlitten festhaltend fortschleppen können. Dazu machen uns die beiden Geisteskranken viele Noth.«

Sechs Gesunde brachten 22 Kranke durch. Miertsching:

»Den 2. Mai. Die Capitaine Kellet und McClure nebst mehreren Offizieren und Matrosen kamen uns auf dem Eis entgegen und empfingen uns mit vieler Freundschaft. Ich wurde in des Capitains Kajüte gebracht, wo ich mich seit 16 Tagen wieder einmal ordentlich waschen konnte und die von Capitain Kellet geliehene Kleidung anlegte. Nach dem Frühstück mit den beiden Capitainen, wobei ich zum ersten Male seit dritthalb Jahren wieder eine Tasse Kaffee trank, suchte ich Ruhe und genoß bis zum Mittagessen um 2 Uhr eines erquickenden Schlafes.«

TAGEBUCH VERSPROCHEN

»Den 4. Mai. Capitain McClure kehrt mit Dr. Domville von dem Resolute nach dem Investigator zurück. Der letztere untersucht mit Dr. Armstrong die Mannschaft auf dem Investigator. Und wenn diese stark genug ist, noch einen weiteren Winter auf dem Eismeer zu verbringen, so will Capitain McClure, wenn sich auch nur 20 Matrosen willig finden, noch einen Winter auf dem Schiffe bleiben und nur die Schwächeren auf Capitain Kellets Schiff senden. Heute abend wird diese Gesellschaft abreisen. Mein werther Capitain versprach, mir mein zurückgelassenes Tagebuch mit Dr. Domville zurückzusenden.«

DIE INVESTIGATOR BLEIBT ALLEIN

Auf der Investigator in der Mercy Bay sind inzwischen zwei weitere Tote zu beklagen, und die Mannschaft besteht nur noch aus Schwächeren. Am 23. Mai notiert der enttäuschte McClure:

»Meine Beschämung und Überraschung waren groß, als sich ergab, daß sich nur vier Männer fähig fühlten, einen weiteren Winter zu überstehen.«

McClure muß also die Investigator aufgeben. Bevor die Mannschaft nach Dealy Island aufbricht, wird alles Brauchbare an Land gebracht.

BILD DES ELENDS

Als die Restmannschaft auf Dealy Island am 17. Juni eintrifft, notiert Miertsching:

»Es war ein trauriger Anblick, den ich nie vergessen werde. Auf jedem der vier Schlitten lagen zwei Kranke festgebunden. Andere, ganz entkräftete, wurden von ihren etwas stärkeren Kameraden geführt; wieder Andere hielten sich an den Schlitten, und diese wurden von einer Mannschaft gezogen, die zum Theil so schwach war, daß sie alle fünf Minuten kraftlos niederfielen und vom Capitain und ihren Gefährten wieder aufgerichtet werden mußten. Es war ein Bild unsäglichen Elends.«

Bekümmert ist Miertsching auch, weil niemand sein Tagebuch mitgebracht hat. Noch auf Dealy Island beginnt er mit der zweiten Fassung mit Hilfe einiger Notizen. McClure hat sein Journal natürlich gerettet, und er stellt es Miertsching großherzig zur Verfügung. Dann kann der Gottesmann nichts Falsches schreiben, dürfte der wackere Capitain sich so gedacht haben. Auf Dealy Island erholen sich die Kranken der Investigator. Ab 15. Juli 1853 wird alles zur Abfahrt vorbereitet. Miertsching:

»Die Zimmerleute bauen auf der Dealy-Insel ein Haus, welches mit Lebensmitteln und Kleidung für Sir John Franklin gefüllt werden soll.«

Erst am 18. August vertreibt ein Sturm das Eis. Die Resolute und Intrepid können auslaufen.

HEIMWÄRTS

Nach zwei Jahren ist die Mannschaft der Investigator wieder zu Schiff unterwegs. Sie hatten die Passage gefunden, Ehrungen standen ihnen bevor und die Bequemlichkeiten der Heimat. Und dann kommt die Eisbarriere. Miertsching:

»Nach Nord, Ost und Süd ist alles Eis, dagegen sieht man im Westen freies Wasser. Unser Weg soll ja gerade nach Osten gehen.«

Was soll sein? Der Weg führt in ein riesiges Eisfeld, in dem sie einfrieren. Die Mannschaft der Investigator muß ein viertes Mal überwintern. Miertsching:

»Ach wäre ich nicht mehr in dieser toten Eiswüste. Ich bin des unthätigen Schiffslebens herzlich müde.«

UND WIEDER OHNE SCHIFF

Im April 1854 gibt Belcher den Befehl, die Intrepid und Resolute aufzugeben. Die Mannschaften sollen sich mit Schlitten zur North Star nach Beechy Island begeben.

»Dies ist nun das zweite Mal, daß wir ohne Schiff sind.«

Miertsching:

»Den 14. April. Heute gingen die Letzten von der ehemaligen Mannschaft des Investigators von hier ab. Wir traten unsere Reise über das Eis guten Muthes an und hofften den 200 Meilen langen Weg in weniger als 20 Tagen zurücklegen zu können. Dies ist nun das zweite Mal, daß wir ohne Schiff sind.«

McDougall, Offizier auf der Resolute:

»Ohne irgendeine absurde Sentimentalität vorzutäuschen, kann man sich leicht vorstellen, daß uns Traurigkeit befiel, als wir nun das treue alte Gefährt seinem Schicksal überlassen mußten, der sicheren Zerstörung durch das Eis – wie wir dachten.«

Sie dachten falsch, wie man sehen wird.

SCHLAFSACK AM BART

Wieder schleppen sie ihre Habseligkeiten über das Eis. Aber Miertsching ist angesichts der Rettung auch schon mal heiter aufgelegt. Er benutzt das Wort »Reiseabenteuer« und schildert auch eins:

»So ist es oft der Fall, daß einem Schläfer während der Nacht der Bart am wollenen Schlafsack anfriert, weil sich bei der strengen Kälte der Athem sogleich als Eis niederschlägt. Da man nun auf der Reise seinen Schlafsack unmöglich am Kinn hängen haben kann, so muß man sich ein tragikomisches Befreiungsmittel einfallen lassen, was darin besteht, daß die sämmtlichen Zeltgefährten ihre kurzen Tabakspfeifen in Brand setzen und vermittels des heißen Rauches den gefrorenen Bart aufthauen.«

ENGE AUF DER NORTH STAR

Nach 14 Tagen sind sie auf Beechy Island. Nur die North Star ist da, denn Belcher mußte auch die Assistance und die Pioneer im Norden aufgeben. Die Mannschaften von sechs Suchschiffen sehen einer sehr beengten Heimfahrt auf der North Star entgegen, und die ist in bedrohlicher Lage eingefroren. Sie kennen es nun alle, das ständige Starren auf das Eis. Und die von der Investigator werden vom Gedanken einer fünften Überwinterung geplagt.

KEIN TAGEBUCH GEFUNDEN

Auf Beechy Island trifft ein Schlittentrupp ein, der auf der Suche nach der Enterprise in der Mercy Bay vorbeigekommen war. Miertsching:

»Mr. Krabbe mit seiner Schlittengesellschaft fand in der Bay of Mercy unser Schiff, den Investigator noch unversehrt... Er hielt sich eine Woche auf dem Schiffe auf und nahm die daselbst noch vorhandenen brauchbaren Lebensmittel und mehrere andere Sachen mit; unsere Tagebücher aber waren leider nicht darunter, weil er dieselben nicht hatte finden können.«

Hatte McClure sie sich angeeignet? Hatte er sie vernichtet? Wollte er die Publizierung verhindern? Auch Dr. Armstrong erwähnt die Ankunft von Krabbe, schreibt aber nichts über die Tagebücher. Hat Armstrong sein Tagebuch beim Verlassen der Investigator mitgenommen? Er verrät es nicht. Er bemerkt lediglich:

»Es war uns nur möglich, Kleidung zum Wechseln und ein paar kleine Dinge mitzunehmen, alles andere blieb auf dem Schiff.«

Osborn macht keine Bemerkung zur Frage der Tagebücher. Die Angelegenheit bleibt rätselhaft, wie so viele andere.

32 TOTE DER FRANKLIN-SUCHE

Auf Beechy Island stirbt ein weiterer Matrose der Investigator. Miertsching:

»Er schied aus dem Leben als begnadigter Sünder. Sein Leichnam wurde neben den drei Franklinschen Gräbern beerdigt. Er hinterläßt in England eine Witwe und vier kleine Kinder... Sir Belcher ließ ein Monument aufrichten zum Andenken der seit 1850 in der Polargegend Verstorbenen, deren Zahl sich auf zwei und dreißig beläuft.«

BILANZ

Zehn Männer waren seit 1852 unter dem Kommando von Belcher gestorben, fünf Tote hatte die Investigator zu beklagen. Die Breadalbane war untergegangen, ihre Mannschaft konnte mit dem Begleitschiff zurückkehren. Fünf Schiffe waren im Eis aufgegeben worden. Die Schlittentrupps hatten Tausende von Kilometern Küste abgesucht, kartiert und in Besitz genommen. Eine Passage war nun bekannt, aber sie war praktisch unpassierbar. Das waren die Nebenprodukte, und andere gab es nicht. Seit den Funden auf Beechy Island im Jahr 1850 war nicht der Hauch einer Spur von Verschollenen entdeckt worden.

GERETTET?

Anfang August beginnen die Mannschaften von sechs Suchschiffen unter großen Mühen einen Kanal ins Eis zu sägen. Miertsching:

»Den 26. August. Heute wurden die Eisanker gelichtet, die Segel aufgezogen, und nach einem dreimaligen Hurra! ging es fort mit schwachem Westwind der geliebten, langersehnten Heimat zu. Die Mannschaft von sechs Schiffen war auf einem zusammengedrängt, 278 Mann stark.«

MINUTEN SPÄTER...

Aber die Admiralität hatte sie nicht vergessen. McDougall:

»Wir sahen zwei Schatten bei Cape Riley, die sich als die Talbot und Phönix herausstellten. Wir begrüßten sie mit herzlichem Hurra.«

Die Fahrt nach England verläuft ohne Zwischenfälle, ein neues Lebensgefühl für die Mannschaft der Investigator. Sie hatte als erste eine Passage gefunden, sie als erste durchquert und in fünf Jahren als erste den amerikanischen Kontinent umrundet.

UND DIE FOLGEN?

Der weiße Fleck war kleiner geworden und Großbritannien größer. Das Leben in England änderte sich nicht, man war ohnehin stark mit dem Krieg gegen Rußland beschäftigt. Aber in der fernen Mercy Bay, am Depot der Investigator, kam es zu erheblichen sozialen Umwälzungen.

DAS EISEN WAR WEG

Wie erinnerlich, hatte die Mannschaft der Investigator von der Mercy Bay aus den Norden von Banks Island erkundet und dort keine Inuit angetroffen. Als wir 1977 die Mercy Bay untersuchten, stießen die Archäologen auf einige Merkwürdigkeiten. Nach der Menge der Faßdauben hätten wir Dutzende von Faßreifen vorfinden müssen. Von den Konservendosen waren nur noch Reste vorhanden, die deutliche Spuren einer Bearbeitung aufwiesen. Offensichtlich waren die Inuit auf der Suche nach der Investigator bis zur Mercy Bay gekommen, wenn auch zu spät. (McClure und Miertsching hatten sie auf ihrer Schlittenreise in den Süden eingeladen.) Daß die Fremden nicht mehr da waren, konnten sie leicht verschmerzen. Was sie so wertvoll machte, hatten sie hinterlassen: jede Menge Eisen.

NORDEN BESIEDELT

Wir fanden ein Frauenmesser aus Eisen in der Nähe der Mercy Bay – und deutliche Spuren einer Besiedlung. Die Inuit waren also im Norden von Banks Island geblieben. Denn es gab einen weiteren Grund: Moschusochsen. Die Mannschaft der Investigator hatte im Norden von Banks Island Moschustiere gesichtet und auch einige erlegen können. Also fanden die Inuit nicht nur das begehrte Eisen, sondern auch reichliche Beute, die sie nun mit den eisernen Jagdwaffen leichter jagen und mit den schärferen Messern leichter bearbeiten konnten. Depot und Moschustiere veranlaßten sie, den Norden von Banks Island zu besiedeln.

Erst 61 Jahre später kam wieder ein Europäer in die Mercy Bay, als der Kanadier Vilhjalmur Stefansson in den Jahren 1914 bis 1918 mehrere Male Banks Island durchquerte. Er fand die gleichen Relikte wie wir und notierte:

»Es war eine Bestätigung der Erzählungen, die ich von den Eskimos gehört hatte, daß nach der Aufgabe der Investigator vermutlich um 1855 eine große Völkerwanderung nach Banks Island eingesetzt habe.«

SCHLACHTFEST

Stefansson fand nach rund 60 Jahren weder Inuit noch Moschusochen, dafür aber Anzeichen für eine Überjagung der Herden. Wir sahen an mehrern Fundorten, was Stefansson beschrieben hatte.

Faßdauben vom Depot der Investigator.

»Bei jedem Cache fand sich der Beweis für ein gewaltiges Abschlachten von Moschusochsen.«

Auch die Tübinger Archäologen fanden Belege für ein Abschlachten der Herden. Stefansson hörte schließlich von einem uralten Inuit diese Geschichte:

»Die Bankslander waren einst reich und viele Leute lebten dort. Sie sind heute alle tot, einige verhungerten. Sie begannen, sich gegenseitig zu erschlagen.«

VERSUCH UND IRRTUM

Die Inuit bewerkstelligten seit Jahrtausenden ihr Leben mit Waffen und Werkzeugen aus Knochen und Steinen. Sie hielten sich bei Seehunden an Schonzeiten, das hatten sie durch Trial and Error gelernt. Bei Moschusochsen war der Abschuß nur durch ihre Technik beschränkt. Das Eisen bedeutete einen technologischen Sprung nach vorn, sie konnten nun mehr Tiere erlegen, als sie brauchten, und sie konnten mehr Kinder kriegen. Damit wurden sie von der Jagd auf Moschusochsen abhängig, denn im Norden gibt es nur wenige Seehunde. Die Inuit hatten nicht genug Zeit, um durch Trial and Error zu lernen, daß man Moschusochsen wie Seehunde zeitweise schonen muß.

Anzeichen für Überjagung.

Der Film über das Schicksal der Inuit von Banks Island war damals nicht als Anklage gedacht, sondern als Warnung an uns selbst. Geändert hat sich seither nur, daß die Warnungen zugenommen haben.

BELOHNUNG

Eine Kommission des Parlaments hat nun zu entscheiden, wie die Belohnung von 20 000 Pfund für die Auffindung einer Nordwestpassage zu verteilen ist. Kellet bringt vor, er habe die Mannschaft der Investigator gerettet und so erst die Durchquerung der Passage ermöglicht. Weit entfernt von der Wahrheit behauptet McClure, die Mannschaft der Investigator hätte mit Schlitten und ohne fremde Hilfe ein Depot auf Somerset Island (rund 1000 Kilometer von der Mercy Bay) erreichen können, um von da aus Kontakt zu Walfangschiffen aufzunehmen. Dr. Armstrong, der heftig widersprochen hätte, war schon wieder zu Schiff unterwegs. Die Kommission entschied politisch: Die Nation brauchte einen großen Helden und nicht zwei halbe. Schließlich hatte die Suche nach Franklin nicht das geringste zutage gebracht. Osborn:

»Eine Belohnung von 10 000 Pfund Sterling wurde der H. M. S. Investigator gewährt, als Zeichen der nationalen Anerkennung…«

Die Summe wurde halbiert, da McClure es nicht mit dem eigenen Schiff geschafft hatte. Leider verschweigt unser Gewährsmann, wie die Summe unter der Mannschaft aufgeteilt wurde.

LADY FRANKLIN SAUER

Dafür teilt Osborn mit, wie Lady Franklin die Vergabe der Belohnung zu beeinflussen suchte:

»Lady Franklin wies in einem gesetzten und berührenden Schreiben an das ehrenwerte Komitee auf die Unmöglichkeit hin, eine bestimmte Entscheidung zu treffen, solange es keine Belege für Franklins Priorität gäbe.«

Im Klartext meinte die Lady völlig zutreffend, Franklin könnte die Passage ja vor McClure gefunden haben.

SCHWERT ZURÜCK

Mit der Aufgabe seines Schiffes verlor der Kapitän sein Amt, und ein Seegericht entschied dann über die Wiedereinsetzung. Bei McClure war das kein Problem, er hatte die Investigator auf Anweisung von Kellet aufgegeben. McDougall:

»Der Gerichtshof gab ihm das Schwert zurück und befand: ›Der Gerichtshof ist der Auffassung, daß ihr Verhalten während aller ihrer mühevollen Anstrengungen höchst verdienstvoll und lobenswert war.‹«

Kellet mußte sich nur wegen der Aufgabe der Resolute verantworten. Da er den Befehl von Belcher vorlegen konnte, war auch sein Verfahren eine reine Formsache. Ihm wird ein Lob zweiter Klasse zuteil:

»Er erhielt das Schwert zurück, daß der Besitzer mit so viel Verdienst, Befriedigung und zum Nutzen seines Landes getragen hatte.«

Belcher hingegen mußte über den Verlust von vier Schiffen Rechenschaft ablegen. Er erhält einen Freispruch zweiter Klasse und nimmt sein Schwert ungelobt entgegen. Im Falle der Resolute wäre es ratsam gewesen, vor dem Befehl Capitain Kellet zu befragen, kritisierte der Gerichtshof.

Der angeschlagene Belcher versucht sich in seinem Buch umständlich und beschönigend zu rechtfertigen. Das hat seine Kritiker nicht besänftigt. Osborn wird besonders herb und kommentiert eine von Belchers falschen Angaben:

»Eine verlogene Geisteshaltung, enthüllt in einer verlogenen Sprache.«

DIE HEIMKEHR DER RESOLUTE

Die bitterste Kritik widerfährt Belcher durch ein Schiff.
New York Herald, 27. Dezember 1855:

»Am 29. Mai letzten Jahres verließ das Walfangschiff George Henry unter Capitain James B. Buddington New London Coast... Ziel war die Davis Strait (Zwischen Baffin Island und Grönland)... Am 10. September, in einem Eisfeld befindlich, auf 67 Grad Nord, entdeckte Capitain Buddington in einiger Entfernung ein Schiff, in nordöstlicher Richtung, zwanzig Meilen von der Küste (Baffin Island) entfernt.«

Die Investigator unterwegs (Creswell).

Die Übergabe der Resolute.

Es war die Resolute. Sie hatte ganz allein fast 2000 Kilometer in 16 Monaten ohne Schaden zurückgelegt, als sie von dem amerikanischen Walfangschiff aufgebracht wurde. Die US-Regierung ließ das Schiff restaurieren und übergab es im Dezember 1856 höchst feierlich der Queen Victoria. Der Dialog bei der Übergabe ist überliefert:

Captain Harstein:

»Erlaubt mir, Eure Majestät an Bord der Resolute zu begrüßen, und sie im Auftrag meiner Landsleute und des Präsidenten der Vereinigten

Aus G. F. McDougall, THE EVENTFUL VOYAGE, London 1857.

Staaten von Amerika zurückzugeben, nicht nur als ein Beweis freundschaftlicher Gefühle gegenüber Eurer Regierung, sondern auch als Zeichen der Liebe, der Bewunderung und des Respekts gegenüber Euer Majestät persönlich.«

Queen Victoria (gnädig lächelnd):

»Ich danke Ihnen, Sir.«

Franklin oder die Suche nach ihm wird bei keiner der Reden erwähnt. Die Resolute stand nun sozusagen im diplomatischen Dienst. Wie ein Redner sagte:

»Sollte es nach Jahren zu kleinen Meinungsverschiedenheiten zwischen unseren geschätzten Regierungen kommen, brauchen wir uns nur an die Resolute zu erinnern, und ihre kostbare Fracht guten Willens.«

Die Totenscheine für 129 Mann sind längst ausgeschrieben. Die glorreiche Marine hatte Menschenleben und Schiffe verloren, Kosten verursacht – und Franklin nicht gefunden. Um die Pleite zu verdrängen und Lady Franklin zu beruhigen, wurde Franklin zum Nationalhelden erhoben. Mehr konnte Franklin nicht werden, wozu also noch nach seiner Leiche suchen?

11 SCHLITTENREISE

DIE TOTEN VON KING WILLIAM ISLAND

Die Suche nach Franklin war eingestellt worden, obwohl schon 1854 bekannt war, wo die Verschollenen von Inuit gesehen worden waren. Dr. Rae war über Land von der Hudson Bay aus bis zur Committee Bay (nahe Spence Bay) vorgedrungen, wo er am 20. April 1854 einen Inuit traf. Auf die übliche Nachfrage antwortete er laut Dr. Rea:

»Er sagte, eine Gruppe von Kabloonans sei an Hunger sehr weit im Westen von hier gestorben, jenseits eines großen Flusses.«

Von den Inuit in Repulse Bay (Hudson Bay) erfuhr Rae weitere Details. Er schreibt von dort im Juli 1854 nach England:

»Im Frühjahr vor vier Wintern (1850) jagten einige Eskimo-Familien an der Nordküste einer großen Insel, auf der Arrowsmith-Karte King William Island genannt. Dort wurden etwa 40 weiße Männer gesehen, die zusammen über das Eis nach Süden zogen und ein Boot und Schlitten mitführten. Sie bewegten sich an der Westküste dieser Insel. Niemand von ihnen konnte die Eskimosprache so gut, daß man ihn verstehen konnte. Aber nach den Gesten glaubten die Eingeborenen zu verstehen, daß das Schiff oder die Schiffe vom Eis zerdrückt worden waren und daß sie jetzt hingingen, wo sie Wild zu schießen hofften. Alle Männer mit Ausnahme des Offiziers zogen an den Seilen des Schlittens. Sie waren dünn und machten den Eindruck, als würden ihre Lebensmittel knapp. Sie kauften einen kleinen Seehund oder das Stück eines Seehunds von den Eingeborenen. Der Offizier wurde als groß, untersetzt und in den mittleren Jahren beschrieben.«

KANNIBALISMUS

»Später in der gleichen Saison, aber bevor das Eis aufbrach, wurden die Leichen von etwa 30 Männern und einige Gräber an Land gefunden, und fünf tote Körper auf einer Insel in der Nähe, ungefähr eine lange Tagesreise im Nordwesten eines großen Flusses, der nur der Back's Great River sein kann... Einige Körper waren im Zelt, andere waren unter dem Boot, das herumgedreht war, um Schutz zu bieten, einige lagen in alle Richtungen verstreut... Von dem zerstümmelten Zustand der Körper und dem Inhalt der Töpfe war es klar, das unsere Landsleute in ihrem Elend zur schrecklichen Alternative des Kannibalismus getrieben wurden, um am Leben zu bleiben. Einige der Unglücklichen müssen bis zur Ankunft der Wildeule (Ende Mai) überlebt haben, da Schüsse gehört wurden und frische Federn und Knochen in der Umgebung der traurigen Ereignisse gefunden wurden.«

Rae kaufte den Inuit mehrere Gegenstände ab, die eindeutig von den Verschollenen stammten. Darunter befand sich auch ein Silbertablett mit der Inschrift: »Sir John Franklin, K. C. B.«

Auf King William Island hatte sich also zumindest ein Teil des Dramas abgespielt. Sechs Jahre lang war der größte Teil des Archipels abgesucht worden, aber King William Island mit einer merkwürdigen Hartnäckigkeit nicht. Jetzt war es offensichtlich zu spät, und der Krimkrieg tobte noch immer. Sollte die Regierung weitere Schiffe aufs Spiel setzen, um am Ende weitere Belege für Kannibalismus zu entdecken?

BEHERZTE LADY

Aber Lady Frankin gibt nicht auf. Sie chartert 1857 die Dampfyacht Fox und beauftragt Francis Leopold McClintock, das Schicksal der Verschollenen aufzuklären. Die Expedition wird von Lady Franklin und einigen Sponsoren finanziert. Im Vorwort zu dem Buch von McClintock schreibt ein Mitglied der Royal Geographical Society:

»Lady Franklin, der edelmütigen Witwe, kommt das Verdienst zu, den Bericht über die letzten Tage Franklins dem gefrorenen Norden entrissen zu haben. Sie hat wohl gezeigt, wozu eine ergebene und beherzte Engländerin fähig ist.«

UND IMMER WIEDER DAS EIS

Die Fox gerät in Schwierigkeiten, bevor sie den Lancaster Sound erreicht. McClintock in Melville Bay am 27. August 1857:

»Die drohende Tatsache einer Überwinterung im Packeis beschleicht allmählich meine Gedanken, aber ich sollte über diesen Umstand nichts schreiben, es ist schlimm genug, daß ich ständig darüber brüte.«

Der bewölkte Himmel über dem Eis ist hell. Dunkle Stellen zeigen offenes Wasser an.

»13. September. Wir sehen Wasserhimmel in Westnordwest. Könnten wir nur 12 oder 15 Meilen in diese Richtung vordringen, wären wir nach meiner Überzeugung frei und würden Kurs auf Bellot Strait nehmen.«

Daraus wird nichts. Die Fox sitzt im Packeis fest und treibt zurück in Richtung Süden.

»18. September. Ich fürchte, die Enttäuschung von Lady Franklin wird besondern tief empfunden sein. Wir sind dazu verurteilt, einen langen Winter der Nutzlosigkeit, gar des Nichtstuns zu verbringen, in ziemlicher Gefahr und Entbehrung. Trotzdem scheinen die Männer sehr fröhlich zu sein – natürlich gedankenlos, wie echte Seeleute nun mal sind.«

Am 2. November wird ein Polarbär erlegt:

»Da wir alle an dem Fang beteiligt waren, wurde beschlossen, das Fell der Lady Franklin anzubieten. Der Kadaver wird unsere Hunde einen Monat lang nähren.«

DER ARME SCOTT

Am 4. Dezember findet ein Begräbnis statt:

»Welch eine Szene. Ich werde sie nie vergessen. Die einsame Fox, fast vom Schnee begraben, vollkommen abgeschnitten von der bewohnten Welt, die Fahnen auf Halbmast, der klagende Ton der Glocken, unser kleiner Trauerzug, der langsam über die rauhe Oberfläche der gefrorenen See marschiert, von Laternen und Signalpfosten geleitet, inmitten der dunklen und eintönigen Tiefe des arkti-

Das Begräbnis.

schen Winters. Die Todesstille, die bittere Kälte und der bedrohliche Anblick eines trüben, bedeckten Himmels im Mondlicht… Der arme Scott war in eine Luke gefallen, nur zwei Tage vor seinem Tod, der durch die inneren Verletzungen verursacht wurde, die er sich dabei zuzog. Er war ein ruhiger, ernster Mann, eine Witwe und eine Familie werden den Verlust betrauern.«

BEFREIT

»16. April 1858. Auf See. Wie soll ich die Ereignisse des letzten Tages beschreiben? Es hat Gott gefallen, uns eine Befreiung zu gewähren, in der seine schützende Gnade so stark im Gegensatz zu unserer äußersten Hilflosigkeit steht.«

»24. April. Während des ganzen Tages zitterte ich um die Unversehrtheit von Ruder und Schraube. Würde eines von beiden nur eine halbe Stunde lang ausfallen, wäre unser Schicksal besiegelt… Mit Kummer denke ich an die arme Lady Franklin und unsere Freunde zu Hause. Wir haben unser Scheitern im ersten Jahr tief empfunden, aber diese Qual ist nun vorbei. Sie werden die bittere Enttäuschung noch erleben… Während der 242 Tage im Packeis waren wir 1194 geographische Meilen in der Baffin Bay und der Davis Strait gedriftet…«

»25. Juni. Ich muß einräumen, daß Sorgen und Müdigkeit mich in einen Zustand brennender Ungeduld versetzt hatten. Ich war voller Verdruß, weil unvorhersehbare Situationen meine Bemühungen immer wieder zunichte machten. Der einzige günstige Unterschied unserer Aussichten im Vergleich zum Vorjahr bestand darin, zwei Monate früher hier zu sein.«

ENDLICH AUF BEECHY ISLAND

»11. August. Ich besuchte das Beechy-Island-Haus, dessen Tür offenstand. Ein östlicher Sturm muß sie vor langer Zeit aufgedrückt haben, denn innen hatte sich viel Eis angesammelt. Die Biskuits in Tüten waren beschädigt, aber alles andere war in gutem Zustand. Im Jahr 1850, als ich zur HMS Assistance gehörte, konnten wir uns nur mit beträchtlichen Schwierigkeiten Beechy Island nähern… Captain Ommanney gelang die Landung und fand die ersten Spuren der vermißten Expedition. 1854 war ich erneut hier, in der eingefrorenen North Star, als Zweifel über die Möglichkeit des Entkommens bestanden.«

IM NAMEN DER WISSENSCHAFT

McClintock führte eine Marmortafel mit sich, die Lady Franklin in Amerika hatte anfertigen lassen. Und so liest man hier am Fuße des Denkmals:

»Die Tafel wurde von Captain McClintock errichtet, der die letzte Expedition auf der Suche nach Franklin befehligte.«

Und auf der Tafel steht:

»Zur Erinnerung an Franklin, Crozier, Fitzjames, und all ihre edlen Brüder Offiziere und treuen Begleiter, die im Namen der Wissenschaft und im Dienst ihres Landes litten und untergingen.«

GLORREICHE AUSSICHTEN

»19. August. Wir fühlen, daß sich die Krisis unserer Reise nähert. Existiert die Bellot Strait wirklich, und ist sie eisfrei?«

Die Bellot Strait existiert.

»21. August. Reichlicher Gebrauch von Dampf und Segeltuch zwangen das Schiff acht Meilen weiter nach Westen. Wir waren schon halbwegs durch Bellot Strait. Zwischen den westlichen Kaps war ein klarer breiter Kanal sichtbar, aber fünf oder sechs Meilen schweres Packeis kamen dazwischen – das einzige Hindernis für unser weiteres Vordringen. Natürlich wird dieses Packeis sich schnell auflösen. Kein Wunder, daß wir von diesen glorreichen Aussichten begeistert waren.«

BELLOT STRAIT GESCHLOSSEN

Das Packeis löst sich nicht auf. Ernüchtert sucht McClintock eine Bucht für die Überwinterung aus und erkundet eine Schlittenroute nach King William Island. An einigen Stellen legt er Depots an.

»6. September. Wir nannten die kleine Insel Pemmikan-Felsen, nachdem wir dort einen großen Vorrat dieser gehaltvollen Mischung von getrocknetem Fett und Fleisch deponiert hatten – für unsere zukünftigen Schlittenreisen.«

»10. September. Ich habe einen engen Meeresarm bei Cape Bird erkundet, den ich False Strait getauft habe. Falsch, weil er einer echten Wasserstraße verblüffend ähnelte. So haben wir eine sicherere Route für unsere Schlitten gefunden. Das ist wichtig, weil die Berge sich bis zu 500 Metern erheben.«

HOFFE WEITER – HOFFE IMMER

»17. September. Unsere Abwesenheit wird wahrscheinlich 60 oder 70 Tage sein, beginnend mit dem 20 März. Ich bin zuversichtlich, auf diese Weise die Franklin-Suche zu vervollständigen, ebenso wie die geographische Erkundung des arktischen Amerikas.«

»28. September. Nun ist es sicher: Wir müssen bleiben. Und wir waren nicht so erfolgreich, als wir noch vor einem Monat mit guten Gründen erwarteten. Wir können noch hoffen, daß Fortuna uns lächelt bei unseren bescheidenen, aber beschwerlichen Erkundungen zu Fuß. Hoffe weiter – hoffe immer.«

1000 KILOMETER ÜBER DAS EIS

Auch wir hofften noch immer. Da wir mit der Kivioq auf der halben Strecke durch die Passage am Eis gescheitert waren, lag es nahe, den Rest auf dem Eis anzugehen, vorbei an der Bellot Strait bis King William Island. Hartmut und ich hatten ja schon geübt. Also auf geht's nach Resolute.

Peter, Amoschi und wir.

AUSFLUG ODER EXPEDITION?

17. Mai 1992. Wir wohnen wieder im Gästehaus von High Arctic International in Resolute. Bezal und Terry Jesudason unterstützen hier seit Jahrzehnten private Expeditionen und organisieren Touren in den Norden. Bezal ist Inder und hat in Deutschland das Ingenieurwesen studiert. Seine Gattin Terry ist ungemein engagiert: Im Haus (kein Schmutz), in der Inuit-Gemeinde (kein Alkohol) und in der Natur (kein Eingriff). Bezal hat unsere Begleiter ausgesucht. Amoschi, unser Inuit-Führer, meint, es sei nicht nötig, seinen Nachnamen zu überliefern. Peter Robinson, ein Angestellter von Bezal, fährt im Frühjahr Touristen zum magnetischen Nordpol und organisiert im Sommer Camps für Wanderer. Er liebt die Arktis, weil er die Einsamkeit liebt. Die Touristen stören ihn natürlich, aber er ist professionell nachsichtig und auch sonst ziemlich gewitzt. Wir filmen Amoschi und Peter beim Bepacken der Schlitten und bemerken, daß es sich um eine Kunstform handelt. Essen für zwölf Tage, Benzin und Öl für zwei Skidoos (Schneemobil, vorne zwei Kufen, hinten Treibriemen, zwei Zylinder, Zweitakter), ca. 40 Liter Naphtha und Kerosin für die Heizung und um Wasser zu schmelzen, zwei Zelte, drei Coleman-Kocher, ein Benzinofen, Matratzen, Felle, Schlafsäcke, ein Funkgerät und die Filmausrüstung werden unverrückbar festgezurrt.

Unsere kleine Welt wiegt etwa eine Tonne, aber sie wird täglich leichter werden. Mit den zu erwartenden Umwegen liegen ca. 1000 Kilometer vor uns. Das Ziel ist Gjoa Haven im Südosten von King William Island. Zwischen Resolute und Cape Herschel im Süden von King William Island haben im 19. Jahrhundert Ross, Parry und Franklin die Nordwestpassage gesucht. Amundsen hat sie mit der Gjoa 1903 zuerst befahren. Keine dieser Unternehmungen verlief nach Plan, wie es sich für richtige Expeditionen gehört. Bezal tut aber so, als könne nichts schiefgehen und bestellt für den 28. Mai eine Twin Otter nach Gjoa Haven, die Amoschi und Peter nach Resolute zurückbringen soll. Ich frage Bezal, ob jemand aus Resolute die Route schon einmal gefahren sei. Nicht daß er wüßte. Bezal benutzt auf der Karte die Finger als Zirkel, als er den Bedarf an Sprit ermittelt. Ich sage nichts, ahne aber, daß es doch noch eine richtige Expedition werden wird.

STEINZEIT UND EINSTEIN

18. Mai 1992. Abfahrt 11 Uhr. Bezal macht zum Abschied Witze. Wenn wir verschwinden würden wie die Franklin-Expedition, wäre es seinem Geschäft förderlich, weil er die Suchtrupps ausrüsten könne. So kommt keine Rührung auf, als es losgeht. Nach ein paar hundert Metern beginnt das Eis der Barrow Strait. Wir sitzen wie die Touristen in den Boxen auf dem Schlitten, der an dem Skidoo von Peter hängt. Amoschis Skidoo zieht den Packschlitten. Es geht nach Süden Richtung Peel Sound, wie Franklin und Amundsen. Das Eis ist relativ eben, der Schnee ziemlich weich, obwohl wir ca. 10 Grad minus haben. Gelegentlich heben die Skidoos auf Schneewehen zu grotesken Sprüngen ab. Kurz darauf knallen die Kufen der Schlitten aufs Eis, und das Rückgrat überträgt den Stoß direkt ins Gehirn. Die Sonne scheint, wir fahren ca. 15 Kilometer in der Stunde. Um 13 Uhr machen wir bei Griffith Island eine Pause. Zum ersten Mal lösen wir die verkrampften Muskeln, indem wir durch den Schnee tapsen und ein wenig mit den Armen rudern, behindert durch mehrere Schichten aus Stoff und Daunen um uns herum. Niemand lacht, es sieht uns ja kein Schwein zu. Oder doch, sehe ich da nicht einen grinsenden Seehund? Tatsächlich. Hartmut kommt mit seiner Kamera bis auf 20 Meter heran. Peter meint, es handele sich um ein Jungtier, das noch keine schlechten Erfahrungen mit der Welt gemacht habe. Weiter. Griffith Island verschwindet hinten, vorne wird Somerset Island sichtbar. Die Entfernung ist schwer schätzbar, wir haben gelernt, daß es fast immer näher aussieht, als es ist, wenn man überhaupt etwas sieht. Die Inuit messen die Entfernungen mit der Zeit, die man bis zum Ziel braucht, steinzeitliche Erkenntnisse über die Relativität von Zeit und Raum, lange vor Einstein. Somerset Island liegt näher, weil das Eis gut befahrbar ist, aber es sind noch vier Stunden, wenn Eis und Wetter so bleiben. Langsam stellt sich eine weitere Relativität ein: Die Stunden werden länger. Man weiß irgendwann nicht mehr, wie man seine Glieder unverkrampft positionieren soll.

»Am dritten Tag lahmten die meisten Hunde.«

SOLLEN WIR KLAGEN?

Ein erheblicher Teil der Franklin-Suche wurde mit Schlitten durchgeführt, die von den Matrosen gezogen wurden. McClintock benutzte Hunde. Er notiert am 18. Februar 1859, etwa 200 Kilometer südlich von uns:

»Am dritten Tag lahmten die meisten Hunde infolge wunder Pfoten. Die starke Kälte ist der wichtigste, wenn nicht der einzige Grund. Sie hat die Oberfläche des Schnees so gehärtet, daß ihre Pfoten es nicht aushalten. Ich sah mich gezwungen, einen Teil unseres Proviants abzuladen. Trotzdem machten wir nicht mehr als 28 bis 33 Kilometer am Tag. Wir liefen natürlich, so daß die Hunde nur den restlichen Proviant und die Kleider zu ziehen hatten, trotzdem brachen sie immer wieder zusammen.«

ES WIRD EINE EXPEDITION

Beim nächsten Halt stellt Peter fest, daß sein Skidoo zuviel Benzin verbraucht. Der Schnee ist zu weich, und die Plastikgleiter auf den Kufen unseres Schlittens sind bei der letzten Tour in Kies geraten, also zerkratzt. Ich weiß nicht, ob ich besorgt sein soll, weil wir es nicht schaffen könnten oder erfreut, weil es nun spannend wird. Das Genick beginnt zu schmerzen, weil ich den Kopf instinktiv vor dem Aufprallen schützen will. Im Kopf geht das Grübeln weiter: Geplant war eine Drehreise über das Eis durch die Nordwestpassage, mit zwei Experten und optimaler Ausrüstung. Wetter und Eisbedingungen können zwar verhindern, daß wir unser Ziel erreichen, aber für unseren Film wäre das sekundär. Die Geschichte der Suche nach der Nordwestpassage ist eine Geschichte des Scheiterns. Wir haben einen Kurzwellensender dabei und einen Notrufsender, der über Satelliten empfangen und angepeilt wird, also auch bei atmosphärischen Störungen arbeitet und unsere genaue Position übermittelt. Eine Twin Otter kann uns abholen, verzögert vielleicht durch ein paar Tage schlechte Sicht. Solange können wir im Zelt überleben, auch wenn uns die Nahrung ausgeht. Nur Brennstoff für das Schmelzen von Schnee wird dringend benötigt, weil die Körperwärme nicht genug Trinkwasser auftauen kann.

ABENTEUER?

Es ist hoch rational, sich retten zu lassen, aber der Gedanke wird mir auf unserer Fahrt zunehmend unangenehmer. Wir haben, vielleicht zu leichtfertig, allen gesagt, wir schaffen den zweiten Teil der Passage. Jetzt kommt es wie Wehen hoch: Stolz, Erfolg haben wollen etc. Aber ohne Risiko, versuche ich mich dagegen zu wehren, ich bin doch kein Abenteurer. So lange es Optionen gibt, wird die sicherste gewählt. Abenteuer gehören in die Literatur, wo der Autor das Risiko für seine Helden übernimmt. Ich starre in die vorbeiziehenden Schneewehen, bete meine Glaubenssätze wieder und merke, daß ich mich nicht an sie gehalten habe. Peter hat mir in Resolute gesagt, daß die Gleiter zerkratzt seien. Habe ich gefragt: Das macht uns doch langsamer, wir verbrauchen doch mehr Benzin? Nein, ich habe nicht gefragt. Er hat wohl gedacht, es wird schon gehen und ich mit ihm. Der Austausch hätte einen Tag lang gedauert, aber wir wollten losfahren. Typisch Abenteurer, die den Erfolg aus Ungeduld gefährden. Oder ist es Peter egal, ob wir es schaffen? Die Schneewehen ziehen vorbei, das Genick schmerzt, das Hirn grübelt.

GEFÄHRLICHES GLÜCK

Somerset Island kommt immer näher, schließlich gleiten wir die Steilküste entlang in den Peel Sound hinein. Als Franklins Schiffe hier im Sommer 1846 entlangsegelten, war die Freude sicher groß, weil der Sound eisfrei war. Die Flotte näherte sich den Wasserstraßen, die nach Alaska und in den Pazifik führten. Sie waren von Westen und Süden aus erforscht worden, zum Teil von Franklin selbst. War der Peel Sound das fehlende Glied, die Passage? War das der Triumph, nach dem Franklin fieberte? Der Peel Sound ist tatsächlich eine der Passagen, aber eine gefährliche. Amundsen hat ihn 1903 benutzt und kam bis Gjoa Haven.

Normalerweise wird der Peel Sound aber im Sommer vom Packeis versperrt. So war es auch 1991, als wir eine Durchfahrt nach Süden suchten. Für die nunmehr 126 Männer der Erebus und Terror hätte Packeis hier im Sommer 1846 den Mißerfolg der Expedition bedeutet, aber es hätte auch die Chancen für ihr Überleben beträchtlich erhöht: Wenn sie umgekehrt wären.

DAS EIS VOM LETZTEN JAHR

Das Packeis wird im Spätsommer durch Stürme mehr oder weniger aufgebrochen, schmilzt aber nicht. Das Gebrösel friert im Herbst wieder fest und erzeugt Gebirgsketten, in deren Tälern sich tückische Ansammlungen von Schnee bilden. Das »rough ice« ist nicht so bedrohlich wie das Packeis für Schiffe, aber ebenso hinderlich. Amoschi sieht es, wie alles, zuerst und hält kurz davor an. Ich muß sehr betrübt dreinschauen, denn Peter spendet mir Trost. Could be worse, da kommen wir schon durch. Erst mal gibt's Nudelsuppe. Die Trockensubstanz wird mit heißem Wasser aus den Thermosflaschen genießbar gemacht. An heißen Getränken kann sich jeder Kaffee, Tee und Kakao aufgießen. Die Luft ist sehr trocken, man schwitzt oft. Die vier Thermosflaschen sind abends meistens leer. Let's do the rock 'n' roll, meint Peter, wir packen ein und Amoschi fährt mit seinem Skidoo los, um einen Paßweg durch die Eistrümmer zu erkunden. Er findet fast immer einen, wenn die Sicht gut ist. Wenn.

ROCK 'N' ROLL

Einer von uns muß nun auf Peters Skidoo den Klammeraffen spielen, weil der Spritverbrauch weiter zu hoch ist und der Treibriemen zu leicht durchdreht. Der Sitz ist für zwei Personen eigentlich zu kurz, ein Mißstand, der durch Haltung behoben werden muß. Leider gibt es nur drei Grundhaltungen: Rechtsverdreht, gerade in der Mitte, linksverdeht. Wo Peter eigentlich sitzen müßte, kann man sich an einem Kunststoffband festhalten. Hinten, wo man eigentlich selbst sitzen müßte, bietet ein Querrohr Stütze. Das ergibt vier Variationen für die Hände, die man in der Regel beide benötigt, wenn man diverse Abflüge verhindern will. Hartmut gelingt alsbald trotzdem eine Rolle seitwärts, und ich werde ihm nicht nachstehen. Jedenfalls »rockt« es tatsächlich recht heftig über Eisbrocken und Schneewehen, und langsam melden sich bis dahin unbekannte Muskeln. Für Abwechslung sorgen tiefe Schneebuchten, in denen die Kufen versinken. Die Skidoos werden abgekoppelt, alle versammeln sich um den Kasus. One, two, three, ziehen, drücken, heben. Schlimm? Vergleichsweise nicht. McClintock, 2. April 1859:

»Are we having fun?«

»Die verschiedenen Depots, die wir unter großen Mühen im Herbst angelegt hatten, wurden nun eingesammelt, bis wir so beladen waren, daß wir nur noch die Hälfte der Last ziehen konnten. So mußten wir drei Mal die gleiche Strecke zurücklegen. Diese langweilige Art der Fortbewegung wurde sechs Tage lang beibehalten... Wenn wir zur Übernachtung anhielten, sägten Thomson und ich Blöcke aus dem dicht gepackten Schnee und trugen sie zu Petersen (grönländischer Inuit), der wie ein Steinmetzmeister die Schneehütte baute. Die eineinhalb oder zwei Stunden Hüttenbau waren die unangenehmste tägliche Mühsal. Wir waren müde, sehnten uns nach Ruhe und waren nun auch noch durch und durch unterkühlt. Nach dem Füttern der Hunde wurden die Schlitten abgeladen und alles in die Hütte getragen, was wir brauchten, Proviant, Schlafsachen, Schuhe, Fellhandschuhe und sogar die Riemen der Hundegeschirre, weil die Hunde sie sonst in der Nacht gefressen hätten. Dann wurde die Tür mit Schnee verschlossen, die Kochlampe angezündet, das Fußzeug gewechselt, Tagebuch geschrieben, Uhren aufgezogen, in den Schlafsack geschlängelt, Pfeifen angezündet und die Verdienste einzelner Hunde besprochen, bis das Essen fertig war. Kaum war das Essen verschlungen, Oberdecke hinüberziehen und schlafen.«

SWEET HOME

Stunden später: Amoschi hält an, Peter parkt seinen Schlitten im Abstand von drei Metern auf gleicher Höhe. We are at home, sagt Peter. Ich bedeute ihm, er möge uns einfache Aufgaben zuweisen, zuschauen sei nicht unsere Art. Hartmut und ich sind für unser Zelt und dessen Inhalt verantwortlich, ich zusätzlich für Zeltstangen und den Aushub von Schnee zum Zwecke der Wassergewinnung. Das Hauszelt steht zwischen den Schlitten und dient zum Kochen, Essen und den anderen als Schlafstelle. Kaum ist es zwischen den Schlitten vertäut, beginnen die Coleman-Kocher zu zischen. Wenn das Camp nach einer Stunde steht, kommt der schönste Moment des Tages:

Ausstrecken in der Wärme. Peter wärmt Hammelragout auf und kocht Reis und Gemüse dazu. Ich mache Notizen, Amoschi bastelt am Kurzwellengerät, weil zwei wichtige Frequenzen nicht funktionieren. Hartmut freut sich, er ist ein alter Camper. Schließlich erreichen wir Bezal, der, merkwürdig genug, über unseren erhöhten Benzinverbrauch nicht beunruhigt ist. Wir hören, daß der Spanier, der per Ski zum Nordpol unterwegs ist, nichts mehr zu essen hat und noch 150 Kilometer von seinem Ziel entfernt ist. Peter weiß nicht genau, in welcher Beziehung der Spanier der erste ist. Wahrscheinlich der erste Spanier, allein und auf Ski, allerdings mit Versorgung aus der Luft. Wir sprechen noch eine Weile über unsere Lieblingsidee, mit Krokodilen als erste den Nordpol zu »machen«. Aber schwere Müdigkeit läßt die Scherze veröden. Das Ausziehen im kleinen Zelt dauert ein paar Minuten, im Schlafsack ist mir zu warm, schmerzfreie Positionen sind nur schwer zu finden, ich frage mich zum ersten Mal, warum ich nicht in meinem schönen Bett liege. Hartmut hat's als alter Camper besser, er freut sich bestimmt schon auf Kaffee und Toast. Insgesamt reisen wir doch ziemlich komfortabel. McClintock:

»Am nächsten morgen Frühstück, Kämpfe, um in die gefrorenen Mocassins zu kommen, danach wurden die Schlitten gepackt und ein neuer Tagesmarsch begann. In diesen kleinen Hütten schliefen wir gewöhnlich warm genug, aber später, als unsere Decken und Kleider sich mit Eis beluden, spürten wir bittere Kälte.«

Sweet Home

KOMPASS IM KOPF

19. Mai 1992. Frühstück mit vorgekochten Eiern, geröstetem Schinken und Toast aus der Pfanne. Gespräch über Wetter, Sicht, Benzin, Funkkontakte, Routen. Wie Franklin westlich um King William Island oder wie Amundsen östlich? Franklin hatte keine andere Wahl. Ross hatte nicht erkannt, daß King William eine Insel war, auf den Karten gab es also keine östliche Durchfahrt. Vielleicht waren die Franklin-Schiffe ohnehin schon vom Eis eingeschlossen, als die Entscheidung anstand. Wir sind auch nicht mehr ganz frei bei der Wahl der Route. Unser Benzin könnte für die westliche nicht mehr ausreichen. Nötig wären: gute Sicht, harter flacher Schnee, wenig rough ice, kein offenes Wasser, kalter Wind von vorn, der die Motoren kühlt. Und Sonne, wenn Landmarken zur Bestimmung der Kurse nicht ausreichen. Sie steht um zwölf Uhr mittags schon recht hoch im Süden und um Mitternacht knapp über dem Horizont im Norden. Der Kompaß funktioniert in Resolute (75 Grad Nord) nicht zuverlässig, weil der magnetische Nordpol zu nah ist. Daher besitzen unsere Führer keinen. Sie lächeln, als ich ihnen meinen Taschenkompaß zeige. Noch. Ich probiere ihn heimlich aus. Wir fahren ja nach Süden, und ab 72 Grad beginnt er sich langsam auf eine nördliche Richtung zu einigen. Peter meint, Amoschi habe einen Kompaß im Kopf, außerdem könne man sich an der Richtung der Schneewehen orientieren, wenn die Sonne nicht sichtbar ist. Wir brauchen ca. eine Stunde, um das Camp auf die Schlitten zu verfrachten. Vor uns liegt wieder Eis zuhauf, aber die Sicht ist gut, und Amoschi findet immer wieder einen Weg, aber immer häufiger müssen wir die Schlitten flottmachen, weil der Schnee zu weich und zu tief ist. Alle wichtigen Faktoren sind ungünstig, außer der Sicht. Wir können uns gut an der gebirgigen Küste von Somerset Island orientieren. Wenn aber besondere Merkmale wie Inseln fehlen, wissen wir manchmal nicht, wo wir sind. Peter hat nur eine Karte im Maßstab 1:1000000 dabei und greift nun doch auf meine Flug- und Seekarten zurück. Er ist ein wenig ärgerlich, weil Bezal den Trip unterschätzt hat. Die Küstenlinie ist zu gleichmäßig und sieht bei jedem Licht anders aus. Mein Respekt für die Seeoffiziere, die hier mit ihren Schlitten zu Fuß unterwegs waren, wächst immer mehr. Sie hatten keine Karten, mußten aber welche anfertigen. Ihre Position mußten sie oft nur mit der Sonne bestimmen, da die Sterne zur besten Reisezeit nicht mehr sichtbar sind. Wir können die Position nur an Hand der Karten ermitteln, weil wir keine Instrumente haben.

ARE WE CRAZY?

Wir fahren zehn Stunden lang, immer wieder unterbrochen von schweißtreibenden Aktivitäten zur Lockerung der festgefahrenen Schlitten. Auch Amoschi und Peter klagen über verkrampfte Muskeln, aber wir müssen weiter. Unser Soll sind 100 Kilometer am Tag, um in zehn Tagen am Ziel zu sein. Bisher waren es nur 70. Mit angestrengt fröhlicher Miene bejahen Hartmut und ich jeweils die Frage, ob wir noch können. Der Körper aktiviert erstaunliche Reserven, wenn man sich etwas in den Kopf gesetzt hat. We are crazy, meint Peter. Es wird einer der Standardsprüche, mit denen wir uns bei Laune halten. Um ein Uhr morgens hält Amoschi endgültig an, von seiner Konzentration hängt unsere Sicherheit ab, er weiß am besten, wenn es keinen Sinn mehr hat. Nach dem Essen macht sich Amoschi über unseren seltsamen Ehrgeiz lustig, mit dem wir uns auf den Spuren toter Männer herumquälen. Inuit pflegen sich mit einem konkreten Ziel fortzubewegen: Beute. Er hält uns wirklich für verrückt. Sind wir es? Um drei Uhr liegen wir im Schlafsack und die Selbstbesinnung geht schnell in Träume über: Zurück auf dem Eis, beim Rock 'n' Roll.

TÖDLICHE WÄRME

20. Mai 1992. Um elf Uhr sind wir wieder unterwegs. Es ist zu warm, die Sicht ist schlecht, der Schnee zu weich, und alle zehn Kilometer gibt es rough ice. Amoschi muß mehrmals sein Skidoo abkoppeln, um den Pfadfinder zu spielen. Weil der Schlitten mit den Passagier-

boxen zu schlecht läuft, hat Amoschi auf seinem Schlitten eine Matratze festgezurrt, auf dem wir nun abwechselnd den Reiter spielen, mal im Damensitz, mal im Herrensitz. Die Schläge werden recht unmittelbar an den Kopf weitergegeben, was sich leider in meinem Genick bemerkbar macht. Obwohl Peters Schlitten nun leichter ist, bleibt er immer öfter stecken. Die Kufen sind nicht nur zerkratzt, sondern auch zu flach. Beim Absteigen stehen Hartmut und Peter plötzlich im Wasser. Der Filz wird naß und kann erst abends im Zelt getrocknet werden. Sehr unangenehm. Der Katalog aller Widrigkeiten, der mir durch die Lektüre der alten Logbücher vertraut ist, beginnt sich zu vervollständigen. Das Wasser zeigt uns, daß es zu warm ist und wir mit offenem Wasser oder dünnem Eis rechnen müssen. Das ist für Skidoos die größte Gefahr. Die Seeleute der Expeditionsschiffe mußten ihre Schlitten zwar selbst ziehen, konnten aber dafür offenes Wasser rechtzeitig erkennen. Wir bewegen uns durchschnittlich mit ca. 15 km/h und das Skidoo wiegt 200 Kilogramm. Wenn es einbricht, zieht es auch den Schlitten mit. Schwimmen ist im ca. vier Grad kalten Wasser nur eine kurzfristige Option. Amoschi meint lachend, er könne ohnehin nicht schwimmen. Wo sollte er es auch lernen. Are we having fun? beendet Peter die Lagebeurteilung. Offenes Wasser ist nicht lustig. McClintock beschreibt eine Schlittenreise im Herbst 1858:

DAS EIS BOG SICH

»*Als sie merkten, daß sie mit dem Eis von der Küste wegtrieben, packten sie ihre Schlitten, schirrten die Hunde an und warteten die ganze Nacht lang auf eine Chance, zu entkommen. Etwas weiter draußen wurde das Eis von Wind und Wellen zerbrochen, bis ihre Scholle kaum noch 18 Meter Durchmesser hatte. Dem Wind folgte starker Frost, der in einer einzigen Nacht eine neue Eisdecke formte, die stark genug war, sie sicher an Land zu tragen, auch wenn es sich furchterregend unter ihnen bog.*«

ES WIRD HISTORISCH

21. Mai 1992. Es ist diesig, manchmal schneit es. Dafür ist das Eis gnädig. Wir nähern uns der Bellot Strait. Ross hat die Einfahrt gegenüber im Prince Regent Inlet bei der Expedition 1829–33 nicht gefunden – es wäre für ihn der einzige Wasserweg nach Westen gewesen. Erst bei der Suche nach Franklin wurde sie 1852 auf einer Schlittenexpedition von Joseph René Bellot gefunden. Weil die Strecke bis Cape Herschel noch nicht durchgehend kartiert war, wußte Bellot nicht, daß er eine Passage gefunden hatte. (Bei einer weiteren Schlittenreise auf der Suche nach Franklin wurde der Franzose ein Jahr später auf einer Eisscholle abgetrieben und nie wieder gesehen.) Ab der Bellot Strait würden wir uns also auch auf den Spuren von McClintock bewegen. Amoschi macht ein besorgtes Gesicht, wenn die Bellot Strait zur Sprache kommt. Er habe gehört, es gäbe dort offenes Wasser.

WO IST BELLOT STRAIT?

Amoschi und Peter haben sich den Tachostand bei der Abfahrt nicht gemerkt. Wir bleiben relativ selten stecken und kommen gut voran. Aber die Sicht ist schlecht. Alle warten auf offenes Wasser, weil Amoschi davon gehört hat. Mein Hinweis, McClintock habe auf dieser Seite die Bellot Strait im Spätsommer noch zugefroren angetroffen, wird nicht ernst genommen. Buchwissen eben. Die Praktiker halten an und schauen sich um. Ja wo sind wir denn? Die Küste liegt im Dunst, undeutlich zeichnen sich Fjorde ab. Einer könnte die Bellot Strait sein, aber wo ist das offene Wasser? Darauf zuzufahren scheint den Experten zu gefährlich, also weiter die Küste entlang. Etwa 20 Kilometer weiter erkennen wir mit Hilfe der Karte Gibson Island. Wir sind also an der Bellot Strait vorbeigefahren. Peter fragt, ob wir Bellot Strait filmen wollten. Natürlich. Vorwärts, es geht zurück. Doppelt zu fahrende Strecken sind irgendwie schmerzhafter. Are we having fun? Wir geben uns Mühe und steuern eine Insel an. Als plötzlich die Sonne durchbricht, sehen wir die Bellot Strait. Sie ist zugefroren, und wir kommen uns ziemlich blöd vor. Nun wissen wir, wo wir sind: Auf Pemmican Island, von McClintock so getauft, weil er ein Pemmikandepot (getrocknete Fett-Fleisch-Mischung in Büchsen) auf ihr hinterließ. Peter und ich sind uns einig, daß ein Fall seltener Blödheit vorliegt. Wir suchen nach Resten des Depots, geben aber schnell auf, weil zwischen den Felsbrocken zuviel Schnee liegt. Wir begeben uns in die Bucht bei Cape Bird, in der Hoffnung, die Reste eines Beiboots der Fox zu finden. Am Ende der Bucht kurvt Amoschi ziemlich wild herum. Er sucht das Boot, das ist konkreter als tote Männer. Ich sehe eine Moschus-Herde und schreie, er möge anhalten. Aber der Motor ist zu laut, und die Herde trabt davon. Als Amoschi erfährt, daß wir ein uraltes, unbrauchbares Boot suchen, bringt er wieder sein nachsichtiges Lächeln an. Es war ein Mißverständnis, er hatte verstanden, es sei ein neues Boot. Nun war die Herde weg, wir hatten zuviel Benzin verbraucht und keine Dosen gefunden. Mißmutig schlagen wir das Lager auf. Es gibt solche Tage.

TIEFPUNKTE

22. Mai 1992. Ich stapfe talaufwärts und spähe nach dem Boot. Große Hoffnungen hege ich nicht, denn es hat in diesem Winter stärker geschneit als sonst, und mehr als einige zerstreute Kleinteile bleiben in der Regel nicht übrig. Ich gebe auf, als es mir zu warm wird. Amoschi nagelt Bleche von einem Coleman-Kocher über die Risse, die sich in den Kufen aufgetan haben. Wenn der Rock 'n' Roll Holz spaltet, ist mein Genick ja wohl rehabilitiert. Wir brauchen zwei Stunden bis zur Bellot Strait, weil ein Schneetreiben die Sicht behindert. Die Gesichtshaut ist durch die extreme Strahlung stark gereizt, so daß die Flocken ein lästiges Kitzeln hervorrufen. Die Behebung durch Reiben mittels der Handschuhe führt prompt zum Verrutschen der Sonnenbrille. Also Handschuhe aus und irgendwo sichern, Kapuze und Mütze runter, Brille auf der Nase neu ausrichten, weil es ein Bügel nicht mehr tut, alles wieder anziehen und schon kitzelt es wieder. Momente, in denen man schwer gegen die Wellen der Verzweiflung ankämpfen muß. Es macht Spaß, es macht Spaß. Gelegentlich knie ich mich mit gesenktem Kopf, um mein Genick zu entlasten und dem Fahrtwind zu entgehen. Peter fragt dann in den Pausen, welcher Art meine Gebete seien. Diese Haltung ist auch nicht optimal, weil ich nichts sehe. Wenn der Schlitten nach einem größeren Sprung aufs Eis kracht, muß man den Körper in den Knien und Hüften abfedern, um die Pein zu lindern. Du hast es so gewollt, sage ich mir jedesmal, nichts ist lähmender als Selbstmitleid. Beim Tanken zählt Peter besorgt die Ölkanister. Twin Otter? frage ich. Da lacht er schon wieder: Vielleicht reicht uns ein Polarbär eine helfende Hand.

MATTER BÄR

Als Amoschi plötzlich anhält, sehen wir ihn alle gleichzeitig. Peter bedeutet Hartmut, er möge sein Gerät aufstellen, sie würden mit den Skidoos den Bären auf uns zutreiben. Wir sollten uns nur so aufstellen, daß sich die Schlitten immer zwischen uns und dem Tier befänden. Es läge nicht in ihrer Art, über Schlitten zu springen. Wir bringen den alten Scherz an, woher er wüßte, ob auch diesem Exemplar jene Gepflogenheit bekannt sei. Sie lachen nur und brausen ab. Etwas irritiert sind wir schon, weil sie ihre gewaltigen Flinten nicht ausgepackt haben. Alsbald nähern sich drei Punkte, und der mittlere ist tatsächlich der Bär. Er bleibt etwa 50 Meter vor uns stehen und sieht wirklich nicht gefährlich aus. Der arme Kerl ist sichtlich ermattet und überhitzt. Was ihn sonst vor der Kälte schützt, macht ihm nun zu schaffen, er wird die Abwärme nicht los, die sich beim Laufen in ihm aufgestaut hat. Er ist aber ganz Polarbär, bleibt sich also der Tatsache bewußt, daß er keine natürlichen Feinde zu fürchten hat. Er hält uns für lästig, aber nicht für gefährlich. Liebe Tierfreunde, mir war auch nicht ganz klar, ob man einen Bär zum Zwecke des Filmens so herumscheuchen soll. Aber nun habe ich das Gefühl, er habe seine Würde vollständig bewahrt. Mit ruhigen Bewegungen sucht er Kühlung im Schnee und straft uns durch

Nichtbeachtung. Unerschrocken, also unklugerweise, gehe ich auf ihn zu, bis Peter eingreift und mich auf dem Skidoo näher an ihn heranfährt. Am liebsten hätte ich ihm die Tatze geschüttelt und wegen der Belästigung um Nachsicht gebeten. Hartmut ist zufrieden, er hat 120 Meter gedreht. Der Bär findet uns nach einer Weile langweilig und trollt sich.

VIEL EIS AUF DEM EIS

Ein paar Kilometer weiter spielt die Natur wieder mit uns. Schauer von nassem Schnee kommen über uns, die Sicht geht gegen Null und dazu stellt sich ein, was wir nun gar nicht brauchen können: zerklüftetes Eis. Immer öfter steigen Peter oder Amoschi auf die Kabinenbox und forschen nach einer Durchfahrt. Als nichts mehr geht, trösten wir uns mit Suppe. Es ist zu warm, meint Peter, der Schnee pappt, wir verbrauchen zuviel Benzin. Amoschi nimmt das Fernglas und steigt wieder auf die Box. Erinnerungen an die Kivioq werden in mir wach. Ich sehe mich oben im Mast, mit dem Glas in das Packeis starrend, ob es nicht doch ein Durchkommen gibt. Peter registriert offensichtlich meinen Anfall stiller Verzweiflung: Could be worse, noch brauchen wir keine Twin Otter. Let's do the Rock 'n' Roll. Einige Stunden später, um Mitternacht, bricht die Sonne durch, das Eis glättet sich und wir schaffen noch 20 Kilometer. Schweigsam löffeln wir ein Fertiggericht, auf dem Funkkanal der Inuit plaudern fröhlich die Frauen. Sie sind weit weg. Die nächste Siedlung ist 400 Kilometer entfernt. Wir sind ziemlich allein. Und das Eis ist hier immer so. Am 21. März 1859 notiert McClintock ganz in der Nähe:

»*Über die ganze Distanz fanden wir eine Mischung aus schwerem alten Eis und leichtem Eis vom letzten Herbst, an vielen Stellen übereinandergepackt, aber weiter südlich wurden die alten Schollen seltener.*«

AMOSCHI ABENTEUERLICH?

24. Mai 1992. Der Tag beginnt freundlich, gute Sicht, es ist windstill. Letzteres ist gut für uns, aber schlecht für die luftgekühlten Motoren. Vor uns liegen die Tasmanian Islands. Ich wundere mich, daß Amoschi direkt auf die Inselgruppe zufährt. Wie oft hatten wir besprochen, daß es zwischen Inseln Strömungen gibt, die das Eis von unten her auftauen. Peter hatte bei der Besprechung am Morgen auch eine weiträumige Umfahrung vorgeschlagen. Schon seit einiger Zeit bemerke ich, daß die beiden ein kleines Problem miteinander haben, allerdings weniger ein persönliches. Für Amoschi fallen Theorie und Praxis nicht auseinander, er ist eben ein Inuit. Peter sieht das offene Wasser voraus, Amoschi verläßt sich darauf, daß er es rechtzeitig sieht.

THEORIE UND PRAXIS

Wir spalten das Lernen in Theorie und Praxis auf. Dieses Verfahren ist den Inuit-Kulturen fremd. Die Eltern zeigen den Kindern alles, worauf es im Leben ankommt, sie erklären es nicht. Die Kinder handhaben kleine Bogen, Speere, Messer, Kajaks usw., und alle wichtigen Geräte werden mit ihnen größer. Sie haben den gleichen Spaß dabei, den Kinder überall beim Spielen haben, aber eigentlich trainieren sie von Anfang an ihr späteres Leben. Amoschi ist noch Inuit und schon Europäer, ein Übergangswesen. Er beklagt, daß die jungen Inuit sich von ihrer alten Kultur mehr und mehr entfernen. Mir ist nicht ganz klar, ob es der Europäer oder der Inuit ist, der hier ein Risiko eingeht.

TASMANISCHER TEUFEL

Peter fragt mich, warum die Inseln vor uns Tasmanian Islands heißen, der Name klinge unheimlich und deplaziert. Da müßten wir McClintock fragen, der hat hier die Namen vergeben, sage ich. Ob Mr. Tasmania ein Sponsor von McClintock war? Ich schlage später in seinem Buch nach. Die Inseln wurden auf ausdrücklichen Wunsch von Lady Franklin so getauft, um in Erinnerung zu bringen, daß ihr

Offenes Wasser.

Gatte der britischen Kolonie im Süden Australiens zeitweise vorstand. Wir witzeln eine Weile über die britischen Taufgewohnheiten. Da es sich um mehrere Inseln handelt, könnten wir noch einige Namen vergeben, als erste kanadisch-deutsche Expedition sozusagen. Jeder schlägt höflich die Namen der anderen vor, wobei Peter-Insel gleich zwei von uns verewigen würde. Amoschi steht im Ausguck und meint, wir könnten sie Amoschi Islands nennen, denn er würde hier wahrscheinlich von den Walen gefressen werden. Open water. Wir begeben uns auf den Hügel der nächsten Insel und betrachten andächtig die Spiegelungen auf dem Wasser. Es sieht sehr kalt aus. Peter meint, in der Tiefe lauere der Tasmanische Teufel. Nun plädiert auch Amoschi für eine Umgehung des Bösen, selbst wenn es ein paar Stunden koste. In sicherer Entfernung fahren wir weiter. Schon weit draußen, bei einer Pause, peilen die beiden zwischen zwei Inseln hindurch den kürzesten Weg an. Peter meint, hier seien keine Strömungen mehr zu befürchten. Amoschi widerspricht nicht. Ich muß mich stark wundern. War die Regel nicht: Wenn du zwei Optionen hast, wähle die sicherere? Auf der anderen Seite bedeutet die Abkürzung ein paar Stunden weniger Rock 'n' Roll. Physikalisch leuchtet es mir keineswegs ein, warum die Strömungen hier ausbleiben sollten. Aber ich sage nichts, sie sind die Experten.

BEWEGUNG IST ALLES

Los geht's, auf der Abenteuer-Route. Amoschi vorne, Hartmut auf seinem Schlitten. Ich klammere mich hinter Peter auf dem Skidoo an. Plötzlich gibt Amoschi Vollgas und Peter gleich darauf auch. Und was sehe ich unter mir: Wasser zwischen Schnee und Eisbrocken. Aber nicht einfach Wasser. Es quillt, das heißt, wir sinken. Die Zeit wird zur Zeitlupe. Mir ist klar, was wir nicht dürfen, nämlich stehenbleiben. Besonders schnell sind wir nicht, die Treibriemen drehen durch. Da hilft nur juckeln, wie man es schon als Kind auf dem Schlitten geübt hat. Wir juckeln. Leider enthält das Gemenge vor uns auch Eisbrocken, mehrfach gerät das Skidoo in Schräglage. Wir waren schon oft umgekippt und hatten uns im Schnee aus dem Weg gerollt, weil ja dann noch der Schlitten kommt. Die Gefahrenlage stellt sich jetzt anders dar. Ich stütze das Skidoo mit den Beinen ab, wovon mir Peter im Normalfall abgeraten hatte, weil gebrochene Glieder hier draußen schlecht versorgt werden können.

EXPERTEN IM GLÜCK

Wer Fehler macht, braucht Glück. Sofern Notizen über gefährliche Situationen vorliegen, ist ja auch klar, daß der Schreiber davongekommen ist. Die Tasmanischen Inseln werden nicht umbenannt, wir werden nicht jenen Ruhm erlangen, der sich mit der langen Suche nach Verschollenen einstellt. Amoschi hält an, als wir wieder festes Eis unter uns haben. Die Motoren sind abgestellt, wir schweigen. Stille. Dann spielen Hartmut und ich die Abgebrühten und drehen ein Interview mit den Experten. Sie meinen, das Eis sei plötzlich nicht mehr da gewesen, getragen hätte uns nur noch die Schneedecke, wir seien dem Ende ziemlich nahe gewesen. Der Expedition? Vielleicht auch sonst. Ob sie das schon mal erlebt hätten? Nein. Amoschi möchte es auch für eine Million Dollar nicht noch einmal erleben.

NOCH MEHR EIS

Wir sind uns einig, daß wir einen Fehler gemacht haben, aber aufgeben werden wir nicht, nur vorsichtiger sein. Vor King William Island droht noch mehr offenes Wasser. Weiter, wir haben viel Zeit verloren. Unser Willen, bis Gjoa Haven durchzuhalten, wird auf eine harte Probe gestellt. Rough ice der schlimmsten Sorte. Alle paar hundert Meter bleibt ein Schlitten stecken, wir zerren, hebeln und schieben bis an die Grenze der Verzweiflung. Are we having fun? Yes, grölen wir ein um das andere Mal. Immerhin haben wir die Skidoos, sage ich mir immer wieder, die damals haben ihre Schlitten über ähnliche Strecken selbst ziehen müssen. Beim Anschieben erwische ich einen Eisbrocken mit dem Knie. Ich liege eine Minute, um den Schmerz zu lokalisieren. Gebrochen? Höre ich die Motoren der Twin Otter? Nein, gibt nur eine Schwellung. Die anderen waren mehr erschrocken als ich. Weiter. Auf dem Skidoo kann ich nicht mehr fahren, weil ich das Knie nicht genug beugen kann. Armer Hartmut, er muß für den Rest der Reise den Klammeraffen machen. Immer wieder tauchen am Horizont die Zacken aufgeworfener Eisschollen auf und bedrohen uns mit weiterer Mühsal. Wir brauchen vier Stunden für fünf Kilometer. Dann hält Amoschi an und vollführt einen Freudentanz. Peter ahmt den muslimischen Kniefall nach. Tatsächlich, der Horizont ist gerade, ein Strich zwischen zwei Grauzonen. Eine Stunde weiter fängt es wieder an, und, als wäre das nicht genug, es schneit immer stärker. Um 22 Uhr ist die Sicht so schlecht, daß Amoschi keine Durchfahrten mehr findet. Wir schlagen das Lager auf.

WIR SCHWEBEN

24. Mai. White out. Zero Zero. Neue Worte spielen eine quälende Rolle in unserem neuen Leben. Amoschi und Peter benutzen sie bei den Funkkontakten mit Bezal. Gemeint ist: Wir sehen nichts mehr. Dunst, Schneetreiben, oben und unten, alles ist Himmel, grell und vollständig farblos. Wir scheinen im absoluten Weiß zu schweben, nur die Schwerkraft funktioniert noch. Wir wissen also nur, wo unten ist. Meinem Kompaß trauen die beiden nicht. Aber selbst wenn wir die Richtung wüßten, haben wir keine Chance, eine Durchfahrt in den vor uns liegenden Eisbrüchen und Schneewehen zu finden. Das white out hält uns fest, und die Zeit wird knapp. Beim Frühstück drehen sich die Gespräche nur um eine Frage: Kommen wir ohne Hilfe durch? Neben dem Benzin wird auch die Zeit langsam knapp. Es ist zu warm, auf den Planen taut der Schnee. Die Gefahr, auf offenes Wasser zu stoßen, nimmt zu. Amoschi hat inzwischen seinen Sinn für das rein Praktische teilweise aufgegeben. Auch er entwickelt nun jenen merkwürdigen Stolz, es aus eigener Kraft zu schaffen. In dem Maß, in dem die Schwierigkeiten zunehmen, macht er das Unternehmen auch zu seiner Sache. Das sagt er natürlich nicht direkt. Er sagt nur, er bedaure, keine Fotos machen zu können, denn so etwas habe er noch nicht erlebt. Ich verspreche, ihm Fotos zu schicken. Von da ab schaut er nicht mehr weg, wenn wir fotografieren. Es wird klar, daß er nur mit einer der üblichen Touren gerechnet hatte, die Bezal im Norden auf bekannten Routen organisiert. Die Gegend hier kennt er nicht, und das fordert ihn nun offenbar heraus. Er wird mit dem Vorschlag konstruktiv, das Benzin mit Kerosin zu strecken. Peter stimmt zu. Es beginnt zu regnen. Auch das noch? Nein, belehren sie mich, dies sei nun eher positiv, weil das Wasser den weichen Schnee zusammenbacke. It could be worse, wir schaffen es schon, ohne Twin Otter. Amoschi amüsiert sich über meine Unruhe. Wenn's nicht weitergeht, ruht man sich aus, meint er ungemein einleuchtend. Wir kriechen in die Schlafsäcke, der Ruhetag ist gar nicht so falsch für unsere Knochen, Sehnen, Muskeln,

Bänder und auch nicht für das gebeutelte müde Hirn. Als Peter abends zum Steak ruft, ist das Camp noch immer eine Insel im schieren Nichts. Nach dem Essen heftiges Studieren der Karten, man ist deutlich ausgeruht. Durchaus gut gelaunt zählen wir zusammen, was uns fehlt: Benzin, Öl und Wissen. Wir wissen nicht genau, wo es zwischen der Boothia-Halbinsel und King Willian Island offenes Wasser gibt. Bezal soll nachforschen, was der Eisbericht dazu sagt. Das Zweitakt-Öl (separat beigemischt) wird von nun an mit Benzin verdünnt. Amoschi gibt zum besten, man könne es durchaus mit Seehund-Öl mischen, was allerdings zu Folge hätte, daß sich sämtliche Polarbären der Region auf unsere Fersen heften würden, wegen der köstlichen Auspuffgase. Peter kommentiert meine Versuche, die Schwellung am Knie weiter herunterzukühlen. Er könne das Bein ja abschneiden, sein Kurs in Erster Hilfe sei eine Weile her, er müsse in Übung bleiben. Ungerührt praktisch schlägt Amoschi vor, das Fleisch als Notvorrat einzufrieren. Nette Kerle. Peter fragt an, ob denn ein weiteres Team vom Hessischen Rundfunk einflöge, wenn uns der Tasmanische Teufel hole. Wilde Phantasien über eine endlose Suche sind die Folge. We are crazy. Amoschi hat inzwischen unser Restbenzin durchgemustert. Wir rechnen eine Weile hin und her. Das Resultat: Schlagen wir den Weg über Cape Felix nach Gjoa Haven ein, wird es knapp. Aber es ist die McClintock-Route. Wir wollen es weiter versuchen.

GESCHAFFT?

25. Mai 1992. Es ist wieder kälter geworden, der Regen ist auf dem Schnee gefroren, wir kommen gut voran. Aber immer wieder macht uns das Eis zu schaffen. Ich weiß nicht so recht, wie ich mein Knie lagern soll, und starre sehnsüchtig zur flachen Küste hinüber. Das Eis hat hier die Landschaft glattgerieben, und der Strand besteht aus flachen Kiesbänken, auf denen wir öfter mit der Twin Otter gelandet sind. Da müßte es sich prächtig und relativ stoßfrei fahren lassen. Aber Amoschi und Peter sind irgendwie Meereisfans. Erst als es gar nicht mehr anders geht, hält Amoschi auf die Küste zu. Rough ice adieu. Die Kuhlen zwischen Meereis und den Kiesbänken sind gut zugeschneit und bilden die reine Rennstrecke. Wenn ich mich recht erinnere, bleibt das so. Geschafft? Jedenfalls läßt die Anspannung nach. Fünf Stunden und 100 Kilometer weiter finden wir Schlittenspuren. Amoschi ist hoch erfreut. Er meint, sie würden uns um das offene Wasser herum nach Cape Felix führen. Eine Stunde später haben wir die Spuren verloren. Neue Beratung. Falls uns das offene Wasser zu größeren Umwegen zwingt, geht mit Sicherheit der Sprit aus. Peter fragt mich eindringlich, wie wichtig mir Cape Felix ist. Nicht wichtig genug, um erneut mit dem Tasmanischen Teufel zu spielen. Entlang der Küste nach Spence Bay schaffen wir es ohne fremde Hilfe, und dort können wir tanken. Also Spence Bay, diesmal wählen wir die sichere Option.

BERICHT DER INUIT

Hier, am Cape Victoria, notiert McClintock am 1. März 1859:

»Ich kam fast zu dem Schluß, daß meine Reise eine fruchtlose Bemühung war, denn bisher hatten wir keine Spuren von Eskimos gefunden. Weil unsere Vorräte ziemlich abgenommen hatten und unsere armen Hunde sehr zerschunden waren, konnte ich nur noch einen Tagesmarsch weitergehen. Aber wir hatten nur nach vorn geschaut. Als wir anhielten und uns umdrehten, da war in der Tat die Freude und Überraschung groß, vier Männer hinter uns laufen zu sehen. Petersen und ich schnallten sofort unsere Revolver an und gingen auf sie zu. Die Eingeborenen hielten an, banden ihre Hunde fest, legten ihre Speere nieder und empfingen uns ohne irgendwelche Anzeichen des Erstaunens... Da ihr Dorf zu weit weg war, stellten wir sie zum Hüttenbau ein. Der Lohn betrug eine Nadel pro Eskimo. Die Hütte war in einer Stunde fertig, hatte einen Durchmesser von zweieinhalb Metern und eine Höhe von 165 cm. In den Annalen der Baugeschichte dürfte kaum ein Wohnhaus verzeichnet sein, das so billig zustande kam. Wir

gaben ihnen zu verstehen, daß wir gerne mit ihnen handeln würden und näherten uns so dem eigentlichen Ziel unseres Besuchs. Ein Marineknopf auf einem Kleid lieferte die Gelegenheit. Er stammte, sagten sie, von einigen weißen Leuten, die an Hunger litten, auf einer Insel, wo es Lachse gab. Und daß das Eisen, aus denen ihre Messer gemacht seien, von dieser Stelle käme. Einer dieser Männer sagte, er sei auf der Insel gewesen, um Holz und Eisen zu holen, aber niemand habe die weißen Männer gesehen... Am nächsten Morgen kam das ganze Dorf, an die 45 Seelen. Das Tauschen hob unvermittelt an. Zuerst kauften wir die Relikte der verschollenen Expedition. Sie

bestanden aus sechs silbernen Löffeln und Gabeln, einer Silbermedaille, ein Stück einer Goldkette, mehrere Knöpfe und Messer aus dem Holz und Eisen des Wracks, ebenso Pfeile und Bögen derselben Herkunft... Am nächsten Morgen besuchten uns wieder mehrere Eingeborene. Ich kaufte einen Speer, 185 cm

lang, von einem Mann, der Petersen erzählte, daß ein Schiff mit drei Masten im Westen von King William Island vom Eis zerquetscht worden war, aber alle Leute sicher landen konnten. Er wäre aber kein Augenzeuge. Das Schiff sank, so daß nichts zu holen war. Alles, was sie hatten, kam von der Insel im Fluß... Ein alter Mann machte mit seinem Speer im Schnee eine rohe Skizze der Küstenlinie und sagte, es seien acht Tagesreisen bis zu der Stelle, an der das Schiff sank. Er zeigte in die Richtung von Cape Felix.«

McClintock weiß nun, in welcher Richtung er die Suche fortsetzen muß. Da die Vorräte zur Neige gehen, kehrt er zunächst zur Fox in der Bellot Strait zurück. Im April ist er wieder hier und setzt die Erkundung in Richtung von Cape Felix fort. Genau das hätten wir auch gerne gemacht, aber der Sprit reicht nicht. Also verlassen wir McClintocks Route – und zunächst auch seine Geschichte.

SPORTSLEUTE

26. Mai 1992. Wir nähern uns Spence Bay. Plötzlich fährt ein Skidoo mit Schlitten neben uns. Zwei Inuits, die von einem Jagdausflug kommen. Großes Hallo. Ihr kommt von Resolute? Wie lange gebraucht? Und noch zwei Filmleute mitgeschleppt? Alle Achtung, sagen sie zu Amoschi, und am Ende klopfen sie sogar uns, dem Ballast, auf die Schulter. Sie erzählen uns, zwei Spanier hätten die gleiche Strecke vor kurzem auch geschafft, mit Hunden. Die Arktis ist klein. Wir hatten die Spanier vor einem Jahr kennengelernt, als sie es von Resolute aus vergeblich mit Kanus versuchten. Zwei harte Burschen, die sich Zeit nehmen. Es ist wirklich nicht mehr einfach, erster zu sein, grüble ich auf den letzten Kilometern vor der Zivilisation. Dann stehen wir plötzlich vor ihr. Dort locken ein kleines Hotel, eine warme Dusche, weiche Betten. Nein, soweit sind wir noch nicht, noch sind wir Nomaden. Wir fragen, wo es Benzin gibt, und bleiben nur solange, bis Peter zwei Kanister gekauft hat. Wir fahren eine Stunde über flaches Land, dann schießt Amoschi vier Karibus, und wir müssen das Lager aufschlagen.

Are we having fun?

Yes, we have.

Gjoa Haven

STADTGESPRÄCH

27. Mai 1992. Die Leute von Spence Bay hatten uns vor rough ice auf dem Weg nach Gjoa Haven gewarnt. Aber wir fahren zunächst über flaches Land nach Süden. In der Pause machen sich die beiden über die »flatlanders« aus Spence Bay lustig. Was heißt das schon, wenn ein flatlander von rough ice spricht. Amoschi folgt zunächst den Spuren, die eigentlich nach Gjoa Haven führen sollen. Aber die flatlanders pflegen wohl ihre Ziele nicht direkt anzusteuern. Oder sie trinken zuviel. Amoschi gibt die Spuren bald auf und fährt genau nach Süden. Er will das St. Roch Basin offenbar an der engsten Stelle überqueren. Wir haben gute Sicht, aber sie nützt nichts. Der Horizont ist rundum ein gerader Strich, wir wissen manchmal nicht, ob Eis oder Land unter dem Schnee liegt. Am Nachmittag haben wir uns völlig verfranzt, weil die beiden Herren es versäumt haben, in Spence Bay auf den Tacho zu schauen. Wir wissen nun nicht, wann wir nach Westen abbiegen müssen. Pause. Suppe. Ein kalter Wind kommt auf. Seit die Anspannung nachgelassen hat, friere ich leichter. Fremdartige Gedanken übernehmen mich. Unbezahlte Rechnungen, Bürgerkriege, das Finanzamt, die Mafia, die Klimakatastrophe, Hungersnöte. Wir haben keine Nachrichten gehört, aus der Gespensterwelt. Ich bin nicht neugierig auf das alles. Es ist absurd, daß wir es eilig haben, in diese Welt zurückzukehren, mit ihren geheiligten Terminen. Wir haben keine Zeit. Also weiter. Amoschi entdeckt einige Masten am Horizont. That's Franklin, witzelt Peter matt. Das Fernglas zeigt eine militärische Radarstation. Sie ist in der Karte eingetragen, wir wissen also wieder, wo wir sind. An der Abfanglinie des kalten Krieges, die sich durch die ganze Arktis zieht. Sehr symbolisch. Ich friere. Zurück auf dem Meereis sind die beiden wieder glücklich und amüsieren sich über gelegentliche Eisverwerfungen: Das nennen sie rough ice, die flatlanders. Schon ist King William Island zum Greifen nahe, als sich ein weiterer Strich vor uns querlegt. Nach Lage der Dinge kann es sich nur um eine Spalte handeln, und es ist eine. Amoschi stochert mit einer Eisenstange und nickt. Sie ist zugefroren. Eine Stunde später sehen wir den Tower der Landepiste von Gjoa Haven. Hartmut richtet die Kamera ein, wir drehen die Wir-haben-es-geschafft-Szene. Sie gerät einigermaßen wie aus dem Leben gegriffen, allerdings fehlt der Ton, weil das Gerät den Rock 'n' Roll nicht überstanden hat. Wir brauchen noch eine Stunde, und ich beginne die Minuten zu zählen, ich merke jetzt doch, daß ich ziemlich fertig bin. Die Herberge ist überfüllt, aber wir können uns ein Zimmer erstreiten. Zu essen gibt's nichts mehr. Wir hätten das Lager aufschlagen sollen. Ich habe nicht einmal Lust auf die warme Dusche. Irgendwie fühle ich mich leer.

28. Mai 1992. Die Inuit von Gjoa Haven hatten seit Tagen Funkkontakt mit uns, nun besuchen uns einige. 1106 Kilometer in einem Stück finden sie schon beachtlich. Im Coop, im Museum, in der Post, überall sprechen uns die Leute an. Alles echte Sportsleute, wer hätte das gedacht. Ob es Spaß gemacht habe? Ja, natürlich.

12 DIE BOTSCHAFT

ALLE WOHLAUF

Nach dem ersten Kontakt mit Inuit unternehmen im Frühjahr 1859 zwei Trupps der Fox Schlittenreisen nach King William Island. McClintock untersucht den Süden. Auf dem Rückweg findet er eine Nachricht des anderen Suchtrupps. Nach zehnjähriger Suche war es endlich soweit. McClintock:

»*Hobson sah kein Wrack, aber er fand die Nachricht, die so leidenschaftlich gesucht worden war. Es war wirklich eine traurige und rührende Hinterlassenschaft unserer verschollenen Freunde.*«

Für die Botschaft wurde jener Vordruck benutzt, der eigentlich bei jeder Gelegenheit mit den neuesten Informationen hinterlegt werden sollte. Der gedruckte Text forderte den Finder auf, das Papier an die britische Admiralität weiterzuleiten. Die erste Nachricht wurde auf die leeren Zeilen des Vordrucks gekritzelt:

»*28. Mai 1847. H.M.Ships Erebus und Terror überwinterten im Eis auf Lat. 70° 5'N Long. 98° 23'W. Davor überwintert in 1846-7 auf Beechy Island auf Lat. 74° 34'28" N. Long. 91° 39'15" W, nach dem Aufstieg bis Lat. 77° im Wellington Channel und der Rückkehr auf der Westseite von Cornwallis Island. Sir John Franklin befiehlt die Expedition. Alle wohlauf. Ein Trupp bestehend aus 2 Offizieren und 6 Mann hat die Schiffe am Montag, dem 24. Mai 1847, verlassen. G.M. GORE, Lieut. Chas. F. Des VOEUX, mate.*«

Die Datierung der Überwinterung auf Beechy Island ist falsch, sie hat laut den Grabinschriften im Winter 1845/46 stattgefunden. (Noch ein Rätsel!) Die Expedition hatte also 1845 Cornwallis Island umrundet und war 1846 in den Peel Sound vorgedrungen. Belcher hat fast die gesamte Küste entlang dieser Route Meter für Meter absuchen lassen. Vergeblich. Offenbar hielt es Franklin zwei Jahre lang nicht für nötig, eine mögliche Suchexpedition über seine Ziele zu informieren. Ob es Hochmut war oder Leichtsinn, unverantwortlich war dieses mitteilungslose Vorgehen in jedem Fall. Lieutenant Gore hat sich dann auf King William Island doch entschieden, sich an die Anordnungen der Admiralität zu halten. Gemäß der angegebenen Position hatte die Expedition 1846/47 also im Nordwesten von King William Island im Packeis überwintert. Das Ziel seiner Landexpedition nennt Gore leider nicht.

Botschaft entdeckt.

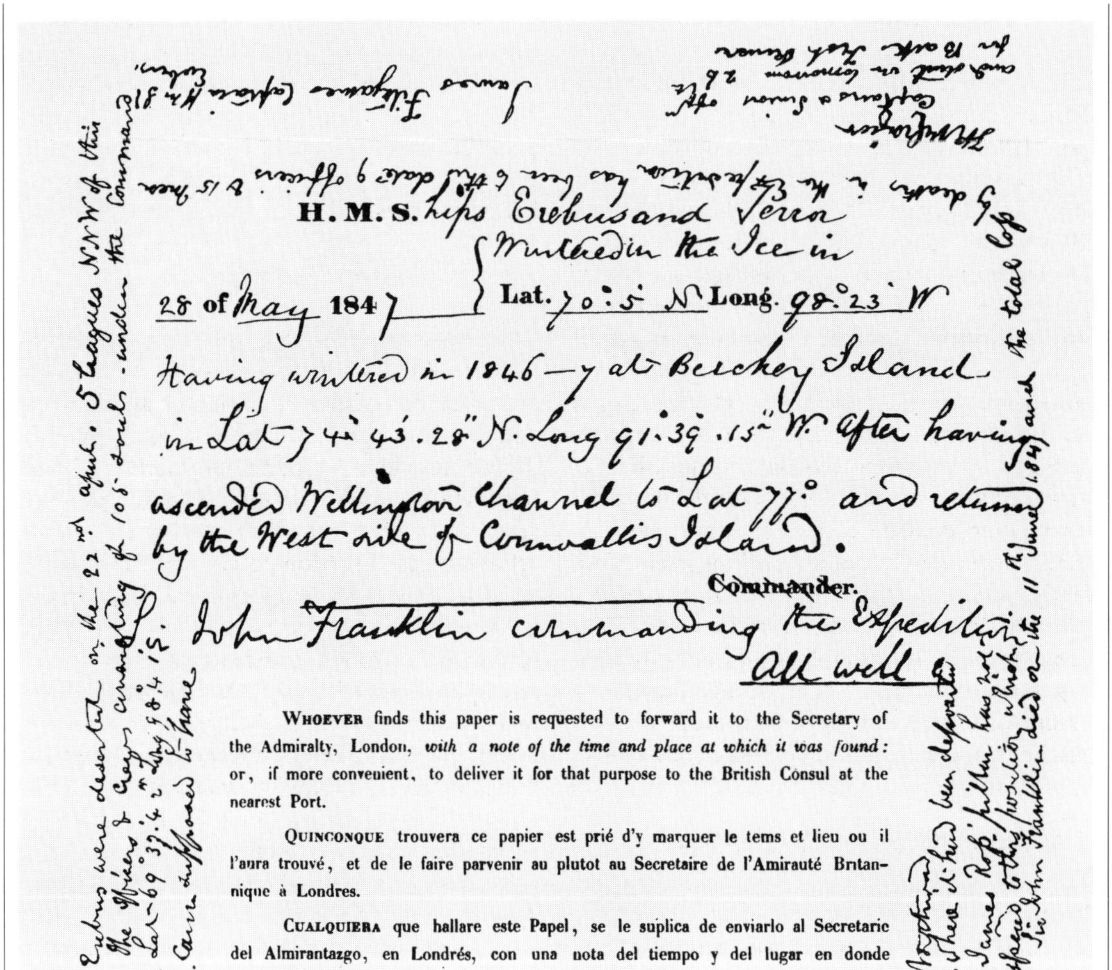

H.M.S.hips Erebus and Terror

Wintered in the Ice in

28 of May 1847 Lat. 70°5' N Long. 98°23' W

Having wintered in 1846—7 at Beechey Island in Lat 74°43'28" N. Long 91°39'15" W After having ascended Wellington Channel to Lat 77° and returned by the West side of Cornwallis Island.

Commander.

Sir John Franklin commanding the Expedition.

All well

Whoever finds this paper is requested to forward it to the Secretary of the Admiralty, London, *with a note of the time and place at which it was found:* or, if more convenient, to deliver it for that purpose to the British Consul at the nearest Port.

Quinconque trouvera ce papier est prié d'y marquer le tems et lieu ou il l'aura trouvé, et de le faire parvenir au plutot au Secretaire de l'Amirauté Britannique à Londres.

Cualquiera que hallare este Papel, se le suplica de enviarlo al Secretario del Almirantazgo, en Londrés, con una nota del tiempo y del lugar en donde so halló.

Een ieder die dit Papier mogt vinden, wordt hiermede versogt, om het zelve, ten spoedigste, te willen zenden aan den Heer Minister van de Marine der Nederlanden in 's Gravenhage, of wel aan den Secretaris den Britsche Admiraliteit, te London, en daar by te voegen eene Nota, inhoudende de tyd en de plaats alwaar dit Papier is gevonden geworden.

Finderen af dette Papiir ombedes, naar Leilighed gives, at sende samme til Admiralitets-Secretairen i London, eller nærmeste Embedsmand i Danmark, Norge, eller Sverrig. Tiden og Stedet hvor dette er fundet önskes venskabeligt paategnet.

Wer diesen Zettel findet, wird hierdurch ersucht denselben an den Secretair des Admiralitets in London einzusenden, mit gefälliger Angabe an welchen Ort und zu welcher Zeit er gefunden worden ist.

Party consisting of 2 Officers and 6 Men left the Ships on Monday 24th May 1847

G M Gore Lieut.

Chas F Des Voeux mate

25th April 1848. HMShips Terror and Erebus were deserted on the 22nd April. 5 leagues NNW of this having been beset since 12th Septr 1846. The officers & crews consisting of 105 souls - under the command of Captain F. R. M. Crozier landed here - in Lat 69°37'42" Long 98°41' W. This paper was found by Lt Irving under the cairn supposed to have been built by Sir James Ross in 1831 - 4 miles to the Northward - where it had been deposited by the late Commander Gore in May 1847. Sir James Ross' pillar has not however been found and the paper has been transferred to this position which is that in which Sir J. Ross' pillar was erected — Sir John Franklin died on the 11th June 1847 and the total loss by deaths in the Expedition has been to this date 9 officers & 15 men.

F. R. M. Crozier Captain & Senior Offr.

James Fitzjames Captain HMS Erebus

and start on tomorrow 26th for Back's Fish River

PASSAGE NICHT GESUCHT

Simpson und Dease hatten 1839 über den Coppermine River den Süden von King William Island erreicht und den nördlichsten Punkt ihrer Reise Cape Herschel getauft. Zwischen der Position bei der Überwinterung 1846/47 und Cape Herschel sah Franklin auf der Karte den letzten weißen Fleck der Nordwestpassage vor sich. 300 Kilometer trennten ihn vom Triumph. Solche Entfernungen waren von Schlittentrupps schon bewältigt worden. Immerhin bestand die Chance, als Entdecker der Nordwestpassage auf die Nachwelt zu kommen – tot oder lebendig. Die Chance wurde nicht genutzt. Gore hätte die Entdeckung einer Passage sicher erwähnt, und er selbst sollte wohl nur eine Landungsstelle und Wildgründe erkunden. Ende Mai war es zu spät für eine Schlittenreise nach Cape Herschel. Franklin hat also die Zeit bis Ende Mai 1847 nicht genutzt, um eine Passage suchen zu lassen, obwohl noch »alle wohlauf« waren. Was hat ihn daran gehindert? Auch das bleibt ein Rätsel.

DAS STERBEN HAT BEGONNEN

Rund 11 Monate später wurde der Rand des gleichen Vordrucks benutzt, um die schlechte Nachricht zu überliefern:

»25. April 1848. H.M.Ships Terror und Erebus wurden am 22. April 15 Meilen von hier aufgegeben, nachdem sie seit dem 12. September 1846 eingeschlossen waren. Offiziere und Mannschaften, bestehend aus 105 Seelen, unter dem Befehl von F.R.M. Crozier, landeten hier auf Lat. 69° 37'42" N., long. 98° 41'W. Sir John Franklin starb am 11. Juni 1847. Der gesamte Verlust an Toten dieser Expedition war bis heute 9 Offiziere und 15 Mann. F. R. M. CROZIER, Captain and Senior Officer. JAMES FITZJAMES, Captain H. M. S. Erebus. Und brechen morgen, am 26. zum Back's Fish River auf.«

Die Befehlshaber haben nicht nur das Geschehen skizziert, sondern auch das Ziel genannt. Sie wußten, daß sie Hilfe brauchen würden. Nur wurde die Botschaft erst nach elf Jahren gefunden, weil es vorher keine anderen gab, die die Suchexpeditionen nach King William Island geführt hätten.

DAS HAUPTRÄTSEL

Weder McClintock noch spätere Autoren gehen der Frage nach, was in den elf Monaten zwischen den beiden Nachrichten auf den beiden Schiffen passiert ist. Für mich ist das größte Rätsel, wie neun Offiziere zu Tode kommen konnten. Offiziere waren in der Regel umsichtiger und besser genährt als Mannschaftsgrade. Elf Monate vorher waren »alle wohlauf«. So rapide hat bei keiner Expedition Skorbut zum Tode geführt, und nie bei Offizieren. Die Nachricht spricht nur von »Verlusten« und verschweigt die Todesursachen. Wenn Krankheit die Ursache war, warum heißt es nicht »Verlust durch Krankheit? Es hätte den Ruf der Expedition am wenigsten beschädigt. Geradewegs lügen konnten die Befehlshaber natürlich auch nicht. Also müssen Todesursachen in Erwägung gezogen werden, die dem Ruf der Expedition abträglich sind. Und das wären: Meuterei, unsinnige Manöver, schlechte Führung.

KEINE VERWIRRUNG

Bei der Aufgabe von Schiffen war es üblich, an Land ein Basisdepot zu errichten. So geschah es auch in diesem Fall. McClintock fand es an der Landungsstelle:

»Eine große Ansammlung und Vielfalt von Dingen war um den Cairn deponiert, darunter vier schwere Schiffsherde, Äxte, Schaufeln und Eisenhaken und ein Haufen Bekleidung.«

Aber keine Nahrungsmittel und Boote. Bei der Weiterreise mit Schlitten hatten die Schiffbrüchigen also alles zurückgelassen, was sie nicht brauchten. Ihr Hauptproblem war, daß sie die Boote mitnehmen mußten. Auch der nächste

Kochgerät. McClintock hat einige Hinterlassenschaften der Franklin-Expedition nach England gebracht.
National Maritime Museum, Greenwich.

Posten an der Hudson Bay war mehr als 1000 Kilometer entfernt und daher zu Fuß für eine geschwächte Mannschaft unerreichbar. Ihr Nahziel, Back's Fish River, liegt auf dem Kontinent 300 Kilometer Luftlinie entfernt. Dort konnten sie mit Wild und Fischen rechnen. Auch John Ross nahm 1831 in der gleichen Situation die Boote und die Kranken mit. Da die Mannschaft bei äußerster Mühsal kaum mehr als 10 Kilometer am Tag schaffte, kam es beinahe zu einer Meuterei. Ross ließ die Boote schließlich zurück, weil es in dem vor ihm liegenden Depot genug Boote gab. Die Schiffbrüchigen der Erebus und Terror hätten ohne die Boote keine Chance gehabt. So schleppten sie entlang der Küste von King William Island auf Schlitten mehrere Beiboote mit. Wieviel Proviant konnten sie zusätzlich bewegen? Schwer schätzbar, da wir die Zahl der Kranken nicht kennen. Nach den späteren Funden und den Berichten der Inuit dürfte der Proviant für ca. 40 Tage ausgereicht haben. Ihre einzige Chance bestand darin, rechtzeitig offenes Wasser und den wild- und fischreichen Süden zu erreichen.

JAGDAUSFLUG?

David C. Woodman hat 1991 in seinem Buch UNRAVELLING THE FRANKLIN MYSTERY neben vielen interessanten Thesen auch einige gewagte mitgeteilt. Zum Beispiel die, 1848 seien die Schiffe nur zur »saisonalen Jagd« verlassen worden. Das ist nun wirklich völliger Unsinn. In der Botschaft heißt es »abandon« (verlassen, im Sinn von aufgeben) und nicht »left«. 24 Männer waren bereits gestorben, alle Überlebenden (105) verließen die Schiffe, also auch die Kranken und Geschwächten. Auch der grausamste und dümmste Offizier der Marine hätte sie nie bei einem Jagdunternehmen mitgenommen. Entlang der Küste wurden Dutzende von Toten gefunden. Die Zahl ist unklar, da die Inuit keine genauen Zahlen der von ihnen gefundenen Toten angeben konnten.

AM ENDE IHRER KRÄFTE

Schon Dr. Rae hatte von den Inuit gehört:

»Alle, mit der Ausnahme des Anführers, zogen an Seilen den Schlitten mit dem Boot. Sie waren abgemagert, und der Proviant schien ihnen auszugehen.«

Sie waren also zu langsam, und der Proviant wurde knapp. Rund 100 Kilometer südlich der Landungsstelle fand McClintock ein Beiboot.

»Etwas im Boot...«

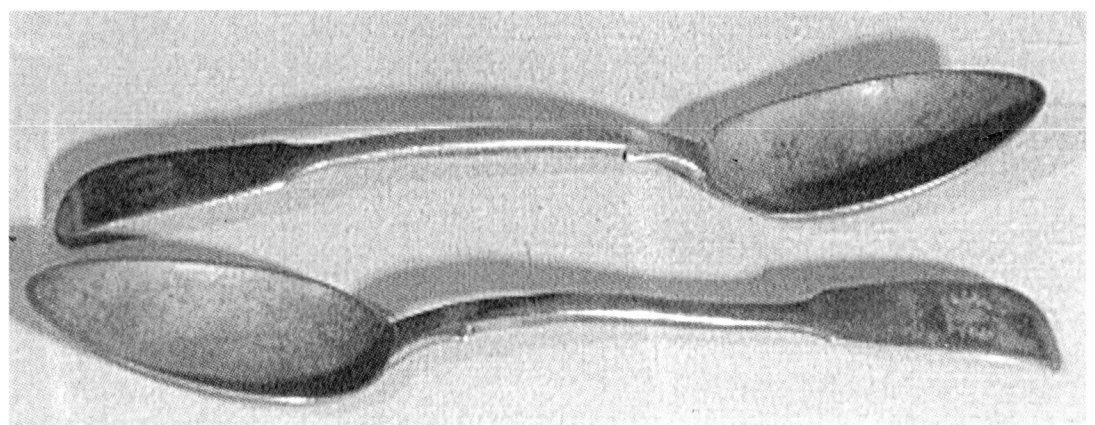

Silberlöffel. National Maritime Museum.

»Etwas im Boot ließ uns vor Ehrfurcht erstarren. Es waren Teile zweier menschlicher Skelette.«

Die beiden Männer waren offenbar verhungert, denn es waren nur noch 40 Pfund Schokolade vorhanden, neben Uhren, Kleidern, zwei Gewehren, einigen religiösen Büchern und einem Silberbesteck. Aus der vorgefundenen Situation haben manche Autoren geschlossen, es habe kein planvolles Handeln mehr vorgelegen. Mir scheint das nicht einleuchtend. Die Engländer konnten nur mit Bestecken essen, und sie waren fromme Christen. Bücher und Bestecke machten sicher weniger als 1 Prozent der Last aus. Davon hing ihr Überleben nicht ab. Das Dilemma war objektiv. Mit Booten waren sie zu langsam, ohne Boote hatten sie keine Chance. McClintock hatte noch einen einzelnen Toten gefunden:

»Der arme Mann schien bei seinem letzten mühseligen Gang auf das Gesicht gefallen zu sein, wie die Inuitfrau erzählt hatte: ›Sie fielen hin und starben, wie sie da liefen.‹«

McClintock konnte bei der zweiten Expedition mehr von den Inuit erfahren als bei der ersten Begegnung. Sein Dolmetscher Petersen hat auch ein Buch geschrieben. Er zitiert wie McClintock leider nicht wörtlich:

»Ich bekam aus ihnen heraus, daß ein großes Schiff mit Masten aus dem Norden mit dem Eis angetrieben kam, aber es wurde von den mächtigen Eispackungen nordwestlich von King William Island zerquetscht und sank daraufhin; deshalb hatten sie nichts von dem Wrack bergen können. Alle Menschen waren jedoch schon vorher in kleinen Booten an Land gegangen und hatten sich nach Süden aufgemacht, aber nach und nach sind sie umgefallen und verhungert... Ich fragte sie nun, ob sie selbst gesehen hätten, was sie eben gesagt hatten. Sie antworteten, daß sie es selbst nicht gesehen hätten, sondern von anderen gehört hätten. Einige seien jedoch auf einer Insel gewesen, die weiter im Süden lag. Dort hätten sie Skelette von weißen Männern liegen sehen, einige davon waren beerdigt. Das Boot der weißen Männer sei vom Eis zerquetscht worden.«

WIEDER BEMANNT?

Im Nordwesten von King William Island können die Inuit das Verlassen der Schiffe nicht beobachtet haben. McClintock fand dort an Land an mehreren Stellen wertvolle Hinterlassenschaften aus Eisen, also waren bis 1859 keine Inuit dort. Im Südwesten und Süden der Insel waren sie dagegen längst fündig geworden. Warum haben sie nicht im Norden gesucht? Weil sie sicher waren, daß beide Schiffe im Südwesten angekommen waren?

Sie hatten dort den Schlittentrupp gesehen. Haben sie auch die Schiffe dort gesehen? Waren die Schiffe unbemannt nach Süden getrieben und hatten die Schiffbrüchigen eingeholt? Wenn ja, dann haben auch die Schiffbrüchigen ihre Schiffe gesehen. Und sie konnten sie auch erreichen, denn sie führten ja ihre Boote mit. Kamen die Inuit gerade an, als eines der Schiffe wieder verlassen werden mußte? Oder hatten die Inuit es doch nicht selbst gesehen, sondern von den Schiffbrüchigen gehört – so wie es die Informanten von Dr. Rae erzählt hatten? Alles denkbar, nichts ist sicher.

Aus irgendeinem Grund »wußten« die meisten Informanten, daß ein Schiff »zu schnell« gesunken war. Was aber war mit dem anderen? Petersen erfuhr eine weitere Version. (Die englischen Ortsnamen hat Petersen eingesetzt, der sich die Stellen auf der Karte zeigen ließ.)

»Hingegen gab ein anderer Eskimo eine wichtige Information… Er erzählte, er habe sein Messer von einem anderen Eskimo bekommen. Es sei aus einem viel längeren Messer gefertigt, welches er bei einem Schiff gefunden habe, welches auf der Westküste von King William Island auf das Land geworfen worden war… Er erzählte, daß die Inuit auf King William Island zwei große Schiffe gesehen hätten. Das eine davon wurde vom Eis zerdrückt und sank darauf zu ihrem Leidwesen, da sie nichts von dem Wrack bergen konnten. Das andere jedoch wurde im Laufe des Jahres an Land geworfen. Diese Stelle nannten die Eskimos Oklulik. Die Mannschaft hatte beide Schiffe verlassen, lange bevor das eine sank, und war mit Booten und Schlitten nach Süden gezogen, aber im Winter und folgenden Frühjahr hatten Eskimos diese Männer am großen Fluß tot aufgefunden. Auf dem gestrandeten Schiff sei ein toter Mann gewesen. Er sei sehr groß gewesen und hätte sehr große Zähne gehabt.«

Der große Tote mit den großen Zähnen wird später auch von anderen Inuit erwähnt. Für seine Anwesenheit an Bord gibt es für die meisten Autoren nur eine Erklärung: Das Schiff wurde wieder bemannt. Nach den Fußspuren schätzten einige Informanten, es seien höchstens vier Mann an Bord gewesen. (Gesehen hatte sie niemand.)

WILDE SZENARIEN

Die Schiffbrüchigen erreichen erst im Juli den Südwesten von King William Island. Es geht nicht weiter. Auf dem Land ist der Schnee weg, das Meereis beginnt aufzubrechen. Der Proviant geht zur Neige, die Jagd ist wenig ergiebig. Letzte Hoffnung: die Schiffe. Die Kräftigsten machen sich entlang der Küste auf die Suche. Und finden sie. Und dann?

a) Die Schiffe werden vom Eis bedroht. Trotzdem versuchen sie, möglichst viel Proviant an Land zu schaffen. Ein Schiff versinkt, das andere treibt mit wenigen Männern davon. Viele Konserven haben sie nicht bergen können…

b) Sie gehen alle an Bord, aber die Schiffe kommen nicht weiter, sie überwintern an Bord, und als das Eis im nächsten Jahr aufbricht, geraten die Schiffe in Gefahr, sie müssen in Eile verlassen werden, einige schaffen es nicht und werden mit einem Schiff abgetrieben. Das andere versinkt. Wieder ist versäumt worden, genügend Proviant an Land zu deponieren…

Diese Szenarien sind erforderlich, weil der Tote an Bord und die Spuren im Schnee erklärt werden müssen. Das geht aber auch so:

c) Anfang März 1848 verlassen zwei Offiziere und sechs Mann die Schiffe, mit Proviant für 14 Tage. Am 25. April, als die Schiffe verlassen werden, sind sie noch nicht zurückgekehrt, und Crozier zählt sie in der Nachricht zu den Toten. Der Trupp aber hat Glück und Geschick bei der Jagd, kommt zurück und begibt sich auf eines der Schiffe. Sie sind zu erschöpft, um den anderen zu Fuß zu folgen…

d) Der große Mann mit den großen Zähnen und die Spuren im Schnee sind märchenhafte Zutaten erzählfreudiger Inuit.

VIELE BÜCHER

Petersen fand dann doch noch Augenzeugen:

»Über die Schiffe wußten Sie, daß eins gesunken war, das andere jedoch aufs Land geworfen worden war. Zwei alte Frauen und ein Heranwachsender waren am Schiff; sie sagten, daß es immer noch dort läge, jedoch ohne Masten. Ich zeigte diesen Leuten ein Buch und fragte sie, ob so etwas nicht beim Schiff gefunden worden sei. Sie antworteten, daß am Anfang viel davon da gewesen sei, aber jetzt nicht mehr. Dann fragte ich, wie weit von dieser Stelle das Schiff läge, und sie antworteten, daß wir von hier fünf Tage westlich über das König Williams Land gehen müßten. Auch diese Eskimos hatten die weißen Männer nicht gesehen, sondern erst später ihre Leichen gefunden.«

Aus den Ortsangaben schloß McClintock, das Schiff sei im Südwesten von King Williams Island gestrandet. Er irrte wahrscheinlich.

HOFFNUNG AUF ÜBERLEBENDE

Der Amerikaner Charles Francis Hall glaubte fest daran, einige der Verschollenen könnten mit Hilfe der Inuit überlebt haben. Überdies hielt sich Hall durch höhere Fügung dazu berufen, sie auch zu finden. Mit den Inuit Tookoolitoo und Ebierbing ließ er sich an der Küste der Hudson Bay von Walfängern an Land setzen und erreichte 1866 Repulse Bay. Sein eigentliches Ziel war King William Island, aber durch widrige Umstände dauerte es drei Jahre lang, bis er wenigstens die Südküste erreichen konnte. Während dieser Zeit fragte er die Hudson-Bay-Inuit ständig darüber aus, was sie über die Kablunas wüßten. Sie erzählten ihm schließlich alles, was sie in ihrer Erinnerung bewahrten, von Parry, der 1821–23 bei ihnen mit der Fury und Hecla überwintert hatte, und von Ross mit der Victory, der 1829–30 ständig von Inuit besucht wurde. Sie erinnerten sich an James Clarc Ross, der mit ihrer Hilfe bis King William Island gekommen war, an Dr. Rae und McClintock, die schon 1854 und 1859 nach den Kablunas gefragt hatten. Gerieten einige Inuit durch Halls Dauerbefragung ins Fabulieren? Haben sich die Geschichten von den Kablunas vermischt? Die meisten Autoren nehmen das an, David C. Woodman (s.o.) nicht. Hall kamen folgende Varianten zu Ohren:

a) Inuit haben die Kablunas auf den Schiffen besucht.

b) Inuit haben über längere Zeit mit den Kablunas gejagt.

c) Vier Kablunas haben bei den Inuit überwintert.

d) In einem Schiff fanden Inuit mehrere tote Kablunas.

Daneben hörte Hall auch die Standardversionen, die sich bei praktisch allen Inuit herumgesprochen hatten:

a) Trupp geschwächter Kablunas mit Schlitten und Boot gesehen.

b) Zeltlager und Boote mit Toten gefunden.

c) Ein Schiff gesunken, ein Schiff mit einem Toten gefunden.

RÄTSELVERMEHRUNG

Die Standardversionen hatten auch Dr. Rae und McClintock (Petersen) gehört – und mehr nicht. Warum hätten nun die Inuit ihnen so etwas »Aufregendes« wie den Besuch auf den Schiffen, die gemeinsame Jagd, die vielen Toten und die Überwinterung verschweigen sollen? Das wäre zu erörtern, wenn man wie Woodman diese Geschichten für wahr hält. Er erörtert es nicht. Andere offensichtliche Widersprüche löst er durchaus listig und lesenswert. Sein Anspruch, das Geheimnis um Franklin entschleiert zu haben, ist aber auch mit seiner Interpretation der Inuiterzählungen nicht eingelöst. Wenn alle von Hall notierten Berichte im Kern stimmen – das ist Woodmans These – werden zu den ungelösten Fragen nur neue hinzugefügt.

Hall konnte nur bis zur Südküste von King William Island vordringen, wo er drei Tote fand. Eine gründliche Untersuchung erfolgte erst Ende der 70er Jahre.

REISEN WIE DIE ESKIMOS

Die Amerikaner Frederick Schwatka, William H. Glider, Franck F. Melms und der Prager Heinrich W. Klutschak machten sich 1879 von der Hudson Bay aus mit mehreren Inuit auf den Weg nach King William Island. Klutschak hat in seinem Buch »ALS ESKIMO UNTER ESKIMOS«, Leipzig 1881, die »Erlebnisse der Schwatka'schen Franklin-Aufsuchungs-Expedition« geschildert. Klutschak ist ein kluger, vorsichtiger Beobachter, die Lektüre ist dringend empfohlen, das Buch dürfte in jeder Unibibliothek ausleihbar sein. Am Ende der Reise notiert er bescheiden eine Rekordleistung:

»Während der elf Monate und vier Tage, die wir von der Hudsons-Bai abwesend waren, hatten wir eine Distanz von 2820 Meilen (705 deutsche Meilen = 5287.5 Kilometer) zurückgelegt, unsere Aufgabe mit Rücksicht auf Zeit und Umstände in erschöpfender Weise gelöst, uns und unsere Hunde nur durch die Jagd aus dem Thierreichthum der durchkreuzten, nur als wüste Schneeöden berüchtigten Landstrecken erhalten, ohne Menschenverlust, ja ohne Krankheit die Gefahren der weiten Reise überstanden, den Unbilden eines strengen arktischen Winters im Freien getrotzt.«

Für diejenigen, denen Klutschaks Buch nicht zugänglich ist, hier eine Kostprobe über den abendlichen Alltag des Reisens nach Art der Inuit:

»Nun kommt das letzte Tagewerk, das Ausziehen. Nach dem pedantischen Abklopfen der Kleider, das am Leibe vorgenommen wird, entledigt man sich der äußeren Pelzhülle und

legt sie so an den aus Rennthierfellen genähten Schlafsack, daß dieser nicht mit der Schneewand in Berührung kommt. Zunächst kommen die Pelzschuhe, dann die Pelzstrümpfe an die Reihe. Erstere werden so gelegt, daß sie nicht aufthauen, letztere so, daß sie nicht gefrieren, und kommen unter die erste Pelzdecke am Kopfende zu liegen. Eine weitere Erklärung ist nicht nöthig, denn wenn die letzte künstliche Hülle, das Pelzhemd, gefallen ist, so ist man schon im Sacke und hat sein Hab und Gut in der Reihenfolge, wie man es wieder anziehen wird, als Kopfkissen. Ein solcher Sack ist ohne Zweifel das beste und einzige warme Bett in diesen Regionen, das erste Gefühl darin ist jedoch (da man ganz adamitisch darin steckt und der Schlafsack den ganzen Tag oben am Schlitten lag) ein nicht sehr angenehmes... Die Körperwärme und der warme Athem besorgen dann das Erwärmen schon in wenigen Minuten. Man steckt den Kopf wieder heraus, zündet sich sein Pfeifchen an und freut sich, im Schlafsacke und Pfeifchen noch immer eine Bequemlichkeit und Annehmlichkeit zu finden. Die wie Häringe in einer Tonne mit den Köpfen nach einer Seite aneinander gereihten Individuen nehmen sich eigentlich auch sehr gemüthlich aus und ist ihre Zahl vollständig, d. h. sind ihrer so viele, daß, wenn sich eines umdreht, dies die ganze Reihe gleichfalls thun muß, so versperrt die Hausfrau das Thor mit einem Schneeblock, löscht das Licht aus, und jedes weitere Gespräch wird abgebrochen.«

STUMME ZEUGEN VERSCHWUNDEN

Wir konnten mit Duncans Twin Otter die wichtigsten Fundstellen auf King William Island aufsuchen, die McClintock noch unberührt vorfand. Es war nichts, aber auch gar nichts mehr da. McClintock nahm mit, was für Europäer von Wert war, die Inuit alles, was ihnen nützlich war, und der Rest, wie Duncan laut schimpfend immer wieder feststellt, ist von den Souvenirjägern der Armee abgeräumt worden. Wir haben natürlich dennoch gesucht, ich neben Duncan durchs Geröll der vom Eis flachgehobelten Westküste stolpernd. Gedankenschwer. Wortkarger Austausch derselben. Warum haben sie das Jahr 1847 nicht genutzt, den Weg nach Süden, die Passage nicht erkundet. Warum haben sie nicht vorsorglich Depots entlang der Küste angelegt, für den Fall, die Schiffe verlassen zu müssen? Meuterei, Streit, Fraktionen, Führungskrise, Hochmut, Lethargie? War »all well« nur eine Floskel? Duncan schüttelt immer wieder den Kopf, er denkt schon zwei Jahrzehnte darüber nach.

Klutschak war noch rechtzeitig da, hat sorgfältig beobachtet und den Inuit gut zugehört. Sein Bericht kann die Fragen nach den Ursachen des Debakels nicht beantworten, aber er läßt wenigstens den Verlauf erahnen.

INUITKRIEGE

Am 9. Mai 1879 »entdecken« die Franklin-Sucher einen kleinen Fluß, auf dessen Eis sie nun leichter nach Nordwesten vordringen können. Er heißt von nun an Hayes River und mündet mit dem Back's River in den Chantrey Inlet. Sie sind nur noch wenige Tagesreisen von der nordamerikanischen Küste und King William Island entfernt. Am 15. Mai stellen sie fest, daß die Ufer des Hayes River bewohnt sind. Klutschak erkundigt sich nicht nur nach Franklin:

»Unser erstes Augenmerk galt den Leuten selbst, und es zeigte sich, daß diese Ukusiksillik-Eskimos die Ueberreste eines einst großen Stammes sind, der noch vor nicht zu langer Zeit an der westlichen Küste der Adelaide-Halbinsel seine eigentliche Heimat hatte.

Durch lang geführte Bekämpfung von Seite der jetzt dort ansässigen Ugzulik- und Netchillik-Stämme wurde die Zahl der Ukusiksilliks sehr geschwächt, und sie sahen sich gezwungen, ihre alten Jagdgründe zu verlassen, um in diesem stillen Winkel ihr Leben zu fristen. Der ganze Stamm besteht nur noch aus sechzehn Familien.«

Auch die Unterlegenen hatten vom plötzlichen Reichtum profitieren können, der über die Region gekommen war. Die Gastgeber besaßen Relikte von hohem Nutzwert.

DER FRANKLIN-SEGEN

»In ihnen begegnen wir den ersten Ueberresten von Gegenständen, die einst entweder Theile der beiden Schiffe Erebus und Terror waren oder sonstig der Franklin'schen Expedition angehörten. Die Pfeilspitzen, die Speere, die Schneeschaufeln, kurz Alles, was Holz, Kupfer oder Eisen ist, stammt vom Schauplatze der Franklin'schen Katastrophe und ist entweder durch zweite Hand, das ist durch andere Stämme, in die Hände dieser Leute gelangt oder von ihnen selbst gefunden worden.«

EIN SCHIFF KAM BIS ZUR KÜSTE

»Mit dem Momente, wo wir das erste Mal auf von Franklin und seinen Leuten stammende Reliquien stießen, war es auch unsere Pflicht geworden, die Leute nach ihrem diesbezüglichen Wissen und den ihnen traditionell zugekommenen Nachrichten zu befragen. Nur eine Person, ein 60–70jähriger Greis namens Ikinilik petulak, hatte selbst Gelegenheit gehabt, mit einem der Schiffe der Expedition in Berührung zu kommen. Er war einer der ersten Besucher des Schiffes, das westlich von Grant-Point an Adelaide Peninsula, mit einem dasselbe umschließenden Eisfelde, durch Inseln am Weitergehen mit Wind und Strömung gehindert worden war. Beim ersten Besuche glaubten die Leute, Weiße an Bord gesehen zu haben, deren Zahl, nach den Fußspuren im Schnee, auf vier Personen schließen ließ.«

FLEISCH IN KANNEN

»Dies war im Herbste, im Frühjahre darauf besuchten sie den Ort wieder, fanden das Schiff an demselben Orte, und als keine Zeichen von Weißen oder sonstigem Leben sichtbar waren und sie nicht wußten, wie in das Innere desselben zu gelangen, machten sie ein großes Loch in die Schiffsseite nahe der Eisfläche, welches das Sinken des Schiffes nach dem Schmelzen des Eises zur Folge hatte. Ikiniliks Aussagen nach war in einer der Schlafkojen die Leiche einer Person gefunden worden, und in der Kajüte soll sich Fleisch in Kannen gefunden haben. An der Küste der Adelaide-Halbinsel hatte sich sonst keine Spur von Weißen gefunden, ausgenommen ein kleines Boot in Welmot-Bai, das aber nach dem Untergange des Schiffes zu diesem Punkt getrieben worden sein konnte.«

WARUM GESTRANDET?

Ein Schiff hätte demnach auf der Westseite der Adelaide Peninsula die Nordküste des Kontinents erreicht. Der Wasserweg bis Alaska und die Bering Strait war kartiert. Spätestens auf 68 Grad Nord hätte die Besatzung im Queen Maud Gulf auf Westkurs gehen müssen – mit Hilfe der Dampfmaschine oder wenigstens einiger Segel, die auch von vier Männern hätten gesetzt werden können. Auch Hall hatte gehört, an Bord hätten sich noch Fleischkonserven befunden. Der Westkurs war eine sinnvolle Option. Es fehlte also entweder an Kraft, an Lebenswillen oder die Besatzung setzte auf die Jagd an Land.

KREUZVERHÖR

In der Nähe der Simpson Strait richten die Franklin-Sucher ihr Lager neben einer Inuit-Siedlung ein.

»Die Eingeborenen des Netchillik-Stammes bewohnen heute die ganze Küste der Adelaide-Halbinsel; doch war dies keineswegs zur Zeit Franklin's der Fall. Ihre alten Jagd-

gründe liegen an Boothia's Landenge (östlich von König Wilhelms-Land), und nur hie und da unternahm die eine oder andere Familie, dem Nomadentriebe folgend, eine Wanderung nach den gegenwärtig bewohnten Punkten und König Wilhelms-Land. Das letztere ist auch jetzt von ihnen nur im Herbste besucht, und dann nur auf dem südöstlichen Theile. Die nordwestliche Küste der Insel ist ihnen erst durch den Verlust von Franklin's Mannschaften bekannt geworden und ihre Aufmerksamkeit wurde durch Mc. Clintock's Besuch auf diesen Theil der Insel gelenkt... Wir begannen schon am folgenden Tage in einem Concil jene Individuen, deren Aussage durch frühere Forscher bekannt gemacht worden, zu citieren, um deren Wahrheitstreue durch Kreuzfragen zu prüfen. Eine jede Person, die wie immer in irgendwelche Berührung mit Franklins's Leuten oder deren Habseligkeiten gekommen war, wurde zwei- bis dreimal über ein und dieselbe Sache verhört. Die Zeugen wurden getrennt vernommen und Alles angewendet, um jedem allenfallsigen Humbug vorzubeugen und die reine Wahrheit zu erhalten... Von verschiedenen Personen erhielten wir Aussagen, deren bemerkenswerteste ich hier aus meinem Tagebuche copire, wie diese am Platze von den verschiedenen Zeugen gegeben wurden:

Sioteitschung (ohrenlos, so genannt, weil er schwerhörig ist) ist ein Mann von 50–55 Jahren und hat vor Jahren etwas westlich von Richardson-Landspitze ein Boot gesehen und neben diesem Skelette gefunden. An Einzelheiten kann er sich nicht erinnern, doch lebt eine alte Frau in der Ansiedlung, die einst die Finderin des Ortes war, und ein besseres Gedächtniß hat. Er erbietet sich, die Partie nach dem Punkte zu bringen, wo das Boot gefunden wurde, und zeigte uns die Stelle, die wir später als Starvation Cove (Hunger-Bucht) werden kennen lernen.

Tuktutchiak, eine Greisin aus dem Stamme der Pelly-Bai-Eskimos, jedoch schon lange unter den Netchilliks lebend, erzählt: ›Ich habe Franklin-Leute nie lebend gesehen, doch fand ich ganz nahe am Strande einer kleinen Einbuchtung Skelette und eine Leiche. Ich war damals in Begleitung meines Gatten, meines hier anwesenden Adoptiv-Sohnes Ilro und sieben anderer Eskimos. Das gefundene Boot lag auf dem Kiele (?) und in diesem befanden sich einige Skelette, deren Zahl ich nicht angeben kann.‹ (Stellen, mit einem Fragezeichen versehen, sind Aussagen, die verschiedenartig gegeben wurden und zweideutig sind. In die-

sem Fall behaupten einige Zeugen, das Boot wäre mit dem Kiele nach aufwärts gefunden worden.) ›Außerhalb des Bootes sah ich vier Schädel und andere menschliche Gebeine. Nur eine Leiche war noch mit Haut und Haaren (blond) versehen. Die letztgenannte Person konnte erst den Winter oder das Frühjahr vorher gestorben sein und war gut erhalten, obzwar Wölfe und Füchse daran genagt zu haben schienen. Ich weiß mich genau zu erinnern, daß dieser Mann Augengläser und Blendgläser neben sich liegen hatte, einen Ring am Finger trug, Ohrringe und eine Uhr mittelst einer Kette an diese (?) (die Ohrringe) befestigt hatte. (Diesen Irrthum wollte die Zeugin und ihr Sohn Ilro nicht einsehen und behauptete ihre Aussagen fest gegen alle Einwendungen.) Im Boote selbst befanden sich einige der verschiedensten Gegenstände, als: Uhren, Augen- und Blendgläser, eine kleine Säge, Thonpfeifen, Holz, Blech, Segeltuch und Kleider, ein Stück Eisen mit einem Loch darin, das bei Annäherung von sirvik (Eisen) sich bewegte (offenbar eine Compaßnadel), ferner ein Blechgefäß (bei einem Fuß breit und zwei Fuß lang) mit Büchern und Schriften, eine andere Büchse mit menschlichen Knochen (?) und ein Zinngefäß mit Tabak. Von den Gegenständen haben wir viele mitgenommen und unseren Kindern zum Spielen gegeben, und die Gebeine, glaube ich, sind mit der Zeit von Sand und Seegras bedeckt worden. Mit Weißen habe ich schon früher in den alten Netchillik-Landen verkehrt.‹

Die nächste wichtige Zeugin ist Ulanak aus dem Stamme der Netchillik's, circa 55 Jahre alt, und sagt aus: ›In Gemeinschaft meines seither gestorbenen Mannes und zweier anderer Familien waren wir des Seehundsfanges halber in König-Wilhelms-Land (in der Umgebung von Washington-Bai, nahe Cap Herschel) und trafen, südöstlich gehend, eine Partie Weißer, die, etwa zehn an der Zahl, auf einem Schlitten ein Boot zogen. Wir hatten zuerst Angst, doch als einige von den Weißen auf uns zukamen, ließen wir uns mit ihnen in ein pantomimisches Gespräch ein. Sie sahen alle mager, ausgehungert und schlecht aus, waren schwarz um Augen und Mund und hatten keine Pelzkleider an. Wir campirten zusammen vier Tage lang und theilten einen Seehund mit den Weißen wofür ich ein Hackmesser als Bezahlung erhielt. So viel ich mich zu erinnern weiß, führten die Weißen nichts zu essen mit sich, und während unseres

Brillen. National Maritime Museum.

Beisammenseins schliefen sie theils im Boote, theils in einem kleinen Zelte. Während der Zeit war ich öfter bei den Weißen. Der Mann, von dem ich das Messer erhielt, wurde von den Anderen Tuluak genannt, war groß und stark gebaut und hatte einen schwarzen, mit grau gemischten Bart. Aglukan (auch ein dem Betreffenden von den Eskimos gegebener Name) war kleiner als der Beschriebene mit rothbraunem Bart, und Doktuk (jedenfalls ein Doctor), ein dicker Mann, trug, wie die beiden Anderen, Augen-, aber keine Blendgläser (die Augengläser bezeichnen die Eskimos bestimmt dadurch, daß sie das Glas derselben mit Eis vergleichen). Wir wären länger bei den Weißen geblieben, doch fing das Eis vom Simpson Straits an zu schmelzen und unsicher zu werden. Nachdem wir uns getrennt und den Uebergang erfolglos versucht, gingen wir an die Küste von König-Wilhelms-Land zurück und blieben den ganzen Sommer daselbst in der Umgebung von Gladmann-Landspitze, ohne jedoch die Weißen wieder zu Gesichte zu bekommen. Das kommende Frühjahr fand uns in der Umgebung von Terror Bai (alle diese Punkte sind durch die Vorlage einer großen Karte von den betreffenden Individuen bestimmt worden), und dort auf einem kleinen Hügel mit äußerst wenig Schnee am Boden fand ich ein Zelt mit außerhalb liegenden Skeletten. Etwa zwei waren mit Sand und kleinen Steinen zugedeckt. Im Zelte lagen auch Skelette mit Kleidern und Decken bedeckt, und verschiedene Gegenstände als: Löffel, Messer, Uhren und Papiere umher.«

ZU WENIG PROVIANT

Spätestens im Südwesten von King William Island ist den Schlittentrupps der Proviant ausgegangen. Da an Bord des gestrandeten Schiffs noch Konserven gefunden wurden (nach Halls Informanten auch genießbar), kann der Mangel nur eingetreten sein, weil sie auf den Schlitten nicht genug Proviant mitführen konnten. Ross hatte in der vergleichbaren Situation zuvor auf der geplanten Route Depots anlegen lassen. Den Offizieren der Erebus und Terror war das Buch von Ross bekannt, es befand sich mit Sicherheit in der Bordbibliothek. Wenn das »all well« stimmt, hatten die Mannschaften der beiden Schiffe 1847 Zeit und Kraft, entlang der Küste Depots einzurichten. Dieses Versäumnis ist wohl die Hauptursache des Debakels.

DOCH NOCH STUMME ZEUGEN

James Clarc Ross hatte den südlichsten Punkt, den er an der Nordwestküste von King William Island erreichen konnte, ungewollt makaber »Franklin Point« getauft. Klutschak:

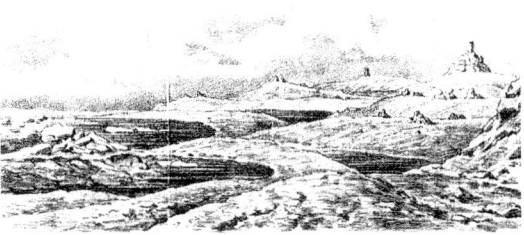

Cap Herschel (11.)

»An der Franklin-Landspitze fanden wir in einem Steinhaufen, der einem über dem Boden gemachten Grabe ähnlich sah, einen Schädel, den Lieutenant Schwatka sofort als den eines Weißen erklärte. Derselbe wurde nach einer genauen Durchsuchung des Grabes wieder bestattet und die Stelle durch ein kleines Monument markiert. Ein anderes Mal, am 27., gingen ich und Franz Melms der Küste entlang auf die Victory-Landspitze zu… Ich sah einen Steinhaufen und neben diesem einen menschlichen Schädel. Es war ein Grab aus flachen Thonsteinen, einer Gruft ähnlich, aber oberhalb des Bodens gebaut, war seinerzeit überdeckt und augenscheinlich schon Gegenstand einer Durchsuchung gewesen. Der Schädel (unstreitig der eines Weißen), sowie andere menschliche Gebeine lagen außerhalb, und im Grabe wucherte üppiges Moos auf blauen Tuchüberresten, die, den Knöpfen und der feinen Textur nach zu urtheilen, einst einer englischen Officiers-Uniform angehört haben. Ein seidenes Taschentuch in

merkwürdig gut erhaltenem Zustande lag am Kopfende und oberhalb desselben auf einem Steine offen und frei eine zwei ½ bis zwei ¾ Zoll im Durchmesser messende silberne Medaille… Das solide Silberstück enthält auf der einen Seite das Reliefbild des englischen Königs mit der Umschrift: ›Georgius IIII. D.G.Britan. Rex 1820‹; auf der anderen einen Lorbeerkranz, außerhalb desselben die Rundschrift: ›Second Mathematical Price, Royal Naval College‹ und innerhalb: ›Awarded to John Irving, Midsummer 1830‹ eingraviert. Die Münze war dem Gestorbenen (Lieutenant des Schiffes Terror) etwa 30 Jahre früher mit in's Grab gegeben worden, hat sogar in der langen Zeit auf dem Steine einen Eindruck hinterlassen und diente schließlich als Beweis der Identität des Begrabenen.«

Irvings Grab wurde in der Nähe der Landungsstelle gefunden. Das Sterben hatte also früh begonnen. Klutschak beschreibt die Landungsstelle:

»Keine hundert Schritte von der Meeresküste waren die Ueberreste eines zusammengeworfenen, künstlichen Steinhaufens, ein Haufen alter Kleider und eine große Zahl von Gegenständen, die offenbar zur Ausrüstung einer arktischen Expedition gehörten. Unter Anderem vier Kochöfen mit Kesseln und sonstigem Zubehör. Auf eine kurze Strecke der Küste entlang lagen Theile von Kleidungsstükken, aus wollenen Decken genähte Strümpfe und Fäustlinge, Rasirmesser etc. etc. … Ein einfaches Notizbuch wäre ein Fund gewesen, dessen Tragweite auf dem Gebiete der Forschung zu großen Errungenschaften hätte führen können. Doch es war zu spät, 31 lange Winter sind über diese Stelle gezogen, seitdem Franklin's Leute im April 1848 drei Tage lang hier campierten.«

TRAURIGER MARSCH

»So führten wir ein Nomadenleben in des Wortes vollster Bedeutung und verfolgten von Irving-Bai an die Spuren des Rückzuges der Leute der Franklin'schen Expedition. Doch wie bald sahen wir deren Zahl geringer werden. An der nach Le Visconte (einem der Officiere der Expedition) genannten Landspitze fand sich wieder ein Grab, daneben, ganz wie bei der Ruhestätte des Lieutenant Irving, die seither durch Eingeborene berührten Gebeine. Die Erbauer der letzten Ruhestätte waren aber nicht mehr die starken Leute, die aus den großen Steinen eine oberirdische Gruft bauen konnten. Einige Steine, das war Alles, womit sie die Leiche umgeben hatten, und nichts deutete auf die Möglichkeit hin, den Namen des Beerdigten zu erfahren. Den Weg, den die Unglücklichen auf ihrem traurigen Marsche genommen hatten, deuteten sicher und untrüglich eine Menge blauer Tuchflecken, Knöpfe und andere Kleinigkeiten an, und hier und da bezeichneten in einem großen Vierecke gelegte Steine das einstmalige Vorhandenseins eines Zeltes.«

ZWEI BOOTE

»21. Juli, Erebus Bay. Gegen 10 Uhr Nachts bemerkte Melms am Strande ganz nahe der Meeresküste drei menschliche Schädel, als wir näher traten, bot sich uns ein trauriger Anblick dar. Wir lasen nicht weniger als 76 Menschenknochen auf, die bei oberflächlicher Untersuchung auf wenigstens vier Personen schließen ließen, welche hier ihr Leben geendet hatten. Diese Ueberreste wurden sogleich unter einem kleinen Steindenkmal beerdigt und ein Document über den Fund beigelegt. Auf einem Flächenraume von beinahe einer Achtel-Quadratmeile lagen die Trümmer eines großen Bootes, und unter ihnen die mannigfaltigsten Gegenstände, von denen mir am meisten einige Sacktücher auffielen, in welche Kugeln und Schrot, sowie auch Percussions-Zündhütchen eingebunden waren. Ohne Zweifel war dies derselbe Ort, wo Capitän Mc. Clintock 1859 das Boot mit den zwei Skeleten gefunden hatte und von dessen Anwesenheit die Eskimos erst durch ihn Kunde erhielten. Noch denselben Sommer begaben sie sich hierher, wobei sie eine Viertelmeile weiter landeinwärts ein zweites, ebenfalls auf Schlitten geladenes Boot fanden.«

KRANK ODER?

»Von welcher Seite immer betrachtet, ist der Ort, an dem unsere Partie eben weilt, charakteristisch für die Geschichte der unglücklichen Franklin'schen Expedition, ebenso der Weg, den sie zu ihrer Rettung eingeschlagen hat. Jedenfalls müssen die hier umgekommenen Leute krank oder auf eine andere Weise marschunfähig gewesen sein. Die Anwesenheit der so einzeln herumliegenden Skelete scheint auch darauf hinzudeuten, daß die Disciplin in dem damaligen Commando der Partie bereits gelockert war.«

VERWISCHTE SPUREN

Wegen der vorgerückten Jahreszeit trennten sich die Franklin-Sucher. Lieutenant Schwatka und Gilder untersuchten die westlichen Teile von King Willam Island. Klutschak faßt zusammen:

»Die Begehung wurde pedantisch durchgeführt, doch was den Erfolg anbelangt, so ist er in wenigen Worten wiedergegeben. Von dem ehemaligen Standpunkte des Zeltes war nicht nur nichts zu finden, sondern eine nochmalige Nachfrage bei der einstigen Finderin darüber ergab, daß schon vor etwa sechs Jahren (sechs Sommer nach ihrer Ausdrucksweise), um welche Zeit die Frau den Platz zum letztenmale besucht hatte, jede Spur verwischt war. Die Begehung von Cap Crozier wurde auch durchgeführt, doch außer dem Schädel eines Weißen für den Erfolg der Forschung nichts Bemerkenswerthes gefunden.«

RÄTSELHAFTE UNTÄTIGKEIT

Klutschak schildert die Jagdmethoden der Inuit im wildreichen Süden und räsoniert:

»Gegenden, die solche Jagdarten zulassen, müssen gewiß wildreich gewesen sein; um so unbegreiflicher ist es für Jemanden, der mit den Landesverhältnissen bekannt ist, wie Franklin's Leute so hilflos zusammenbrechen konnten. Man könnte wohl die Einwendung machen, daß diese die verschiedenen Gegenden gerade zu einer Zeit besuchten, um welche solche, wie schon oben angedeutet, sehr wildarm sind; doch sollte man glauben, daß über hundert Personen, die zwanzig Monate beinahe unthätig zubrachten, sich während dieser Zeit nicht immer auf den Schiffen befanden, sondern wenigstens im Sommer Jagd und Recognoscirungs-Excursionen unternahmen, wodurch sie die Eigenthümlichkeiten des Landes hätten kennen lernen müssen, um sich bei ihrem Rückzug darnach einzurichten.«

DIE LETZTEN IM STARVATION COVE?

»Die Anwesenheit unserer Eingeborenen in Gemeinschaft mit den Netchilliks hatte aber auch noch den Zweck, die Küste der Adelaide-Halbinsel einer Forschung zu unterziehen. Eskimo Joe, der in dieser Beziehung seine volle Schuldigkeit gethan hat, war schon während der ersten Monate seines Aufenthaltes an der Hungerbucht gewesen und hatte im Sande und im Seegrase in der nächsten Nähe der Hochflut-Grenze nicht nur Gebeine gefunden, sondern auch Kleidungsstücke herausgegraben, welche letztere wahrscheinlich Officieren gehört hatten. Schuhe, Stiefel, Uniformbestandtheile, Knöpfe etc., das Alles lag noch hier und in der Nähe fand sich auch eine kleine silberne Gedenkmünze… Außerdem fanden die Eskimos erst im vergangenen Sommer, 5 Meilen von der Hungerbucht entfernt, die Ueberreste eines Kaukasiers, und dieser Fund allein ist es, der als Beweis dienen muß, daß das in der oft genannten Bucht gefundene Boot durch den Willen und die Kraft seiner Insassen und nicht durch Willkür des Windes und der Strömung dort an den Strand getrieben wurde.«

»Kaukasier« war damals ein Synonym für »Weißer«.

KLUTSCHAKS KRITIK

»Der Franklin'schen Forschung ist viel Geld gewidmet worden, es haben verschiedene Personen große Energie, Ausdauer und Leistungsfähigkeit entwickelt, doch hat der ganzen

Forschung der ersten 20 Jahre nach der Katastrophe selbst die ruhige, überlegende Denkkraft gefehlt, und dieser Mangel an Ueberlegung hat sich schwer gestraft. Die Forscher, die vor 20 und auch noch vor 10 Jahren gerade am Schauplatze des Unterganges einer so großen Menschenzahl waren, haben sich mit leichten Errungenschaften zu rasch befriedigt gestellt, anstatt die gefundenen Spuren bis auf's äußerste zu verfolgen. Eine halbwegs genaue Forschung hätte damals gewiß Bedeutendes geleistet, ja vielleicht den ganzen Thatbestand aufgeklärt. Für uns natürlich hat die Zeit von 32 Jahren ihre Einflüsse schon zu sehr zur Geltung gebracht.«

In meinen Worten: Britische Seeoffiziere waren eben nicht sonderlich für die Erforschung von Tatbeständen geeignet, die das Verhalten ihrer Kameraden in einem ungünstigen Licht erscheinen lassen konnte. Nach dem Bericht von McClintock versah die Nation die Franklin-Expedition mit dem Etikett: Tragisches Scheitern an der Schwelle des Erfolgs. Jede weitere Nachforschung hätte diese patriotische Auslegung gefährdet.

Grab des Lieut. Johann Irving (4.)

DIE ERSTEN

Victoria Point, King William Island, Sommer 1991. Duncan grummelt vor sich hin. Hartmut packt die Kamera ein. Ich starre über das Geröll auf das endlose Eis der Victoria Strait. Wie sie ihn gehaßt haben müssen, diesen Anblick, die »Abenteurer«, als sie sich zu ihrem Hungermarsch formierten. Bin ich zu bitter? Duncan beendet mein Grübeln, indem er die Maschinen anläßt. Wir fliegen nach Südosten. Duncan zeigt mir Cape Herschel. Ich ahne den Grund. Als sie hier ankamen, erreichten sie kartiertes Gelände. Damit hatten sie gefunden, was sie am wenigsten brauchten: eine Nordwestpassage. Aber sie waren die ersten. Wir können wieder einmal nicht landen, weil die Sicht nach Null tendiert. Landung in Gjoa Haven. Übernachtung im Amundsen-Hotel. Am Morgen Besichtigung einer Tafel mitten im Inuitdorf. Sie meldet die zweimalige Überwinterung von Roald Amundsen und zeigt an, wo die Gjöa (47 Tonnen) hier eingefroren war. Im Museum hängen Tafeln mit Fotos und Zeichnungen. Amundsen kam 1903 durch den Lancaster und Peel Sound. Er erwischte, wie er selbst sagt, ein Jahr mit sehr günstigen Eisbedingungen. Was Ross nicht erkundet hatte und Franklin daher nicht wußte, war ihm bekannt. Er mied die Eismassen der Victoria Strait, ließ Cape Felix rechts liegen und erreichte den Südosten von King William Island durch die James Ross Strait und das St. Roch Basin. Im ersten Jahr blieb er freiwillig im »besten kleinen Hafen der Welt«, im zweiten Jahr kam er nicht weg, im dritten schaffte er die Passage als erster mit einem Schiff. Im Speiseraum des Hotels warten wir dann auf besseres Wetter, trinken Unmengen von Kaffee. Alkohol ist in Gjoa Haven wie in den meisten Inuitsiedlungen nicht erhältlich (Beschluß der Selbstverwaltung). Im Dorf hat sich herumgesprochen, daß wir an der Franklin-Geschichte interessiert sind. Ab und zu schauen ältere Männer herein, um uns zu besichtigen. Gespräche. Die Erinnerung ist lebendig, aber natürlich reichlich anekdotisch. Sie lächeln immer noch, als wollten sie zu verstehen geben, ihre Vorfahren hätten den Kablunas nicht alles oder Märchen erzählt. Auch über die aktuelle Politik wird gesprochen. Die kanadische Regierung ist dabei, den Inuit große Teile ihrer Gebiete zurückzugeben, die einst von Parry, Ross und Co. zwangsenteignet wurden. Kein Erz, kein Öl, also wertlos für Kablunas. Irgendwie sperrt sich die Gegend den abendländischen Begierden. Kein Gold und keine Gewürze. Nach Cathay kommt man kommod nur mit dem Eisbrecher. Die Gesellschaft der Abenteurer residiert hundert Meter vom Hotel entfernt: die Filiale einer Ladenkette namens Hudson Bay Company.

Landungsstelle

Die Gjoa. Museum Gjoa Haven.

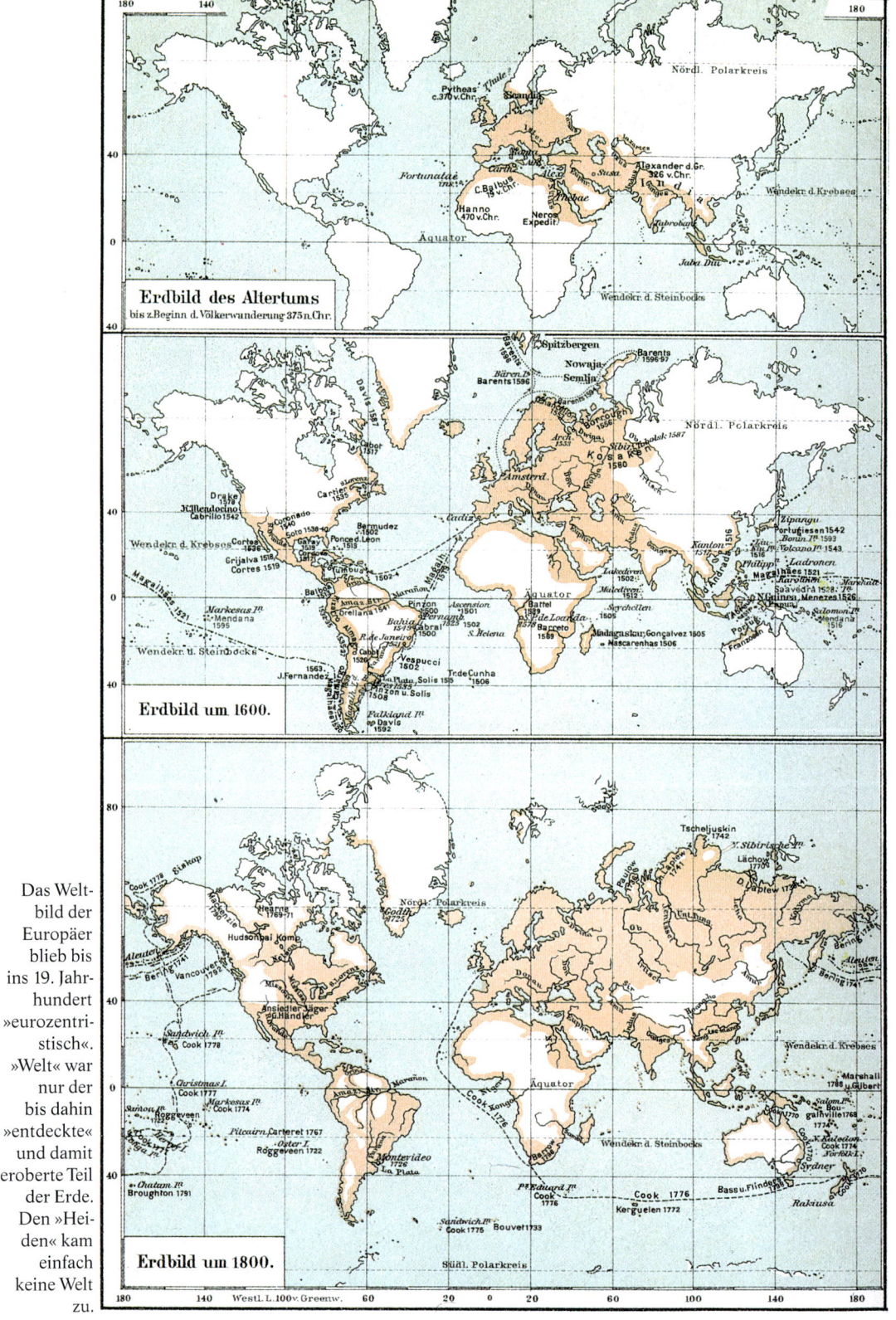

Das Weltbild der Europäer blieb bis ins 19. Jahrhundert »eurozentristisch«. »Welt« war nur der bis dahin »entdeckte« und damit eroberte Teil der Erde. Den »Heiden« kam einfach keine Welt zu.

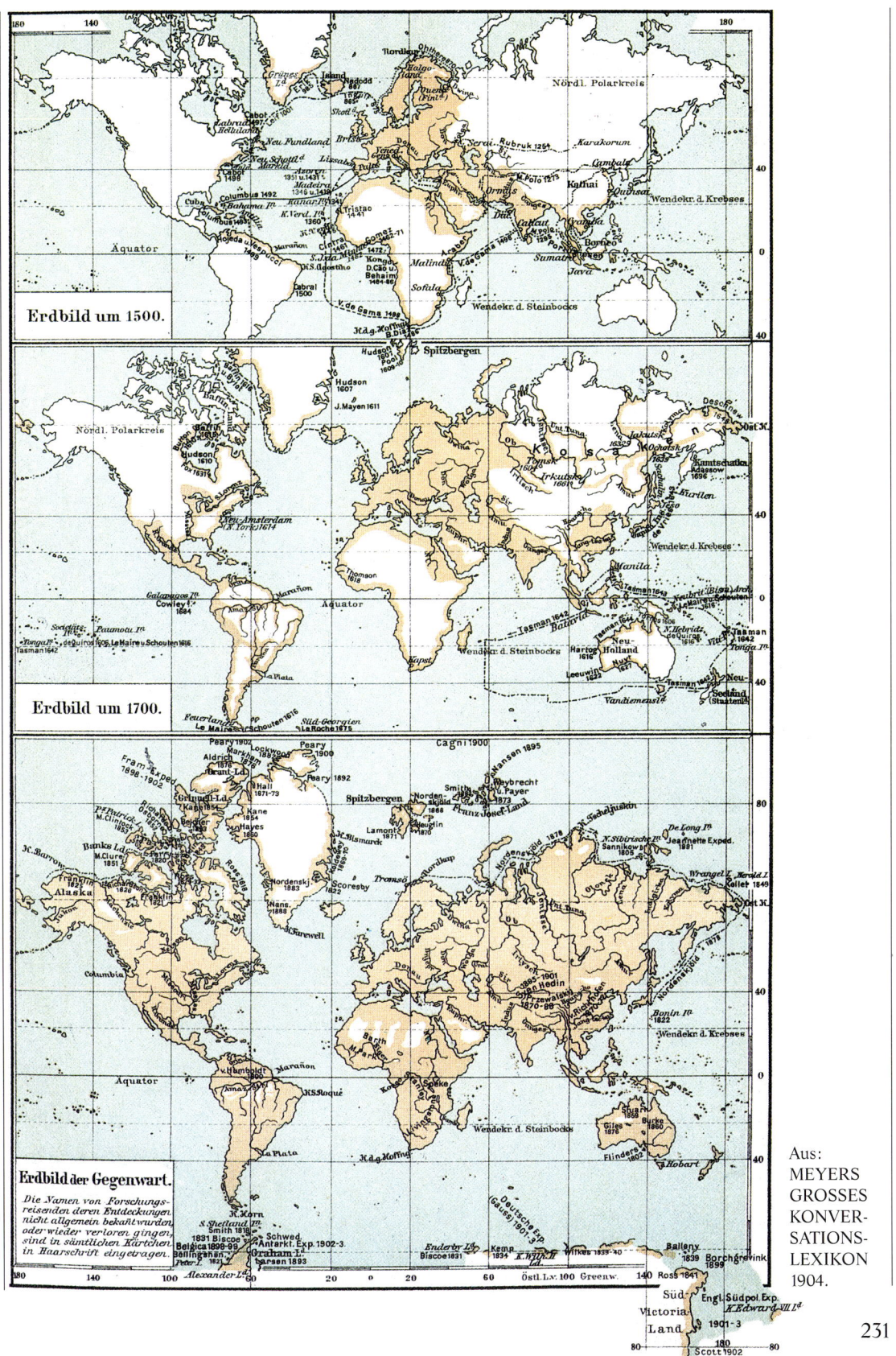

Aus: MEYERS GROSSES KONVERSATIONS-LEXIKON 1904.

Wieder ihre Welt: Gjoa Haven.

ANHANG: DIE ENTSTEHUNG UND VERBREITUNG DER ENTDECKUNGLEGENDEN

1. FÄLSCHUNG?

Fernando wollte in seiner HISTORIE nachweisen, daß sein Vater ein großer Gelehrter war. Um das zu unterstreichen, gibt er zwei Briefe wieder, die der berühmte Florentiner Gelehrte Paolo Toscanelli 1474 an Kolumbus gesandt haben soll. Einer der Briefe enthält den Vorschlag, einen kurzen Weg »all'Indie« zu suchen. In der spanischen Version der HISTORIA von Las Casas heißt es »á las Indias«. Die lateinische Vorlage, die beide benutzten, wurde im Nachlaß der Kolumbusfamilie gefunden. Dort steht an Stelle von »Indie« beziehungsweise »India« aber »loca aromatum« (Ort der Gewürze). Der Autor hatte also nicht vorgeschlagen, das Indien am Ganges auf Westkurs zu erreichen. Das war auch klug, denn nach den damaligen Karten betrug die Entfernung auf diesem Weg ¾ des Erdumfangs. Trotzdem dürfte der lateinische Text nicht von Toscanelli stammen. Das Latein ist miserabel, und nahezu alle Informationen sind dem Bericht Marco Polos entnommen, teilweise fast wörtlich. Angeblich Toscanelli:

»… die vornehme und große Stadt Quinsay, deren Umfang hundert Meilen beträgt… die Stadt des Himmels heißt…«

Marco Polo, Druck von Amsterdam:

»… die vornehme Stadt Quinsay, die in unserer Sprache Stadt des Himmels heißt, umfaßt im Umkreis hundert Meilen.«

Angeblich Toscanelli:

»Cippangu… ist reich an Gold, Perlen und Edelsteinen. Sie bedecken die Tempel und Königshäuser mit solidem Gold.«

Marco Polo:

»Der König hat einen großen Palast, bedeckt mit bestem Gold… Und es gibt dort viele wertvolle Steine, weshalb die Insel sehr reich ist.«

Der Autor behauptet, er habe die Informationen um 1474 von einem Reisenden erhalten. Der Text beschreibt aber das China des Jahres 1295. So ist vom »magnus kan« die Rede, obwohl in China schon seit über 100 Jahren die Ming-Dynastie die Mongolenherrschaft abgelöst hatte. Warum sollte Toscanelli so seinen Ruf ruinieren? Im übrigen haben weder Toscanelli noch Kolumbus diesen Brief erwähnt.

SCHLECHTE KARTE

Eine Textstelle bezieht sich auf eine beigefügte Karte, die allerdings nie gefunden wurde.

»Von der Insel Antilia, die Sie kennen, zu der noblen Insel Cipangu sind es 10 Abschnitte. So sind auf der unbekannten Strecke keine großen Räume des Meeres zu passieren… Von der Stadt Vlixiponis (Lissabon) in einer direkten Linie nach Westen bis zur vornehmen und sehr großen Stadt Quinsay sind in der Karte 26 Abschnitte markiert, jeder zu 250 Meilen. Dieser Abstand ist fast ein Drittel der Kugel.«

Die im Brief beschriebene Karte wäre zur Befruchtung des Plans wenig tauglich gewesen: Im Text wird die Entfernung mit fast 120 Grad beziehungsweise 6.500 Meilen angegeben. Das sind rund 56 Meilen pro Grad. (Die Mehrheit der Kosmographen rechnete mit $56^{2/3}$ italienischen Meilen pro Grad auf dem Großkreis.) Auf dem 40. Breitengrad, den der Text als Route nennt, beträgt der Wert aber nur 43,4 Meilen pro Grad, weil der Erdumfang mit größer werdender Breite auf den Parallelkreisen abnimmt. Ein schwerer Fehler, der daran zweifeln läßt, daß der Schreiber die Kugelgestalt begriffen hat. Die Karte, von der im Brief die Rede ist, war offenbar keine Kugelprojektion, das heißt, die Ost-West-Entfernungen nahmen nach Norden hin nicht ab.

BEHAIM UND »TOSCANELLI« AUF GLEICHER LINIE

Natürlich wußte niemand, wo Antilia liegt, weil es nicht existiert. Trotzdem legt sich der Briefautor auf einen Abstand von rund 45 Grad zwischen Cipangu und Antilia fest. Und der Clou ist: Auch bei Behaim sind es rund 45 Grad. Und mehr noch: Auch die Entfernung zwischen Lissabon und Quinsay beträgt bei beiden 120 Grad. Das kann kein Zufall sein, es muß einen Austausch von Informationen gegeben haben. Aber von wem an wen?

BEHAIM UND KOLUMBUS

Fast alle Kolumbus-Biographen nehmen die lobrednerische HISTORIE von Sohn Fernando für bare Münze, und damit die Autorenschaft von Toscanelli. Henry Vignaud kommt in seinem Buch THE LETTER AND CHART OF TOSCANELLI unter Hinzuziehung nahezu aller Quellen zu dem Ergebnis, der Brief sei eine Fälschung. Wer dem berühmten Gelehrten einen so miserablen Text zutraut, möge dort nachlesen. Wo und wie aber kam er zustande? In den 80er Jahren des 15. Jahrhunderts war Portugal das Mekka für alle, die ihr Glück im Westen suchten. Behaim gehörte zeitweise einem Gremium an, das die portugiesische Krone wissenschaftlich beriet. Sein Globus zeigt, daß er die gleichen Kenntnisse und Intentionen hatte, die der Autor des sogenannten Toscanelli-Briefs als seine Erfindung ausgibt. Da Behaim sich selbst mit dem Plan für eine Westexpedition trug, dürfte er der Krone den Stand seiner Erkenntnisse mitgeteilt haben. Aber es mußten auch Geldgeber und Seeleute gewonnen werden. Es ist also denkbar, daß Patentanträge und Kartenskizzen auf oder unter den Tischen der Lissaboner Hafenkneipen gehandelt wurden. Kolumbus war zeitweise in Portugal als Kaufmann tätig und könnte sich dort den umstrittenen Text angeeignet haben. Als geistiger Urheber kommt eigentlich nur Behaim in Frage. Die Legenden auf seinem Globus zeigen, daß er sich sein Wissen an Hand der geographischen Angaben von Marco Polo selbst erarbeitet hat. Ob sich Behaim und Kolumbus begegnet sind, ist nicht bekannt.

2. NACH INDIEN?

Laut Fernando Colombo hat Kolumbus in Portugal und Spanien vorgeschlagen, einen Seeweg nach Indien zu suchen. In beiden Ländern liegt kein Dokument vor, welches diese Behauptung bestätigt. In den spanischen Quellen gibt es zwei Zeugnisse von Beteiligten. Dr. Rodrigo Maldonado war Mitglied der Kommission, die die Vorschläge von Kolumbus überprüfte. In einem Verhör in Salamanca berichtet er 1515:

»Die Gelehrten und Seeleute sprachen mit dem Admiral über seinen Weg nach besagten Inseln und stimmten alle überein, es könne unmöglich die Wahrheit sein, was der Admiral vorschlug.«

Auch Maldonado sagt nicht, was Kolumbus vorschlug, aber er sagt auch nichts von Indien. Die zweite Auskunft betrifft die Verhandlungen von 1492 und stammt von Martire. Nach der Rückkehr von Kolumbus schreibt dieser im September 1493 an den Erzbischof von Granada:

»Sie erinnern sich an Columbus, den Mann aus Ligurien, der im Feldlager (vor Granada) mit den Königen war und darauf bestand, man könne über die westlichen Antipoden eine neue Hemisphäre der Erde erreichen…«

LAS INDIAS

Kurz nach der Rückkehr der Armada wird der BRIEF in spanisch und lateinisch gedruckt. Der erste Satz der spanischen Fassung lautet:

»Mein Herr, da ich weiß, daß Sie der große Sieg erfreuen wird, den Gott mir gegeben hat, schreibe ich Ihnen dies, damit sie dadurch erfahren, wie ich in 33 Tagen von den Kanarischen Inseln nach las Indias gefahren bin…«

»…pasé a las Indias…« Das ist das Rätsel der spanischen Fassung, die als Erstdruck gilt, aber nicht datiert ist. Das schien mir merkwürdig. Las Indias wird hier so unvermittelt gebraucht, als sei der Leser damit vertraut. Das

VOCABULARIO von Nebrija, das um 1493 entstand, kennt nur je ein »india« diesseits und jenseits des Ganges. Kaum glaubhaft, daß Kolumbus die lächerliche Behauptung aufstellen wollte, er habe diese beiden »indias« erreicht.

MARE INDICU

Es gibt auch lateinische Fassungen des BRIEFS. Die erste wurde schon im Mai 1493 gedruckt, rund zwei Monate nach der Rückkehr. Ich habe also meine Zweifel, und das sind die spannenden Momente, wenn man mit den Quellen arbeitet. Einige laufende Meter Klemmordner mit den Fotokopien stehen vor mir im Regal, die Rücken mit buntem Lassoband für die Beschriftung beklebt. Namen, mit denen ich eine Zeitlang lebe, wie Marco Polo, Bernaldez, Oviedo, Fernando, Las Casas, Morison, Thatcher. Thatcher hat die Faksimiles. Hastiges Blättern und meine Vermutung wird bestätigt. Im ersten lateinischen Druck, der noch 1493 in Rom erschien, heißt es:

»Ich brach zum indischen Meer auf.«

Dies konnte Kolumbus geschrieben haben, wenn er bei Verstand war, was anzunehmen ist. Denn »India« wurde auch als Synonym für Asien gebraucht. Marco Polo hatte das Kapitel über Cypangu (Japan) eingeleitet:

»Nun kommen wir zur Beschreibung der indischen Regionen.«

In einem Vorwort der lateinischen Fassung des BRIEFS heißt es:

»De Insulis in mare Indico.«

Es lag nahe, daraus einen Plural zu machen: »las Indias«. Und es ist auszuschließen, daß damit die beiden Indien diesseits und jenseits des Ganges gemeint sind. Wahrscheinlich hat der Drucker der spanischen Fassung einen Sprachgebrauch übernommen, der sich in Spanien gerade einbürgerte. In den Dokumenten, die die Krone bei der Vorbereitung der zweiten Reise ausstellt, ist der Übergang zu »las Indias« abzulesen. 7. Mai 1493:

»Die Inseln und das Land, die entdeckt wurden.«

20. Mai:

»Die Inseln und Festland im Ozean in der Gegend von las Indias.«

23. Mai:

»Wir befehlen, eine Armada nach las Indias zu entsenden.«

Als die spanischen Kolonien dann »las Indias« hießen, wurde der Name auch in Formulierungen benutzt, die das Ziel der ersten Expedition bezeichneten. Das führte schließlich zur Behauptung, Kolumbus habe von Anfang an einen Seeweg nach Indien, dem Indien am Ganges, in Aussicht gestellt.

3. FRÜHE ROMANTISIERUNG

Während Fernando Colombo die harten Seemänner und Soldaten bei der Landnahme in Tränen ausbrechen läßt, geht es laut Las Casas (BORDBUCH) etwas weniger rührselig zu:

»Sie sahen nackte Menschen, und der Admiral fuhr mit einem mit Waffen versehenen Boot an Land und Martín Alonso und Viceinte Anes, sein Bruder, der Kapitän der Niña war. Der Admiral entfaltete die königliche Fahne und die Kapitäne zwei Fahnen mit dem grünen Kreuz, das der Admiral auf allen Schiffen als Zeichen führte, mit einem F und einem Y und einer Krone auf jedem Buchstaben... Der Admiral rief die beiden Kapitäne und die anderen, die an Land gesprungen waren, auch Rodrigo d'Escobedo, den Schreiber der ganzen Flotte, und Rodrigo Sánches de Segovia und sagte, sie mögen wahrheitsgemäß bezeugen, daß er vor allen für den König und die Königin, ihre Herren, von der Insel Besitz ergreife, und ergriff Besitz... An diesem Ort waren viele Inselbewohner zusammengekommen...«

KOLUMBUSROMAN?

Kein Wort von Tränen und der Huldigung der Inselbewohner. Las Casas kompilierte mindestens 15 Jahre vor Fernando und Oviedo, der es auch mit den Tränen hat:

»*Als der Admiral das Land sah, sank er auf die Knie und vergoß Tränen aus den Augen vor großer Freude.*«

Ich bin mir ziemlich sicher, daß es um 1535 einen handschriftlich verbreiteten Kolumbusroman gab, den Fernando und Oviedo als Vorlage benutzten. Dafür spricht auch die dialogisierte Fassung der Landsichtung von Oviedo, der sonst nur nüchterne Prosa schreibt:

»*Und als die Nacht eintrat, befahl er, die Wache zu verkleinern und mit gerefften Segeln zu fahren. Ein Matrose, der auf dem Kapitänsschiff fuhr und aus Lepe stammte, rief ›Licht! Land!‹ Und sogleich antwortete ein Diener des Colom, Salcedo genannt: ›Dieses hat schon mein Herr, der Admiral gesagt.‹ Und darauf sagte Colom: ›Es ist eine Weile her, daß ich es sagte und ein Licht sah, welches auf dem Land liegt...‹*«

Ein Kolumbusroman aus der Zeit vor 1535 ist bisher nicht gefunden worden. Ach, wenn man mehr Zeit hätte...

4. DER GROSSE SEEMANN

Mir ist es ziemlich gleichgültig, ob Kolumbus ein großer, normaler oder gar kein Seemann war. Mich interessiert nur, was die Zeitgenossen über ihn dachten. Die laienhafte Huldigung des Genuesers Cuneo ist im patriotischen Eifer mißlungen und daher zur Wahrheitsfindung nicht tauglich. Es gibt noch zwei Beurteilungen von Zeitgenossen, die Kolumbus als erwachsenen Menschen kannten und die ihm beide gewogen waren. Der Hofchronist Bernaldez, dessen Schriften keine kosmograhischen Kenntnisse erkennen lassen:

»*Ein Mann aus Genua, Buchhändler, der in Andalusien Handel trieb, der sich Christobal Colón nennt, ein Mann von sehr großem Wissen, ohne viele Schriften zu kennen, sehr geschickt in der Kunst der Kosmographie.*«

Der Hofgelehrte Martire sagt nur, Kolumbus sei »zur See erfahren«. Die kosmographischen Bemerkungen in den Briefen von Kolumbus hält Martire für »märchenhaft«.

EHER KAUFMANN

Kosmographische Anmerkungen macht Kolumbus nur in Briefen an die Krone, in denen er seine Verdienste einklagt. In den meisten Schriftstücken, die von ihm überliefert sind, geht es um Geschäfte oder Erbangelegenheiten. Er hatte gute Beziehungen zur Bank von Genua, handelte in Madaira mit Zucker und in Spanien mit Büchern. Am 20. März 1472 bezeichnete sich Kolumbus vor einem Notar als »Wollweber aus Genua«:

»*Cristoforo de Columbo, lanerio de Juana.*«

Da war Kolumbus mindestens 21 Jahre alt. Fernando behauptet dagegen, sein Vater habe in jungen Jahren in Pavia studiert. In den Akten der Universität ist er nicht verzeichnet.

Kolumbus dachte im Gegensatz zur Krone nicht nur an Profite durch Kolonisierung. Kaum hatte er auf Cuba Baumwolle gesehen, notierte Kolumbus laut BORDBUCH:

»*Ich glaube, daß sie sich besser in Städten des großen Khan verkaufen läßt, statt sie nach Spanien zu befördern.*«

Nicht um neue Erkenntnisse ging es Kolumbus, sondern um Anerkennung und Geld. Kein Vorwurf, nur eine Klarstellung.

FATALES EIGENLOB

Die Selbstdarstellung von Kolumbus enthält die üblichen Fallen, die sich Angeber selbst stellen. So behauptet Kolumbus in einem Brief an die Krone:

»Im Monat Februar des Jahres 1477 segelte ich 400 Meilen weiter als Thule (Island), dessen südlicher Teil vom Äquator 73 Grad entfernt liegt, und nicht 63 Grad, wie viele meinen... Diese Insel, die so groß wie England ist, besuchen die Engländer mit Handelsware, besonders die aus Bristol. Als ich dort war, war das Meer nicht gefroren. Das Meer ging so hoch, daß es sich an manchen Stellen um 47 Meter erhob, und ging ebensoviel zurück... Ich war in der Festung la Mina des Königs von Portugal, die unterhalb des Äquators liegt, und bin ein guter Zeuge, daß es nicht unbewohnbar ist, wie viele sagen.«

Richtig ist die Bemerkung über den Island-Handel der Engländer. Alles andere ist Seemannsgarn. 400 Meilen jenseits von Island hätte ihn das grönländische Packeis zerquetscht, der Süden Islands liegt nicht auf 73 Grad sondern 63 Grad nördlicher Breite, wie die anderen richtig meinen, und die Gezeitenhöhe auf Island beträgt maximal 3 Meter. El Mina liegt nördlich vom Äquator, und schon die Portugiesen hatten dort überlebt. Außerdem kam Kolumbus laut BORDBUCH (21. Dezember 1492) nur bis England:

»Ich fuhr 23 Jahre zu See... und sah den Osten und Westen, daß heißt den nördlichen Weg bis England...«

Da Kolumbus hier nicht sagt, als was er fuhr, Kapitän oder Steuermann, können wir annehmen: als Kaufmann.

STRAHLEMANN EUROPAS

Urteilen sie selbst. »Großer Seemann« sagt keiner von denen, die ihn kannten, die Anekdoten seines Landsmanns aus Genua sind durchwachsen, und die Selbstbekundungen liefern das Bild eines unkundigen Angebers. Trotzdem hat eine Heerschar von Biographen uns eingeredet, wir hätten es mit einem Genie zu tun. Wahrscheinlich projizierten sie auf ihre Großfigur, was sie selbst gern gewesen wären. Und wer träumt nicht gern mit? Das ganze Abendland träumt mit. Weg die häßlichen Bilder, die Las Casas später verbreitete, von Konquistadoren, die Kinder an ihre Hunde verfüttern etc. Sein Genie überstrahlt alles, das Neue Zeitalter bricht mit ihm an, das der Entdeckungen und des Fortschritts.

WIE GROSS WAR KOLUMBUS?

Zu den Legenden gehört auch, Kolumbus habe als erster »die Neue Welt« gesehen. BORDBUCH, 11. Oktober 1492:

»Dieses Land sah zuerst ein Matrose, der Rodrigo de Tirana hieß, wiewohl der Admiral um zehn Uhr nachts auf dem Heckkastell stand und Licht sah.«

Für die Erstsichtung hatte die Krone das Jahresgehalt eines Steuermanns auf Lebenszeit ausgelobt. Es ging also um einiges. Fernando und Las Casas melden übereinstimmend, das Land selbst sei von einem Matrosen am Morgen des 12. Oktober gesichtet worden, nachdem Kolumbus schon zwei Stunden vor Mitternacht, also am 11. Oktober, auf bewegte Lichter aufmerksam gemacht hätte. Laut BORDBUCH sah ein herbeigerufener Kronbeamter ebenfalls ein Licht, ein zweiter sah es nicht. Aus den Angaben im BORDBUCH ergibt sich zu diesem Zeitpunkt eine Entfernung von 85 Kilometern bis zum Land. Da nun die Erde tatsächlich eine Kugel ist, stört die Erdkrümmung die Direktsicht. Zwischen zwei Punkten, die 85 Kilometer voneinander entfernt sind, wölbt sich ein Wasserberg von rund 140 Metern auf. Selbst bei einer Größe von 140 Metern hätte Kolumbus an Land nur einen Berg gleicher Höhe sehen können. Geben wir ihm zehn Meter Höhe auf dem Heck, hätte der Berg an Land rund 270 Meter hoch sein müssen. Die Berge auf den Bahamas sind aber durchweg niedriger als 100 Meter und sehr dicht bewachsen. Und die Inselbewohner hatten keinen einleuchtenden Grund, nachts mit riesigen Fackeln durchs Gestrüpp zu streifen. Die Angaben über die Sichtung sind also widersprüchlich und verworren. Dafür ist das Motiv durchsichtig.

KOLUMBUS LEUCHTET

Es geht nicht an, daß einfache Matrosen neue Welten entdecken und Belohnungen einstreichen. Fernando in der HISTORIE:

»*Die Belohnung von trenta scudi wurde vom katholischen König nicht dem Matrosen gewährt, sondern dem Admiral, der das Licht inmitten der Dunkelheit sah, das spirituelle Licht, mit dem er die Dunkelheit erleuchtete.*«

Die Leser wußten damals, was damit gemeint war: das Licht der Christenheit und die Dunkelheit der barbarischen Völker. In seiner HISTORIA bemüht auch Las Casas höheres Walten, um zu begründen, warum Kolumbus belohnt wurde und nicht der Matrose:

»*Daraus können wir einen nicht kleinen Beweis für die Güte und Gerechtigkeit Gottes folgern.*«

So ganz sicher ist Las Casas sich aber nicht, daß die Lichtsichtung auch eine Landsichtung war:

»*Zuerst sah das Land ein Matrose, der sich Rodrigo de Tirana nannte... Es scheint, daß das Land zwei Stunden nach Mitternacht des Donnerstags gesehen wurde, so daß man die Entdeckung Freitag dem 12. Oktober zuschreiben muß.*«

ER LEUCHTET WEITER

Die frühen Zweifel sind längst ausgeräumt. Natürlich hat Kolumbus Amerika persönlich entdeckt, vor Mitternacht. Daher gilt der 11. Oktober 1492 als Tag der Entdeckung. Einfachen Leuten gelingt es einfach nicht, Geschichte zu machen, und die Biographen haben sich nicht mit Kleinigkeiten aufgehalten. Es war eine große Entdeckung, und dazu braucht man einen »großen Entdecker«. Um nur zwei zu nennen, die ein monumentales Kolumbusbild in die Moderne fortgeschrieben haben:

Samuel Eliot Morisons ADMIRAL OF THE OCEAN SEA gipfelt in den Sätzen:

»*So wie die griechischen Stadtstaaten ihre unsterblichen Götter als ihre Gründer ansahen, so vereint sich heute ein Dutzend unabhängiger Nationen und Dominions, um CHRISTOPHER zu huldigen, den unerschrockenen Sohn Genuas, der die christliche Zivilisation über den Ozean trug.*«

Salvador de Madariagas VIDA DEL MUY MAGNIFICO SENOR DON CHRISTOBAL COLON endet:

»*Die Lichtgestalt verschwand. Colón starb zum zweiten Mal. Doch er lebt für immer.*«

UND DER MATROSE?

Oviedo entläßt den Matrosen wenigstens nicht ohne Nachsatz aus der Geschichte:

»*Und der Matrose, der sagte, er habe zuerst Land gesehen, kehrte dann nach Spanien zurück, und weil sie ihm keine Belohnung gaben, begab er sich von da nach Afrika und fiel vom Glauben ab.*«

BIBLIOGRAPHIE

KAPITEL 1–3

d'Ailly, Pierre,
in: Buron, Edmond,
Ymago Mundi, Paris 1930

Behaim, Martin,
in: Ravenstein, E.G.,
Martin Behaim, his live and his Globe, London 1908

Cristóbal Colón,
in: Varela, Consuelo (Hrsg.),
Textos y documentos completos. Relaciones de viajes, cartas y memoriales, Madrid 1982

Colombo, Fernando,
Le historie della vita e dei fatti di Christoforo Colombo, Milano; in Übersetzung von Keen, Benjamin, The life of the Admiral Christopher Columbus by his son Ferdinand, New Brunswick 1959

Cuneo, Michele de,
in: Christoph Kolumbus, Entdeckungsfahrten, Reiseberichte und Briefe, Zürich 1943

Polo, Marco,
in: Knust, Theodor A. (Hrsg.),
Von Venedig nach China, die größte Reise des 13. Jahrhunderts, Stuttgart 1983

Prozeßprotokolle,
in: Colección des documentos inéditos, Tomo Núm 7., Los pleitos de Colón, Madrid 1802, Reprint, Liechtenstein 1976

Martyr, Peter von Anghiera,
Acht Dekaden über die Neue Welt, 2 Bände, Darmstadt 1975

Morison, Samuel Eliot,
Journals and Other Documents on the Live and Voayages of Christopher Columbus, New York 1963

Thacher, John Boyd,
Christopher Columbus, his live, his work, his remains, New York 1976

Vignaud, Henry,
Histoire critique de la grande entreprise de Christophe Colomb, 2 Bände, Paris 1911

Vignaud, Henry,
The letter and chart of Toscanelli, London 1902

KAPITEL 4

Baffin, William,
in: Markham, Clements Robert,
The Voyages of William Baffin 1612–1622, London 1881

Cabot, John,
in: Williamson, James A.,
The Cabot voyages and Bristol discovery under Henry VII, Cambridge 1962

Cartier, Jaques,
Relations, Édtion critique par Michel Bideaux, Montréal 1986

Davis, John,
in: Markham, Albert Hastings,
The Voyages and Works of John Davis, the Navigator, London 1880

Frobisher, Martin,
in: Collinson, Richard,
The three Voyages of Martin Frobisher in search of a passage to Catahia and India by the North-West, A.D. 1576-8, London 1876

Foxe, Luke,
Northwest Fox, or, Fox from the North-west passage…, London 1823

Hearne, Samuel,
A journey from Prince of Wales's Fort in Hudson's Bay, to the northern… undertaken in the years 1769, 1770, 1771 &. 1772, London 1795, Reprint, New York 1968

Hudson, Henry,
in: Purchas, Samuel,
His Pilgrimms in five Bookes, Lib III.: Master Henrie Hudsons Discouverie of the North-west Passage, London, 1625, Reprint, USA 1966

James, Thomas,
The dangerous voyage of Captain Thomas James in his intended discovery of a North West Passage into the South Sea, Reprint, Toronto 1973

Munk, Jens,
in: Gosch, C.C.A.,
Danish Arctic Expeditions 1605 to 1620, Book II., the Expedition of Jens Munk, London 1897

Munk, Jens,
Relation, Kopenhagen, Anno 1624, Reprint, Oslo 1960

QUELLEN 1800–1845

Barrow, John,
Voyages of discovery and research within the arctic regions, from the year 1818 to the present time, London 1846

Franklin, John,
Narrative of a journey to the shores of the Polar Sea in the years 1819, 20, 21 and 22, New York 1969

Franklin, John,
Narrative of second expedition to the shores of the Polar Sea in the years 1825, 1826 and 1827, New York 1969

Huish, Robert,
The last voyage of Captain Sir John Ross to the Arctic regions…, London 1835

Parry, William Edward,
Three voyages for the discovery of the Northwest Passage from the Atlantic to the Pacific, New York 1840

Parry, William Edward,
Journal of a voyage for the discovery of a North-West Passage from the Atlantic to the Pacific; performed in the years 1819–20…, London, 1821, Reprint, New York 1968

Parry, William Edward,
Journal of a second voyage for the discovery of a North-West Passage from the Atlantic to the Pacific; performed in the years 1824–25…, London 1824

Parry, William Edward,
Ein Tagebuch einer Entdeckungsreise 1818, Hamburg 1819

Parry, William Edward,
Zweite Reise zur Entdeckung der Nord-West-Passage, 1819–20, Hamburg 1822

Ross, John,
Entdeckungsreise der königlichen Schiffe Isabella und Alexander nach der Baffins Bay, Jena 1819

Ross, John,
Narrative of a Second Voyage in Search of a North-West Passage, and of a residence in Arctic regions during the Years 1829, 1830, 1831, 1832, 1833…, London 1835

SUCHE NACH FRANKLIN

Armstrong, Alexander,
A personal narrative of the discovery of the North-West-Passage… in search of Sir John Franklin, London 1857

Belcher, Edward,
The Last of the Arctic voyages being the narrative of the expedition in H.M.S. Assistance, under the command of Captain Sir Edward Belcher in Search of Sir John Franklin, during the years 1852-53-54, 2 Bände, London 1855

Bellot, Joseph René,
Memoirs of Lieutenant Joseph Bellot… with his journal of a voyage in the polar seas, in search of Sir John Franklin, 2 Bände, London 1855

Collinson, Richard,
Journal of H. M. S. Enterprise, on the expedition in search of Sir John Franklin's ships by Bering Strait 1850–55, London 1889

Hall, C. F.,
in: Nourse, Joseph Everett, Narative of the second Arctic Expedition made by Charles F. Hall, Washington 1879

Kane, Elisa Kent,
Kane der Nordpolfahrer, arktische Fahrten und Entdeckungen der zweiten Grinnell-Expedition zur Aufsuchung Sir John Franklins 1853, 54, 55, Leipzig 1858

Klutschak, Heinrich W.,
Als Eskimo unter Eskimos. Eine Schilderung der »Erlebnisse der Schwatka'schen Franklin-Aufsuchungs-Expedition in den Jahren 1878–80«, Leipzig 1881

McClintock, Francis Leopold,
A Narrative of the Discovery of the fate of Sir John Franklin and his Companions. The Voyage of the »Fox« in the Arctic Seas, London 1859

McClure, in: Osborn, Sherad,
The discovery of the North-west Passage by H.M.S. »Investigator« Capt. Robert R. McClure, 1850, 1851, 1851, 1854… from the logs and journals of Capt. Robert le M. McClure, London 1865

McDougall, George Frederik,
The eventful voyage of H.M. discovery ship Resolute to the arctic regions in search of John Franklin, London 1857

McCormick, Robert,
Voyages of Discovery, Vol II., Voyage in Search of Sir John Franklin (North Star), London 1884

Miertsching, Johann August,
Reisetagebuch des Missionars Joh. Aug. Miertsching, welcher als Dolmetscher die Nordpol-Expedition zur Aufsuchung Sir John Franklins auf dem Schiff Investigator begleitete, Leipzig 1864

Neatby, Leslie H.,
The search for Franklin, Edmonton 1970

Osborn, Sherad,
Stray leaves from an Arctic journal or eighteen months in the Polar regions in search of Sir John Franklin's expedition in 1850–51, London 1865

Rae, John, in: Rich, M.A.,
John Rae's Correspondence with the Hudson's Bay Company on arctic explorations 1844–1855, London 1953

Snow, William Parker,
Voyage of the Prince Albert in Search of Sir John Franklin, London 1851

ANDERE ERWÄHNTE WERKE

Amundsen, Roald,
The North West Passage, The »Gjöa« Expedition, 1903–1907, London 1908

Beattie, Owen und Geiger, John,
Der eisige Schlaf. Das Schicksal der Franklin-Expedition, Köln 1989

Sieburg, Friedrich (Hrsg.),
Rasmussens Thulefahrt. Zwei Jahre im Schlitten durch unerforschtes Eskimoland, Frankfurt am Main 1934

Stefansson, Vilhjalmur,
Länder der Zukunft, fünf Jahre Reisen im höchsten Norden, Leipzig 1923